学术与社会

——近代中国“社会重心”的转移与读书人新的角色

〔修订版〕

章　清　著

山东大学出版社
SHANDONG UNIVERSITY PRESS
·济南·

图书在版编目(CIP)数据

学术与社会 ：近代中国“社会重心”的转移与读书人新的角色 / 章清著. -- 修订版. -- 济南：山东大学出版社，2025. 6. --（新史学丛书 / 谭徐锋主编）.

ISBN 978-7-5607-8644-5

Ⅰ. B250.5

中国国家版本馆 CIP 数据核字第 2025DU0494 号

责任编辑　刘森文

封面设计　周伟伟

学术与社会——近代中国“社会重心”的转移与读书人新的角色

XUESHU YU SHEHUI ——JINDAI ZHONGGUO “SHEHUI ZHONGXIN” DE ZHUANYI YU DUSHUREN XINDE JUESE

出版发行	山东大学出版社
社　　址	山东省济南市山大南路 20 号
邮政编码	250100
发行热线	(0531)88363008
经　　销	新华书店
印　　刷	山东新华印务有限公司
规　　格	880 毫米×1230 毫米　1/32
	14.625 印张　357 千字
版　　次	2025 年 6 月第 1 版
印　　次	2025 年 6 月第 1 次印刷
定　　价	89.00 元

自　序

读史多年，思考的问题主要集中于清季民国这段历史，其间自也发文论说，略陈己见。这些散见于学术期刊及各种论文集的文字，汇集起来已有一定篇幅。正所谓“文章千古事，得失寸心知”，多少是因为纠结于过去时代读书人的为文之道，对于将习作编为论集出版，向存敬畏之心。这些年本也不乏这样的机会，皆因有所顾忌而未能实现。此次因系“集体”行为，遂将过去发表的论文稍加梳理，编为一册，以就正于方家。选定“学术与社会——近代中国‘社会重心’的转移与读书人新的角色”这一主题，乃是按照三编汇集起来的论文，皆关注到清季民国时期发生的剧烈的社会变动，以及走出科举时代的读书人确立的新的角色。

聚焦于“学术与社会”，自有其缘由，由此也多少收获了研究这段历史的点滴心得，不妨在此略加申论，以更好交待撰写这些文字之缘起。再者说，收录的文字最早的已是二十多年前撰写，于今思之，对某些问题的看法实已有所调整，也有必要加以说明。

忝为中国近代史研究的从业者，在归属上还被贴上从事“专门史”研究的标签，正因如此，我对史学问题的思考，很大程度上也发端于此。将历史区分为不同的断代及各种“专史”，自有其理由在，实际上，“专门史”仍是当下中国史学学科建制的基本特征，按照各“专门史”组织学术活动，也颇为盛行。然而，回顾过去的研究工作,对此一向有所保留,多少质疑以此作为“历史研究的单位”是否合适。所谓“历史研究的单位”,出自汤因比(Arnold Joseph Toynbee)《历史研究》中的阐述,对此的思考,也构成其基于“文明”开展比较研究的出发点。该书绪论部分即阐明,以往历史研究的一大缺陷,是把“民族国家”作为历史研究的一般范围,这大大限制了历史学家的眼界,事实上,“欧洲没有一个民族或民族国家能够说明它自己的问题”。为此,汤氏也主张应将历史现象放到更大的范围加以考察,这个更大的范围就是“文明”。① 尽管《历史研究》的影响已日渐式微,然而汤因比提醒历史学家不要沉湎于专门领域的研究而迷失方向,要用全面的眼光去看待人类历史,无疑算得上有益的警醒。②

回过头来看中国近代史研究,亦可发现对此的检讨构成该领域的核心问题。柯文(Paul A. Cohen)标举的“中国中心观”,特别指明其取向主要体现在:把中国按“横向”分解为区域、省、州、县与城市,以开展区域与地方历史的研究;把中国社会再按“纵向”分解为若干不同阶层,推动较下层社会历史包括民间与非民间历史的撰写。③ 这样的“取向”,多少表明海外中国学的基本趋向是将中国划分为更小的研究“单位”。与之适成对照的是,在“专门史”的研究领域,中国学者却致力于拓展“历史研究的单位”,试图基于“整体”展开研究。如围绕“社会史”就不乏歧见:社会史是一门历史学的分支学科,还是一种研究历史的方法或角度?赵世瑜就坚持应

---

① 汤因比:《历史研究》上册,曹未风等译,上海人民出版社 1986 年版,第1页。

② 巴勒克拉夫:《当代史学主要趋势》,杨豫译,上海译文出版社 1987 年版,第263—266 页。

③ 柯文:《在中国发现历史——中国中心观在美国的兴起》,林同奇译,中华书局 1989 年版,第 165 页。

把社会史理解为一种新的史学范式，而不应理解为一个学科分支，这样才能避免社会史研究的庸俗化；社会史是一种整体研究，不应被误解为“通史”或“社会发展史”。[①] 其他方面的“专门史”如政治史、经济史、思想史、文化史也有相似的声音传递出来，针对各“专门史”致力于划清学科的“边界”，罗志田也阐明，这些“边界”更多是人为造成并被人强化的，史学本身和治史取径都应趋向多元，虽不必以立异为高，不越雷池不以为功，似也不必画地为牢，株守各“专门史”的樊笼。[②] 葛兆光为此还明确主张新的思想史研究，应当“回到历史场景”中去把握思想的过程，“在知识史、思想史、社会史和政治史之间，不必画地为牢”。[③]

类似于这样的反省，所在多有，或可看作史学经历差不多一个世纪的尝试后新的“自觉”，问题的缘起则可追溯到20世纪初年梁启超倡导的“新史学”。“新史学”之所以构成中国史学发展的“事件”，原因即在于，无论是“历史”的范围，还是“史学”的书写方式，都发生了重大转变，表现之一是将中国纳入“普遍历史”(Universal History)的架构重新认识，另一有着重要影响的方面则是规划了“专门史”的方向。“新史学”体现的这些特征，乃“援西入中”大潮下中外史学“会通”的产物，展现出史学作为近代分科知识成长的枢机。

此前笔者已结合中西历史的“和合”，检讨了西方关于“普遍历史”的观念，如何影响到“通史”的书写架构。值得强调的是，理解中国之历史书写在近代的转变，恐不能局限于进化论，实有必要将

---

① 赵世瑜：《再论社会史的概念问题》，《历史研究》1999年第2期。

② 罗志田：《自序》，《近代中国史学十论》，复旦大学出版社2003年版，第12页。

③ 葛兆光：《道统、系谱与历史——关于中国思想史脉络的来源与确立》，《文史哲》2006年第3期。

问题上溯到与中西交往差不多同步发生的一幕——中西历史之“和合”。将中西历史纳入相同的时间序列,乍看只是涉及史学编纂的问题,其意义却不限于史学。西方的历史进程既代表着人类“普遍”的发展模式,将中国纳入“普遍历史”,实际是认同西方社会的发展昭示着中国历史演进的未来;进而西方社会演进所经历的,也便有了不可质疑的“正当性”。[①] 此外,笔者也探讨了“专门史”如何规划了影响至今的研究方向。“专门史”的成长,与近代分科知识在中国的成长密切相关,就某一学科的形成来说,书写本学科中国自身的“历史”,构成其中重要的一环。不过,所谓“专史”,需区分为两种不同的类型:一种是“学科史”或“学史”,一种则是对应于“通史”之“专门史”。前者主要梳理各学科在中国的历史,后者则基于对历史进程的把握,把历史分割为政治、经济、文化等不同的层面。在当时的言说中,并未严格加以区分,周予同1941年总结“新史学”,甚至皆以“通史”命名,认为“通史”包含两种意义:一种是中国固有的“通史”,与“断代史”相对的“通贯古今”的“通史”;另一种是中国与西方接触后输入的“通贯政治、经济、学术、宗教等等”的“通史”。[②] 但后一种“通史”,实际即是按照社会结构区分出的“专门史”。“专门史”书写在催生出大量相关著作的同时,对历史进程的认识也产生了重大影响,各种以“专门史”为名撰写的各种历史,意味着将历史分割为政治、经济、社会、文化等不同的部分,重新塑造了“中国之过去”。[③] 尤为突出的是,以“专门史”为特

---

① 章清:《“普遍历史”与中国历史之书写》,杨念群等编:《新史学——多学科对话的图景》上册,中国人民大学出版社2003年版,第236—264页。

② 周予同:《五十年来中国之新史学》,朱维铮编:《周予同经学史论著选集》,上海人民出版社1996年版,第535—536页。

③ 章清:《重塑“中国历史”——学科意识的提升与“专门史”的书写》,《学术月刊》2008年第3、4期。

征的史学学科规划，也成为推动史学发展的重要因素，大学史学科的课程大致形成了研究方法、两门通史、断代史、专门史的架构，至今还鲜少改变。[①]

在历史研究范围拓展的情况下，提倡专门史的书写，似乎是较为可行的解决办法，却未必能消除史家为此产生的困惑。尤其是，当“专门史”导致种种“决定论”的流行，则势必导致对历史的“遮蔽”。梁启超对“新史学”的阐述，特别提到昔之史家的两项弊端，由此也规划了“新史学”的方向：其一，“知有一局部之史，而不知自有人类以来全体之史”；其二，“徒知有史学，而不知史学与他学之关系”。[②] “新史学”对“全体之史”的追求，与法国年鉴学派所倡导的“全体部分构成的历史”，看起来存在某种相似性，但区别正体现在如何看待“整体”与“局部”。法国年鉴学派明确反对“事件构成的历史”，主张广泛吸收其他学科——地理学、经济学、社会学和心理学——的发现和方法。勒高夫(Jacques Le Goff)即曾说明：“新史学渴望建设一种从人体到生物、置于社会历史时段中的总体的人的历史。一些大生物学家希望以一种内在的而非外在的方式，把他们学科的历史作为一种研究工具，并将他们的研究扩大到包括历史学、地理学、人类学、社会学、人口学以及原来意义上的生物学在内的人类生态学的范围，这两者的结合便预示着一些伟大的前景。新史学在其中起着决定性的作用。”[③]广泛吸收其他学科的发现与方法，也是梁启超所主张的“新史学”大力倡导的，然而，所

---

① 刘龙心：《学术与制度：学科体制与现代中国史学的建立》，(台北)远流出版公司 2002 年版，第 151—194 页。

② 梁启超：《新史学二》，《新民丛报》第 3 号，1902 年 3 月 10 日。

③ 勒高夫：《新史学》，勒高夫等主编：《新史学》，姚蒙编译，上海译文出版社 1989 年版，第 30—31 页。

不同的正在于，年鉴学派从一开始就注意抵制诱惑，防止把自己分割为许多各行其是的"专门化"部门（经济史、思想史等等）。这种诱惑在20世纪二三十年代的西方世界也十分突出，年鉴学派却强调，从社会背景中抽离出来的"专门史"，"肯定会使人误入歧途"。①中国史家对此也有反省，钱穆1943年为悼念张荫麟写下的《中国今日所需要之新史学与新史学家》，就强调了司马迁"究天人之际，通古今之变"，乃史家撰史的最高原则与境界，"真有得于史学者，则未有不能融贯空间相，通彻时间相而综合一视之者"。② 围绕"普遍史"（通史）与"专史"当如何平衡，钱也指出因应之道："先对普遍史求了解，然后再分类以求。从历史的各方面分析来看，然后加以综合，则仍见此一历史之大全体。"③

"专门史"构成20世纪中国历史书写的主要形式，其引发的结果，同样值得重视。"专门史"所导致的认知历史方式的转变，特别是由此催生的"决定论"意识，更是不可忽视。具体表现出的，或为"经济决定论"，或为"文化决定论"，不仅有关"经济史"与"文化史"的著作尤其多，还因此建构起认知历史的"决定论"模式。在此过程中，还可注意到极富意义的一幕，即是将各"专门史"的内容悉数纳入"文化史"的架构。柳诒徵《中国文化史》对此就指出，世间颇为质疑"吾国所谓史者，不过如坊肆《纲鉴》之类，止有帝王嬗代及武人相斫之事，举凡教学、文艺、社会、风俗以至经济、生活、物产、建筑、图画、雕刻之类，举无可稽"，其撰写此书，即是期望能"祛此

① 巴勒克拉夫：《当代史学主要趋势》，第55—56页。

② 钱穆：《中国今日所需要之新史学与新史学家——本文敬悼故友张荫麟先生》，广东省东莞市政协主编，周忱编选：《张荫麟先生纪念文集》，汉语大词典出版社2002年版，第7页。

③ 钱穆：《中国历史研究法》，（台北）东大图书公司1988年版，第15页。

惑”,“故于帝王朝代,国家战伐,多从删略,惟就民族全体之精神所表现者,广搜而列举之”。[①] 过去的史乘是否如柳所归纳的那样,鲜少这方面的内容,不是这里可以讨论的,但这番话却点出了“文化史”书写的意义所在,那就是要写出此前较少涉及或完全没有涉及的内容。其他相关的著作亦体现出这一特质,如顾康伯编著的《中国文化史》就说明:“夫所谓文化者,包罗极广,举凡政治、地理、风俗、宗教、军事、经济、学术、思想,及其他一切有关人生之事项,无不毕具。”[②]缪凤林 1940 年出版的《中国民族之文化》,也指出文化的内涵包括下列的十类:(1)文史;(2)政治;(3)经济;(4)科学;(5)哲学;(6)伦理;(7)宗教;(8)工艺;(9)美术;(10)人物。[③]

把各种“专门史”悉数纳入,更集中体现于王云五编辑的“中国文化史丛书”中。王从事这项工作,是基于中国之旧史“详于政事而略于文化”,其撰写的《编纂中国文化史之研究》,交待了编印这套丛书的原委。文中汇集了欧美、日本学者之著作 234 种,分为 32 类,“一般文化史仅占 18 种,其余 216 种尽属分科文化史”。对比外国学者的文化史著作,他仍然认为“未能窥我文化史之全豹”,“吾国之辉光,分之为各科专史,合之则为文化之全史”,于是把文化史

---

① 柳诒徵:《弁言》,《中国文化史》上册,正中书局 1947 年版,第 1—2 页。

② 顾康伯:《自序》,《中国文化史》(高中师范教本),上海大新书局 1933 年版,第 2 页。

③ 缪凤林:《中国民族之文化》,新中国文化出版社 1940 年版,第 9—10、31—32 页。

的范围分为80个科目，“以一专家之所长，担任一专科史料之整理”。[①] 80种科目即是80种“专史”，其内容已是无所不包，且均包容在“中国文化史”的架构里。梁启超尝谓“中国古代，史外无学，举凡人类智识之记录，无不丛纳于史”，在此基础上还明确阐明“今日所需之史，当分为专门史与普通史之两途”，“专门史如法制史、文学史、哲学史、美术史等等；普遍史即一般之文化史也。治专门史者，不惟须有史学的素养，更须有各该专门学的素养”。[②] 此所显示的是，各种“专门史”无不丛纳于“文化史”。不过，同样是“文化史”，也有所区别，陈寅恪曾围绕“旧派”“新派”各自之“失”加以评述：“旧派失之滞”，“这类文化史不过是抄抄而已，其缺点是只有死材料而没有解释，读后不能使人了解人民精神生活与社会制度的关系”；“新派失之诬”，“‘以科学方法整理国故’，是很有可能行性的。不过也有时不适用，因为中国的材料有时在其范围之外”。[③] 问题的复杂性正在于，完全堆砌材料已不足取，然如何选取合适的办法妥善处理中国的材料，也非易于为之。

可以说，“专门史”特别发展出对“思想”“文化”及“学术”的重视，亦可基于“新史学”成长的背景加以把握。关键在于，各分科知

① 具体包括：哲学总论15种；哲学各论10种；经学2种；宗教总论10种，宗教各论17种；经济14种；政治11种；法制2种；外交8种；交通与贸易21种；拓殖6种；文化西渐5种；教育4种；社会4种；语文4种；天文2种；农业3种；工业2种；医学1种；一般美术13种；绘画7种；书法1种；雕塑7种；陶瓷器8种；铜器3种；音乐3种；建筑3种；文学总论11种；文学各论6种；考古7种；民族6种。参见王云五：《编纂中国文化史之研究》，胡适、蔡元培、王云五编辑：《张菊生先生七十生日纪念论文集》，商务印书馆1937年版，第639、648页。

② 梁启超：《中国历史研究法》，上海古籍出版社1998年版，第32、38页。

③ 卞僧慧：《怀念陈寅恪先生》（未发表），见蒋天枢《陈寅恪先生传》，收入张杰、杨燕丽编：《追忆陈寅恪》，社会科学文献出版社1999年版，第460页。

识的成长，使“史学”可依托于“他学”得以成长。这也是当时较为普遍的看法，梁启超、章太炎、陈黻宸、王国维、宋恕等，均立足于此思考史学之未来。宋恕还明确表示：“有一学必有一学之史，有一史必有一史之学，数万里之原案咸被调查，数千年之各断悉加研究，史学极盛，而经、子、集中之精理名言亦大发其光矣！”[①]所谓“有一学必有一学之史”甚为关键，它所意味的是，随着分科知识在中国成长起来，围绕各学科进行“专门史”书写，成为史学新的方向，而史学的学科地位较之过去也有所不同，须摆脱“政”的纠缠，在“学”的层面规划自身的学科建制。

“学”与“政”成为论辩之中心，与之也不无关联。关于“学”与“治”的关系，龚自珍时已有“一代之治，即一代之学”的看法。[②] 张之洞对此也阐述了独到的见解，“世运之明晦，人才之盛衰，其表在政，其里在学”[③]。凡此种种，皆提示我们注意近代中国所展示的对“学”的重视的一面。将此悉归于“西学东渐”，未必合适，强调“学高于政”，原本构成中国读书人坚守的信念。这也构成“援西入中”耐人寻味的一幕。明季李之藻所辑之《天学初函》，按照两编分别西书：一为理编，主要包括介绍天主教理及世界地理的诸书；一为器编，为论数学、天文、水利各科的译书。“理编”与“器编”，颇合“道”“器”之分的意味，反映出本土的资源如何影响到对西学的认

---

① 宋恕：《粹化学堂办法》，胡珠生编：《宋恕集》上册，中华书局 1993 年版，第 380 页。

② 龚自珍：《乙丙之际箸议第六》，《龚自珍全集》，上海人民出版社 1975 年版，第 4—5 页。

③ 张之洞：《〈劝学篇〉序》，苑书义等主编：《张之洞全集》第 12 册，河北人民出版社 1998 年版，第 9704 页。

识。[①] 而梁启超 1896 年写成《西学书目表》，按学、政、教对西书进行分类，也映射出晚清"西政"与"西学"的论辩成为话题的中心。[②] 进一步还可以注意到，在新的时势下所衍生的看法，同样显示出对"学"的重视，"学无中西""学无新旧"的主张，还逐步化解了由此产生的"紧张"。

近代学科知识的"援西入中"，大致可以区分出两条不同的线索：其一是依托"国别性"展开论述，故要别立"中西"，辩论"体用"；其二则是立足"普世性"展开论辩，强调知识的"现代性"特征。[③] 梅文鼎言及会通中西曾有言："法有可采，何论东西；理所当明，何分新旧。"[④]若说此种"去中西之见"的主张在清初可谓空谷足音，晚清时则逐步有了这样的共识，"昔之学在贯天人，今之学在赅中西"。[⑤] 所谓学无新旧，无中西，通常归之于王国维的发明，其实，自中西接触以来，以此立言者并不乏人。孙宝瑄 1897 年在日记中就表示："居今之世而言学问，无所谓中学也，西学也，新学也，旧学也，今学也，古学也。皆偏于一者也。惟能贯古今，化新旧，浑然于中西，是

---

① 李之藻：《刻〈天学初函〉题辞》，《天学初函》(一)，台湾学生书局 1965 年版，第 1 页。

② 梁启超：《〈西学书目表〉序例》，《饮冰室合集》第 1 册，"文集之一"，中华书局 1989 年影印本，第 122—126 页。

③ 章清：《"中体西用"论与中西学术交流——略论"体用"之辩的学科史意义》，复旦大学历史学系、复旦大学中外现代化进程研究中心编：《中国现代学科的形成》[《近代中国研究集刊》(3)]，上海古籍出版社 2007 年版。

④ 梅文鼎：《堑堵测量(四)·郭太史本法》，梅瑴成编：《梅氏丛书辑要》卷四十，承学堂乾隆二十六年(1761 年)刊本，第 26 页。

⑤ 谢若潮：《西学三通·叙》，袁清舫、晏海澜编：《西学三通》，上海文盛堂 1902 年版，第 2—3 页。

之谓通学，通则无不通矣。"[1]王国维则将有用无用之争、中学新学之争和古今新旧之争，均归于"学之义不明"："学之义不明于天下久矣。今之言学者，有新旧之争，有中西之争，有有用之学与无用之学之争。余正告天下曰：学无新旧也，无中西也，无有用无用也。凡立此名者，均不学之徒，即学焉而未尝知学者也。"[2]

与其说"学无中西""学无新旧"，毋宁说真正的改变是西学转化为新学，中西之争也转化为新旧之争，如论者所说的，"西学本身也跨越中西认同的紧张，获得了一个更具普世性的名称——新学"。[3] 各种新学丛书替代各种西学书籍的出版，颇能说明问题。这其中，既有以"皇朝"命名的《皇朝新学类纂》，也有主要取法日本的《新学大丛书》，显示在19、20世纪之交日本渐成中国摄取新知的主要国度。[4] 而且，无论汇编者的情况怎样，对学之认知皆突出一个"新"字，如《新学备纂·序》即这样写道："新世界新学界，一周岁之间，开新理者万，著新书者万。欧美列国日以新学相竞争，而吾国所译述者，万不及一焉。"[5]不难看出，由"西学"到"东学"，再到"新学"，突出的是学之"普世性"，不仅直面中国处于落后位置，还将世界之竞争定位于"学"，"二十世纪之始正学界武装姤战时代，非学界文德大同时代"，"吾中国通海以后，政界之精神形表日见颓

---

① 孙宝瑄：《忘山庐日记》上册，1897年3月17日，上海古籍出版社1983年版，第80页。

② 王国维：《〈国学丛刊〉序》，《王国维遗书》第3册，上海书店出版社1983年版，第202页。

③ 罗志田：《传教士与近代中西文化竞争》，《历史研究》1996年第6期。

④ 参见广益书屋主人编：《皇朝新学类纂》，上海广益书室1901年版；明夷编：《新学大丛书》，上海积山乔记书局1903年版。

⑤ 渐斋主人编：《新学备纂·序》，天津开文书局1902年版，第1页。

落,学界之精神形表日有进步”。[①]

1900年杜亚泉到上海办起“亚泉学馆”,并编辑《亚泉杂志》,就致力于辩护“西艺”。这颇有些反其道而行之的意味,直接针对的即是张之洞《劝学篇》“西政为上,西艺次之”的看法。说起来,岂止张之洞,强调“西政”,差不多成了那个年代读书人中较为普遍的看法。康有为描述接触西学之初始,曾有这样的评说:“中国西书太少,傅兰雅所译西书,皆兵医不切之学,其政书甚要,西学甚多新理,皆中国所无,宜开局译之,为最要事。”[②]相似的意思,梁启超也有所阐述:“吾中国之治西学者固微矣,其译出各书,偏重于兵学艺学,而政治资生等本原之学,几无一书焉。”[③]康、梁上述常被征引的话,也在传递对“西政”的重视。然而,杜亚泉却认为,“西艺”乃本根之所在,他为《亚泉杂志》撰写的序文就表达了对此的思考:“我国自与欧洲交通以来,士大夫皆称道其艺术。甲午以后,国论一变,啧啧言政法者日众,即如南皮张氏所著《劝学篇》亦云,西政为上,西艺次之。”尽管杜也承认“政重于艺,亦我国向来传述不刊之论也”,但“政治”与“艺术”之关系,却并不单纯,“自其内部言之,则政治之发达,全根于理想,而理想之真际,非艺术不能发现。自其外部观之,则艺术者固握政治的枢纽矣。航海之术兴,而内治外交之政一变;军械之学兴,而兵政一变;蒸汽电力之机兴,而工商之政一变;铅字石印之法兴,士风日辟,而学政亦不得不变。且政治学

---

① 赵祖悳:《新学书目提要跋》,《新学书目提要》卷一,上海通雅书局1903年版,第119页。

② 康有为:《康南海自编年谱》,中国史学会主编:《中国近代史资料丛刊·戊戌变法》(四),神州国光社1953年版,第119页。

③ 梁启超:《论学日本文之益》《东籍月旦》,《饮冰室合集》第1册,“文集之四”,第80—82、82—85页。

中之所谓进步，皆借艺术以成之”。[①] 这里所谓“艺术”，即是“技艺”，具体指向“诸科学”。[②] 杜亚泉对“西艺”表达的看法，其实与他批评的对象并没有多大差别，在晚清的语境中所谓“西政”，涉及面颇广，同样包含“西学”。这里所显示的是，对“学”的重视，仍一如其往。

新文化运动中胡适标榜“二十年不谈政治”，“要想在思想文艺上替中国政治建筑一个革新的基础”，无非是传递“学术救国”“教育救国”的信念。[③] 这也代表着民初各方人士共同的见解，1913 年吴稚晖、蔡元培、李石曾、汪精卫等聚谈时就有这样的共同感受：“皆确然深信：惟一之救国方法，止当致意青年有志力者，从事于最高深之学问，历二三十年沉浸于一学，专门名家之学者出，其一言一动，皆足以起社会之尊信，而后学风始以丕变。”[④]蔡元培尤其专心于此，并成为其开启大学教育理想之门的重要动力。在履任北大校长后不久给汪精卫的信中，他就明确表示：“在弟观察，吾人苟切实从教育入手，未尝不可使吾国转危为安……弟进京后，受各政团招待时，竟老实揭出不涉政界之决心。”[⑤]也不乏读书人对此感到失落，刘师培在给吴虞的一通信函中，就不无意味地表示：“窃以处今之世，道与政学析殊；政之与学，亦弗符合：忧有所仰，研求得真，道之谓也；稽諭俗言，与时偃佚，政之谓也；钩谌搴佚，资消昕夕，学

---

① 杜亚泉：《〈亚泉杂志〉序》，《亚泉杂志》第 1 册，1900 年 11 月 9 日。

② 该刊第 1 册所登之《本馆谨启》对此有所说明：“此书辑录格致、算化、农商、工艺诸科学。”（《本馆谨启》，《亚泉杂志》第 1 册，1900 年 11 月 9 日）

③ 胡适：《我的歧路》，《努力周报》第 7 期，1922 年 6 月 18 日。

④ 吴稚晖：《四十九岁日记选录》，《吴敬恒选集 · 序跋游记杂文》，（台北）文星书店 1967 年版，第 221 页。

⑤ 蔡元培：《致汪兆铭函》（1917 年 3 月 15 日），高叔平编：《蔡元培全集》第 3 卷，中华书局 1984 年版，第 26 页。

之谓也。斯旨既阐，则今之治汉学，惟在谛古言、审国故。其说弗必浃于衷，其证弗必验于俗。”[①]研究者也揭示了，逐渐认识到中西竞争最终是一场“学战”，是晚清中西文化交流突出的一环，中国士人由此更自觉重视这场文化竞争。[②] 林毓生还阐述了五四一代所展现出的“借思想文化以解决社会根本问题”的思想方式。[③] 就此而言，民初所凸显的“思想战”，尤其值得重视，就对思想、学术优先性的肯定来说，实无过于此。

杜亚泉在 1915 年的一篇文字中即明言：“今之时代，为思想战之时代。十八世纪民权思想之普及，美利坚独立，法兰西革命，其他革命战争之蔓延于各国者，不知凡几。十九世纪民族思想之发达，意大利合并，巴尔干分裂，其他民族战争之爆发于各地者，更不知凡几。此回旋澎湃之思潮，更由太平洋印度洋远渡亚东，波及吾国，而有辛亥之役。吾国之思想战，盖以此为著矣。”[④]这里所说之“思想战”，其语境与晚清流行的“学战”，自不能相提并论，但突出思想的作用，却是明确的。这也构成新文化运动的流行话语，汪敬熙即注意到，自 1916 年 1 月《东方杂志》发表黄远生《国人之公毒》后，“有许多人都同声说，我们中国各种坏处的根原就是思想界，并且又说，如想改革中国，第一步就须改革思想”。[⑤] 一篇讨论思想界

---

① 此为刘师培应吴虞之请，为其开列小学、经学书目一份，并函一件，由孙少荆转交吴虞。参见万仕国编著：《刘师培年谱》卷三，广陵书社 2003 年版，第 216 页。

② 王尔敏：《商战观念与重商思想》，《中国近代思想史论》，社会科学文献出版社 2003 年版，第 198—322 页；罗志田：《新的崇拜：西潮冲击下近代中国思想权势的转移》，《权势转移：近代中国的思想、社会与学术》，湖北人民出版社 1999 年版，第 18—81 页。

③ 林毓生：《中国意识的危机》，穆善培译，贵州人民出版社 1988 年版，第 45—51 页。

④ 杜亚泉：《论思想战》，《东方杂志》第 12 卷第 3 号，1915 年 3 月 1 日。

⑤ 汪敬熙：《什么是思想？》，《新潮》第 1 卷第 4 号，1919 年 4 月 1 日。

两大潮流的文字，开篇就写道："诸君大概都知道改革社会，是要改造思想的。"这已是把"思想"之优先性作为讨论问题的前提，进一步还试图说明，思想是一切社会、政治、学术的源头，"思想变了，那学术社会政治一定跟着变"，"凡稍能看报纸杂志的人，大概都知道从'五四运动'以来，中国发生了'新文化运动'，随着新出版物一天多一天，所鼓吹的，一言以蔽之，是新思想，分言之：把这思想用到文学上来，便是新文学；把这思想用到政治上去，便是新政治（平民政治）；把这思想用到社会上去，便是新社会（互助社会）"。[①] 梁启超《欧游心影录》第六节"学说影响一斑"亦曾阐明："从来社会思潮，便是政治现象的背景；政治现象，又和私人生活息息相关。所以思潮稍不健全，国政和人事一定要受其敝。"[②]

清季民国时期展现出的对思想、学术的重视，并非无源之水。勾画民初报章与读书人的互动，可以看到问题的另一面，报章之所以吸引各方人士投身其中，是看重这一传播媒介的作用；既投身于报章，则不免为其正当性加以辩护，"思想革命"话语由此流行开来，也是题中应有之义。可以说，要解释五四时期"话语"的流行，不能忽视报章与读书人的紧密关联。在这个意义上，结合"社会"的视野，以更好把握思想、学术的发展，也理所应当。

之所以结合"学术"与"社会"展开话题，无非是突出"社会"的视野，尤其是重视中国社会重新组织对于思想学术的发展，以及读书人确立新的角色与身份所具有的意义。在中国古代政治传统中，"君子不党"是士大夫政治的重要标识，然中国士人却又向有结社之习性，明清时期尤盛。晚清以降，遭逢所谓"三千年未有之大

---

① 陈问涛：《中国最近思想界两大潮流》，《时事新报》1923 年 4 月 29 日，"学灯"，第 1—2 版。

② 梁启超：《欧游心影录》，《饮冰室合集》第 5 册，"专集之二十三"，第 9 页。

变局”,也推动了“合群”的诉求,尤其是伴随科举制的废止,读书人通向政治的晋升之路遭到瓦解,更需要在新的政治格局中谋求新的力量呈现方式。有关近代中国读书人对新的角色与身份的寻求,不少论著已有所阐述,涉及“学术共同体”及新的社会集团形成等问题,“公共空间”(public sphere)与“市民社会”(civil society)概念的流行,尽管可能落入“自由主义萌芽论”之窠臼(亦即“资本主义萌芽论”在政治上的翻版)[①],却也催生出相关的问题意识,重视探讨近代中国各阶层与群体,如何经由地缘的、家族的以及共同利益、共同信仰的关系联结为网络,介入到公众事务中。透过晚清读书人的言说,就不难了解“合群”如何构成论说的重心。

耐人寻味的是,尽管读书人对于“合群”从各个方面都予以肯定,但如何“合群”,却未必能找到合适的办法,而且,过去时代的遗产也持续在发挥效力。这里所显示的是,“社会”的缺失导致了“合群”难以找到依托,而“社会”的成长,则与形成具有近代意义的国家观念密切相关。在这个意义上,“国家”与“社会”仍是解析此一问题值得重视的视角,此亦构成近代中国社会转型的枢机所在。重要的是,摈弃“天下”观念,无论是对外,还是对内,都具有潜在的意义。就对外来说,是基于天下万国之理念承认对等的政治实体的存在,并接受近代“世界”的构成乃是“以国家对国家”;就对内来说,有了近代意义上的国家意识,也便确立了国家内部新的政治边界,如何组成国家,如何安排国家与社会、个人与国家、个人与社会等涉及政治生活的问题,才会被重新提上议事日程。因此,缺乏对“国家”的认知,所谓“社会”也是难以有所依托的。可以说,正是对“合群”的追求,推动对“国家”与“社会”新的认知,是影响深远的转

---

① 孔飞力(Philip A. Kuhn):《公民社会与体制的发展》,《近代中国史研究通讯》第13期,(台北)中研院近代史研究所,1992年3月。

变;有了近代意义的国家意识,对"社会"的认知也有逐步清晰的呈现。《新民丛报》1902 年出版的第 11 号,编者即以这样的方式答复一位困惑于"群"与"社会"的读者,明确说明对"合群"的追求,是基于在"社会"层面用力:"社会者,日人翻译英文 society 之语,中国或译之为群,此处所谓社会,即人群之义耳。"编者也坦陈:"本报或用群字,或用社会字,随笔所之,不能划一,致淆耳目。"显然作者是接受"社会"一词的,故此也说明:"社会二字,他日必通行于中国无疑矣。"①稍后汪荣宝、叶澜编纂的《新尔雅》,还列出"释群"一节,对此有更清楚的说明:"二人以上之协同生活体,谓之群,亦谓之社会。"②将"群"与"社会"相提并论,正说明"合群"的诉求已紧扣"社会"的成长。

到五四时期,"社会"更是构成言说之中心,傅斯年留下的一份文稿就说明"社会"如何受到读书人特别的关注。这篇约写于 1919 年的文稿表达了这样的看法:"以前的世代,社会的旧组织死了,所以没有维系与发展社会的中心能力","从五月四日以后,中国算有了'社会'了"。这样的"觉悟"颇有曲折,经历了约四个阶段:"第一层是国力的觉悟;第二层是政治的觉悟;现在是文化的觉悟,将来是社会的觉悟。"尤其强调:"凡相信改造是自上而下的,就是以政治的力量改社会,都不免有几分专制的臭味;凡相信改造是自下而上的,就是以社会的培养促进政治,才算有彻底的觉悟。"③将此置于新文化运动的背景,更不难了解这样的言论具有的代表性。以胡适来说,在价值的追求上就努力在"个人"与"社会"之间寻求一

---

① 《问答》,《新民丛报》第 11 号,1902 年 4 月 22 日。

② 汪荣宝、叶澜:《新尔雅》,上海明权社 1903 年版,第 63 页。

③ 傅斯年:《时代与曙光与危机》,原件藏台北"中研院"史语所"傅斯年档案",此据王汎森:《傅斯年早期的"造社会"论》,《中国文化》第 14 期,1996 年 12 月。

种平衡。1919年在《不朽——我的宗教》一文中，胡适就声称其宗教信仰是“社会不朽论”，从而在个人与社会之间——他用“小我”与“大我”来表述，建立起不可分的观念。① 胡适并没有因为信奉与个人主义大相径庭的所谓“社会不朽”感到疑惑，一年以后借助对“宗教家的极乐园”“神仙生活”“山林隐逸的生活”“近代的新村生活”等隐退、逃遁、独善的个人主义的批评，进一步把社会群体意识提升到个人主义之上，倡导一种“非个人主义的新生活”。② 不仅如此，胡适还把读书人的工作定位于建立“社会重心”。1932年其撰文检讨中国民族自救运动的失败，就集中表达了这样一层意思，中国这六七十年之所以一事无成，一切工作都成虚掷而不能永久，只是因为“我们把六七十年的光阴抛掷在寻求一个社会重心而终不可得”。帝制时代的重心当在帝室，但经过太平天国早已失去政治重心的资格。自此以后，无论是“中兴”将相、戊戌维新领袖还是后来的国民党，都曾努力造成新的社会重心，然而往往只一二年或三五年，又渐渐失去做社会重心的资格了。胡适试图表明，他与他的朋友为之奋斗的，是努力去创造一个“社会重心”，须具备这样的条件：第一，必不是任何个人，而是一个大的团结；第二，必不是一个阶级，而是拥有各种社会阶级的同情的团体；第三，必须能吸收容纳国中的优秀人才；第四，必须有一个能号召全国多数人民的感情与意志的大目标；第五，必须有事功上的成绩使人民信任；第六，必须有制度化的组织使他可以有持续性。③

略为梳理对上述问题的理解，或能说明这本论文集所选出的文章，大体围绕着“学术与社会”展开，关注的重点则是“近代中国

① 胡适：《不朽——我的宗教》，《新青年》第6卷第2号，1919年2月15日。

② 胡适：《非个人主义的新生活》，《新潮》第2卷第3号，1920年4月1日。

③ 胡适：《惨痛的回忆与反省》，《独立评论》第18号，1932年9月18日。

‘社会重心’的转移与读书人新的角色”。这也是将这些年的研究工作略加总结，并选择主题相近的部分编为一册。其他方面的文字则主要包括两个方面：一是涉及现代中国自由主义思想的“史实重建”的论文，主要基于“自由”与“自由主义”进行“概念史”分析；二是立足“西学东渐”揭示近代学科知识的形成，关注近代知识的转型。将来有机会，或许也会考虑以主题的方式编成集子。

收入本集的论文，特别以《省界、业界与阶级：近代中国亚文化圈世界的形成》一文作为“引论”，表明这些年所关注的问题，多少与之相关，试图说明近代中国读书人对新的角色与身份的寻求，涉及“学术共同体”及新的社会集团形成等问题。通过检讨读书人聚集方式的转变，以及“省界”“业界”“阶级”等亚文化圈世界的形成，或有助于揭示近代中国形成集团力量时值得注意的一些特性，尤其有裨于把握形成政治共同体的困局。这也是学术关联于社会、社会影响于学术的基础，多少可以为相关话题的展开提供一些背景。

除“引论”部分外，其他大体按照三个部分稍加整理。

第一编为“传统的发明”，主要检讨传统文化在近代的遭遇，既试图对传统加以恰当的区分，也从不同侧面说明传统作为“记忆延续”的基本资源，如何被“发明”。实际上，所谓“传统”只是后人赋予的，并非对传统具象的了解。五四一代关于传统的立场，主要体现在不把传统作为政治制度合法性的知识资源，传统也因此呈现由“知识资源”向“学术资源”的过渡。而“历史记忆”之延续构成晚清思想演进重要的象征，并明显受两个因素的主导：一是由“反满”所催生的恢复汉族的记忆；一是西方因素开启的关乎中国历史的记忆。此外，借分析容闳、严复、胡适三位不同时期留学生的代表，也尝试说明本土文化作用的方式。

第二编命名为“思想界的解析”，主要汇集了一组讨论“思想界”的文章。将“思想界”与清季民国的历史建立特别的关联，正是要强调其形成并非无关宏旨，既与近代中国形成国家与社会新的对应关系密切关联，也体现了走出科举时代的读书人对新的角色与身份的探求，映射出近代中国社会文化演进值得关注的一幕。基于报章所营造的思想环境对“思想界”进行解析，可以注意到这一时期的读书人展现出不同于过去的新的生活形态。无论什么时候，读书人总有展现其身份意义的象征，清季民国的读书人也不例外，结合报章与大学及读书人的互动，或许可以更好说明新的思想环境如何影响到对读书人的塑造。

第三编则集中关注“学术社会的建构”。近代中国读书人对新的角色与身份的寻求，涉及“学术共同体”及新的社会集团形成等问题。所谓“学术社会”，来自近代中国读书人的自诩，显示的是走出科举时代的读书人对新的角色与身份的寻求。对此加以解析，可以看出读书人通过重建知识的庄严，重新确立了读书人在现代社会的位置。而“国难”发生，又凸显了现代中国学术的成长与政治的关联，不仅如此，不少读书人还直接介入到实际政治中，“学人外交”从幕后走向前台，就展现了读书人参与到现实政治中的处境。对此略作申论，当可对影响现代中国学术成长的诸多因素，有进一步了解。

有必要说明的是，上述文章大体上都是应邀参加学术会议所写，或曾刊于学术刊物，或者编入会议论文中。因此，对于此过程中各位论文评议人，以及编辑人员所付出的辛苦，谨致谢忱。文章的内容尽可能保持发表时的原貌，只是部分文章恢复一些发表时因篇幅限制删除的文字，同时注释部分的格式也加以统一。对于本书责任编辑付出的辛劳，也一并致谢。

目　录

第一编　传统的发明

第二编　思想界的解析

引论　省界、业界与阶级：近代中国亚文化圈世界的形成

在中国古代政治传统中，“君子不党”是士大夫政治的重要标识。然中国士人却又向有结社之习性，明清时期尤盛。[①] 从某种意义上说，士大夫的身份意义，即是依靠从宗族、宗教、学校，到行会、会馆、同乡会等“中间团体”(intermediate)，构成民间社会的基础；“士”之成为“四民之首”，占据中心社会位置，也意味着“士”形成了具有某种组织意义上的“共同体”。[②] 晚清以降，随着科举制废止，读书人通向政治的晋升之路遭到瓦解，需要在新的政治格局中谋求新的力量呈现方式。如亨廷顿(Samuel P. Huntington)所强调的，政治生活首先应当被看作集团生活，每个人都会以某种方式卷入到政治体系中。在受到变化影响的每一个社会中，新兴的社会集团起而参政，是不可避免的现象；甚至现代化在很大程度上所反映的即是民族、宗教、地域、经济或社会身份的社会集团猛增并多

① 参见谢国桢：《明清之际党社运动考》，辽宁教育出版社 1998 年版。

② 余英时：《中国知识分子的边缘化》，《二十一世纪》总第 6 期，香港中文大学中国文化研究所，1991 年 8 月。

样化的过程。[1]

有关近代中国读书人对新的角色与身份的寻求，尤其是在“集团力量”形成过程中的走向，不少论著已有所阐述，涉及“学术共同体”及新的社会集团形成等问题。[2]“公共空间”(public sphere)与“市民社会”(civil society)概念的流行，尽管可能落入“自由主义萌芽论”之窠臼(亦即“资本主义萌芽论”在政治上的翻版)，却也催生出相关的问题意识，即探讨近代中国各阶层与群体，如何经由地缘的、家族的以及共同利益、共同信仰的关系联结为网络，介入到公众事务中。[3] 在稍前一篇文字中，笔者已就科考废除后读书人建构“学术社会”所形成的“权势网络”略作梳理[4]，本文则试图立足近代中国“集团力量”的兴起，就此作进一步申论，主要检讨近代中国读书人如何经由“地缘”因素有了最初的聚集，随之超越地缘的“业界”意识如何构成聚集的基础；进一步的，阶级意识的提升又如何

---

① 塞缪尔·亨廷顿：《变动社会的政治秩序》，张岱云等译，上海译文出版社1989年版，第9页；罗伯特·达尔：《现代政治分析》，王沪宁、陈峰译，上海译文出版社1987年版，第5页。

② 参见艾尔曼(Benjamin A. Elman)：《从理学到朴学——中华帝国晚期思想与社会变化面面观》，赵刚译，江苏人民出版社1995年版；《经学、政治和宗族——中华帝国晚期常州今文学派研究》，赵刚译，江苏人民出版社1998年版。孔飞力(Philip A. Kuhn)：《中华帝国晚期的叛乱及其敌人——1796—1864年的军事化与社会结构》，谢亮生等译，中国社会科学出版社1990年版。杨念群：《儒学地域化的近代形态——三大知识群体互动的比较研究》，生活·读书·新知三联书店1997年版。

③ 孔飞力：《公民社会与体制的发展》，《近代中国史研究通讯》第13期，(台北)“中研院”近代史研究所，1992年3月；魏斐德(Frederic Wakeman, Jr.)：《清末与近代中国的公民社会》，汪熙、魏斐德编：《中国现代化问题——一个多方位的考察》，复旦大学出版社1994年版，第23—57页。

④ 章清：《“学术社会”的建构与知识分子的“权势网络”——〈独立评论〉群体及其角色与身份》，《历史研究》2002年第4期。

影响到中国集团力量的形成。在笔者看来，集团力量兴起所涉及的是社会动员方式的转变，是在国家与个人之间建立一种纽带。通过检讨读书人聚集方式的转变，以及“省界”“业界”“阶级”等亚文化圈世界的形成，或有助于揭示读书人在形成集团力量时值得注意的一些特性，尤其有裨于把握近代中国形成政治共同体的难局。

一、国家·社会·个人

孟子尝谓：“诸侯之宝三：土地、人民、政事。”（《孟子·尽心下》）[①]不可否认，在中国传统资源中，也包含着对政治秩序的安排，只不过古代中国人主要“将中国看成一文化体系，而不是一定的政治疆域”[②]。这在顾炎武有关“亡国”与“亡天下”的著名论辩中有清楚阐述。[③] 而在有了西方学理之后，如何安排一个国家的基本秩序才逐渐清晰起来，时间当在19世纪末20世纪初。针对梁启超的研究，不少学者即充分肯定了梁氏对此的探索具有的意义。列文森(Joseph R. Levenson)阐明了梁启超打通了从文化主义通向国家主

---

① 《孟子正义》注曰：“诸侯正其封疆，不侵邻国，邻国不犯，宝土地也。使民以时，民不离散，宝人民也。修其德教，布其惠政，宝政事也。”（焦循：《孟子正义》，中华书局1987年版，第1001页）今人解其意，也指出“这至少在形式上已接近西方政治学上以土地、人民、主权来界定‘国家’的说法”。参见余英时：《国家观念与民族意识》，《文化评论与中国情怀》，（台北）允晨文化实业股份有限公司1990年版，第18页。

② 邢义田：《天下一家——中国人的天下观》，刘岱总主编：《中国文化新论·根源篇》，（台北）联经出版公司1981年版，第452页。

③ 顾炎武《日知录·正始》中写道：“有亡国，有亡天下，亡国与亡天下奚辨？曰：易姓改号谓之亡国，仁义充塞，而至于率兽食人，人将相食，谓之亡天下……是故知保天下，然后知保其国。保国者，其君其臣，肉食者谋之；保天下者，匹夫之贱与有责焉耳矣。”（黄汝成：《日知录集释》，岳麓书社1994年版，第471页）

义的道路，而据张灏的分析，1890 年后的十年间，梁的思想发展可看作儒家经世致用这一古老传统和寻求现代思想新方向之间的重要纽带，涉及两个过程：一是摈弃天下大同思想，承认国家为最高群体；二是把国家的道德目标转变为集体成就和增强活力的政治目标。① 具有近代意义的“国家意识”的萌生，以及纠缠其间的民族与民族主义，一向是把握近代中国变革图景的焦点，较有代表性的看法是，“在很大程度上，近现代中国思想史是使‘天下’成为‘国家’的过程”②。或将支配这一见解的模式称为“从文化主义到民族主义的理论”(culturalism-to-nationalism thesis)。③ 就本文所涉及的问题来看，对此略作疏理也是必要的。最基本的乃在于，摈弃“天下”观念，无论是对外，还是对内，都具有潜在意义。梁启超 1902 年论辩“新民为今日中国第一急务”，就强调其立论之的根本有二：“一曰关于内治者”；“一曰关于外交者”。④ 对外来说，是基于“天下万国”承认对等的政治实体(主权国家)的存在，并接受近代世界的构成乃“国家对国家”；对内来说，则确立了国家内部新的政治边界，如何组成国家，如何安排国家与社会、个人与国家、个人与社会等涉及政治生活的问题，才会被重新提到议事日程。

---

① 约瑟夫·阿·勒文森：《梁启超与中国近代思想》，刘伟等译，四川人民出版社 1986 年版，第 145 页；张灏：《梁启超与中国思想的过渡(1890—1907)》，崔志海、葛夫平译，江苏人民出版社 1993 年版，第 211 页。

② 约瑟夫·列文森：《儒家中国及其现代命运：三部曲》，刘文楠译，香港中文大学出版社 2023 年版，第 138 页。如杜赞奇(Prasenjit Duara)指出的，列文森乃是关于这一问题“最为清楚系统的阐述者”。Prasenjit Duara, *Rescuing History from the Nation: Questioning Narratives of Modern China*, Chicago: University of Chicago Press, 1995, p.56.

③ James Townsend, “Chinese Nationalism,” Jonathan Unger ed., *Chinese Nationalism*, M. E. Sharpe, Armonk, 1996, pp.1-30.

④ 梁启超：《新民说一》，《新民丛报》第 1 号，1902 年 2 月 8 日。

这些问题，在19世纪末期逐渐成为读书人关注的热点。严复1895年发表的《原强》一文，发挥达尔文生存竞争之学，将社会之变迁理解为，“其始也，种与种争，及其成群成国，则群与群争，国与国争”，尤其强调“群学治，而后能修齐治平，用以持世保民以日进于郅治馨香之极盛也”。[①] 康有为也致力于突破“社会之禁”，以“学会”相号召于京师：

> 中国风气向来散漫，士夫戒于明世社会之禁，不敢相聚讲求，故转移极难。思开风气、开知识，非合大群不可，且必合大群而后力厚也。[②]

梁启超则看到了西方国家“合群”的基本方式在“议院”“公司”及“学会”，“国群曰议院，商群曰公司，士群曰学会”，他为中国政治变革寻找的出路，开端即是学会，“欲兴民权宜先兴绅权，欲兴绅权，宜以学会为之起点”。[③] 这可看作晚清思想界一些“先时的人物”摈弃天下大同理想而承认国家为最高政治实体后，试图在国家与个人之间建立起沟通的纽带，聚焦于“合群”所涉及的基本载体——主要是报馆、学会、学校三端，实际是在考虑社会动员的方式。这也正是集团力量兴起对于中国社会转型具有的突出意义。[④]

如何在国家的框架下安排个人及其他，对读书人来说是一个

---

① 严复：《原强》，王栻编：《严复集》第1册，中华书局1986年版，第5—15页。

② 康有为：《康南海自编年谱》，中国史学会主编：《戊戌变法》（四），上海神州国光社1953年版，第133页。

③ 梁启超：《论学会》，《时务报》第10册，1896年11月5日。

④ 如政治学者所强调的，政治过程主要是一种集团活动过程，“政治过程在其起源时以及甚至在今天都主要被看作政府组织机构和社会集团之间的相互影响过程”。参见戴维·伊斯顿（David Easton）：《政治体系——政治学状况研究》，马清槐译，商务印书馆1993年版，第164—165页。

新问题。黄遵宪《驳革命书》是晚清较早涉及"合群之法"的文字，提出了"合群之道，始以独立，继以自治，又继以群治，其中有公德，有实力，有善法"。从一开始，本土资源的匮乏就显露无遗，"前王先圣所以谆谆教人者，于一人一身自修之道尽矣，于群学尚阙然其未备也"。在黄看来，中国合群之法"惟族制稍有规模"，然"仁至而义未尽，恩谊明而法制少"。其他如同乡、同僚、同年以及相连之姻戚、通谱之弟兄者，则不过是"势利之场，酬酢之会"，"合群之最有力量，一唱而十和，小试而辄效者，莫如会党"，其结果却也令人忧虑，"贻害遍天下，其流毒至数世而犹未已"。为此，黄遵宪也提出讲求"合群之道"应落在以下环节：

> 当用族制相维相系之情，会党相友相助之法，再参以西人群学以及伦理学之公理，生计学之两利，政治学之自治，使群治明而民智开民气昌，然后可进以民权之说。[①]

在这个问题上，章太炎的个人遭际也颇具代表性。1906 年他在东京的演说中就表示，小时候因读蒋氏《东华录》载戴名世、曾静、查嗣庭诸人的案件，便就胸中发愤，觉得异种乱华是心里第一恨事；后来读郑所南、王船山的书，全是那些保卫汉种的话，民族思想渐渐发达。但两先生的话，却没有什么学理，"自从甲午以后，略看东西各国的书籍，才有学理收拾进来"[②]。这话说得很清楚，近代中国民族主义思想的形成，固然有传统"族类"思想的因素，然所要者还是因为收拾了近代西方民族主义之学理。

如论者所说的，西方国家的全球性政治扩张，以及起源于欧洲的资本主义制度所导致的经济变革，是推动近 200 年来世界历史

---

① 黄遵宪：《水苍雁红馆主人来简》，《新民丛报》第 24 号，1903 年 1 月 13 日。

② 章太炎：《演说录》，《民报》第 6 号，1907 年 1 月 10 日。

发展最强大的力量。离开民族国家形成与资本主义发展这两大进程，很难想象欧洲的历史。而且，欧洲民族国家形成的历史经验，已经对全球范围内近代国家形成的前景作了界定。[①] 进入 20 世纪以后，也可明显感受到晚清读书人受西方"民族国家"理论的影响，立足于个人—社会—国家来思考其中包含的复杂问题。孙宝瑄 1901 年的日记中已有此自觉，"今日东西文明国政治法度之日进化，无他术也，能分其权于人而已"。[②] 1903 年《大陆》杂志刊登的《中国之改造》，更是明确界定"国家也者，个人之集合体也，社会亦个人之集合体也"，"凡健全之个人，思想发达，而同其利害者，即可造一政治团体，而组成国家"。[③] 文章还指出："人类之集合，无不可以成团体，但此等团体，可谓之社会，而不可谓之国家。何以故，曰：由于无主权。"为此强调说：

> 夫国家者，从国家学上而言，则有一定之领土与住民，而其住民相集合以成团体，则有主权，以保护此团体之自由，而维持其秩序也。即邦土、住民及主权之三要素具备，而始成国家。[④]

以这样的方式界定国家，尚不够明晰，但已透露出读书人颇为关心在"国家与个人"及"国家与社会"间寻求一种新的安排。

要理解其中的关键，当紧扣"普遍王权"（universal kingship）之意义，如史华兹（Benjamin Schwartz）指出的，中国人对王权普遍性绝对的信服，或不能完全归于中国周边从未出现对其产生真正挑

---

① 王国斌：《转变的中国——历史变迁与欧洲经验的局限》，李伯重、连玲玲译，江苏人民出版社 1998 年版，第 1、84 页。

② 孙宝瑄：《忘山庐日记》上册，上海古籍出版社 1983 年版，第 339 页。

③ 《中国之改造》，《大陆》第 3 号，1903 年 2 月，第 10 页。

④ 《中国之改造》（续），《大陆》第 4 号，1903 年 3 月，第 1—2 页。

战的具有同样文化优越性的“普遍国家”，但这一事实却增强了“普天之下，莫非王土”的认知。[①] 与此适成对照的，在中国历史上也没有形成一个强大的精英阶层，能够以各种方式将其权力置于国家之上，从而限制国家行动的范围。[②] 因此，当读书人思考如何安排与国家密切相关的政治秩序时，立足点颇有差异。胡汉民 1905 年的一篇文章就明确指出其所涉及的主要关乎“个人”与“团体”：“二千年来，政界沉沉，更无进化，内力茶弱，至为他族陵逼者，可综括为二大原因：一曰不知个人之有自由独立，二曰不知机关之性质。”因此，“欲明国家之性质，其最重者为分子团体之关系，而吾国政界之蒙昧，亦于此点为最甚”。[③]

1907 年杨度即曾表示，中国今日之政府，一言以蔽之，不负责任之政府也，尤可叹息者，今日中国之言政治者，率多依赖政府之心，只注意于“国民所以被政治之途，而不从事于国民所以自治之道”。言下之意，此不唯不通治体，抑且增长国民之放任心而减少国民之责任心，于国家之进步，必有损而无益。此乃“不知政府之所以不负责任者，由于人民之不负责任；使人民而愈放任，斯政府亦愈放任矣。于此而欲求政府之进步，是犹欲南行者而北其辙也”。[④] 很显然，这是将国家之重心置于负责任之“国民”，对于“国家”则缺乏信心。

也不乏文章从分权角度来思考此问题。1903 年《浙江潮》刊发的一篇文章就提出，近世国家，其行政之机关约分为“官府”与“自

---

① Benjamin I. Schwartz, “The Chinese Perception of World Order, Past and Present,” John K. Fairbank ed., The Chinese Order, Cambridge, Mass.: Harvard University Press, 1968, pp.276-88.

② 王国斌：《转变的中国——历史变迁与欧洲经验的局限》，第 98 页。

③ 胡汉民：《述侯官严氏最近政见》，《民报》第 2 号，1906 年 5 月 6 日。

④ 杨度：《〈中国新报〉叙》，《中国新报》第 1 年第 1 号，1907 年 1 月 2 日。

治体”。前者为国家直接之行政机关，以直接维持国权为目的，如外交、军事、财政之类，“皆官府所司之政务”；后者为国家间接之行政机关，以地方之人治地方之事，而间接以达国家行政之目的，“如教育、警察及凡关乎地方人民之安宁幸福之事皆是也”。尽管作者并不否认这两种方式近世文明诸国“皆行之有其实例”，但其立场则显在地方自治，“自治之制，盖所以补官治之不足，而与官治相辅而行。是故其国官治不振者，则事无统一；其国自治不备者，则事必废隳”。尤其还指明：“中国之地方自治，真有相沿于自然之势，有自治之实而无自治之名。”①

无论立足于“国民”还是“自治体”，晚清读书人对安排国家诸要素的论说，无疑提供了明显的信号，进入 20 世纪以后，由于具有近代意义的国家观念逐渐萌生，读书人着力于探讨国家权力的分配问题。关键尤在于，中国在逐步形成政治共同体的认识，这也是新的集团力量形成值得关注的地方。艾森斯塔德（S. N. Eisenstadt）在阐述现代化初期的“社会动员”时就指出：“大规模的和多种目标的的、专门化的（非生态的和非血缘的）群体和组织的兴起”为基本特征之一。② 亨廷顿也强调说，在进行现代化的社会里，“建立国家”的部分意义在于创建有效的官僚机构，更重要的意义是建立一个能组织新集团参政的有效的政党体系。③ 可以说，“面临中国文明、体制危机的中国知识分子的政治活动是一个政党

---

① 攻法子：《敬告我乡人》，《浙江潮》第 2 期，1903 年 3 月 18 日。

② 艾氏所指的另外两个特征是“在社会制度的领域中，各种内部市场不断扩展和相互介入”；“都市化的不断发展和扩大，以及大众传媒的日益普及”（艾森斯塔德：《现代化：抗拒与变迁》，张旅平等译，中国人民大学出版社 1988 年版，第 61 页）。

③ 塞缪尔・亨廷顿：《变动社会的政治秩序》，第 433 页。

运动的展开过程”[①]。欧美组织政党的方式引入进来，也成为推动集团力量形成的象征。只不过，最初的形态是各类社会团体的蓬勃发展，其政治属性难以一概而论。[②] 值得关切的是，当世纪之交中国读书人逐渐将政党问题作为中国问题的根本，所面临的难局如何？

这也正是20世纪之交中国思想界关注的焦点。举例来说，1901年刊于《国民报》第2—4期的《中国灭亡论》就认为，中国之问题无他，“惟无政党之故”；世界文明之邦，也首在其“结成一公党为彼野蛮政府之劲敌”。不只看到政党的作用乃“与政府相持不下者”，还检讨了中国各种政治势力。文章指出，“百年以来有所谓白莲、哥老、三合、大刀、小刀、安清道友、义和拳民等野蛮集会”，皆“聚众而遂其攻掳劫夺之私愿而已”，“党且不可，何况于政党”。同时对所谓“守旧”“维新”的提法，也表达了不同意见，指明时人“视朝野之趋向，强分守旧、维新等名目，既而于守旧、维新之下，加一党字之称”，结果却是“但闻浮名，未见实际”，“非真有党也”。[③] 1907年《新民丛报》发表的《论中国现在之党派及将来之政党》也表示：“今者中国之存亡，一系于政党之发生与否，是政党问题者，实今日最重要之问题也。”还按照“在朝”“在野”对政治家进行了

---

① 三石善吉：《传统中国的内发性发展》，余项科译，中央编译出版社1999年版，第181页。

② 据张玉法对清末10年间各种社团进行的统计，共辑得国内各地及海外各埠的社团668个。参见张玉法：《清季的立宪团体》，(台北)“中研院”近代史研究所1971年版。显然这是一个估计偏低的数字，据桑兵考辨，清末仅商会(含总会和分会)就有900余个，到1909年各地共建成教育会723个；农学会到1911年至少有总会19处，分会276处。仅此三项相加，已达2000有余。参见桑兵：《清末新知识界的社团与活动》，生活·读书·新知三联书店1995年版，第274页。

③ 《中国灭亡论》，《国民报》第2、3、4期，1901年6月10日、7月10日、8月10日。

区分:

有在朝之政治家,有在野之政治家……中国人士夙懔思不出位之诫,以故数千年来,无发生在野之政治家者。历代以来之党派,虽有近于各国政党之性质,然大抵不出两派:一则借党势为声援,以为挤排异己之地者;一则召党徒以讲学,而间言及朝政得失者。

在作者看来,中国数千年之政治社会所以有退化而无进化,就在于"从未有以改良政治为目的,结一有秩序之团体,树立旗帜,申明约束,堂堂正正,以与政府宣战者"。① 就对政党的关切来说,1903年的《〈大同日报〉缘起》也是一篇值得注意的文字。该文表示:"泰东西名哲之言曰:凡欲兴国强国者,必有会党,必赖会党。无会则无团体,无党则无主义……故其国之无会党者,其民必散漫,必懦弱,国虽大必蹶,一蹶则不可以复振。"同时强调创办《大同报》,其目的就在于:"一曰改良义兴本党之组织,由私会而升为公会,由民党而进为政党;二曰联合义兴会外之各会,凡有志于救中国者,不论其会之大小,其党之众寡,皆联络之以期收提携之益,响应之功。"②

从上述论辩中,明显可以感受到当日思想界对于政党的看法,主要是参照了政党在西方社会变革中所起作用,纠缠其间的则是"君子不党"的教条,及"朋党"之阴影。梁启超就分析说,学会其实并非起于西方,"中国二千年之成法也",《易》曰"君子以朋友讲

① 与之:《论中国现在之党派及将来之政党》,《新民丛报》第92号,1906年11月30日。

② 《〈大同日报〉缘起》,张枬、王忍之编:《辛亥革命前十年间时论选集》第1卷上册,生活·读书·新知三联书店1960年版,第359—369页。

习”,《论语》言“有朋自远方来”,及“君子以文会友”,皆为明证。然“汉亡于党锢,宋亡于伪学,明亡于东林”等陈说,实际导致“疾党如仇,视会为贼”的局面,尤其造成了“佥壬有党,而君子反无党,匪类有会,而正业反无会”。[①] 耐人寻味的是,读书人对此也有不同的看法,甚至可以说,伴随新兴社会集团力量的形成,批评之声就不绝于耳。章太炎 1908 年撰写的《代议然否论》一文,就将西方政党与中国古代朋党合为一谈,“外观美政,总统更移,自台阁以至抱案之吏,无不随之更调,此其朋党比周为蠹已甚”,总之,“国有政党,非直政事多垢黩,而士大夫之节行亦衰。直令政府转为女闾,国事夷于秘戏”。[②] 1911 年章又发表《诛政党》一文,对康有为、梁启超、张謇、杨度、严复等当世党人,一一抨击,揭露他们各为朋党,“操术各异,而竞名死利则同;为民蠹害,又一丘之貉也”。同时追溯历代党祸,“历观史册,凡四代有党,汉明以之亡国,唐宋以之不振,朋党之祸,天下亦彰明矣”。[③]

以朋党比之现代政党,固是太炎之误解,然民初“共和幻象”导致的混乱局面,却又表明其担忧并非多余,这其中尤可虑及的即是对政治共同体的认同问题(详后),充分显示近代中国形成新型集团力量陷入的困局。[④] 然而,无论是“朋党”政治的阴影,还是认同

---

① 梁启超:《论学会》,《时务报》第 10 册,1896 年 11 月 5 日。

② 章太炎:《代议然否论》,《章太炎全集》(五),上海人民出版社 1985 年版,第 300—311 页。

③ 章太炎:《诛政党》,《光华日报》1911 年 10 月 26、28、31 日,转引自汤志钧编:《章太炎年谱长编》上册,中华书局 1979 年版,第 358 页。

④ 民国初年曾兴起组织政党的热潮,据统计,当时共有 312 个政治党会,但有健全或具体政纲的只有 35 个,而且平均 2.8 个党会共用一个政治主张。组织上的混乱集中反映在上层人士常常属于不同的政党,如伍廷芳、黄兴各有 11 个党籍,黎元洪有 9 个党籍,唐绍仪、王宠惠、于右任等均属 7 个党。参见张玉法:《民国初年的政党》,(台北)“中研院”近代史研究所 1985 年版,第 36—38 页。

问题，都远不足解释其中的缘由。问题既涉及近代中国集团力量的形成，当进一步关心，哪些因素促成或影响到集团力量的形成。如果能够清楚了解哪些因素影响到不同阶层人士的聚集，则或可换一个侧面更好探讨近代中国形成政治共同体的困局。这是本文重点要讨论的。

二、“省界”意识成为聚集的基础

孙中山关于中国人乡党观念强而国家观念弱的见解，常为学界所征引，然此话实有必要联系“上下左右”来读。这其中固有孙中山对于中国民众“一盘散沙”之痛切，然如若没有乡党观念，其所领导的革命能否成气候，却也大可怀疑。[①] 中国人浓郁的“同乡”观念，也是学界津津乐道的话题。列文森就曾立足于“省区”“民族”“世界”检讨近代中国的“认同”问题。[②] 施坚雅（William Skinner）则提出，大部分中国人想到中国的疆域时，是从省、府和县这一行政等级区划出发的，人们往往用行政地域来描述一个人的本籍，以表示其身份的关键因素。[③] 何炳棣还解释了中国人特别是士大夫“同乡”观念很强的缘由：在习俗上甚至法律上的极重孝道，加强了人们与籍贯地的联系；以地区为基础的考试制度，官员要回避到原籍所在省份任职的法规等因素，也时时提醒人们个人的依靠牢牢根植于出生之地。[④]

---

① 孙中山：《三民主义》，《孙中山选集》，人民出版社 1981 年版，第 674—675 页。

② Joseph R. Levenson, "The Province, the Nation, and the World: The Problem of Chinese Identity," Albert Feuerwerker etc. ed., *Approaches to Modern Chinese History*, Berkeley: University of California Press, 1967, pp.268-88.

③ 施坚雅主编：《中华帝国晚期的城市》，叶光庭等译，中华书局 2000 年版，第 1 页。

④ 何炳棣：《中国会馆史论》，中华书局 2017 年版，第 1—11 页。

正是"乡党"观念(即这里所说的"省界")成为近代中国集团力量形成最初的诱因,其所依托的,即是分布于各城市的商业类会馆和士人会馆。会馆之设,是便于同乡人士投宿,也是交谊的需要。清末民初,在全国除北京之外的300多座城镇中,约有1800多所会馆。北京会馆数量之多,在全国各城市中首屈一指,鼎盛时期多达400余所。这些会馆的共性即是同乡性,同时悠久的会馆历史,产生了悠久的会馆文化,往往成为同乡聚会、串联、发表政见、传播信息之地。[①] 最近即有研究者指出,戊戌维新运动发动于北京宣南,乃有清二百多年间形成的特殊社会空间和文化空间使然,其不但为维新志士提供了在京师的临时住宿场所,也为他们提供了活动的空间,从事集会和演讲,聚集力量。作为北京会馆集中地的宣南,实际发挥了"借助会馆而立会,依托学会而聚众"的功能。[②]

无独有偶,在近代中国读书人形成集团力量的另一重要渠道——日本,也印证了这一点。实藤惠秀注意到,留日学生生活也是中国国内的缩影,他们赴日留学,是以省为单位被派遣的,并由各省在日本设立留日学生监督;抵达日本后所去第一个公共场所,差不多都是各地的同乡组织。[③] 关于省界意识成为读书人聚集基础的形象说明,无过于聚集于章太炎门下的众多浙江籍弟子。从1908年4月起,章太炎每周日在寓所为朱蓬仙、朱希祖、龚未生、钱玄同、周豫才、周启明、钱均夫、许寿裳等弟子授课。陈独秀前往拜访章太炎,逢钱玄同、黄侃在座,谈起清代汉学的发达,所列举戴

---

① 白思奇:《北京会馆与戊戌维新》,王晓秋主编:《戊戌维新与近代中国的改革》,社会科学文献出版社2000年版,第341—347页。

② 刘桂生、岳升阳:《北京宣南士人文化空间的形成与戊戌维新》,王晓秋主编:《戊戌维新与近代中国的改革》,第328—339页。

③ 实藤惠秀:《中国人留学日本史》,谭汝谦、林启彦译,生活·读书·新知三联书店1983年版,第423页。

震、段玉裁及王念孙、王引之诸人，多出于安徽、江苏，故陈独秀提起湖北没出过什么大学者，结果引起黄侃的不满，脱口而出："湖北固然没有学者，然而这不就是区区，安徽固然多有学者，然而这未必就是足下。"①

"省界"成为读书人集团力量形成的最初标志，集中体现在所办刊物上，如邹鲁所说的，"时各省学生皆有学生会，会中多办一机关报"②。以《浙江潮》的创办来说，即是依托浙江同乡会而成（编辑兼发行者均署"浙江同乡会"）。其《发刊词》开篇即谓："岁十月浙江人之留学于东京者百有一人组织一同乡会。既成，眷念故国，其心恻以动，乃谋集众出一杂志，题曰《浙江潮》。"③何以"省界"成为读书人呈现其力量的初始，原因必多，欧榘甲 1902 年发表的《新广东》，阐述了颇具代表性的看法。针对当时中国省与省之间"不相亲爱"，以及"爱中国者不如爱其所生省份之亲"，欧提出"莫如各省先行自图自立，有一省为之倡，则其余各省，争相发愤，不能不图自立"，并且认为，此之注意，有四者焉：

> 一因人心视其生省份之亲切，易于鼓舞；二因专力一省，易为措置；三因一省自立，各省得以感动奋起，不致如泛言中国，各存观望而无实志；四因一省自立即为中国自立，人人视其省为中国之土地，而图自立，则视此中国，自为切实，将来联

---

① 周作人：《知堂回想录》，（香港）三育图书公司 1980 年版，第 482 页。

② 邹鲁：《中国同盟会》，中国史学会主编：《中国近代史资料丛刊 · 辛亥革命》（二），上海人民出版社 1953 年版，第 7 页。

③ 《〈浙江潮〉发刊词》，《浙江潮》第 1 期，1903 年 2 月 17 日。参见同期所刊《浙江同乡会简章》。

合，亦自容易。①

1903年《游学译编》刊发的文章也指出：“夫一省之地，必有独立之精神，然后可以救其地之人，此独一无二之定理。”还清楚阐明何以必须以“省界”作为开端：

> 我支那以无爱国心无团结力，人人相离，推省界、府县界、姓族界，极而为一人界，原于无独立之精神。无独立之精神，故不知有提挈民族之责任，不知有提挈民族之责任，故但谋个人之利而忘公益，而其弊皆源于学界之不发达。夫本省人士学界不发达，他省虽有热心办事者不能借箸代筹，无论彼自私其家乡与否，而以平时全不相熟习之外省、外府、外县人，纵具热心亦不能为他省、府、州、县谋独立自营之事业者，自然之势。②

“省界”意识的影响如此广泛，还诱发出破除“省界”之声。针对内地一位读者致书浙江同乡会，“忧省界之日厉”，《浙江潮》1903年即提出“非省界”问题，表达了对斯时弥漫知识圈“省界”意识的忧虑。文章指出，“省界”意识脱胎于庚辛之间，《新广东》出世，省界问题遂“如花初萌”，各省同乡恳亲会，先后成立，“承流附风，遂遗其始，至今日而省界之名词已定矣”。其直接的表征即是，“人人心中，遂横一大梗蒂，闻一议，接一人，遇一事，谈一语，必首相叩曰，是何处人”。在作者看来，省界之起，实流弊众多，如今之际，青年原本当以“国界”“种界”为中国之大防，然自省界之说起，“国界”“种界”反退处于若隐若现、似有似无之间。该文也力主成立“中国

---

① 欧榘甲：《新广东》(一名《广东人之广东》)，张枬、王忍之编：《辛亥革命前十年间时论选集》第1卷上册，第269—311页。

② 《劝同乡父老遣子弟航洋游学书》，《游学译编》第6册，1903年4月12日。

本部统一会”,“集留东各省人,以共除省界为目的”,“欲破坏法律界、政治界、教育界,要不可不先破坏省界”。[1]

由《浙江潮》提出破除“省界”的问题,本身便是饶有趣味的事,“省界”意识之泛滥,浙江同乡会虽非始作俑者,却也是力行者之一,可见问题已到十分严重的程度。真正对突破“省界”有所助益的,则是差不多同时兴起的“业界”意识。《洞庭波》刊发的一篇文章,先是竭力赞扬一番湖南,继则表示湖南受各省人排斥:“江南之将备学堂,以嫉湖南人几于解散矣。老湘营见忌于广西,武备生受沮于湖北。各省政界之排湘者,曰:‘湖南人喜生事端也。’军界之排湘者,曰:‘湖南人最占势利也。’学界之排湘者,曰:‘湖南人太无程度也。’商界工界乃至妓界之排湘者,曰:‘湖南人性太野蛮也。’”[2]这是将省界与“政界”“军界”“学界”等业界对举,显示出近代中国集团力量形成过程中另一值得注意的趋向。

三、“业界”所表征的“亚文化圈”

遭逢“三千年未有之大变局”,影响自是多方面的,其中值得重视的一环,是作为传统社会精英的“绅”的特殊地位开始没落,精英从此不再来自较为单一的社会阶层,表达社会身份的新方式随之出现。萧邦奇(R. Keith Schoppa)注意到,通常被翻译成集团或团体的汉语新词汇“界”,如“政界”“商界”等等,在清末民初的报刊和其他事务性报道中不断出现,意味着产生了参与公共事务和集会的“界”。当以此表示广泛涌现的社会群体时,表明一个易于识别

① 文诡:《非省界》,《浙江潮》第3期,1903年3月20日。

② 铁郎:《二十世纪之湖南》,《洞庭波》第1期,1906年10月18日。

但外表相对松散的多中心的亚文化圈世界(界)的形成。[①] 这称得上见道之论。事实上,除仰赖同乡之谊外,在共同职业基础上形成的“～界”,也构成清末民初读书人聚集的基础。

梁启超1901年在《过渡时代论》中,就提到“界”的问题:“凡国民所贵乎过渡者,不徒在能去所厌离之旧界而已,而更在能达所希望之新界焉。”[②]所谓“新界”“旧界”,表明梁已敏锐感受到“过渡时代”来临,也将面临社会力量的重组,只是尚不清楚这其中的转变究竟预示着什么,故而用含混的“新”“旧”来区分。从接下来发表的文字看,梁所关心的与政治上的自治相关。他批评中国“政治外观似统一”,但国中却以地缘、血统、职业分为“无量数之小团体”,“中央政权,谓之弱小也不可,谓之强大亦不可”。而欧洲则“政治统一,中央政府与团体自治,各有权限,不相侵越”。[③] 梁启超对欧洲社会的政治安排心向往之,尤其对英美德法等国“人民之自治”及所确立的“人民与政府”的关系,大加赞赏:

> 观之一省,其治法俨然一国也;观之一市一村落,其治法俨然一国也;观之一党会、一公司、一学校,其治法俨然一国也;乃至观之一人,其自治之法,亦俨然治一国也。[④]

梁启超个人的经历亦昭示出“业界”意识是如何萌生的,他在1902年所写《敬告我同业诸君》一文中就指出:“报馆者非政府之臣属,而与政府立于平等之地位者也。不宁惟是,政府受国民之委托,是国民之雇佣也,而报馆则代表国民发公意以为公言者也。”甚

---

① 萧邦奇:《血路——革命中国中的沈定一(玄庐)传奇》,周武彪译,江苏人民出版社1999年版,第14页。

② 梁启超:《过渡时代论》,《清议报》第83册,1901年6月26日。

③ 梁启超:《国家思想变迁异同论》,《清议报》第94册,1901年10月12日。

④ 梁启超:《新民说一》,《新民丛报》第1号,1902年2月8日。

至表示："报馆之视政府，当如父兄之视子弟，其不解事也，则教导之，其有过失也，则扑责之，而岂以主文谲谏毕乃事也。"梁作为20世纪初年舆论界的"急先锋"，强调报馆的作用也属自然，在此过程中其身份的厘定明显有"业界"的因素，试图在新的政治格局中寻求相应的位置。文章这样写道：

> 我国之百事未举，惟恃报馆为独一无二之政监者乎！故今日吾国政治之或进化，或堕落，其功罪不可不专属诸报馆。我同业诸君，其知此乎？其念此乎？当必有瞿然于吾侪之地位如此其居要，吾侪之责任如此其重大者，其尚忍以文字为儿戏也！①

周作人在回忆中也揭示了他与鲁迅如何跨越同乡藩篱，有了业界意识。周氏兄弟最初也是在同乡所办《浙江潮》上写些文章，随后认识到文学重要性，"以为文艺是可以转移性情，改造社会的"，遂决定发刊《新生》杂志。鲁迅计划刊行文艺杂志，未能成功，但后来的几年，得到在《河南》发表文章的机会。周作人也将《河南》称作《新生》甲编，《域外小说集》称作《新生》乙编，并指出《河南》虽系河南同乡会所出，实已跨越了省界，约写文章的"乃是安徽寿州的朋友孙竹丹"，总编辑"则是江苏仪征的刘申叔"。②

1903年创刊的《湖北学生界》，单从名称即可看作由省界向业界过渡的产物。从首期所刊文章看，彰显的其实仍是省界意识，认为"湖北者，湖北学生演其输入之文明之舞台也"，而"吾辈既为湖北人，则以湖北人谋湖北，亦自有说"。但逐渐提升的业界意识已在发挥作用，认为以湖北立言，"非敢自相畛域也，实智力之小，尚

---

① 梁启超：《敬告我同业诸君》，《新民丛报》第17号，1902年10月2日。

② 周作人：《知堂回想录》，第195—196、217—219页。

未足以谋远大也”，“故不得已而援由乡及国之义，暂以湖北一省为初点”。[①] 进一步地，作为学生刊物，也试图谋求学生的位置。张继熙这样写道：“同人为是学报也，以为今日言兵战，言商战，而不归之于学战，是谓导水不自其本源，必终处于不胜之势。且吾侪学生也，输入文明与有责焉。”[②]由以某省为希望，转向以学生为希望，或可作为由省界向业界过渡的某种象征，也成为亚文化圈形成的标志。该刊第 2 期发表的《学生之竞争》，还强调“学生介于上等社会、下等社会之中间，为过渡最不可少之人”，“二十世纪之中国，学生之中国也”。文章表达了对学生的殷殷期望：

> 呜呼，二十世纪竞争之点，既集于中国之学生矣，其或本此能力以竞争而获胜利也，则二十世纪之中国，乃中国人之中国，吾学生为之支配之，为之整齐之……中学之学生醒！中国之学生起！[③]

在学生的具体实践中，也可看到学生在谋求形成团体力量。1904 年《警钟日报》的一则消息即报道了学堂学生的活动：“杭垣各学堂学生以工商社会皆有会馆公所以为集合团体之地，惟士社会散漫无纪，故创议欲于省城建立全浙学生会馆。”[④]

要明确给出“业界”形成具有象征性的事件，无疑是困难的，但业界逐渐成为社会动员的标志，却有据可寻。温州士人张棡 1906 年在日记中记录了与一位新近从日本留学归来的戴兰君的谈话，戴告知近期发生的“上海之抵制美约”，“佥云商界中运动，半由学

---

① 《湖北调查部纪事叙例》，《湖北学生界》第 1 期，1903 年 1 月 29 日。

② 张继熙：《叙论》，《湖北学生界》第 1 期，1903 年 1 月 29 日。

③ 李书城：《学生之竞争》，《湖北学生界》第 2 期，1903 年 2 月 27 日。

④ 《学生会馆之建议》，《警钟日报》1904 年 6 月 12 日，第 3 版。

界中之力"，"商界既有大团体，则学界中尤不可无坚韧力，故东京取缔之规约、退学之风潮，亦势之所不得不然也"。[①] 同年两江学务处发布的《南京开国民捐会》一则启示，则寄望于"官、商、军、学各界中人"，能够赞成斯举，踊跃参加。[②] 1910 年为滇越铁路事，《云南》杂志向全滇同胞发出警告，更是将社会各阶层区分为各界别：

> 谁非滇人？谁无责任？……惟统一吾滇议员、学界、绅界、商界、军界、实业界千万人为一心，目光所射，射在赎路，心血所注，注在赎路，口所谈者，谈赎路策。以赎路为职业，以赎路为生活。精神所贯，何事不成？[③]

更说明问题的是，1913 年出版的《中国新术语》，在"界"一栏下，就收有"警界"(Police)、"权界"(Limited power or right)、"军界"(Military Class)、"法界"(The personnel of the Judiciary)、"学界"(Student class)；"官界"(Officialdom)、"工界"(Workmen)、"空界"(Space，The sphere of the empyrean Aviators realm，National distinetions apathies)、"伶界"(Musicians，Actors)、"男界"(Men's world)、"女界"(Women's world)、"报界"(The press)、"色界"(The dissolute，Profligate)、"商界"(Merchants)、"绅界"(Gentlemen，The Literati)、"省界"(The difference of customs，or speech between one province and another)。[④] 以此而言，似可说 20 世纪初

---

① 温州图书馆编：《张棡日记》第 2 册，1906 年 3 月 4 日，中华书局 2019 年版，第 847 页。

② 两江学务处启：《南京开国民捐会》，《申报》1906 年 5 月 20 日，第 1 版。

③ 义侠：《为滇越铁路告成警告全滇》，《云南》第 19 号，1910 年 5 月 3 日。

④ Evan Morgan，*Chinese New Terms and Expressions with English Translations：Introduction and Notes*，C. L. S. Book Depot，Kelly & Waish，Limited Shanghai，1913，pp. 193-94.

年的一段时间，中国已逐步形成一个以“业界”相号召的社会。

四、“中等社会”及其阶级意识的萌芽

“革命事业之起也，必有中坚”，1903 年《游学译编》的一篇文字明确提出了这个问题。文章指出，如同法国大革命、英国革命分别有“平民党”与“圆颅党”为“中坚”力量，“支那民族经营革命事业者，必以下等社会为根据地，而以中等社会为运动场。是故下等社会者，革命事业之中坚也，中等社会者，革命事业之前列也”。[①] 同年杨笃生所作《新湖南》，也意在“遍告湖南中等社会”，“诸君在于湖南之位置，实下等社会之所托命而上等社会之替人也。提挈下等社会以矫正上等社会者，惟诸君之责；破坏上等社会以卵翼下等社会者，亦为诸君之责。下等社会吾亟亟与之言，故必亟亟与诸君言；下等社会吾不屑与之言，尤不得不亟亟与诸君言。诸君诸君，湖南之青年军演新舞台之霹雳手，非异人任也”[②]。据此可看出，在业界意识萌生的同时，与“社会分层论”密切相关的阶级意识也显现出来。

“中等社会”与“下等社会”之议，很容易让人联想到“社会分层论”，这表明此一时期读书人普遍关心在国家与社会之间寻找一种平衡的力量，对于“合群”的重视，转换为对社会团体力量的关注。1904 年林獬讨论合群问题时就道出，现在明白的人，没有一个不说合群，没有一个不讲团体，但讲了大半天，群力还是不能合，团体还是不能结，这是什么缘故呢？林的答案是，“上流社会与下流社会

① 《民族主义之教育——此篇据日本高材世雄所论而增益之》，《游学译编》第 10 册，1903 年 9 月 6 日。

② 杨笃生：《新湖南》，张枏、王忍之编：《辛亥革命前十年间时论选集》第 1 卷下册，第 615 页。

不联络”。“中国的人，同是汉族，同是黄帝的子孙，有什么上流、下流的分别，可不是个顶不平等的么！但现在中国的读书人，都是以上流社会自命的，凡不读书的人，如工、农、商、兵，共会党里面的人，都说他是下流社会。这种意见，并不是从现在才有的，但既然有了这意见，群力的团结，自然不能够坚固了。”① 1905 年孙中山《在东京留学生欢迎会上的演说》，也非常有意思地谈道：“鄙人往年提倡民族主义，应而和之者，特会党耳，至于中流社会以上之人，实为寥寥。”②

关乎此，不能不提到章太炎 1906 年联系职业与道德所作的社会分层工作。在太炎看来，“今之道德，大率从于职业而变。都计其业，则有十六种人”，即农人、工人、稗贩、坐贾、学究、艺士、通人、行伍、胥徒、幕客、职商、京朝官、方面官、军官、差除官、雇译人。而且，“其职业凡十六等，其道德之第次亦十六等”，“艺士下，率在道德之域，而通人以上，则多不道德者”。③ 事实上，伴随“革命”话语的滥觞，社会分层的观点也渐渐流行，最突出的是“贵贱界”与“贫富界”的问题引起重视（仍然是“界”）。1906 年《复报》就提出“贫富革命”的话题，认为只破除贵贱界，不破除贫富界，尚不能解决平等问题：

> 贵贱界之革命，甫告厥成功，而贫富界之革命，又已胚胎萌蘖，非人性之好乱也。正所谓危崖转巨石，非达其终点，决不能中止……但破贵贱界，而不破贫富界，则君主贵族之压制去，而资本家之压制方长。自由乎！自由乎！乃厉国民一种

① 林懈：《国民意见书》，张枏、王忍之编：《辛亥革命前十年间时论选集》第 1 卷下册，第 909 页。

② 孙中山：《在东京留学生欢迎会上的演说》，《民报》第 1 号，1905 年 11 月 26 日。

③ 章太炎：《革命之道德》，《民报》第 8 号，1906 年 10 月 8 日。

类之自由，而非全部之自由。而况一国之人，富者少而贫者多，流无数鲜血，仅为少数之富民营一极乐国，尤属千古所最不平之事。由是观之，贫富界之革命，其能已乎？由是观之，讲自由而不讲平等，乃属缺而不完之学。平等主义者，即社会主义也，亦即大同主义也。①

1910年《东方杂志》发表的文章，则进一步分析说：“推将来内乱之所由生，不在盗贼党会，而在贫民。”“盖按社会阶级而论，上中下三等人民，以上等为最少，中等次之，最多惟下等耳。下等人民分属于农工两界，各谋生活。农有荒歉，农民滋事可虑；工不振兴，工人闯祸堪虞。是故欲图国家之长治久安，必于农工两业加意提倡而维持之，以冀富裕下等人民之生计。”②

这些言论，不只是对下层民众寄予深深同情，也看到在民众中可能蕴藏的革命热情。黄侃1907年在《民报》发表的《哀贫民》就表示：“民生之穷，未有甚于中国之今日也。”关键是，贫民当明白何以而贫，更当坚持“宁以求平等而死，毋汶汶以生也”。而且，即便事之不济，也当“以神州为巨冢，而牵率富人与之共瘗于其下，亦无悔焉尔”。③ 进一步的，“革命”话语也在这种阶级论中有了充分的依托，《河南》杂志竟有“绅士为平民之公敌”的言论出现，认为“前日之流寇外患，不过关一姓兴废之结局，今日之绅士实可使种灭国绝”。这是因为绅士自命为国民代表，实际上却与政府相勾结，“盖政府既利用彼，彼又利用政府，同恶相济”，“故今日犹任其盘踞下去，则改良社会真无望矣……立宪乎，地方自治乎，利多数之平民

---

① 漱铁和尚：《贫富革命》，《复报》第4期，1906年9月3日。

② 张肇：《各处宜亟兴工厂以救民穷议》，《东方杂志》第7年第10期，1910年11月26日。

③ 运甓：《哀贫民》，《民报》第17号，1907年10月25日。

乎？利少数之政府与绅士乎？”[1]1908年《新世纪》更是刊文道出，今日论中国革命，不管是政治之改革，还是社会之更新，“事之前驱，舍平民揭竿斩木之外，更无他道”。回观往迹，在“驱逐胡元”和“反抗满清”上已显现会党之能力；即若今日，“会党之势力仍足以左右中国之社会”，故此，“吾效昔日俄人之口吻，而亦大呼于众曰：去矣，与会党为伍！”文章写道：

当十九世纪之七十年代，俄国革命以“去矣，与人民为伍！”为标的，游说全国，革命风潮方能致今日之盛。近年欧西各国，盛主张工会主义，以团结劳力之民，推为社会革命之急务……继今以往，中国欲革命成功，亦非设工会不可。但与其重新建设，何如就其所已有之会党而改良之。倘得千百同志，投身会党之中，持简单之无政府共产，易其简单之反清复明，以自由联合之义，变其所谓正龙头副龙头阶级之制，彼辈亦必乐之。[2]

正如1910年汪精卫《论革命之趋势》一文谈到的，“自庚子以来，革命之说，日炽于神州，有志者仓皇奔走，于外为鼓吹，于内为秘密之组织，所惟日孜孜者，革命之进行而已”。文章为革命做了这样的定位：“吾以为欲答此问，不可不先知革命党之性质。革命党者，民党也。同为平民，其地位同，感觉同，心事同，身受之疾苦同，惟于平民之中，合肯负责任之人以为团体，遂从而名之曰党云尔。是故革命之主义，非党人所能造也，由平民所身受之疾苦而发生者也。欲去革命党，不可不先去革命之主义；欲去革命之主义，不可不先去平民身受之疾苦。使平民之疾苦日深一日，则革命之

① 《绅士为平民之公敌》，《河南》第4期，1908年5月5日。

② 反：《去矣，与会党为伍！》，《新世纪》第42号，1908年4月11日。

主义日炽一日，而革命党之实力亦日盛一日。”[1]以平民的名义，成为革命的基本落脚点。显然，当阶级意识催生出对下层民众的肯定，是影响巨大的转变，如果说业界的形成仍是精英观念的写照，那么有了阶级的视野，则集团力量便能依托于更广泛的大众层面展开。

五、五四的参照意义

颇有学者倾向于这样的看法，19 世纪 90 年代中叶至 20 世纪最初十年里发生的思想变化应被看成是一个比五四时代更为重要的分水岭。[2] 从儒家经世致用思想传统趋于告终，以及寻求今天仍在摸索的思想新方向的提出，20 世纪之交的十年确是一个重要的分水岭。将晚清与五四联系起来，其意义不止是表明“没有晚清，何来五四”。[3] 将这两个时段打通，多少可以从一个更为长程的时段来考虑近代中国的问题(自然此还远谈不上“长时段”)。应该说，近代中国集团力量形成所涉及的诸方面，在晚清都有不同程度的表现，甚至可以说，各种新兴社会力量直接导致了这场变革。因此，检讨五四时期读书人的聚集方式，对于思考集团力量的形成，可以获得一个参照点，更有助于了解中国形成集团力量所仰赖的因素。

对比晚清与五四，有一点是清楚的，从读书人的聚集场所看，刊物之外增加了大学这一重要载体。大学之设，本身为突破“省界”的樊笼创造了条件。在新的条件下读书人的聚集有什么特别之处吗？1922 年 4 月丁文江与胡适的通信，提供了值得注意的角

---

① 汪精卫:《论革命之趋势》,《民报》第 25 号,1910 年 1 月 1 日。

② 张灏:《梁启超与中国思想的过渡(1890—1907)》,第 218 页。

③ 王德威:《被压抑的现代性:没有晚清,何来五四?》,《学人》第 10 辑,江苏文艺出版社 1996 年版。

度。信中提及筹建“文化研究所”一事,拟定由北大、高师的理科教育以及地质学会、天文学会等多个机构的人员组成,为此丁力主“用人应该绝对破除留学国界、政治党派、省界”①。这里要“破除”的,实是既成的“有”,恰反证出“留学国界”“政治党派”与“省界”构成了读书人聚集的重要因素。五四时期读书人的聚集不是这里所能展开的,不妨以“省界”为例,略作检讨。②

走出偏于一隅的村镇到都市发展,是近代中国读书人流动的基本轨迹,较之晚清,依托同乡似乎仍是五四时期读书人的必由之路。周氏兄弟到北京后就长期住在北京宣武门外南半截胡同的“绍兴会馆”,帮助他们在北京拓展事业的,则是老乡蔡元培。罗章龙在回忆中也历数了“新民学会”十余人初到北京时的情形,由于湖南各县多在京设有会馆,大家分住在各县会馆。罗本人先寓位于宣武门外北半截胡同的浏阳会馆,此地恰为谭嗣同旧居。③ 胡适的事例,更说明了乡情世故不失为其一生所依靠的最基本的社会资源。1918 年入京未久,胡适便担任绩溪会馆的董事,1920 年又

---

① 丁文江:《致胡适》,1922 年 4 月 8 日,《胡适来往书信选》上册,中华书局 1979 年版,第 195 页。

② 就前面所提及的“省界”“业界”及“阶级”等亚文化圈而言,应该说仍是五四时期读书人聚集的主要形式,但也有新的发展。其中留学国界形成,就是值得注意的现象。胡适曾提到,《新青年》社是一个小团体,“其中只有孟和和我是曾在英美留学的,在许多问题上我们两人的看法比较最接近”。周作人也暗示,同样是新文学主将之一的刘半农,却因为没有正式的学历,为英美派绅士看不起,明嘲暗讽,使他不安于位。半农受了这个刺激,遂发愤去挣一个博士头衔来,以出心头的一股闷气。参见胡适:《丁文江的传记》,《胡适作品集》第 23 集,(台北)远流出版公司 1986 年版,第 52 页;周作人:《知堂回想录》,第 358、502 页。另外欧美同学会等组织的成立,也预示留学国界成为知识圈认同的新的基础。

③ 罗章龙:《椿园载记》,生活·读书·新知三联书店 1984 年版,第 8 页。

参加旅京皖人组成的“皖事改进会”，时与老乡酬酢往来。[①] 胡适在晚年回忆中，念兹在兹的仍是“我是安徽徽州人”，还暗示，陈独秀1919年那次被捕入狱，仰仗安徽同乡的关系，才被保释出狱。[②]

作为学术重镇的北京大学，同样显示了乡情对于读书人聚集所产生的影响，从《北京大学日刊》刊登的各种启事看，固然多为各种专业或兴趣性质的协会的告示，如“数理学会”“书法研究会”之类，但也不乏包含浓浓乡情气息的各省同乡会的启事。[③] 这说明在读书人的流动中，家乡仍是重要的联系管道，同时表明来自故乡的关切无所不在。北京大学早期学生的回忆，也揭示了来自同省份同学之间的相互影响，大大超过来自不同省份的同学，由于方言不同还导致不同省份学生交流的困难。如康白情即撰文批评同乡会实阻碍了学生之间的交流，指出在北大这个社会里，存在着许多“团体”，其中“同乡会”尤其令人瞩目：

> 北京大学各省同乡会，其数甚多，总计大小总在百个以上，大概以地域为结合的标准。有以省的，有以道的，有以府厅州县的，其宗旨不外乎“敦睦乡谊，砥砺学行”。有些地方，对于留学大学的，有资助的规定，便用这种会去领款，但偶然也有用去干与[预]地方上的政治的。至于组织这种会的，其

---

① 参见耿云志：《胡适年谱》，(香港)中华书局1986年版，第63—64页。

② 参见唐德刚译注：《胡适口述自传》，季羡林主编：《胡适全集》第18卷，第148、350页。唐德刚还补充说，陈独秀的被捕并非完全是政治原因，其中可能还有私怨。北京政府当时为“安福系”所操纵，而该系骨干分子泰半都是陈的同乡和熟人。陈为人倨傲，而又私德不修，官高势大的同乡们早就嫌着他，一有借口便把他捉将官里去。参见同书第367页。又见周作人：《知堂回想录》，第356页。

③ 四川省就专门拿出一笔款子，规定“有四川籍游学省外专门以上学校学生，确因官私费用，一时接济中断者”，可“借贷学费”。参见《川籍学生借贷办法》，《北京大学日刊》1918年10月18日，“附张”，第5版。

热心和毅力，以地域分之，大抵以广东、浙江、福建、湖南等处的学生为最强，而以江苏、山东、云南、四川等处的为最弱。[①]

学生如此，教员更不例外。蔡元培通往北大之路，差不多每个环节均有浙江关系在起作用，“先后在北大工作的教授沈尹默、马叙伦、夏元瑮、陈黻宸都极力支持蔡担任此职，这些人全是浙江人，而且都跟章太炎的弟子关系密切，这些弟子大多也是浙江人”[②]。时人也“深以浙派盘踞”为恨，甚至提出，“欲办好北大，非尽去浙人不可”。[③]

这种地缘因素对读书人聚集的影响，同样表现在《新青年》杂志的创办上。该杂志第一卷的作者，几乎全为安徽籍或与皖政界和文化界关系密切者，实际是以陈独秀为首的皖籍人士创办的同人杂志。[④] 一向作为《新青年》“子杂志”的《新潮》杂志，也颇为相似。1918 年 12 月 3 日《北京大学日刊》刊载的“新潮社”核心成员六人名单中，傅斯年、杨振声、徐彦之、汪敬熙均来自山东省，说明作为新文化运动学生辈的聚集最初的纽带同样是省籍。[⑤]

无可否认，无论大学的创办，还是《新青年》与《新潮》等杂志的

---

① 康白情：《北京大学的学生》，《少年世界》第 1 卷第 1 期，1920 年 1 月 1 日。

② 魏定熙：《北京大学与中国政治文化（1898—1920）》，金安平、张毅译，北京大学出版社 1998 年版，第 125 页。

③ 杨树达：《积微翁回忆录》，上海古籍出版社 1986 年版，第 70、72 页。转引自桑兵：《近代中国学术的地缘与流派》，《历史研究》1999 年第 3 期。

④ 陈万雄：《五四新文化的源流》，香港三联书店 1992 年版，第 1—20 页。

⑤ 顾颉刚：《回忆新潮社》，张允候等编：《五四时期的社团》（二），生活·读书·新知三联书店 1979 年版，第 124—126 页。顾在文中说罗家伦也是山东人，误。罗是浙江绍兴人，生于江西进贤。舒衡哲（Vera Schwartz）注意到新潮社聚集的同乡因素，可能是据顾文，也认为罗家伦是山东人。但在别处，又注明罗出身于江西省。参见舒衡哲：《中国的启蒙运动——知识分子与五四遗产》，李国英等译，山西人民出版社 1989 年版，第 82—83、21 页。

流行，都预示着中国读书人的聚集发生由“地缘”向“共同体”的转向，《新青年》作者群的拓展以及《新潮》社的成立，就明确显示读书人的聚集逐渐突破地缘因素，向“思想认同”的转型。[①] 这种转型的明显标志，即是思想界明显区分为“新”“旧”阵营。然而发生于五四时期的这一幕，同样给人以深刻的印象，“省界”意识仍是读书人形成集团力量最初的源泉。

这种省界意识也体现在组织政党的活动中。研究者揭示了，在1920年春夏间成立的上海共产主义小组(可能也被称为马克思主义研究会)的7名成员中，其中6人是《星期评论》的编辑和撰稿人，然而除了有《星期评论》作为中国共产党早期组织的坚实根基外，上述7人中除陈独秀与李汉俊外，其余沈定一、戴季陶、陈望道、施存统、俞秀松均为浙江同乡。[②] 论者分析国民党系统中蒋介石主导派的结构与职能，也指出蒋派之所以能维持其统治地位，很大程度上是因为它有着复杂的层理系统，这个系统由与蒋有个人联系的个人或作为次生派系在整个结构中起支撑作用的群体组

---

① 如《新青年》第2卷的作者大都是原《甲寅杂志》《中华新报》的编辑或作者，从而透露出《甲寅杂志》之于《新青年》杂志在人物谱系与思想取向上实有不可忽视的渊源。自陈独秀主持北大文科后发行的第3卷，其撰稿人则几尽是北大教员和学生，表明《新青年》迅即成为北大革新力量的言论阵地。参见陈万雄:《五四新文化的源流》，第1—20页。《新潮》亦如此，同系同级以及同宿舍的因素渐渐突破“同乡会”的樊笼，成为聚集的基础。如康白情、俞平伯与傅斯年同是1916年文科“国文门”的学生，顾颉刚因为是傅斯年的室友而进入这个团体，顾后来又把中学同学叶圣陶、王伯祥、郭绍虞介绍入社。参见顾颉刚:《回忆新潮社》，张允侯等编:《五四时期的社团》(二)，第124—126页。在此过程中，共同的使命感渐渐成为沟通的基础。傅斯年就介绍《新潮》是“集合同好”撰辑之杂志，是“用这知识上的接触做根本，造成这个团体”。参见傅斯年:《〈新潮〉发刊旨趣书》，《新潮》第1卷第1号，1919年1月1日；《新潮社之回顾与前瞻》，《新潮》第2卷第1号，1919年10月30日。

② 萧邦奇:《血路——革命中国中的沈定一(玄庐)传奇》，第73—75页。

成。最重要的是CC系、黄埔系（有时被称为蓝衣社）和政学系三个政治集团，成功地发展成为蒋的“支撑结构”（support structures），其职能就是充当复杂派系的基石。简单地说，基于同省籍、同家族、同教育背景及结拜兄弟关系的个人关心，构成了蒋的派系联盟的基础。[①] 由此可见，近代中国集团力量的形成一直纠缠着省籍因素。

结　语

梳理读书人的聚集方式，可以据此检讨近代中国政治共同体形成的困局。在现代社会，由家族、村落、部族所构成的“自然共同体”已逐渐式微，所形成的政治共同体，是要把各种社会力量结合成一个单一的全民政治共同体。[②] 政治共同体既是衡量社会动员的基本维度，也当构成检讨集团力量的着眼点。需要说明的是，这里无意将问题落于有效性来展开，毕竟近代中国集团力量的兴起，并非仅仅是否具有有效性的问题。

显然，在“国家与社会”“国家与个人”之间，近代中国集团力量的形成，其表征明显是“省界”“业界”及“阶级”等亚文化圈。然而，无论是省籍意识的提升，还是业界的形成，所确立的认同基础，都还只是形成集团力量初级阶段的产物，距离政治共同体的形成尚有相当的距离。如同政治学者所强调的，当一个政治体系的全体人民是由地方集团、种族集团或社会各阶级构成，而且又各有特殊的倾向或

---

① 田宏懋：《1928—1937年国民党派系政治阐释》，原载于陈福霖编：《处在十字路口的中国：1927—1949年的国民党与共产党》（China at the Crossroads: Nationalists and Communists, 1927-1949），西方观点出版社1980年版，朱华译，《国外中国近代史研究》第24辑，中国社会科学出版社1994年版，第66—81页。

② 塞缪尔·亨廷顿：《变动社会的政治秩序》，第428—429页。

趋势，这种政治亚文化圈的形成往往给政治建设带来很多问题。[①]因之，构成近代中国集团力量基础的“省界”“业界”以及阶级意识，也成为中国形成政治共同体的难局。

不必讳言，无论是近代意义上的国家意识的产生，还是政治共同体在近代中国的催生，都是“援西入中”的产物。因此对照西方的经验加以检讨，也是必要的。政治哲学中最基本的议题是为国家的成立寻求理由及根据。就西方国家而言，这个依据，毫无疑问即是“个人权利”，“个人拥有权利……这些权利如此强有力和广泛，以致引出了国家及其官员能做些什么事情的问题”。[②] 简言之，作为西方社会主导意识形态的自由主义，主要是立足于个人自由的优先性来思考国家的问题，往往把政府当成必要的恶，国家的成立若不是为了更有效地保障个人应当享有的权利，根本不会有正当性。[③] 故此，所谓关切“个人自由”，只是自由主义学理立场一个粗浅的总结。与此同时，自由主义还提供了一个实效理论，阐明尊重个人自由的社会带给个人、社会以及整个文明究竟有哪些裨益。[④] 这也正如哈贝马斯(Juergrn Habermas)所强调的，公共领域首先可以理解为由私人集合而成的领域，“资产阶级公共领域是在

---

① 加布里埃尔·阿尔蒙德、宾厄姆·鲍威尔：《比较政治学：体系、过程和政策》，曹沛林等译，上海译文出版社 1987 年版，第 15 页。

② 罗伯特·诺齐克：《无政府、国家与乌托邦》，何怀宏等译，中国社会科学出版社 1991 年版，第 1 页。诺齐克(Robert Nozick)被归到极端自由主义(libertarian-ism)，虽然他对“最低限度国家”(minimal state)的论证在当代世界倍受争议，但他提示为什么“最低限度国家”是值得奋斗的理想，无疑契合了政治哲学中最根本的议题——为国家的成立寻求理由及根据。

③ 江宜桦：《自由主义、民族主义与国家认同》，(台北)扬智文化事业公司 1998 年版，第 104 页。

④ 林毓生：《两种关于如何构成政治秩序的观念——兼论容忍与自由》，《中国传统的创造性转化》，生活·读书·新知三联书店 1988 年版，第 98—144 页。

国家和社会间的张力场中发展起来的，但它本身一直都是私人领域的一部分。作为公共领域的基础，国家和社会的彻底分离，首先是指社会再生产和政治权力分离开来”[①]。

由此而言，中国形成政治共同体的难局，首先便在于个人优先性意识的匮乏。中国思想界也曾表达出对如何建立一个保障个人价值的社会与政治制度的关切，但却没有更多强调与此相应的基本预设：任何国家的主要目的之一，应该是对每个个人身体与精神完整的保护与维持，个人自由之所以引起读书人的强烈反响，主要是看到其作为寻求富强重建民族国家尊严的直接价值。[②] 关键在于，面对这一难局，中国思想家缺乏必要的认识，对于西方社会由个人出发所做的政治安排，像孙中山就作了负面的评价。如其所言，恢复民族主义中国比外国要容易得多，因为外国是以个人为单位，再由个人放大便是国家，在个人和国家之间，再没有很坚固很普遍的中间社会，“中国国民和国家结构的关系，先有家族，再推到宗族，再然后才是国族，这种组织一级一级地放大，有条不紊，大小结构的关系当中是很实在的”[③]。

然而将问题悉归于个人主义传统的匮乏，却只是看到了问题的一方面，影响近代中国政治共同体形成的，还在于中国的社会革命一开始就蕴藏着全能主义政治的因素。在分析中国20世纪政治发展时，邹谠曾提出20世纪初期面临的全面危机是中国社会革命与全能主义（totalism）政治的共同渊源，它所意味的是，只有先建立一个强有力的政治机构或政党，然后用它的政治力量、组织方

---

① 哈贝马斯：《公共领域的结构转型》，曹卫东等译，学林出版社1999年版，第33、170页。

② 本杰明·史华兹：《寻求富强：严复与西方》，叶凤美译，江苏人民出版社1989年版，第229页。

③ 孙中山：《三民主义》，《孙中山选集》，人民出版社1981年版，第674—675页。

法，深入和控制每一个阶层、每一个领域，才能改造或重建社会国家和各领域中的组织与制度，从而克服全面危机。① 这表明，检讨近代中国政治共同体的难局，不能忽视中国面临的“国家政权建设”的巨大压力，近代中国两大势力集团——国共两党的壮大，也说明了立足于阶级进行广泛的社会动员，似乎是难以避免的。如费正清就充分肯定了将无产阶级创造性地转换为“无财产阶级”对于中国革命所具有的意义。② 确实，1921 年中国共产党的成立与 1924 年国民党的改组，称得上影响近代中国历史发展的大事，其突出的意义是列宁主义式政党组织模式的引进，解决了在思想日趋多元化的社会如何保持一个团体的意识形态信仰。当然，其富于“有效性”，也无须多言。

因此，纠缠于“个人”与“国家”之间的这些因素，正是近代中国政治共同体形成的难局。中国社会形成以省界、业界及阶级为基础的亚文化圈，社会动员主要在这些环节展开，似乎也容易理解。一方面，个人空间的匮乏，已预示着在个人基础上形成的政治共同体往往只是昙花一现；而在“全能主义”政治的作用下，更表明，即便读书人的聚集突破了“省界”“业界”的樊笼，通向政治共同体的阶梯仍不乐观。

---

① 邹谠：《中国二十世纪政治与西方政治学》，《二十世纪中国政治：从宏观历史与微观行动的角度看》，（香港）牛津大学出版社（中国）有限公司 1994 年版，第 1—10 页。邹谠强调了“全能主义”(totalism)与 20 世纪 30 年代中国和西方现在一般理论家所用的“极权主义”(totalitraianism)一词不同，“全能主义政治”这一专门名词表达的是政治与社会关系的某一种特定的形式，而不涉及该社会中的政治制度或组织形式。“全能主义”仅仅指政治机构的权力可以随时无限制地侵入和控制社会每一个阶层和每一个领域的指导思想，“全能主义政治”指的是以这个指导思想为基础的政治社会。

② 费正清编：《剑桥中华民国史（1912—1949 年）》上卷，杨品泉等译，中国社会科学出版社 1993 年版，第 6 页。

第一编

传统的发明

传统：由“知识资源”到“学术资源”

——简析 20 世纪中国文化传统的失落及其成因

“反传统”已构成解读五四的重要符号，而且，相当明显的，围绕五四有关“反传统”的历史辩证，无论是“全盘性反传统主义”的见解，还是试图对“反传统”做出细致分疏的主张，都立足于中国传统在 20 世纪的失落。① 然而有个问题也值得深思，所谓“传统”，本来自后人的赋予，五四时期的读书人并不怎么使用这一字眼。这也许不能说明什么，不过可以断定，“传统”本身有其内涵及其走向，在五四时期也有其具相，并具体反映在那一代读书人的知识来源上。对此的探索，或许可以换一个角度思考中国传统的失落，以及失落的究竟是什么？尤其是，传统的失落与“反传统”密切相关吗？

这篇文字试图通过新的解读历史的方式，检讨中国传统在五

---

① 参见林毓生：《中国意识的危机》，穆善培译，贵州人民出版社 1988 年版；余英时：《五四运动与中国传统》，《中国思想传统的现代诠释》，江苏人民出版社 1989 年版，第 357—367 页；王元化：《为“五四精神”一辩》，林毓生等：《五四：多元的反思》，香港三联书店 1989 年版，第 1—27 页。

四时期作为"知识资源"失落的过程。[①] 需要说明的是，传统构成"知识资源"重要组成部分，本毋庸置疑，但对传统的阐释却众说纷纭，因此，为避免可能产生的歧义，这里论及的只是中国知识传统中最浅表但却是最直观的形式——经典文献。如麦金泰尔(A. MacIntyre)所说的，"被构成性传统和构成性传统的合理探究概念，不能在撇开其例证的情况下加以阐明"。这也意味着，只有针对传统做一些诠释，才能对之有具相的了解。显然，对传统的诠释可以经由其所建构的制度、所体现的思想或某种行为方式来进行，然而构成传统最重要的无疑是它所拥有的经典，而且这些经典必定具有权威性，甚至被视为神圣的。[②] 由于经典在中国知识传统中所具有的特殊意义，因而透过经典的阐释、传授、征引审视一个时代的知识构成与知识关怀，一向是学术史与思想史关注的重点，张灏与余英时对晚清民国思想学术史的研究，就结合梁启超与胡

---

① 一般认为，"知识是对事实或思想的一套有系统的阐述提出合理的判断或者经验性的结果"。因之，"知识资源"乃是指对社会合法性进行辩护的论证资源。参见丹尼尔·贝尔(Daniel Bell)：《后工业社会的来临》，高铦等译，商务印书馆1984年版，第195页。经由对知识的社会本质的关怀，审视影响知识发展的社会因素，其意义早已为知识社会学(Sociology Knowledge)所揭示；对有关历史的知识领域中自我衍生的转变原则和结果的考察，更构成傅柯(Michel Foucault)称之为"知识的考掘"的主要工作。尽管汉语思想界对知识社会学，尤其是充满迷思(myth)的傅柯，在理解上还存有种种歧义，但关于知识的社会本质，知识与权力、知识与话语，也应当是汉语"知识资源"中值得疏理的问题。Karl Mannhein, *Ideology and the Utopia: An Introduction to the Sociology of Knowledge*, London: Routledge & Paul, 1966；米歇·傅柯：《知识的考掘》，王德威译，(台北)麦田出版社1993年版。

② 阿拉斯戴尔·麦金太尔：《谁之正义？何种合理性？》，万俊人等译，当代中国出版社1996年版，第13页；石元康：《从中国文化到现代性：典范转移？》，(台北)东大图书公司1998年版，第3—28页。

适的例证，揭示了“传统”如何被借鉴。[①] 也正由于他们的工作，五四思想与有清一代思想走向的密切相关性，这些年越来越得到学术界重视。因此，考察五四时期传统作为“知识资源”的失落，晚清以来思想界的动向尤其显得重要，不妨首先看看“经典”在近代的境遇。

一、“经典”的意义及其在晚清的境遇

伽达默尔(Hans-Georg Gadamer)对“古典型”概念意义的阐述特别指明，承载传统的“经典”乃是某种对抗历史批判的东西，它的那种负有义务要去流传和保存价值的力量，都先于一切历史反思并且在这种反思中继续存在，因而“经典”也是“一种无时间性的当下存在，这种当下存在对于每一个当代都意味着同时性”。[②] 揆诸中国，“经典”的意义也许尤甚于此。尽管不同时期对“经典”的认知各异其趣，然“经典”成为传统中国读书人主要知识来源，却是没有疑问的。对“经典”的阐释，不仅构成历朝历代“学”与“术”的基础，透过教育，特别是科考制度，更建立起对于圣贤之言神圣性的崇奉。要而言之，分属汉宋两大体系、作为传统学术主要形态的经学，所谓“四书言”“五经义”——挂在孔子名下的“五经”以及展现孔孟之道的“四书”，再加上历代大师对此的权威诠释，就构成不同时代知识来源的主干。通过对这些“经典”的援引，也构成马克

① 余英时：《〈中国哲学史大纲〉与史学革命》，胡颂平编著：《胡适之先生年谱长编初稿》第1册，(台北)联经出版公司1986年版，“附录”，第63—74页；张灏：《梁启超与中国思想的过渡(1890—1907)》，崔志海、葛夫平译，江苏人民出版社1993年版，第3页。

② 汉斯-格奥尔格·加达默尔：《真理与方法——哲学诠释学的基本特征》第1卷，洪汉鼎译，(台北)时报文化出版公司1993年版，第292—294页。

斯·韦伯(Max Weber)“合法性”(Legitimacy)论证的主要依据。如皮锡瑞所说:“天子得之以治天下,士庶得之以治一身。”其功用性甚至还有一一对应关系:“以《禹贡》治河,以《洪范》察变,以《春秋》决狱,以三百五篇当谏书,治一经得一经之益也。”[①]人们相信这些“经典”包含着理想的社会模式以及对超越历史真理绝对无误的阐述,要掌握古代圣王的义旨,就应该研究和珍视这些遗产,不仅从中获取有关人类实践的丰富知识,而且还懂得一系列判断政府、社会善恶的普遍准则。[②]

晚清以降,中国进入“三千年未有之大变局”,各方面都发生着深刻变化,其间在“援西入中”过程中引发的“知识样式”转化,笔者在其他文字中已略有所论。[③] 值得关注的是在此背景下对本土知识资源的重构。明末清初以来“经世致用”思想的展开,这些年已成为了解儒家思想进入“近代”前夜进行“调适”的关键,在体现这一思想最直接的《皇朝经世文编》中,就呈现出“经典”如何继续构成知识的重要来源。魏源尝言:“经有奥义,有大义,研奥者必以传注分究而始精,玩大者止以经文汇观而自足。”[④]阐明大义需直接面对经文始可获得。这种“通经致用”的思想,也体现在主要由其编纂的《皇朝经世文编》中,譬如“学术”类所选汪缙《衡王》一文,对此

① 皮锡瑞:《经学通论》,中华书局 1954 年版,“序”,第 1 页;《经学历史》,中华书局 1959 年版,第 90 页。

② 艾尔曼(Benjamin A. Elman):《从理学到朴学——中华帝国晚期思想与社会变化面面观》,赵刚译,江苏人民出版社 1995 年版,第 20 页;《经学、政治和宗族——中华帝国晚期常州今文学派研究》,赵刚译,江苏人民出版社 1998 年版,第 50 页。

③ 章清:《近代中国留学生发言位置转换的学术意义——兼析近代中国知识样式的转型》,《历史研究》1990 年第 4 期。

④ 魏源:《论语孟子类编序》,《魏源集》上册,中华书局 1976 年版,第 145 页。

就有贴切发挥，阐明“六经同体而异用”。[1] 事实上《皇朝经世文编》的许多文章都直接援引十三经上的文句或观念，书中所收录的“经筵讲义”和“进呈经义”等文章，几乎全以经典为基础，通过对经典的阐释，向皇帝说明治国平天下之道。[2] 由此可知“经典”对中国的重要意义，构成知识与价值的源泉。这种以“调适”为特征的知识立场与知识关怀，影响也至为显明。以变化观念来说，关于这个问题最重要的经典是《易经》，于是不单在王韬、郑观应、郭嵩焘等“先时人物”那里频频看到对该书中心思想“穷则变，变则通”的引用，1860 至 1895 年间展现向西方学习的“自强”一词，也来源于这部经典。可以说，在 19 世纪末以前，所谓对“西方的反应”大多仍发生在中国传统思想框架内，“自强运动”所体现的“富国强兵”思想，就主要由传统学说提供资源。[3]

在西方冲击下固守本土文化的优越感，强调“明六经之恒言”就足可应付危难之局者，也不乏其人。“西学源出中国说”的流行，固有调和中西、化解华夷紧张之意，但也多少表露不必舍本逐末的心理。屠仁守就表示：“凡西士递创新法，动谓中土所未闻”，殊不知在西人未悟其理之前，《大戴礼》《尚书考》《墨子》等书皆“言之凿凿”，且“奥旨可寻”。[4] 俞樾为王仁俊的《格致古微》一书作序，也阐

---

① 汪缙：《衡王》，贺长龄辑《皇朝经世文编》卷一，“学术”，（台北）文海出版社 1967 年版，第 107 页。

② 黄克武：《经世文编与中国近代经世思想研究》，《近代中国史研究通讯》第 2 期，1986 年 9 月。

③ 费正清、刘广京编：《剑桥中国晚清史（1800—1911 年）》下卷，中国社会科学出版社 1985 年版，第 185 页；本杰明·史华兹：《寻求富强：严复与西方》，叶凤美译，江苏人民出版社 1989 年版，第一章。

④ 屠仁守：《奏陈变通书院章程疏》，《屠光禄疏稿》卷四，（台北）文海出版社 1967 年版，第 256—257 页。

明“西法新奇可喜者，无不在吾儒包孕之中”，“苟取吾儒书而复之，则所谓光学、化学、重学、力学，固已无所不该矣”。[①] 在西学传播已成无可阻挡之势时，又发展出“中学为体，西学为用”主张。张之洞将此提升为保国、保教、保种之根本，以“政教相维”为“古今之常经、中西之通义”。[②] 这一主张，究其实，如文悌所说的，是强调在接纳西学时，须“修明孔孟程朱四书五经小学性理诸书”，植为根柢。[③] 不难看出，这一路思想的发展，是固守传统作为知识资源的意义。这在晚清也有相当的代表性，当留学制度取代科举成为新的人才培养方式时，清廷还坚持要求出国者须预先在国内接受传统教育；就是到了国外，还随时课以儒家典籍，以免留学生荒疏于中国学问。

“经世致用”也好，“中体西用”也罢，其实已是权威性不容置疑的儒家经典受到尖锐挑战的产物，而今古文的“双峰并峙，二水分流”，不仅将此推向高潮，也从传统中开掘出新的资源。从知识来源来看，显著的变化即是诸子地位提升，诸子之言，成为重要的知识来源。康有为即是“借诸子之纷呶以考太古之情状”，其早年著作《民功篇》，用来论证上古实况的资料大多来自子书；《孔子改制考》言及周末创教改制，也大部分以子书记载为依据。章太炎之重视诸子更甚于康有为，其援诸子以夺孔子之正位的工作，不仅是从

---

① 俞樾：《王幹臣格致古微序》，《春在堂全书》，(台北)文海出版社 1966 年版，第 2924—2925 页。

② 张之洞：《劝学篇·内篇第一》，苑书义等主编：《张之洞全集》第 12 册，河北人民出版社 1998 年版，第 9708 页。

③ 文悌：《文仲恭侍御严参康有为折》，苏舆编：《翼教丛编》，(台北)文海出版社 1967 年版，第 84 页。

义理上加以辨析的，甚至相信记载在子书中孔子的事迹更为可信。[①] 在太炎那里，“经”已没有什么神圣性可言，“经者古史，史即新经”，为此他不仅盛赞“章学诚谓六经皆史，真拨云雾而见青天”，还进一步表示其他群书也都可称为“经”。以诸子的彰显来说，在《订孔》一文，章太炎就认为“孔氏闻望之过情”，仅赋予孔子“良史”的位置。既如此，以诸子配孔，辨其优劣，以补儒家之短，岂非天经地义。[②] 至于他在《诸子学略说》大量征引诸子骂孔子的话，更为人们熟知，一方面批评定于一尊后的中国学说，必以无碍孔氏为宗，“强相援引，妄为皮傅”，另一方面却推崇周秦诸子，“推迹古初，承受师法，各为独立，无援引攀附之事”。[③]

上述种种，实乃意味着晚清以降，随着中西思想冲突的加剧，映射出传统作为“知识资源”的不同走向。既有固守传统经典之意义者，也不乏种种“调适”的主张，伴随诸子学的复兴，反映在思想界，即是论学议政的“知识资源”，有了明显的突破。尽管在拓展传统学说作为“知识资源”的过程中，无论是康氏将六经所载古史古事斥为“伪托”，还是太炎的“尊子贬孔”，都将更多工作限制在史学层面；在史料意义上辨析真伪是非，成为开掘“知识资源”最主要手段，然而，以此为基础，却突破了六经四书之外无所谓“道”的樊笼。如论者所说的，当这种对非正统的古代典籍的兴趣蔓延时，古代典籍诸如《荀子》《墨子》和法家那些经典，就成为 19 世纪以来发展的

---

① 王汎森：《古史辨运动的兴起——一个思想史的分析》，（台北）允晨出版公司 1987 年版，第 156、271 页；《章太炎的思想（1869—1919）及其对儒学传统的冲击》，（台北）时报文化出版公司 1985 年版，第 33 页。

② 章太炎：《订孔》，《章太炎全集》（三），上海人民出版社 1984 年版，第 134—139 页。

③ 章太炎：《诸子学略说》，《国粹学报》第 2 年第 8 号，1906 年 9 月 8 日。

道德和政治行动的思想源泉。[①]

二、《新青年》对“经典”的征引

正是在这样的思想格局中，五四一代开始了他们的工作。有清一代，尽管康有为等人对传统资源的甄微抉奥有矫枉过正的地方，但儒家“经典”经由史学化所具有的神圣性渐次失落，却完成了一项重要突破，拓展了可资利用的传统资源。既如此，当五四一代面对传统资源，就不再会为利用的是经书还是子书产生疑惑。胡适的《中国哲学史大纲》所展现的“平等的眼光”，即是体现这种承继性最好的例证。在该书“导言”部分，胡适高度评价了章太炎在学术史上的“开山之功”：不仅“发明诸子学”，且能“融会贯通”；“《原名》《明见》《齐物论释》三篇，更为空前的著作”。到该书再版时，胡适也由衷写到，他的这部书，近人之中，“最感谢章太炎先生”。[②] 两代读书人学术渊源上的密切关联，早已是学术圈的共识。那么，“经典”在五四时期还具备“知识资源”的意义吗？或者，传统作为“知识资源”的意义是如何呈现的呢？这正是本文重点要讨论的。

为便于问题的说明，这里拟以五四时期最重要的思想文本《新青年》为考察重点，检视这些文本是如何征引传统“经典”的。基于此，不仅可以认识到较之于晚清，五四时期对“经典”的立场显示出不少新气象，而且还可以展现出在知识转型方面所发生的重大变化。

---

① 张灏：《危机中的知识分子——寻求秩序与意义》，高力克等译，山西人民出版社1989年版，第16页。

② 胡适：《中国哲学史大纲》，《胡适作品集》第31集，（台北）远流出版公司1986年版，第1—28页。

“经典”逐渐失落其权威性，经史子集都成为传统资源的一部分，这是从《新青年》文本中可以获取的最直观印象。从对各种典籍的征引来看，对传统资源的利用大约是以这样四种方式表现出来的。《新青年》杂志创刊时，首卷曾附有各国谚语与名人语录作为文章补白，这类文字以西人的居多，也有少量中国古人的名言，无非是励志之类的话。[①] 除此而外，在行文中也不乏对传统学说进行格言式征引的例子，譬如：“人生于忧患，而死于安乐”；“国之将亡，本必先颠”；“吾日三省吾身”等。这是第一类，也是今天仍在延续的对传统学说的征引方式。这类征引，无须解释，其意义已至为显明。

第二类是论学的文字，从思想倾向来说这类文字可列为反传统，对五四“反传统主义”的塑造，还往往以此作为主要资源。之所以值得单独列出，是因为这些文字主要表现为“以传统反传统”，论证方式近似于康有为、章太炎，明显是援引传统的其他学说来对抗儒家学说。这其中尤以易白沙与吴虞的文章为突出。[②] 关于易白沙与吴虞非儒反孔思想之成因与表现，已有多篇论作做了分析，钱基博曾指吴虞“极称诸子而非孔孟”，而“大抵袭章炳麟、康有为、梁启超早年之余论”。[③] 这一说法不仅吴虞本人认可，也得到后来的

① 《新青年》第1卷第3号就附录有这样的文字：“世衰道微，人欲横流，非刚毅之人奚能立足？”（朱晦庵）“世人通病：先事，体怠神昏；临事，手忙脚乱；既事，事散心灰。”（吕新吾）。

② 主要包括易白沙的《述墨》《我》《孔子平议》《诸子无鬼论》，吴虞的《家族制度为专制主义之根据论》《读荀子书后》《消极革命之老子》《儒家主张阶级制度之害》《儒家大同之义本于老子说》《吃人与礼教》。此外吴曾兰《女权平议》、高一涵《老子的政治哲学》、胡适《我对于丧礼的改革》以及鲁迅《我们现在怎样做父亲》等文字都具有相似性质，主要是在传统学说范围内讨论问题。

③ 钱基博：《现代中国文学史》，岳麓书社1986年版，第68页。

研究者认同。[①] 不妨以吴虞刊于《新青年》的第一篇文字《家族制度为专制主义之根据论》为例予以说明。这篇文字直指儒家以“孝悌”二字为两千年来专制政治与家族制度联结之根干，举证的包括《春秋钩命诀》所记孔子言，以及《孝经》《大戴礼记》《荀子》和孟子、董仲舒、有子的有关言论，如引孟子云：“世衰道微，邪说暴行有作，臣弑其君者有之，子弑其父者有之；孔子惧，作《春秋》。故曰，孔子成《春秋》而乱臣贼子惧。”与此相关，又引《庄子》《商君书》以及杨朱、墨子、老子的见解与之对抗，特别引述了他极赞赏的李卓吾的见解：

> 二千年以来无议论，非无议论也，以孔夫子之议论为议论，此其所以无议论也。二千年以来无是非，非无是非也，以孔夫子之是非为是非，此其所以无是非也。[②]

最值得注意的是《新青年》文本对传统资源引述的另外两种方式，即对传统学说的“肯定性征引”与“否定性征引”。这是体现五四一代知识立场与知识关怀最主要的方式，传统学说赋予那一代读书人怎样的“知识资源”意义，得以清楚呈现。先看看对传统学说的“肯定性征引”。这是指文章作者引用传统文献、观点和人物用以论证或支持自己赞同的观点和主张。举例说，胡适的《文学改良刍议》，言及文学改良须从八事下手，首揭“须言之有物”——所谓“物”乃是指“情感”与“思想”，于是胡适引述了《诗序》的见解：“情动于中而形诸言。言之不足，故嗟叹之。嗟叹之不足，故咏歌

① 王汎森：《章太炎的思想及其对儒学传统的冲击》，第 208 页；周昌龙：《新思潮与传统：五四思想史论集》，(台北)时报文化出版公司 1995 年版，第 283—325 页。

② 吴虞：《家族制度为专制主义之根据论》，《新青年》第 2 卷第 6 号，1917 年 2 月 1 日。

之。咏歌之不足，不知手之舞之，足之蹈之也。”然后表示：“此吾所谓情感也。情感者，文学之灵魂。文学无情感，如人之无魂，木偶而已，行尸走肉而已。”[①]再譬如陈独秀的《实行民治的基础》，先是指出中国自古以来，就有许行“并耕”和孔子“均无贫”种种高远理想；“限田”的讨论，是历史上很热闹的问题；“自食其力”是无人不知的格言，然后表示：“我因为有这些理由，我相信政治的民治主义和社会经济的民治主义，将来都可以在中国大大的发展，所以我不灰心短气，所以我不抱悲观。”[②]

综而言之，《新青年》对传统学说的“肯定性征引”，大致以这样的方式呈现。《新青年》创刊时，由于对现实社会极度绝望，因此撇开了许多问题而把注意力专注于青年，有关文章占了不少篇幅。从对传统学说的征引来看，引述传统学说资源鼓励青年奋斗，尽到责任，成为显著特征。这也意味着向以“修齐治平”为基本人生哲学的中国，在这方面的确积累了许多思想资源。另外推展白话文是《新青年》的重要标识，如何利用传统白话文资源在这方面表现得也很突出，除了发掘源远流长的白话文传统，也积极引述被遮蔽的种种主张，如情感乃文学之灵魂，诗歌讲究真性情，言文一致等。其他方面则主要表现出与《新青年》揭櫫的种种价值相关，这包括肯定进步、进化的原则，破除迷信，提倡个人主义以及平等的诉求等。值得注意的是，一般都称《新青年》的两大旗帜为“民主”与“科学”，但引述传统资源为之张目的却非常之少。“民主”只有那条老掉牙的“民惟邦本，本固邦宁”；而“科学”也只是引述与王充和李时珍相关的两条材料。这多少说明传统有关民主与科学的资源并没有引起那个时代的重视。而从第 5 卷开始，《新青年》对传统资源

---

① 胡适：《文学改良刍议》，《新青年》第 2 卷第 5 号，1917 年 1 月 1 日。

② 陈独秀：《实行民治的基础》，《新青年》第 7 卷第 1 号，1919 年 12 月 1 日。

的引述都致力于开掘传统思想中的社会主义成分，联系到社会主义后来在中国“渐成时髦”，这当是值得关注的。

再来看看对传统学说的“否定性征引”。这是对传统文献、观点的批判和否定，或用于证明传统已过时，或用于说明传统是不良社会现象的原因，亦可称为“批判性征引”。如陈独秀的《孔子之道与现代生活》，先是征引《礼记》中的《坊记》《曲礼》《内则》《昏义》《郊特牲》诸篇言论，然后指出：“以上所举孔子之道，吾愿尊孔诸公叩之良心：自身能否遵行；征之事实能否行之社会；即能行之，是否增进社会福利国家实力，而免于野蛮黑暗之讥评耶？”①再如胡适的《贞操问题》，通过引述“忠臣不事二君，烈女不更二夫”，“饿死事极小，失节事极大”，然后得出这样的看法，“这是忍心害理，男子专制的贞操论”。②

对传统学说的批判性引述，集中于五四时期所肯定价值的对立面上，主要批评传统与现代生活方式背道而驰，阐明神道设教、不能利用厚生之传统，不符合现代精神，与共和绝不相容；同时指出传统与强调个性发展、积极进取的价值取向迥异其趣。对比“批判性征引”与“肯定性征引”，可以发现两者存在明显差别。其一，对传统学说的肯定性引述，并没有将儒家学说排除在外，但在批评性引述中，却明显集中于儒家学说，对其他学说虽偶有涉及，但所占比例甚小。其二，对传统的肯定性征引大多指向一些抽象观点，否定性征引则很具体，尤其集中于儒家的“礼”，包括家族制度、严男女之防以及所衍生的三纲五常。

据此不难看出，无论是对传统学说的肯定性征引，还是批判性

---

① 陈独秀：《孔子之道与现代生活》，《新青年》第 2 卷第 4 号，1916 年 12 月 1 日。

② 胡适：《贞操问题》，《新青年》第 5 卷第 1 号，1918 年 7 月 15 日。

引用,都显示出五四一代对经典的立场,与那个时代传递的新思想、新观念有关,这也是五四一代区别于康、章等上一辈读书人主要的不同之处。[①] 一方面,传统学说作为"知识资源"的范畴已明显拓展。余英时在阐述胡适所开创的"典范"(paradigm)时,就突出了这一"典范"应用范围的扩展:不复局限于几部古典经籍的研究,还可以用来研究小说、戏剧、民间传说、歌谣;可以用来分辨古史的真伪,也可以用来批评传统的制度与习俗。[②] 另一方面,如果说在康、章那里明显拓展了传统学说作为"知识资源"的范畴,但在论证上还主要表现为"以史论史"方式,五四一代对传统资源的利用,意图则更加明确,那就是否定也好,肯定也好,都与阐述的新思想、新观念适成对照。由此可见,在"重新估定一切价值"的普遍原则下,不仅习俗相传下来的制度风俗、圣贤教训、行为与信仰,都被重新估定;评判范围还扩大到社会文化领域,如孔教问题、礼教问题、文学改良问题、女子解放问题、教育改良问题、戏曲改良问题等。

单单按照量来估算,对传统资源的肯定性引用远远多于对传统的批判性引用,或许不便据此推断《新青年》对传统的立场如何,但由此却不难感受到传统资源被利用时逐渐抽象化的过程。陈独秀在《本志罪案之答辩书》曾表示:

---

① 关于《新青年》对传统文献的征引,来自于笔者参与的课题"中国现代政治文化观念形成的计量研究"所制作的数据库。该课题由香港资助局(RGC)资助,有关统计分析由戚立煌先生、吴嘉仪小姐、周成海先生担任,特此表示感谢。笔者另一篇文字曾专门列出表一"《新青年》对经典的肯定性引用"与表二"《新青年》对经典的批评性引述",更完整揭示了《新青年》对"经典"的利用。参见章清:《传统作为"知识资源"的失落》,《二十一世纪》总第 56 期,香港中文大学中国文化研究所 1999 年 12 月出版。

② 余英时:《中国近代思想史上的胡适》,《重寻胡适历程:胡适生平与思想再认识》,广西师范大学出版社 2004 年版,第 201 页。

> 要拥护那德先生，便不得不反对孔教、礼法、贞节、旧伦理、旧政治；要拥护那赛先生，便不得不反对旧艺术、旧宗教；要拥护那德先生又要拥护赛先生，便不得不反对国粹和旧文学。[①]

这类“新与旧”“传统与现代”的话语表达方式，是典型的五四式的。问题不在于肯定多少或否定多少，而在于肯定与否定的方式。因为传统成了启蒙原则的抽象对立面，自然也限定了对传统的阐释。这样一来，不仅把传统视为理性、自由的对立面，并且认为传统是历史上被赋予的东西，有如自然一样。正如伽达默尔所强调的，“不管我们是想以革命的方式反对传统还是保留传统，传统仍被视为自由的自我规定的抽象对立面，因为它的有效性不需要任何合理的根据，而是理所当然地制约我们的”[②]。这是值得重视的思想倾向，基于此也有必要进一步检讨五四利用传统时更具意义的特征。

三、“知识资源”与“学术资源”

傅柯对“知识”的“考掘”，主要关心某一文化体在某一历史阶段所形成的知识的文化密码或内在规则，即“知识的形构规则”(episteme)，为此也强调既然“知识形构规则”是支持知识领域的概念并且对应于某一思想的不同时代，因此历史分析必须去揭开它们。[③] 依据《新青年》文本对传统资源的利用，能否相应揭开其中关于“知识的形构规则”呢？在我看来，其中的迹象是清楚的。无可

---

① 陈独秀：《本志罪案之答辩书》，《新青年》第6卷第1号，1919年1月15日。

② 加达默尔：《真理与方法》第1卷，第370页。

③ 参见梅奎尔(J. G. Merquior)：《傅柯》，陈瑞麟译，(台北)桂冠图书公司1998年版，第45页。

否认，传统仍残存“知识资源”的意义，但在此过程中，传统却明显陷入“知识论危机”（epistemological crisis），并最终导致传统作为“知识资源”的意义逐渐失落。其中的征象，则是传统呈现出由“知识资源”向“学术资源”的过渡。①

多年来，学界一直都将《新青年》视为反传统的先锋，自然，这并非人们无视《新青年》文本对传统学说的肯定性引用；甚至肯定性征引还远远多于否定性征引，而是关注到肯定与否定的方式。关键在于，《新青年》文本对传统的肯定大多停留在抽象层面，几乎没有运用传统文献作为论证社会制度的合法性根据。表面上看，以传统资源来支持社会主义似乎构成政治和社会制度的合法性论证，但仔细分析这类文字，也只是说明中国传统中某些成分和社会主义原则相符合，并没有据此来论证社会主义合理。相反，《新青年》对传统的否定性征引却集中说明一点：儒家的经典不再适合现代生活，它不仅不是今天政治制度和伦理道德的合法性根据，而且已成为建设新社会的障碍。这无疑显示对于传统的认知有了颠覆性的变化。

两千年来儒家经典一直是中国政治制度的合法性根据，1895年以后在不可抗拒的西方冲击下，政治改革与革命风起云涌，然

① “知识资源”与“学术资源”的区分，是试图阐明对于传统资源迥然有别的两种立场，如果说“知识资源”是构成社会合法性的论证资源，那么视传统为文物材料，并不看重其在当下的全面有效状态，即是将传统作为“学术资源”，不再构成合法性论证的基础。笔者这一区分，受到希尔斯（Edward Shils）区分“科学传统”与“哲学传统”的启示。希氏将此视为对传统截然不同的两种立场：在“科学传统”中，伟大人物是受人景仰的纪念碑，然而一旦他们著作中的精华被摄取和吸收，就不再被人们阅读，从而丧失当下的全面有效状态。而伟大哲学家的著作始终保持其知识的有效性，一再成为新一代哲学家反思的出发点。这也意味着哲学信条的实质内容具有高度的传统性，过去的经典著作因为它们内在的知识关联性而被人们反复研究。参见希尔斯：《论传统》，傅铿、吕乐译，上海人民出版社1991年版，第174—177页。

而，即使儒家经典作为合法性依据受到动摇，中国传统仍然可以作为政治制度合法性根据，这一点从未真正改变过。康有为从今文经学中建构改革理论，章太炎提倡国粹，都是著名的例子。梁启超还谈到，当时所译西书，涉及“政治资生等本原之学”者，“几无一书焉”，这也从一个侧面说明当日所关心的还主要是在“西艺”层面，对于“西政”还少有涉及。[①] 到五四时期，无论读书人对传统抱有多大程度的肯定，但在这一点上却发生了重大转变，即认为传统不再能成为政治制度和社会伦理合法性判据。这自是中国历史上从未发生过的巨变，它显示出五四时期的读书人对于传统不再有那么坚强的信心，相应也援引其他“知识资源”。按照麦金泰尔的解释，这是一个传统陷入“知识论危机”的典型表现。[②] 如据此对五四一代关于传统的立场进行解读，则可以说，其实质性转变是传统资源不再成为社会合法性论证的依据，可称之为传统作为“知识资源”的失落。

事实上，五四时期围绕传统与反传统的论辩，究其本质即是关于传统能否作为“知识资源”。白话文运动展开之际，蔡元培与林纾有过一次著名的交锋，林纾反对白话文时提出一个极有意思的见解，“非读破万卷，不能为古文，亦不能为白话”，作为“白话之至”

---

① 梁启超：《论学日本文之益》，《饮冰室合集》第 1 册，“文集之四”，第 80—82 页。

② 所谓“知识论危机”，指的是生活于某一文化传统中的人，相应也接受一套认知世界的架构，而当一个新的世界变得不能理解，以往的观念架构非但不能有所襄助，反倒成为认知世界的障碍时，这个传统所面临的即是“知识论危机”。参见石元康：《从中国文化到现代性：典范转移?》，第 16—17 页。这一概念近似于托马斯·库恩(Thomas Samuel Kuhn)所阐述的“典范危机”。参见 T. S. 库恩：《科学革命的结构》，李宝恒、纪树立译，上海科学技术出版社 1980 年版，第 70 页。

的《水浒》《红楼》，"作者均博极群书之人"。[①] 蔡元培则挺身辩护道："北京大学教员中，善作白话文者，为胡适之、钱玄同、周启孟诸君。公何以证知非博极群书，非能作古文，而仅以白话藏拙者？"[②] 仅在学术修养层面辩护此一问题，并无太多意义，蔡氏声言五四新人不只"新知深沉"，且"旧学邃密"，这并没有错，然这与林纾所关心的，其实如南辕北辙。林纾的确是借此讥讽新学之辈以"白话藏拙"，但究其本心，真正的危机意识是感受到传统作为"知识资源"的失落。

蔡、林之争不过是一段小的插曲，基于对传统的不同立场而导致的激烈争辩，应该说在学术圈频频发生。此时已逐渐淡出思想舞台第一线的康、章，也不甘寂寞。康有为认为"新学者"要"尽弃中国之书"，同时视"旧学者"为三家村学究。[③] 他也严厉批评五四"新学之徒"，所学者简直"如洋店西人之童崽之知识云尔"，而对"欧美之学术、兵备、物资、道德则不知学，不能学"。[④] 章太炎也斥责提倡新学者，不过是俾贩泰西，自贱其家珍，"不惜曲学以阿世好"，"居位者率懵不知学，苟闻其说，则且视为迂阔而无当。学者退处于野，能确然不拔，自葆其真者，盖又绝鲜"。[⑤] 康、章还只是表

① 林纾：《致蔡元培函》，高叔平编：《蔡元培全集》第 3 卷，中华书局 1984 年版，第 274 页。

② 蔡元培：《致〈公言报〉函并答林琴南函》，高叔平编：《蔡元培全集》第 3 卷，第 271 页。

③ 康有为：《与徐菊人书》《致章一山书》，蒋贵麟编：《万木草堂遗稿外编》下册，(台北)成文出版社 1978 年版，第 640、637 页。

④ 康有为：《论效法欧美之道》，蒋贵麟编：《万木草堂遗稿外编》上册，第 344—346 页。

⑤ 章太炎：《发刊辞》，《华国月刊》第 1 卷第 1 期，1923 年 9 月；《救学弊论》，《华国月刊》第 1 卷第 12 期，1924 年 8 月。

达对“尽弃中国之书”“自贱家珍”的忧虑，1919 年 1 月刘师培、黄侃、陈汉章等发起成立《国故》月刊社，更是挑起一场围绕“国学”的纷争，将对传统资源的不同立场呈现于思想舞台。《国故》以“昌明中国固有之学术”为宗旨，认为新文化运动带来的直接后果是“功利昌而廉耻丧，科学尊而礼仪亡，以放荡为自由，以攘夺为责任，斥道德为虚伪，诋圣贤为国愿”，因此“欲发起学报，以图挽救”，拯救由于对国学的懵无所知而导致的“国学沦夷”。[①]

“国故社”捍卫传统具有的“知识资源”意义，从新文化运动阵营对此的反应来看，也颇耐人寻味。胡适 1919 年 12 月发表的《新思潮的意义》，将新思潮的意义归纳为“研究问题，输入学理，整理国故，再造文明”。所谓“整理国故”，无非是依据“评判的态度”和“科学的方法”，“各家都还他一个本来真面目，各家都还他一个真价值”。[②] 稍前写给毛子水的信中，胡适还提醒与“国故社”对抗的“新潮社”，要抛弃“有用无用”的成见和“狭义的功利观念”。[③] 后来又提醒钱玄同，“整理国故”并不存“挤香水”之念，粪土与香水皆是事实，都在被整理之列。[④] 然而，乍看是还各家学术本来面目的“为学术而学术”的立场，却完成了将“国故”请下圣坛的重要一步。前已言及，明清之际考证学的兴起与儒学由“尊德性”转入“道问学”密切相关，考证对象由最初的经学，旁及史学，后来延及诸子之学，这对具有神圣性的经学有颠覆性意义。“整理国故”又如何呢？这是检讨五四时期的“知识资源”不可回避的问题，这里提出“知识资

---

① 《国故月刊社成立会纪事》，《北京大学日刊》1919 年 1 月 28 日，第 4 版。

② 胡适：《新思潮的意义》，《新青年》第 7 卷第 1 号，1919 年 12 月 1 日。

③ 胡适：《论国故学——答毛子水》，《新潮》第 2 卷第 1 号，1919 年 10 月 30 日。

④ 胡适：《致钱玄同》，1925 年 4 月 12 日，耿云志、欧阳哲生编：《胡适书信集》（上），北京大学出版社 1996 年版，第 360—361 页。

源"与"学术资源"之区分，也基于此。因为就对传统的"整理"来说，自当关切是将其作为"学术资源"看待，还是仍视其为构成合法性论证的"知识资源"，在基本立场上，二者是大相径庭的。

这其中渐渐发生的变化的确令人深省。傅斯年撰文检讨中国学术思想之谬误，就明确提出要打破动辄引述"经典"以自矜重之流弊。在他看来，中国学人"每当辩论之会，辄引前代名家之言，以自矜重，以骇庸众，初不顾事理相违，言不相涉"。具体表现在，治理学者动辄"纂承道统""辅翼圣哲"；治文学者常说"惧斯文之将堕，宣风声于不泯"；治朴学者则曰"功莫大于存古"。如此一来，"其所学之目的，全在理古，理古之外，更无取于开新；全在依人，依人之外，更无许乎独断"。[①] 傅并没有回答为什么不必征引"经典"，但已暗示"经典"不再具有知识资源意义；相应也将"经典"的神圣性剥落，还原为寻常的学术研究材料。

这种态度更为突出地表现在胡适与陈独秀对传统的立场上。两人的文字，都与教育有关。胡适谈的是中学国文的教授，他要求中学生先读近人如梁启超、康有为、章太炎等人的文字；然后再多读古人的古文，不分种类，但依时代的先后，选两三百篇文理通畅、内容可取的文章。胡适所拟这个教材，无论就古文的范围还是数量，也许都不让投身科举的士子所读诗书；稍后他所开列的《一个最低限度的国学书目》，同样是煌煌的一张书单。这里的关键在于其中的立场已完全变了，胡适是按照学者的标准来要求的，只是从文字的工具意义来解释何以要读这些书。文章的开头，他就讲到中学国文教育的理想标准：人人能用国语（白话）自由发表思想，人人能看平易的古文书籍，人人能作文法通顺的古文，人人有懂得一

---

① 傅斯年：《中国学术思想界之基本误谬》，《新青年》第4卷第4号，1918年4月15日。

点古文文学的机会。[①] 陈独秀同样表达了这样的意思。他也承认，“讲哲学可以取材于经书及诸子，讲文学可以取材于《诗经》以下古代诗文，讲历史学及社会学，更是离不开古书的考证”。然而究其实，与胡适一样，也仅仅赋予了传统“学术资源”意义。陈独秀这样写道：

> 经史子集和科学都是一种教材，我们若是用研究科学的方法研究经史子集，我们便不能说经史子集这种教材绝对的无价值；我们若用村究学读经史子集的方法习科学，徒然死记几个数理化的公式和一些动植矿物的名称，我们不知道这种教材的价值能比经史子集高得多少？[②]

平心而论，新文化运动代表人物这些言论，的确没有激烈反传统的成分，但分明又令人感受到，同样是针对“经典”立言，其中的旨趣较之以往已全然不同。从《新青年》文本中，也大致能看出传统资源如何渐渐丧失作为“知识资源”的过程，如陈独秀的《宪法与孔教》一文，开宗明义，“‘孔教’本失灵之偶像，过去之化石，应于民主国宪法，不生问题”。因此，“以宪法而有尊孔条文，则其余条文，无不可废；盖今日宪法，无非采用欧制，而欧洲法制之精神，无不以平等人权为基础。吾见民国宪法草案百余条，其不与孔子之道相抵触者，盖几希矣，其将何以并存之”。[③] 言下之意，孔教已不足为现代政治的合法性论证资源，应该效法业已确立法制的欧洲，寻找新的论证基石。应该承认，在否认传统具有“知识资源”意义时，传统所具有的“学术资源”意义，还仍旧有所保留。讨论人口问题时，

---

① 胡适：《中学国文的教授》，《新青年》第8卷第1号，1920年9月1日。

② 陈独秀：《新教育是什么？》，《新青年》第8卷第6号，1921年4月1日。

③ 陈独秀：《宪法与孔教》，《新青年》第2卷第3号，1916年11月1日。

顾孟余和陶孟和的文章就征引了《周礼》《续文献通考》等著作,说明这是目前所知的最古的调查人口方法,以及户口登记时可能产生登耗。[①] 显然,这样的文献征引关注的只是历史状态,并不看重其现实效应。进一步的,这样的征引似乎也显得多余。《新青年》刊行到第6卷后,讨论到很多具有建设性的问题,如人口问题、劳工问题等,这些文章就很少引用传统学说,更多是以新学科、新理论来进行论证。只是在讨论社会主义时,有较多的比附。

不单是趣旨变了,到后来更发展为"不读一本中国书"的愤激之辞。1925年《京报副刊》曾刊出一则启事,征求"青年爱读书"和"青年必读书",鲁迅即以一种不容辩驳的口吻说:"我以为要少——或者竟不——看中国书,多看外国书。"原因很简单,中国书"与实人生离开",外国书往往"与人生接触"。既然"旧文章,旧思想,都已经和现社会毫无关系了",那么"生在现今的时代,捧着古书是完全没有用处的了"。鲁迅不只否认了传统具有的"知识资源"意义,还进一步指出读中国书只剩下教人作文的意义,不读自然也无妨,"少看中国书,其结果不过不能作文而已。但现在的青年最要紧的是'行'、不是'言'。只要是活人,不能作文算什么大不了的事"。[②] 以"整理国故"来说,后来的发展也渐渐走向这条路,传统不仅丧失"知识资源"意义,而且连"学术资源"意义,也被质疑。胡适1928年就撰文批评清代考证学囿于材料的限制,始终未能由故纸堆走向实验室,弄出来的东西不过是与人生无何益处,与国家的治乱安危无何裨益的"故纸堆的火焰"。为此,他也奉劝有志学

① 顾孟余:《人口问题、社会问题锁论》,陶孟和:《贫穷与人口问题》,均刊于《新青年》第7卷第4号,1920年3月1日。

② 鲁迅:《青年必读书》,《鲁迅全集》第3卷,人民文学出版社1961年版,第9页;《老调子已经唱完》,《鲁迅全集》第7卷,第425页。

问的青年人及早摆脱故纸堆，因为那是“一条死路”；而“活路”则是“多学一点自然科学的知识与技术”，“我们应该换条路走走了”。[①]

四、“经典”的失落与反传统

中国传统在20世纪的失落是持续叩问读书人的问题，1958年张君劢、牟宗三、徐复观、唐君毅共同发表《为中国文化敬告世界人士宣言》，就是这种危机意识的直接反应。宣言批评世界人士研究中国学术文化的动机，愈发将中国文化视为文物材料，而不承认其作为活的生命存在；同时将此一阙失归咎于五四：“中国五四运动以来流行之整理国故之口号，亦是把中国以前之学术文化，统于一‘国故’之名词之下，而不免视之如字纸篓中之物，只待整理一番，以便归档存案的。”[②]撇开宣言所具有的其他意义不说，上述说辞，无疑深刻揭示出20世纪中国思想史上意义重大的一幕——传统丧失“知识资源”意义，逐渐沦为“学术资源”。问题在于，“传统”的失落与反传统密切相关吗？如若不然，失落的究竟是什么呢？

萨义德（Edward W. Said）尝言，知识分子属于他们的时代，不管身份多么特殊，都身处这个社会，具有一己的语言、传统、历史境况。因此，所有知识分子都对他们的阅听大众代表着某事，而在这么做时也向自己代表着自己。萨氏本人关注的主题是“普遍与此地”“主观与此时此地”之间的互动；同时也推崇社会学家米尔思（C. Wright Mills）关于知识分子的角色在于“有效的沟通方式”的

---

① 胡适：《治学的方法与材料》，《新月》第1卷第9号，1928年11月10日。

② 唐君毅：《中华文化与当今世界》，台湾学生书局1980年版，第830—929页。

见解。[1] 这里指明知识分子的发言往往受制于自身的文化养成以及所面对的当下状况，对于理解不同时代与不同国度知识分子，具有参照意义。前已论及五四时期中国传统作为"知识资源"的失落，进一步地，还有必要分析其中的成因——考虑五四一代服膺于当时历史境况的程度如何，尤其是在"普遍与此地"之间是如何互动的。基于此，对于20世纪中国传统的失落，也许就有较为明确的答案。

五四一代作为群体在文化传承上的特性，很多论著已做过分析。大致可以说，在文化养成上这是接受新旧参半社会知识的一代；新文化运动的兴起，也恰恰是1905年废除科举时尚处于青少年的一代人，成长为社会最活跃的一群带来的结果。[2] 鲁迅曾以"中间物"来指谓那一代人在文化养成上的一些特性：

> 曾经看过许多旧书，是的确的，为了教书，至今也还在看。因此耳濡目染，影响到所做的白话上，常不免流露出它的字句、体格来。但自己却正苦于背上了这些古老的鬼魂，摆脱不开，时常感到一种使人气闷的沉重。就是思想上，也何尝不中些庄周韩非的毒，时而很随便，时而很峻急。[3]

鲁迅所描绘的他们那代人在文化传承上的特性，表明传统尤

---

① 萨伊德：《知识分子论》，单德兴译，（台北）麦田出版社1997年版，第31、58页。

② 据分析，新文化运动的发动者与拥护者，1905年处于少年（6—15岁）和青年（16—25岁）时期，"五四"时则正当青年成熟期（20—39岁）。参见苏云峰：《民初之知识分子（1912—1928）》，收入《第一届历史与中国社会变迁研讨会论文集》下册，（台北）三民主义研究所1984年版。分析《新青年》主要撰稿人的生平事迹亦可获知，这些人在初年的文化养成阶段，都曾接受过文化传统的熏陶。参见陈万雄：《五四新文化的源流》，香港三联书店1992年版，第1—20页。

③ 鲁迅：《写在〈坟〉后面》，《鲁迅全集》第1卷，第363—364页。

其是体现传统最直接的“经典”，对五四一代来说是可以实实在在把握的对象。新文化运动由这一代人揭开，他们与传统的关系也有发人深省的地方。最根本的，这一代的发言，基于他们对传统文化在精神上有深刻把握，唯其如此，他们才可能借助于新的知识，对传统文化进行深刻反省。也正如鲁迅所说的，“菲薄古书者，惟读过古书者最有力”，因为洞悉弊端，故而能“以子之矛攻子之盾”。[①] 事实上，《新青年》文本之所以能对传统学说广泛征引，本身即是这种文化养成的直接反映。

既如此，五四一代对文化传统的反省，就有值得注意的地方，那就是从知识资源的角度，怎样看待五四时期反省文化传统时所表现出的特性。通常都说五四是对历史的背叛，但从那一代的文化养成可以看出，今天所谓历史，其实对那一代来说，正是活生生的现实。不独如此，那些年间作为文化传统象征大加挞伐的，同样也深深烙上现实的印痕。几乎不用说，五四时期作为文化传统的象征是“孔教”，而这显然又与那段时期袁世凯、张勋、康有为等对此一象征符号的滥用密切相关。通过对《新青年》文本的全文检索亦可获知，正是“孔教”与“孔道”构成了那个年代读书人理解文化传统的象征符号，二者合起来出现的频率达到93/342（分别为70/274、23/68，前一个数字是文章篇数，后一个数字是出现频率，下同），较之于其他可能作为文化传统象征符号的明显要高，譬如“儒家”（45/109）、“儒教”（20/48）、“礼教”（44/97）、“三纲五常”

① 鲁迅：《古书与古话》，《鲁迅全集》第3卷，第154页。

(2/5)、"纲常名教"(12/14)。[①]

因此,从"有效的沟通方式"来说,五四一代的言说,实际是紧扣着"主观与此时此地"之间的互动,并从另一侧面映射出五四时期反传统言说方式的由来。相应的,也有必要进一步考虑,中国传统在20世纪的失落,究竟意味着什么。实际上,五四一代的言说方式既显示出与读书人自身的文化养成以及当时的历史境况紧密相连,因而也意味着传统的失落,并非只是与五四时期的反传统密切相关,无疑还与此时此地的境况密切相关。

关于这一点,后五四时期发生的思想文化运动,提供了审视中国文化传统何以渐渐失落更为直接的证据。笔者曾经做过生平与思想意义上的"五四之子"殷海光(1919—1969)的个案研究,在20世纪50、60年代的台湾社会,殷海光曾以"重整五四精神"掀起一场轩然大波。有意思的是,他对文化传统的认知,是以"有颜色的思想"来代表传统的思想学说,认为它是以"祖宗遗训""传统""宗教""意识形态"为基准;其思想方式则是诉诸"感情""成见""暴力"的。这样的"话语"对比五四时期是大相径庭的,不说别的,就是袭用至今的"传统"一词,在《新青年》文本中出现的频率不过13/15,遑论其他。而考察殷海光的思想历程,同样也表明读书人对文化传统的认知,紧扣着"主观与此时此地"的境况。从文化养成看,殷

---

① 这些数据均来自于北京大学制作的《新青年》光碟全文检索系统。将计量方法引入近代思想史研究,一直是学术界努力的目标,刘广京通过考察"自强"一词在奏折、谕旨和士大夫议政文章中的出现频率,以探讨清季自强运动的展开;石约翰(John E. Schrecker)则统计了《清季外交史料》中"主权"一词出现的频度,作为认识近代中国民族主义兴起的重要参数。因此,上述数据多少能说明一些问题。参见费正清、刘广京编:《剑桥中国晚清史(1800—1911年)》上卷,第531页;John E. Schrecker, *Imperialism and Chinese Nationalism: Germany in Shantung*, Cambridge, Mass.: Harvard University Press, 1971, pp. 253-54。

氏约在30年代接受中小学教育，所学内容已完全是新式教育那一套，他也因为迷上逻辑而走上追随金岳霖之路。[①] 当然不能由此简单推断，五四后成长的新一代不可能对传统的思想学说有深入了解，作为“学术素养”，传统自然会在某些读书人身上有所呈现，但从普遍的情形看，“迷失”于传统，却是常态。关键在于，作为思想者，其发言不单受制于自身的思想资源，同时还须虑及受众的情况。殷海光“重整五四精神”，抗拒的是国民党当局为加强思想钳制而鼓噪的对中国文化的“复兴”，选择那些紧扣时代主题的符号作为文化传统的象征，也不令人奇怪。只是这样的“文化传统”已愈益显出游离于“传统之外”。[②]

这种与文化传统的游离，在现实生活中也极为形象地呈现出来。今天言及中国文化传统，频频出现的是“黄河”“长城”与“龙”之类的象征符号，将此与《新青年》文本进行对比，可以感受其中饶有兴味的一幕。这三者在《新青年》文本中有什么意味呢？“黄河”在《新青年》文本中出现的频率为1/3，没有任何象征意味，只是吴稚晖在《补救中国文字的方法若何》一文中，从语言文字的角度提出“黄河”与“泰山”等均属“专有名词”。“长城”出现的频率为4/5，也只具地理名词意味，其被赋予象征意味，到《新青年》季刊时才出现，且是从负面使用的。瞿秋白在文章中表示，革命运动自“五卅”之后，“冲破了思想上政治上的万里长城”。“龙”的出现频率稍多一些——达到105/195，但主要关乎人名、地名、书名之类，具有象

---

① 殷氏1930年前后在湖北接受中小学教育，所修科目为：党义、国文、英文、数学、历史、地理、理科、图画手工、乐歌、体育。较之于晚清，其中具有“党文化”色彩的“党义”课取代了“读经”“修身”，“国文”课则成了识字课。参见《湖北省政府教育厅现行规章》，汉口新昌印书馆1932年版，第190页。

② 章清：《殷海光》，第四章“文化传统的疏浚与重构”，（台北）东大图书公司1996年版。

征意味的也只是关涉皇帝与龙王庙的十余处。

由此可见，伴随五四以来中国思想文化走过的漫漫征程，文化传统逐渐由“经典”向抽象化的象征符号过渡——由“孔教”转化为“黄河”“长城”与“龙”，这无疑意味着对文化传统的认知受到读书人文化养成及历史境况的影响。从中也可以看出，中国读书人无论是批判还是弘扬传统，都不断通过借用新的象征符号来重新界定传统；而作为传统最直观形式的“经典”沦为“学术资源”，也表明作为“知识资源”的传统失落了。

审视五四一代知识来源的工作，这篇文字只是一个开端。如有机会继续这项工作，考察五四一代对于外来学说的利用，揭示其中如何化解“知识论危机”的一幕，才能更好面对学界所呈现的关于五四的精神图景。近年来围绕着中国文化的前景问题，学术界频频发出新的呼声。从学术层面说，李学勤大力主张“走出疑古时代”，希望重建关于“三代”的“信史”；而在思想界，林毓生则一直倡导对中国传统进行“创造性转化”，试图把传统中的符号、思想、价值与行为模式加以重组与改造，使之变成有利于变革的种子，同时在变革中继续保持文化的认同。[①] 审视晚清以来读书人对传统资源的开掘与利用，也许有助于检讨其中的得失。必须承认的是，所谓传统的失落，明确指向的是传统陷入“知识论危机”，这应该成为许多问题的起点。问题的暧昧性正在于，“疑古运动”是借古史之伪，使黄金三代的观念无以依凭，并将传统的道德谱系拆毁，借助今天的考古成就，固然可以建立三代之“信史”，却再难以建立作为“知识资源”的黄金三代。而“传统的创造性转化”由于不只是学术

---

① 李学勤：《走出疑古时代》，《中国文化》第 7 辑，香港中华书局 1992 年版；林毓生：《新儒家在中国推展民主与科学的理论所面临的困境》，杜维明主编：《儒学发展的宏观透视》，（台北）正中书局 1997 年版，第 394—414 页。

层面的工作，所遭遇的困难可能尤甚于前者，因为传统的符号、思想、价值与行为模式与现代人日益产生着疏离。希尔斯在强调传统对于变革所具有的重要性时，曾谈到过人文研究的传统何以会出现衰落，他将原因归诸教育政策没有为其有效实践创造教育上的必要条件，实际也揭示出历史状况对传统所具有的消蚀作用。在他看来，借以把握传统的"古典作品"的失落，不仅是由于一代有潜力的学者缺乏语言与文学训练面临危机，更重要的还在于信仰的普遍改变导致了人们对它的非议。古典作品研究的兴盛发达，建基于人们相信，昔日的文明提供了道德、哲学和文学精华的楷模，是现代文明的价值本源，但现在却由于现代人丧失了对它的兴趣而衰败下去。人们对遥远的过去流传下来的遗产的敬重降低了，发展、传播和研究这种继承物的传统也随之败落。[①] 或许这也是中国文明所面对的。所不同的是，导致中国传统陷入"知识论危机"的，很大程度来自一套新的知识，它提供了另一套论证社会合法性的"知识资源"，并且使中国传统逐渐由"知识资源"沦落为"学术资源"。相应的，文化重建工作，远不是要光大传统作为"学术资源"的意义，其艰巨性尤在于赋予传统"知识资源"的意义。

① 希尔斯：《论传统》，第169—170页。

近代中国留学生发言位置转换的学术意义

——兼析近代中国知识样式的转型

1923年“科学与玄学”的论战中，胡适为“科学”所做辩护，无疑令人印象深刻，尤其突出的是，其径直指出所谓“科学的人生观”，其要义即体现在“根据……知识，教人知道……”其中频频出现的令人敬畏的学科名称，也成为各分科知识在中国成长的象征。[①] 此亦昭示了，近代中国论证现实世界及社会理念合法性的知识基础已转换为物理学、生物学、生理学、社会学等现代型知识。胡适以二三百年来的科学常识作为“科学与人生观”的十项要点，成功利用“科学”的流行展现了一套现代型知识样式。“科学派”在论战中高奏凯歌，也表明这一知识样式渐次成为中国人文学科和社会科学主要的精神凭借。于今而言，这些辩护在学理上的疏漏，自有颇多可议之处，不过笔者在这里不拟纠缠这些问题，而是追溯由传统型知识样式向现代型知识样式转型的历史脉络究竟何在，试图检讨的是：近代中国如何化解前现代知识样式与现代型“科学的”知

① 胡适：《〈科学与人生观〉序》，亚东图书馆编：《科学与人生观》，亚东图书馆1925年版，第25—27页。

识样式的紧张，以及现代型知识样式的建构过程。① 探究方向则是作为边缘人知识分子的留学生在本土、域外以及重返本土后的问题结构与发言位置。

人类学家与社会学家经常采用的“边缘人知识分子”(marginal intellectual)这一术语，指的是同时生活于存在某些彼此冲突的价值标准或行为规范的两个文化之间的某一社群，注定在思想上陷于两难境地：既不能对其中任何一种文化群体的价值标准忠贞不渝，又不能为他所认同的任何一种文化群体所充分接受。19 世纪以来，世界呈现为中心与边陲格局，随着边陲社会向中心社会派遣留学生，也造就了边缘人知识分子。因为到异域留学，首先意味着参与了两种文化的冲突与对立。从某种意义上讲，晚清以降的中国历史可以被理解为由中心社会沦为边陲社会的历史，伴随此一过程的，便是出现了大批典型的边缘人知识分子。这批边缘人知识分子如何化解由于同时介入两种文化产生的紧张，进而再参与本土文化的创造，以及本土文化对他们的接纳态度，也构成了近代中国思想学术演进极富特色的一幕。②

这里自然不可能就留学生的整体形象作系统考察，拟选取容闳(1828—1912)、严复(1854—1921)、胡适(1891—1962)作为参照。他们皆为无可争议的留学生代表，留学时期分别为 1847—1854、1877—1879、1910—1917 年，归国服务的时间分别为 1855、1879、

① 所谓知识样式，是指某个社群在一定时期论证现实世界及社会理念合法性的思想资源或知识学基础，包括研究领域、论证方式及价值取向诸方面。参见刘小枫：《中国无政府主义与现代乌托邦思维》，《二十一世纪》总第 27 期，香港中文大学中国文化研究所 1995 年 2 月出版。

② 对于留学生在现代中国社会变迁中的作用，不少论著已作过分析，其中最具代表性的是 Y. C. Wang, *Chinese Intellectual and the West, 1872-1949*, Chapel Hill: University of North Carolina Press, 1966.

1917年。他们在年龄及留学时间方面彼此之间有20—30年的差异,正体现出生活于不同时期的留学生在本土、域外以及重返本土后的阶段性差异。以此为线索,讨论近代中国知识样式的转型,或许也有了相应的基础。

一、留学生在本土的文化养成

言及中国现代型知识样式的形成,"西方的冲击"通常被视作主要因素,但如何理解其中的要义,却也颇费周折。本杰明·史华兹(Benjamin Schwartz)曾警告过,每当谈及西方与"非西方"的冲突,非西方世界往往不恰当地假设18、19世纪以来的西方在政治、社会、意识形态等各方面形成了一个轻易可被理解的综合体。[①] 然而更易产生误导的还是这一看法:中国对西方的冲击毫无应对能力,轻易就产生了对西方文化的认同。其实自1840年甚至更早与西方开始接触后的相当一段时期内,西方对中国的冲击仍然是表面的,所谓"反应"大多仍发生在传统思想的框架内。芮玛丽·赖特(Mary C. Wright)就指出,同治中兴时那些著名的改革派乃是在传统框架内力图实现内部复苏,对西方的反应囿于《皇朝经世文编》中的治国之道。[②] 钱穆考察19世纪末中国一些富于代表性的思想人物也认为,陈澧、朱一新、朱次琦等大儒,几乎完全生活在传统的精神世界里,很少显示出受西方影响的迹象。[③] 在这样的思想格局下,中国读书人试图走出文人学士一向生活于其中的精神世

---

① 史华兹:《寻求富强:严复与西方》,叶凤美译,江苏人民出版社1989年版,第1页。

② Mary C. Wright, *The Last Stand of Chinese Conservatism: the T'ung-chih Restoration, 1862-1874*, Stanford: Stanford University Press, 1957.

③ 钱穆:《中国近三百年学术史》(下),中华书局1986年版,第596—709页。

界，放弃科举考试这一"晋升之阶梯"而选择留学异邦的道路，本身即有耐人寻味的地方。

容闳作为留学生先驱者的形象是公认的，但他 1847 年赴美留学在当时只能算是一个异数。此时的"天朝上国"，还未从一连串的挫败中真正惊醒，容闳做出这样的选择，已显示出在初年的文化养成上与中国文化传统的疏离。1828 年容闳生于广东香山南屏镇（今属珠海），自小进入传教士开办的"西塾"就读，已逸出普通中国学童固定的成长模式，是那些家境贫寒、入仕无望的家庭无可奈何的选择。容闳后来就回忆说：

> 是时中国为纯粹之旧世界，仕进显达，赖八股为敲门砖，予兄方在旧塾读书，而父母独命予入西塾，此则百思不得其故。意者通商而后，所谓洋务渐趋重要，吾父母欲先着人鞭，冀儿子能出人头地，得一翻译或洋务委员之优缺乎？①

容闳 1835 年随父至澳门，入英国传教古特拉富之夫人（Mrs. Gutzlaff）所办西塾，到 1841 年，又进入马礼逊学校（Morrison School），接受算术、国文及英文方面的教育。主持该校的布朗（Rev. S. R. Brown）1846 年因病回美，归国前布告生徒，愿携三五旧徒，同赴新大陆，俾受完全之教育。未曾料想的是，这些从小受西学熏染的学童，也不为所动，"全堂学生聆其言，爽然如有所失，默不发声。其后数日间，课余之暇，聚谈及此，每为此愀然不乐。其欣欣然有喜色者，惟愿与赴美之数人耳，即黄胜、黄宽与予是也"②。

严复 1854 年生于福建侯官（今闽侯）阳崎乡一个世代以医为

---

① 容闳：《西学东渐记》，岳麓书社 1985 年版，第 42 页。

② 容闳：《西学东渐记》，第 49—50 页。

业的家族，其初年学习经历，更能显示中国少年成长的固定模式：6岁始就外傅，10岁时，其父又聘同邑黄少岩为塾师。黄氏为闽之宿儒，为学汉宋并重。严复从其学仅两年，但初年的文化养成对他终生都产生着影响。后人也评论道："君早慧，词采富逸，师事同里黄宗彝，治经有家法，饫闻宋元明儒先学行。"[①]可以说，与容闳相差26岁的严复，自小仍按照传统中国固定的模式，企望经历科举踏入仕途，只是由于父亲1866年遽然辞世，对科举之路的憧憬才成为泡影。

由于得到沈葆桢的激赏，1867年严复考入福州马尾船厂附设的船政学堂，进而获得游学英国的机会。船政学堂的开办，是左宗棠、沈葆桢等追逐"富国强兵"梦想的体现。由科举转入"西学"，这对严复来说，是退而求其次的选择，未来的发展被限定在一个相当狭小的范围。如论者所揭示的，主持洋务学堂的当朝大臣们，对西学的理解也还停留在技艺层面，虽乐于招收像严复这样的年轻人进入福州船政学堂，然而无论是他们还是他们的继承者，都没有从敬业的角度对从事"洋务"的专家给予多少有力的鼓励和支持。[②]

胡适生于1891年，与容闳、严复已分别相差63、37岁。从胡适早年的经历中，或许能对文化传统的因袭与西方冲击的"表面性"有更深刻的认识。在与外界相对隔绝的安徽老家，胡适自幼接受其父"以学为人、以期作圣"的遗训，向往的仍是在中国已沿袭千年之久的晋升之路。9年的家乡教育，没有给他留下任何西学影响的痕迹。当他1904年来到上海，情形才迥然不同。这期间他不仅接受的是新式教育，还恰逢科举取士制度被取消，官方选派留学生的

---

① 陈宝琛：《清故资政大夫海军协都统严君墓志铭》；严璩：《侯官严先生年谱》，王栻主编：《严复集》第5册，中华书局1986年版，第1541、1545页。

② 史华兹：《寻求富强：严复与西方》，第23页。

考试制度也随之推行开来。这一系列的变化对中国社会无疑影响深远,尤其是青年学生,突然面临改变了的社会期待,不能不受到极大冲击。胡适本人的经历亦可为此作一注解。初涉沪滨,乡气可掬的胡适,对外界还懵无所知,作文课上“原日本之所由强”的题目,就让他手足无措,他连日本在天南地北都不清楚。但新型的学校教育,尤其是维新派人士出版的书刊,使他很快对外部世界有了新的认识。梁启超的《新民说》使他相信,中国之外还有很高等的民族与文化;《中国学术思想变迁大势》则让他知道,“四书五经”之外,中国还有其他的学术思想。[①] 在这样的背景下,1910 年胡适通过留美庚款考试,也就不那么突兀了。

经由对容闳、严复与胡适选择留学道路的简单描述,中国社会知识样式转型的基点,也在中西文化交往的背景下呈现出来。教育体制也许只是文化的一个面相,但它对塑造一个社会的知识样式却起到至关重要的作用。在 1905 年取消科举制度之前,有前途的中国青年的命运,是与这套精英选拔制度紧密联系在一起的。容闳的留学还不具典型意义,严复的道路代表着图谋改革中国社会的一批人士有选择的行为,只是“严华夷之防”的中国打开的一个缺口。只有胡适的经历显示,随着科举制度的取消,公开的留学考试制度又推行开来,留学异国才成为中国社会部分青年可以追求的一条新路。这也意味着,最初的几代留学生,其初年的文化养成是以传统文化为归依的,他们对于传统中国社会的知识样式,以及在精神上、道德上的诉求,都有一定的了解。而这种初年的文化养成,也决定了当留学生接触到另一种文明的时候,容易陷入边缘人角色的紧张。

---

① 胡适:《四十自述》,《胡适作品集》第 1 集,(台北)远流出版公司 1986 年版,第 47—60 页。

二、边缘人知识分子的认同危机

到异域留学，首先意味着横跨两种文化，参与两种文化的冲突与对立，这是留学生定位于边缘人的基础。关于这种在个人价值体系中产生的两面性，文化人类学家许烺光曾作过这样的自省："我自承是一个'边缘人'(marginal man)。因为我是在一种不尚变而大半人生都可以全然预测的文化中出生和成长，但我却又在一个好变，并以变为进步的文化中生活和工作。介于这两种完全不同文化生活中的人……可以体会出两种不同文化面在内心相互摩擦的边界。"[①]这番自省，有助于认清近代中国留学生留学异国时可能受到的冲击，然而，也正是因为有机会体验两种不同的文化，帮助留学生培育起新的"问题意识"，直面中西之差异。

留学生一向被认为也自视为国家的代表，他们在国外的角色身份，首先便与所在国的国际地位以及文化品格有着密切的联系。选派留学生也许并不意味着中国社会放弃了自我文化的优越感，但在与世界的交往中，却无可置疑地被视为弱国。作为弱国代表的留学生，被异国的恩施态度和民族歧视所左右，也是可以想见的。不少留学生在异域接受的主要教训是理解了民族主义的重要性，增添了日益强烈的中国人意识，具有近代意义的民族主义观念率先在留学生中散布开来，也是基于这样的背景。[②] 简言之，初年的文化养成及民族主义感情，导致留学生在文化归宿感上明显具有两歧性，亦即在了解另一种文明的同时，现实环境不断提醒其本

---

① 许烺光:《中国人与美国人》，徐德隆译，(台北)巨流出版公司 1988 年版，第 20 页。

② 实藤惠秀:《中国人留学日本史》，谭汝谦、林启彦译，生活·读书·新知三联书店 1983 年版，第 425 页。

土背景，从而陷入边缘人知识分子的认同紧张。

容闳在初年文化养成上显出特异性，按理说，最具归化“中心社会”的资格，但其在美国的经历，仍未脱离边缘人的特性。容闳最初就读于莫森预备学校（Monson Academy），1850 年后考入耶鲁大学，1854 年毕业。对于这段经历，容闳表示收获颇丰，“美国人对予感情至佳”，其在学界中也交游甚广。但他在大学期间所经历的文化上的两面性，时人也有生动的描绘。起初，“他的国籍使他成为一个十足的陌生人”，妨碍他进入异域文化，当他留居美国日久，一切兴趣、情感和爱好，皆使他在美国如在故乡，受到彻底归化的诱惑，却又难以忘却其本土背景。[①] 的确，留学期间容闳难以摆脱的正是“祖国”的形象，“中国之腐败情形，时触予怀，迨末年而尤甚。每一念及，辄为之怏怏不乐”。这也令容闳有了担当：

> 予之一身既受此文明之教育，则当使后予之人，亦享此同等之利益，以西方之学术，灌输于中国，使中国日趋于文明富强之境。[②]

大学毕业后，容闳也有进一步深造的愿望，希望能学成专科，则所企望之事业，“将益易于着手”，但资助其学业者，却不愿其久居美国，视其为当日中国“有用之人材”。而规劝容闳归国最有力的，还希望其归国后能热心传道。最终，“冀生平所学，得以见诸实用”的想法，促使容闳踏上了归乡旅程。

严复是清朝官方派遣的第二批留学生，这样的背景也有特殊性。清政府唯恐前往异邦的中国少年为他国文化所侵蚀，对留学

① 吐依曲尔：《吐依曲尔氏之演讲》，容闳：《西学东渐记》，“附录”，第 164—165 页。

② 容闳：《西学东渐记》，第 61—62 页。

生所学范围严加限定。不过，严复在英国皇家海军学院就读时，很快摆脱了这种限定。一方面其所学并非局限于“操作”层面，还需要学习算学、重学、化学、绘图等多方面的知识，另一方面，严复本人也颇为重视观察英国社会的方方面面。他在翻译《法意》时就特别提到留学时在法庭所得感受，“初游欧时，尝入法庭，观其听狱，归邸数日，如有所失”。为此他还告之郭嵩焘，“英国与诸欧之所以富强，公理日伸，其端在此一事”，中国刑狱皆以贵治贱，“此上下之所以交失，而民德之所以终古不蒸也”。①

广泛涉猎于西方社会、政治、经济与文化的结果，也塑造了严复边缘人的性格特征。严璩在《侯官先生年谱》中写道：“湘阴郭侍郎嵩焘为出使英国大臣，见府君而异之，引为忘年交。每值休沐之日，府君辄至使署，与郭公论述中西学术政制之异同。”②郭嵩焘1876年奉命出使英国，是清政府派出与西方世界接触的第一位正式代表，这期间严复与郭嵩焘多次晤面，郭也以其为知己，注意到严复对西方富强的原因以及中西之间的差别尤为关注。郭在日记中记录了与严复交往的点点滴滴：

> 严又陵言：“中国切要之义有三：一曰除忌讳，二曰便人情，三曰专趋向。”可谓深切著明。鄙人生平所守，亦不去此三义，而以是犯一时大忌，朝廷亦加之贱简，谁与知之而谁与言之！

郭嵩焘还指出：“严又陵语西洋学术之精深，而苦穷年莫能殚

① 严复：《〈法意〉按语》，王栻主编：《严复集》第4册，第969页。

② 严璩：《侯官先生年谱》，王栻主编：《严复集》第5册，第1547页。

其业。”“予极赏其言，属其以所见闻日记之。”[①]与那些没有背离专业方向的同窗相比，严复留学期间展现的独特之处，是被专业之外的问题，诸如中国何以积弱以及西方何以富强，尤其是中西之间不同的思想文化背景等更为普遍性的问题所吸引，获得了作为文化边缘人的经验。

在胡适身上，留学生在异国的经验有更多揭示。在美七年，是胡适思想与志业的定型期，按其自诩，那段时期，他选择了哲学为职业，文学为娱乐，对政治只是“不感兴趣的兴趣”(disinterested-interest)。[②] 但实际上其一切选择，皆可归于对本土的关怀。在一篇讨论中国留学政策与留学生的文章中，他就表示：

> 吾欲正告吾父老伯叔昆弟姐妹曰：留学者，吾国之大耻也。留学者，过渡之舟楫而非敲门之砖也。留学者，废时伤财事倍而功半者也。留学者，救急之计而非久远之图也。

在其看来，“留学当以不留学为目的”，在于以此为振兴国内教育之预备，然后“吾国文明乃可急起直追，有与世界各国并驾齐驱之一日”。尤有甚者，文中还严厉批评中国留学政策偏重实业而轻视文科是“忘本而逐末”。他反诘道：“吾国人所受梁任公严几道之影响为大乎？抑受詹天佑胡栋朝之影响为大乎？晚近革命之功，成于言论家理想家乎？抑成于工程之师机械之匠乎？”正是将思想文化的建设视作“根本之计”，胡适也特别强调说：“今留学界之大

---

① 郭嵩焘：《伦敦与巴黎日记》，岳麓书社 1984 年版，光绪四年三月初八日(1878 年 4 月 10 日)、四月二十九日(5 月 30 日)，第 535、588—589 页。

② 唐德刚译注：《胡适口述自传》，季羡林主编：《胡适全集》第 18 卷，安徽教育出版社 2003 年版，第 187 页。新近关于胡适的研究，根据“字义”和“脉络”，主张译作“超然的兴趣”更能符合胡适对政治的态度。参见江振勇：《舍我其谁：胡适》第一部，新星出版社 2011 年版，第 351 页。

病,在于数典忘祖……不讲习祖国文字,不知祖国学术文明。”[①]这种立足本土而以留学为“过渡之舟楫”的立场,也成为胡适产生边缘人认同危机的缘由。

胡适1910年到美国时,专业选择已无限定,当时中国盛行的观念认为,技艺是有用的,文学、哲学是没有什么实用价值的,因此他报名考进了康奈尔农学院。他后来回忆说:

> 民国前二年,考取官费留美,家兄特从东三省赶到上海为我送行。以家道中落,要我学铁路工程,或矿冶工程。他认为学了这些回来,可以复兴家业,并替国家振兴实业。不要我学文学、哲学,也不要我学做官的政治法律,说这是没有用的。[②]

然而在学了三个学期的农科后,胡适认为与他自信有天分有兴趣的各方面背道而驰,于是毅然改学哲学专业。促使胡适重新选择学习科目的原因,除了个人兴趣使然,还与他赴美以后便陷入两种文化的认同危机密切相关。胡适1911年在日记中曾记载参加一个讨论会的情形,他对于由外人主讲“孔教之效果”,称颂朱子之功,如“芒在背焉”。[③] 后来在一则札记中,他又为中国学生鲜有人能道李、杜之诗,左、迁之史,韩、柳、欧、苏之文,深感耻辱。[④]

如同胡适1914年的一则札记所云:“今日吾国之急需,不在新奇之学说,高深之哲理,而在所以求学论事观物经国之术。”[⑤]由边缘人产生的紧张,胡适最终走向对国内政治、社会、学术诸方面的

---

① 胡适:《非留学篇》,周质平主编:《胡适早年文存》,(台北)远流出版公司1995年版,第349—377页。

② 胡适:《中学生的修养与择业》,《胡适作品集》第25集,第206页。

③ 胡适:《胡适留学日记》(一),《胡适作品集》第34集,第43页。

④ 胡适:《胡适留学日记》(三),《胡适作品集》第36集,第124页。

⑤ 胡适:《胡适留学日记》(一),《胡适作品集》第34集,第150页。

思考，他也因此获得“知国内情形最悉”的赞誉。[①] 针对好友朱经农的提问：“我们预备要中国人十年后有什么思想？”胡适特别说明：“此一问题最为重要，非一人所能解决也，然吾辈人人心中当刻刻存此思想耳。”[②]在给一位大学教授的信中，他还写道：“没有通向政治体面与政治效率的捷径”，“让我们去教育我们的人民，让我们为我们的后代打下一个他们可以依赖的基础”。[③] 正是在两种社会与文化的对比中，胡适对自己将来适于担当的角色，也着意进行自我塑造，形成了改造中国社会与文化的基本主张。

正如许烺光所说的，每当一个学生讨论到另一个社会或文化，且希望将所获心得传授给他人，最要紧的是先要尽力使自己成为边缘人，“除非一个学生能努力培养自己成为一个边缘人，否则他是很难能体会他所从事研究中的对象。即使他个人的优越感不致造成影响，但他个人根深蒂固的文化背景仍将无法避免对他采样和了解掺入偏见”[④]。不过，要成为边缘人并非易事，这有赖于留学生在寻求了解他人的生活方式时，既要对自己本身所属的生活方式详加探讨和了解，还要将自己文化与另外一个文化做系统比较。容闳、严复与胡适成为典型的边缘人知识分子，便由于在异国文化与本土文化之间，陷入了认同危机。这种认同危机的程度如何，映射出的则是留学生对本土与域外文化不同的理解。一方面，由于文化养成的阶段性差异，导致留学生在域外时对本土文化的认同各有差别。容闳受初年所学的限制，他的本土立场或许只是抽象的祖国意识。严复受“道器”“本末”之分的思想传统的熏陶，对本

① 胡适：《胡适留学日记》(二)，《胡适作品集》第35集，第127页。

② 胡适：《胡适留学日记》(四)，《胡适作品集》第37集，第175页。

③ 胡适：《胡适留学日记》(三)，《胡适作品集》第36集，第250页。

④ 许烺光：《中国人与美国人》，第20—21页。

土文化的认识，更关注与西方不同的方面。胡适成长于西学以新学的名义获得更多褒扬的本土背景，因之对本土文化的理解，倾向于那些需要改造的方面。另一方面，与本土的诉求密切相关，留学生在域外所认同的中心社会的价值，也有清晰的历史脉络。容闳对西方社会的向往主要是抽象的文明富强。严复则逸出了官方的种种限制，欣然接受那些被认为是西方强盛根源的思想文化因素。胡适是从输入的角度谈论异域文化，异域文化已成为新的价值源泉。

必须强调的是，留学生作为文化边缘人体验到认同危机，是极为重要的。比较两种社会与文化的结果，不仅使他们对异国的社会与文化有深刻的把握；对于自己的社会与文化，由于放弃了以自己文化为中心的观点，也可以根据其他文化的经验予以更深刻的把握。如果还是固守本土文化的价值标准，或者反过来完全丧失本土立场而以域外为价值归趋，便不会有那么强烈的边缘人体验，重返本土后也难以确立相应的发言位置。这也意味着，留学生在异域接受了新的知识样式固然重要，其本身作为边缘人的角色身份也不可或缺。唯其如此，在他们重返本土以后，才可能确立相应的发言位置，从而带动本土知识样式的转换。

三、进入本土文化的不同渠道

"援西入中"的学术活动，非自留学生始，由传教士带动的本土与域外的文化交流，明末清初即已展开。"西学东渐"所引发的两种文明的对话，道出文化传播中一个值得注意的问题，即西学的传播者只有确立相应的发言位置，才可能更好传递相关的思想学说。西学传播的先驱者利玛窦(Matteo Ricci)致力于西学"中国化"的种种努力，便令人印象深刻，他在西学传播方面的建树，首先得益于个人生活与传播内容都“附会”于中国本土文化。实际上，不仅耶稣会士之“援西入中”有“迎合”中国之一面，徐光启、李之藻、杨廷筠“教中三大柱石”在接受“天学”时，最初也是以一种拟同的态度将“天学”纳入圣学体系，以证明接受、学习先进的西洋科学是正当的。[①] 据此也必要提出：近代中国的留学生重返本土后，还需要谋求发言资格吗？其发言位置又如何定位呢？

生活在父母之邦竟成了外来人，18 世纪意大利历史哲学家维科（G. Vico）在自传中曾描绘过这一现象，道出域外成长的思想家重返本土后被视作外来人的尴尬。[②] 20 世纪前后的中国，由“华夏中心主义”衍生的对于一切外国事务不分青红皂白的呵斥，也是社会的主调。在异域成长的留学生，重返本土后角色定位何在，发言位置何在，也有耐人寻味之处。

容闳 1855 年带着“中国反倒像异乡”的第一印象重返本土，如何摆脱“外来人”的角色身份，进而寻求进入本土文化的渠道，成了他的首要目标。他去见母亲的时候，因为一时无从改易中国衣帽，才仍着西装。介绍自己在美国的学习，要特别强调：“美国之学士，盖与中国之秀才相仿。”当母亲希望其剃去胡须，容闳作了极为精彩的记载：

> 予闻母言，即如命趋出，召匠立剃之。母见予状，乐乃益甚。察其意以为吾子虽受外国教育，固未失其中国固有之道德，仍能尽孝于亲也。[③]

---

① 孙尚扬、钟鸣旦：《一八四〇年前的中国基督教》，学苑出版社 2004 年版，第 206 页。

② 维柯：《新科学》下册，朱光潜译，商务印书馆 1989 年版，附录“维科自传”，第 663 页。

③ 容闳：《西学东渐记》，第 66—68 页。

紧接着，容闳又全力补习汉文。可以说，为使自己与本土社会更好融合，容闳做出了种种努力。但不难理解的是，由于自小即与中国文化传统疏离，所以在与本土文化的融合方面，容闳的作为相当有限，寻求相应的发言位置的努力也充满坎坷。

最初几年，容闳所能做的只是商业上的译述工作，在获得曾国藩这样的大人物支持后，他才部分实现了自己的图谋：一是在中国建成第一座完善的机器厂——江南制造局；一是遣送 120 名幼童赴美留学。这两件事，一向被视作近代中国办理"洋务"的盛举，尤其是后一件，可以说包含了容闳返国后期冀实现"西学东渐"的最主要图谋。仅以此事而言，容闳的角色身份定位于"外人"便昭然若揭。不用说，以容闳这样"囿于异学"的"外人"来办理涉及"外夷"之事，官方是顾虑重重的，委派容闳为"选带幼童出洋肄业局"副委员，同时又选派了陈兰彬为正委员。耐人寻味的是，举荐陈的是襄助此事最力且为容闳知己的丁日昌。他对容闳说："君所主张，与中国旧学说显然反对。时政府又甚守旧，以个人身当其冲，恐不足以抵抗反动力，或竟事败于垂成。故欲利用陈之翰林资格，得旧学派人共事，可以稍杀阻力也。"[①]丁本人即被士大夫斥为"丁鬼奴"，显然深谙本土之道，由他来举荐陈，更说明容闳当时并未获得相应的发言资格。以后清政府派充正委员者先后还有三人，均为翰林出身，容闳则始终作为副职。即便如此，还是有人担心，这些留美幼童将成"美化"(Americanized)之人，且将成"洋鬼"，结果于 1881 年全部被撤回。所谓"美化"之"洋鬼"，其实正说明了容闳在本土的定位所在。容闳最终落得埋骨异乡之命运，也算是最初的留学生边缘人知识分子不能真正为本土所接纳的写照。

---

① 容闳：《西学东渐记》，第 126 页。

严复1879年归国后也经历了一连串沮丧之事。照理说，作为洋务派培养的人才，回国后正是堪当大任的时候。表面上看，李鸿章“伟先生能，辟总教习天津水师学堂”，但实际上严复始终只是“局外人”。其中的蹊跷就在于，洋务派派遣留学生，原本将所学范围限定在“技艺”层面，归国后也只是用其所长，与严复同时留学的刘步蟾、方伯谦、林泰曾等在海军的任用相对较为顺利。但严复显然有“二心”，当他不甘平庸，要对专业之外的事务表达自己的识见时，就不免遭到嫌忌，甚至连李鸿章也“患其激烈，不之近也”。严复屈居北洋水师学堂长达20年之久，始终不被重用，后升任总办，在严复眼里也只是“不预机要，奉职而已”。[①]

严复经历最初的挫折，对自己“仕途之不达”深感沮丧，以为是由于“出身不由科第，所言多不见重”。[②] 以至赋诗曰：“四十不官拥皋比，男儿怀抱谁人知”，“当年误习旁行书，举世相视如髦蛮”。[③] 于是，为了化解作为边缘人的尴尬，谋求发言资格，严复先是拜桐城派大师吴汝纶学习古文，“欲博一第，以与当事周旋”。在他看来，经由科举，则“既已入其彀中，或者其言较易动听，风气渐可转移”。[④] 在参加科举考试屡次失败，跻身士大夫之列的努力不断落空后，他又用投士大夫所好的文字从事翻译活动。梁启超较早认识到严复翻译工作的重大意义，但在赞誉《原富》的翻译“精善更何待言”的同时，也不无疑虑地指出严氏译文太务渊雅，刻意模仿先秦文体，殆难索解。[⑤] 严复在答复中却表示，“吾译正以待多读中国

---

① 王蘧常：《严几道年谱》，商务印书馆1936年版，第8、11页。

② 王蘧常：《严几道年谱》，第10页。

③ 严复：《送陈彤卣归闽》，王栻主编：《严复集》第2册，第361页。

④ 王蘧常：《严几道年谱》，第10页。

⑤ 梁启超：《绍介新著：〈原富〉》，《新民丛报》第1号，1902年2月8日。

古书之人”[1]，投士大夫所好的心迹溢于言表。值得一提的是，吴汝纶为《天演论》作序时，全然不提严复的西学背景，却极力推崇严复的中学功底，“抑汝纶之深有取于是书，则又以严子之雄于文”，“今西书虽多新学，顾吾之士以其时文、公牍、说部之词，译而传之，有识者方鄙夷而不知顾。民智之沦何由？此无他，文不足焉故也。文如几道，可与言译书矣”。他表示中国之译西书未有能及严复者，似乎不在严复对西学了解更多，而在于其为文“骎骎与晚周诸子相上下”，因而具备了发言资格。[2] 吴氏之用心与前述丁日昌实如出一辙。

对于严复何以用古文介绍西方思想，鲁迅说得很精到：

> 那时的留学生没有现在这么阔气，社会上大抵以为西洋人只会做机器——尤其是自鸣钟——留学生只会讲鬼子话，所以算不了“士”人的。因此他便来铿锵一下子，铿锵得吴汝纶也肯给他作序，这一序，别的生意也就源源而来了，于是有《名学》，有《法意》，有《原富》等等。[3]

这番话揭示了严复归国后饱尝文化边缘人的苦楚，竭力想挤进士大夫阶层的良苦用心。终其一生，严复始终有作为边缘人的压力，士大夫视其为外人不说，他也不属于同样由科考上来的康有为及其追随者所构成的圈子，为此也努力摆脱这种令他深为不安的窘况。在严复晚年的时候，终于有了结果：1909 年受赐文科进士出身；次年还以“硕学通儒”征为资政院议员。或许不能据此断言，

---

① 严复：《致梁启超》，王栻主编：《严复集》第 3 册，第 516—517 页。

② 吴汝纶：《吴序》，王栻主编：《严复集》第 5 册，第 1317—1319 页。

③ 鲁迅：《关于翻译的通信》，《鲁迅全集》第 4 集，人民文学出版社 1989 年版，第 380—381 页。

严复由是结束边缘人身份，但以近代中国精研西学第一人著称的严复，晚年却以“硕学通儒”名于世，已足以说明其中的暧昧性。

以胡适为文化边缘人，容易产生歧义。按通常的理解，五四新文化运动在心理上表现出朝向西方的激烈态势，归国留学生也凸显其在中国社会的特殊地位，甚至还出现非留学生不足以论政道学的舆论倾向。问题的复杂性却在于，新思想成风起云涌之势，并不意味着思想舞台已为新学之士尤其是归国留学生所占据。儒学作为一种维持政治社会秩序的意识形态，在清末民初即瓦解，但作为一种学术思想仍有其源头活水，并占据主流地位。章太炎、刘师培、康有为、梁启超及王国维等，尽管各有不同的背景和专长，但是他们的精神凭借和价值系统基本上来自儒家。[①] 在众所瞩目的学术重镇北京大学，崇尚宋儒理学，标榜“因文见道”“文道合一”的桐城派失势后，取而代之的古文大师刘师培与章太炎门下的黄侃、马裕藻、沈兼士、钱玄同诸人坐拥皋比，注重考据训诂，以治学严谨著称，也蔚为斯时北大的学统正宗。[②] 在这样的思想学术背景下，归国的留学生能否改变文化边缘人的位置，仍然还是问题。

1917年归国时，胡适虽因提倡文学革命广为人知，但在学术界还只是默默无闻的边缘人物。对于那些思想文化领域的标新立异者，学界往往以怀疑的态度追问其学术根基如何，白话文运动带给胡适的正是这样的毁与誉。起初，学界中人对胡适的审视及其自我意识，都显示出土本与域外的距离感以及留学生所具有的“外人”身份。林纾在反对白话文时曾提出一个极有意思的见解：

天下惟有真学术、真道德，始足独树一帜，使人景从……

---

① 余英时：《中国近代思想史上的胡适》，《重寻胡适历程：胡适生平与思想再认识》，第185—186页。

② 萧超然等：《北京大学校史》，上海教育出版社1981年版，第37页。

> 若《水浒》《红楼》，皆白话之圣，并足为教科之书，不知《水浒》中辞吻多采岳珂之《金陀萃篇》，《红楼》亦不止为一人手笔，作者均博极群书之人。总之，非读破万卷，不能为古文，亦并不能为白话。①

很显然，这是以此暗讽胡适之辈留学生乃以“白话藏拙”，并非有真学术。胡适在北大担任“中国哲学史”课程时，许多学生也产生这样的疑问：“他是一个美国新回来的留学生，如何能到北京大学里来讲中国的东西？”②对于不算太陌生的学术界，胡适也多少显得有些中情恇怯。《文学改良刍议》获钱玄同赏识，他就特别视作是国学大师门下高弟对留学生的同情理解，“钱氏原为国学大师章太炎（炳麟）的门人，他对这篇由一位留学生执笔讨论中国文学改良问题的文章，大为赏识，倒使我受宠若惊”。③ 在北大他也“常常提心吊胆，加倍用功”，以为像傅斯年、顾颉刚、毛子水等学生的学问并不让于他。④

正是在这样的背景下，胡适适时拿出他的《中国哲学史大纲》。有意思的是，蔡元培在向中国学界引介胡适的过程中，俨然如同丁日昌之于容闳、吴汝纶之于严复，暗藏玄机。他在该书序言中这样写道：

> 留学西洋的学生，治哲学的本没有几人，这几人之中能兼治“汉学”的更少了。适之先生生于世传“汉学”的绩溪胡氏，

---

① 林纾：《林琴南致蔡元培函》，高平叔编：《蔡元培全集》第 3 卷，中华书局 1984 年版，第 274 页。

② 顾颉刚：《自序》，《古史辨》第 1 集，上海古籍出版社 1981 年版，第 36 页。

③ 唐德刚译注《胡适口述自传》，季羡林主编：《胡适全集》第 18 卷，第 312 页。

④ 罗家伦：《元气淋漓的傅孟真》，胡颂平编著：《胡适之先生年谱长编初稿》第 1 册，第 296 页。

> 禀有“汉学”的遗传性，虽自幼进新式的学校，还能自修“汉学”，兼治文学、哲学，于西洋哲学史是很有心得的。①

针对林纾的诘难，蔡元培也辩护说：“公何以证知为非博极群书，非能作古文，而仅以白话文藏拙者？胡君家世汉学，其旧作古文，虽不多见，然即其所作《中国哲学史大纲》言之，其了解古书之眼光，不让于清代乾嘉学者。”②胡适对于这种情势也了然于胸，对所谓生于世传汉学的绩溪胡氏的张冠李戴之讹，他并没有及时公开辨明。他也清楚，必须在传统学术领域一显身手，尤其是与中国学术传统续上源头，才能期望在主流文化领域获得发言资格。胡适在书中花大量笔墨讨论有关考证、训诂、校勘的种种问题，恐怕就是希望与中国的考据学传统建立某种联系。当然，如所周知，该书的出版也意味着胡适的影响力由文学革命的领域扩大到整个思想学术界，并为主流文化所接纳。③ 1922 年梁启超在北京大学连续两日针对胡适的《中国哲学史大纲》做了公开演讲，尽管对该书有不少批评，但同时亦指出：“这书自有他的立脚点，他的立脚点很站得住。这书处处表现出著作人的个性，他那敏锐的观察力、致密的组织力、大胆的创造力，都是‘不废江河万古流’的。”④此外，在《清代学术概论》一书中，梁启超更是将胡适与代表国学最高成就的章太炎相提并论，誉之为清代考据学正统之殿军，“绩溪诸胡之

---

① 蔡元培：《〈中国古代哲学史大纲〉序》，高平叔编：《蔡元培全集》第 3 卷，第 188 页。

② 蔡元培：《致〈公言报〉函并答林琴南函》，高平叔编：《蔡元培全集》第 3 卷，第 271 页。

③ 余英时：《〈中国哲学史大纲〉与史学革命》，胡颂平编著：《胡适之先生年谱长编初稿》第 1 册，(台北)联经出版公司 1986 年版，“附录”，第 63—74 页

④ 梁启超：《评胡适之〈中国哲学史大纲〉》，《晨报副镌》1922 年 3 月 13 日，第 1 版。

后有胡适者，亦用清儒方法治学，有正统派遗风”。[1]

容闳、严复与胡适重返本土后的遭际，映射出本土文化对他们不同的接纳方式，既表明不同时期的本土文化有其所捍卫的独特价值，也意味着重返本土的留学生，必须针对本土文化的价值调整自己的发言位置。具体言之，这与本土文化所形成的关于中西文化的观点密切相关，而本土文化所捍卫的基本价值也清晰可寻。容闳作为孤独的先行者，所遭逢的是“华夏中心主义”营造的“严夷夏之防”。严复作为洋务派培养的人才，跌进的是中学与西学还纠结于“道器”“本末”之分的年代。胡适归国时，皇权已崩溃，本土文化尽管还捍卫着自身的价值，但唯我独尊的精神诉求已如明日黄花。大致说来，如果说此一时期针对西方文化先后有“夷学”“西学”“新学”等不同的命名，本土所守护的价值也在做出相应的调整。[2] 影响所及，对留学生的接纳也有阶段性的差异，丁日昌、吴汝纶与蔡元培之于容闳、严复与胡适，相当程度上可以视为本土文化接纳留学生的阶段性象征。容闳不单是受制于初年所学的限制，从而无法获得本土文化认同，在他生活的年代里，其出身背景已成为烙在其身上不可磨灭的印痕，因之其发言位置也建立在“美化”的“洋鬼”的基础上，处处受到掣肘。对严复来说，由于本土文化对西方的反应大体还局限于传统的框架内，因此他必须经由本土的方式确立发言位置，这既包含身份的要求，也包含学术上的要求。而到胡适所处的时代，中西分野不再有严格的道德与价值方面的高下之分，甚至新学被赋予了更多的褒扬之意，留学生的发言资

① 梁启超:《清代学术概论》，朱维铮校注:《梁启超论清学史二种》，复旦大学出版社 1985 年版，第 6 页。

② 熊月之:《西学东渐与晚清社会》，上海人民出版社 1994 年版，第 729—731 页。

格，也相应体现在“旧学邃密”“新知深沉”的基础上。

由此也可以大体把握近代中国留学生为本土文化所接纳的历史线索，边缘人知识分子获得的发言位置，主要取决于本土文化的价值趋向，面对业已改变了的时代环境与学术思想背景，边缘人知识分子的发言位置也不断进行调整。同样是边缘人知识分子重返本土文化确立自己的发言位置，三位不同时期的人物中以胡适遭遇的困境最少，似乎最为成功，但要以此对他们三人论高下道长短，并不恰当。说到底，问题并不在于胡适更具备为本土文化接纳的资格，而是因为时代环境与学术思想背景已有了阶段性的差异。这也是本文的题旨所在。

四、知识样式转型的历史脉络

中国知识分子的边缘化，是这些年学术界的热门话题。余英时认为，民国初年那段时期，很大程度是托庇于士大夫文化的余荫，知识分子不但不在边缘，还居于最中心地位。然而这一短暂现象并不足以说明知识分子的社会地位，它恰恰反映了士大夫的落日余晖。到20年代末期，士大夫文化基本上消失，知识分子迅速边缘化。[①] 就知识分子在整个社会中的位置而言，其边缘化似乎是不争的事实，确是20世纪中国的重要历史现象。但所谓改变，既要看到知识阶层的社会地位已不可同日而语，同时也要重视，现实世界及社会理念合法性论证的思想资源也经历了“巨变”，渐次脱离传统的知识样式，转而采纳现代型的知识样式。此亦意味着，伴随社会的转型，知识阶层的角色身份、问题结构也在发生调整。

如同本文开篇就强调的，近代中国出现留学生阶层，与19世

---

① 余英时：《中国知识分子的边缘化》，《二十一世纪》总第6期，香港中文大学中国文化研究所1991年8月出版。

纪以来人类世界呈现为“中心”与“边陲”格局密切相关。按照希尔斯(Edward Shils)的观点,“中心或中心区域,乃是一个有关价值与信仰范畴的现象。它是统治社会之价值、信仰、象征秩序的中心”。亦即是说,成为中心的重要社会机制,是透过一套价值与信仰体系的社会化作用,形成一个具有“正当”意义的制度化权威体系。[①] 所谓“中心—边陲”的格局,其实是无所不在的。在西方资本主义形成世界性的中心之前,世界上的不同地区早已呈现有“中心”与“边陲”的格局,以往中国在亚洲即是中心;在世界各民族中还较为普遍存在“我族中心主义”的观点。当传统中国作为中心社会存在时,相应也代表着价值、信仰与秩序的中心。其表现形式可以“华夏中心主义”名之,大致包含着这样的原则:道德价值作为世界性统一的道凌驾于一切文化价值之上,中国的伦常和文化作为这种最高道德价值之体现,从而构成世界的中心。于是,儒学在结构上也成为把道德价值看作高于知识的伦理中心主义。[②]

由此也能理解,在中国传统社会结构,作为“士”的角色定位所在,以及相应形成的传统知识样式。大致说来,“士”之所以作为“四民之首”扮演着重要角色,是与其秉持道德一元论的立场、作为儒家意识形态阐释者的身份密切相关的,经由确立一套完整的科举制度,将认同儒家意识形态的“士”转变为国家官员,更在制度上保证了传统的知识样式是与该社会的政治建制、文化规范、道德诉求密不可分。简言之,旧式文人治学,所重在先贤的经典早已明示

---

① Edward Shils, *Center and Periphery*, The University of Chicago Press, 1975, p. 13. 参见叶启政:《边陲性与学术发展——再论科学中国化》,杨国枢等编著:《现代化与中国化论集》,(台北)桂冠出版公司 1990 年版,第 221—262 页。

② 金观涛:《创造与破坏的动力:中国民族主义的结构及演变》,刘青峰编:《民族主义与中国现代化》,香港中文大学出版社 1994 年版,第 129 页。

的各种谟训和教条，虽说博学、慎思、明辨、笃行，是为学的正规流程，但其目标无疑是在闻道，而不是求知。[1] 这样的知识样式，实际也决定了本土文化极力捍卫“正途”以及“严华夷之辨”。而且，这种自视居于世界中心的意识如此根深蒂固，在本土文化跌入世界性的“中心—边陲”格局时，并不能很快产生积极的反应，反而竭力固守其价值、信仰及秩序的中心位置。向西方派遣留学生已经意味着中国由“中心社会”沦为“边陲社会”，但是在短时间里仍未放弃自我中心的优越感。

经由三位不同时期的留学生提供的例证，本土知识样式渐次丧失其所捍卫的信仰、价值与规范也清晰地展示出来。乍看起来，这只不过显示了留学这一新的培养知识阶层的方式逐渐为中国社会所接受，留学生在国外的求学也逐渐逸出官方的意识形态樊笼，再有便是留学生渐渐在中国思想舞台获得相应的发言位置，但实质上这一转向却意义深远。这或可以科举制的存废为参照。科举制的废除，象征着传统的社会知识样式建构的基础已经瓦解，据此也能理解，为什么最初几代留学生在本土成长的发蒙阶段都还是以科举为阶梯的，西学只是不得已的选择；随着科举取士制度的废除，到域外留学才成为新的社会期待。留学生在域外求学的经历，感受到作为边缘人知识分子的认同危机，接受域外新的社会知识样式，则意味着知识样式的转型率先在他们身上实现。进一步，留学生重返本土后逐渐获得相应的发言位置，则更具象征意义：本土文化接纳他们的方式不同，映射出本土所捍卫的目标已有阶段性差异，而且这种差异主要表现为本土文化原先作为中心社会所捍卫的诸种价值目标递次丧失。随着留学这一形式逐渐成为近代中

---

① 姜义华：《身背重负的近代型知识分子群体》，《百年踌躇——小农中国的现代觉醒》，香港三联书店 1992 年版，第 179—196 页。

国培养精英阶层的重要方式，留学生边缘知识分子甚至成为中国知识阶层的代表人物，也意味着中国社会在迈开“输入学理”“再造文明”的步伐。严复与胡适“援西入中”的学术活动在知识界引发剧烈的震动，即是其中的写照。

不同时期的留学生在本土、域外以及重返本土后的不同经历，涉及的是一整套学术建制、教育体制以及意识形态的转型。换言之，如果说留学生阶层的出现，意味着中国社会由中心跌入边陲，那么当留学生的派遣替代了以往科举考试的精英选拔方式，原先由科举制度塑造的知识，也改由中心社会提供。因此尽管留学生重返本土后的角色塑造还充满暧昧性，其“援西入中”的学术活动还主要受制于本土文化的诉求，但无论是留学域外作为新的精英培养方式逐渐为本土社会所接受，还是他们进入本土文化的渠道存在阶段性差异，都可以说明，本土的知识样式发生了转型，接受的是以分科为标识的近代知识。

“策问”中的“历史”

——晚清“历史记忆”延续的一个侧面

中国崇尚“信而好古”,已是学界共识。信而好古,不仅成为中国人做学问的一套主要方式,借“托古”以争正统在历史上也时有发生。[①] 降至晚清,由于社会变动不断加剧,对过去的重新阐释愈发突出。以“托古改制”名闻士林的康有为对此就有精到的解释:“布衣改制,事大骇人,故不如与之先王,既不惊人,自可避祸。”[②]梁启超《古议院考》发表后,严复致书质疑,梁也因此表示:“生平最恶人引中国古事以证西政,谓彼之所长,皆我所有,此实吾国虚骄之结习。初不欲蹈之,然在报中为中等人说法,又往往自不免。”[③]这

---

① 钱穆晚年讲学,特别讲到“述而不作,信而好古”的不仅是孔子,也是中国人做学问的一套主要方式。参见钱穆:《从中国历史来看中国民族性及中国文化》,香港中文大学出版社 1982 年版,第 64 页。余英时论及中国古代知识阶层的兴起,也特别指出中国古代的“哲学的突破”是以“王官之学”为背景,而且“突破”的方式极为温和,往往是诸家论“道”皆“托古”以争正统,都强调其历史性,即与以往的文化传统之间的密切联系。参见余英时:《士与中国文化》,上海人民出版社 1987 年版,第 46—47 页。

② 康有为:《孔子改制考》,中华书局 1958 年版,第 267 页。

③ 梁启超:《与严又陵先生书》,《饮冰室合集》第 1 册,“文集之一”,中华书局 1989 年影印本,第 108 页。

些都昭示了,“历史记忆”之延续构成晚清思想演进重要的象征。而基于“建构论”(constructionism)或“工具论”(instrumentalism)的立场,“传统”或“历史”是如何“发明”的,也当引起关注。[①] 于此,就有必要进一步追问,晚清“历史记忆”是以怎样的方式延续的?

有关历史与记忆的相关性,不是什么新问题,对此的阐述,本身已有悠久的历史。弗兰西斯·培根(Francis Bacon)尝试对人类的学问进行划分时就表示:“对人类学问(learning)的最好分类是根据学问活动的主要场所——理性灵魂(the rational soul)——所有的三种主要官能而作的分类。”由此,他也指出:“历史与记忆相关,诗与想象相关,哲学与理性(Reason)相关。”[②] 雅斯贝斯(Karl Jaspers)对历史认识的思考,也强调人类历史通过记忆与现在联系起来,“历史是记忆,我们不仅懂得记忆,而且还根据它生活。如果我们不想化为虚无,而想获得部分人性的话,历史就是奠定了的基础,我们继续受它束缚”。[③] 上述种种,还只是强调历史与记忆的相关性,莫里斯·哈布瓦赫(Maurice Halbwachs)则进一步论及记忆是如何展开的。如论者所指出的,“我们关于过去的概念,是受我们用来解决现在问题的心智意象影响的,因此,集体记忆在本质上是立足现在而对过去的一种重构,哈布瓦赫无疑是第一个强调这

---

① Eric Hobsbawm and Terence eds., The Invention of Tradition, Cambridge: Cambridge University, 1983; Benedict Anderson, Imagined Communities: Reflections on the Origin and Spread of Nationalism, London: Verso, 1991.

② 培根:《论历史的分类及其他》,何兆武主编:《历史理论与史学理论——近现代西方史学著作选》,商务印书馆1999年版,第13页。

③ 雅斯贝斯:《历史的起源与目标》,魏楚雄、俞新天译,华夏出版社1989年版,第265页。

一点的社会学家”[①]。哈氏关注于“记忆的社会框架”，其研究旨在揭示“记忆”如何被唤起，并据此说明依据历史所具有的重要意义。以此对照中西沟通中所产生的种种现象，或可说，援据历史，亦即是唤起历史的记忆，构成晚清理解陌生的外部世界的重要环节，既如此，审视历史记忆在晚清是如何延续的，对于理解这一时期思想文化的演进，也构成重要的参照。

本文拟根据晚清科举考试中流行的体裁——“策问”，分析“历史记忆”的延续方式。无论从哪方面说，“历史记忆”在晚清被唤起，皆事出有因。清初广织“文网”，以收缴删禁图书的方式磨灭人们的历史记忆，早已埋下其“复活”的根基；遭逢“三千年未有之大变局”，更使本土历史记忆资源被广泛借鉴。晚清“历史记忆”之唤醒，也明显受两个因素主导，一是由“反满”所催生的恢复汉族的记忆；一是西方因素开启的关乎中国历史的记忆。就前者而言，近年来已不乏这方面的论作。[②] 相较而言，检讨西方因素对中国历史记忆的开启，所涉及的主要还是“西学中源”“中体西用”之类较为宏

① 莫里斯·哈布瓦赫：《论集体记忆》，毕然、郭金华译，上海人民出版社 2002 年版，第 59 页。

② 王汎森分析了清末历史记忆的复活，以及服制等生活传统之隐而复现，如何影响到以章太炎为代表的一群知识分子在现实政治上的选择。沈松侨则透过晚清知识分子对中国“民族英雄”系谱的建构，讨论了历史书写与国族想象的关系。参见王汎森：《清末的历史记忆与国家建构——以章太炎为例》，《思与言》第 34 卷第 3 期，1996 年 9 月；沈松侨：《振大汉之天声——民族英雄系谱与晚清的国族想象》，《“中央研究院”近代史研究所集刊》第 33 期，2000 年 6 月。笔者对于晚清以来“托古”之论述策略及成因，也有所论述。参见章清：《“传统”系谱的建构与中国自由主义的论述策略》，刘青峰、岑国良编：《自由主义与中国近代传统》，香港中文大学出版社 2002 年版，第 251—288 页。

大的课题，讨论的前提往往还把“西方”当作“已知量”。[①] 不可否认，这些探讨都有益于揭示西方因素主导下中国历史记忆延续的一些面相，只是，宏大叙事不免影响到对“历史记忆”如何延续的把握。在将“西方因素”具体到“西史”（或称为“外史”），并且把问题集中于科举考试之“策问”，审视晚清“历史记忆”如何延续，或能获得新的视野。这里的关键是，“策问”毕竟是参与国家考试时的答卷，无论是设“问”者还是应“策”者，大致都恪守于官方意识形态，如此一来，“策问”中所涉及的“历史”，实际与立足于“反满”立场对历史的重塑，适成对照。由此，晚清“历史记忆”延续的多向度，也随之得以呈现。

晚清区分“新学”与“旧学”，相应地也区分了“中史”与“西史”，在此背景下肇端的中西历史之“会通”，也影响着中国历史图景的塑造。笔者在稍前的研究中已试图说明，中国之纳入世界秩序，地理（空间）之外，尚包括历史（时间）这一环节，即中西历史的“和合”。这其中既表明外国历史作为“西学”的一部分，在中国得到广泛介绍；同时，将中国历史置于“普遍历史”（Universal History）的架构，也成为重新认识中国历史的具体展现。[②] 甚至可以说，中西历史之“会通”，奠定了晚清历史记忆延续的基础。本文是对前述研究的补充，选取科举考试中形成的文本揭示与之相关的问题。由于“策问”的特殊属性，分析“策问”中的与历史相关的内容，可以

---

① 史华兹(Benjamin I. Schwartz)曾善意警告过把西方当作“已知量”的看法。参见史华兹：《寻求富强：严复与西方》，叶凤美译，江苏人民出版社 1989 年版，第 1—2 页。

② 章清：《“普遍历史”与中国历史之书写》，杨念群等编：《新史学——多学科对话的图景》上册，中国人民大学出版社 2003 年版，第 236—264 页；《中西历史之“会通”与中国史学的转向》，《历史研究》2005 年第 2 期。

清楚了解这些历史文本是如何想象“中史”与“西史”、“历史”与“现实”的，基于此，“历史记忆”在晚清如何延续，也通过具体的文本展现出来。同时，由于“中史”与“西史”并非单纯时间意义上的“过去”(中国之“过去”与西方之“过去”)，中西历史“会通”所催生的“历史记忆”的延续，也并不单纯。这其中，晚清所秉持的“文化自持”(Selbstbehauptung)的立场，也落实在具体的历史书写中呈现出来。①

一、科举改革与“策问”：对新知之接引

“策问”是一种特殊的文体形态，其原始形态是一种政务咨询，作为一种正式的考试方式，则发端于汉武帝时的策问贤良。如论者所言，策问是中国古代历时最久、地位最稳固的考试文体；历代选拔人才的考试，都离不开策问与对策。② 其意主要在通经致用，又须略具文采。③ 章学诚《清漳书院留别条训》对此论列甚详，指明“策问”的特点主要体现在“问者引端不发，而对者按牍以陈”，并且“他文皆可诵习古人成法以为楷模，惟策则全取实学，断非诵习成文、强记条目可以假借为之”。④ 因此，所谓“策问”，大致可视作科举考试中流传已久的一种体裁，具体的书写样式，也有一定程式。

---

① 所谓“文化自持”，大致可表述为“他律引导的民族中心主义”。参见朗宓榭(Michael Lackner)：《源自东方的科学？——中国式自断(Selbstbehauptung)的表现形式》，《二十一世纪》总第76期，香港中文大学中国文化研究所2003年4月出版。

② 吴承学：《中国古代文体形态研究》，中山大学出版社2000年版，第2章“策问与对策”。

③ 何怀宏：《选举社会及其终结——秦汉至晚清历史的一种社会学阐释》，生活·读书·新知三联书店1998年版，第167页。

④ 章学诚：《清漳书院留别条训》，陈谷嘉、邓洪波主编：《中国书院史资料》中册，浙江教育出版社1998年版，第1923页。

曾投身科举的末科探花商衍鎏对此有详细说明。他取每场闱作之四书、五经义、论、策各一篇，以见八股文外考试题文之一斑。由于殿试对策，其制不同，又特选二篇策题，以见体裁。其中所举策例，乃光绪三十年（1904）甲辰科会试第一名谭延闿第二场各国政治策闱作一篇——“泰西外交政策往往借保全土地之名，而收利益之实，盍缕举近百年来历史以证明其事策”。照商之看法：

> 未废八股时，乡会试第三场之策，是条对性质，举经史政事以为问题，随问而条答之，不写题目，只写第一二问等，此改为各国政治艺学策，须照写策题，而策文对答宽泛，略类于论体矣。[①]

较之于“四书文”“五经义”之类的文字体裁，“策问”还算是允许士子“自尽所长”的文字，主要考核士子是否广览群书。张之洞1875年为渴望进学之士所作《輶轩语》，就表示“对策”确实不容易做好，“平日见书多者，学问有门径者，自能多有所知，不至瞠目茫然”。总之，“经文或可欺门外汉，对策除平日多读书外，别无捷径”。[②] 康有为1896年在万木草堂讲学时，也曾向学子介绍应策经验：“策学以《史通》合裁。问僻典以对为贵。能旁对为上乘，对出问外也。问时务子书，以议论为主。”[③]陈独秀早年投身江南科考，

---

① 商衍鎏：《清代科举考试述录》，生活·读书·新知三联书店1958年版，第265—287页。

② 张之洞：《輶轩语》，陈居渊编、朱维铮校：《书目答问二种》，生活·读书·新知三联书店1998年版，第323页。

③ 康有为：《万木草堂口说》（1896年），姜义华、张荣华编校：《康有为全集》第2集，中国人民大学出版社2007年版，第194页。康有为在1895年5月22日曾应殿试，其《殿试策》对此有所反映。同上书，第65—67页。

则自认对“经义”和“策问”算是“有点兴趣”，令他讨厌的是所谓“馆阁体”。①

“策问”之所以值得提出来加以检讨，乃是因为其在晚清科举变革中成为焦点所在，“策问”在科举考试中地位不断提升，反映出世风之丕变，及思想学术的转型。甚至可以说，“策问”之被重视及其所阐述的具体内容，实际成为晚清“自改革”的重要象征。这个转变，是由主张废除“八股”、改试“策论”催生的。这亦意味着，科举改革凸显“策问”之作用，实际与对新知的接引联系在一起。因为“策问”这一特殊的文体形态，具有较大的包容性，可以通过具体的“问题”，考究士子对新知的掌握程度。这是在西学冲击下，有识之士急于将西学知识作为选拔人才的依凭，期望以“策问”作为考试的作文样式，推动应试士子去了解时务及新知。从某种意义上说，此亦构成“传统”在晚清是如何“发明”的例证之一

换言之，“策论”是晚清围绕科举之“存废”而形成的变通方案，不乏读书人将废除八股与讲求实学乃至西学联系在一起。1895 年发表的《救亡决论》中，严复明确提出当务之急是“废八股”，原因在于，“夫科举之事，为国求才也，劝人为学也。求才为学二者，皆必以有用为宗。而有用之效，征之富强；富强之基，本诸格致。不本格致，将无所往而不荒虚”。然而，八股取士所导致的，正是“使天下消磨岁月于无用之地，堕坏志节于冥昧之中，长人虚骄，昏人神智，上不足以辅国家，下不足以资事畜”。② 梁启超刊于《时务报》的文章，则提出变革科举之上中下“三策”。所谓“上策”，乃“远法三

① 陈独秀：《实庵自传》，林茂生等编：《陈独秀文章选编》下册，生活·读书·新知三联书店 1984 年版，第 559 页。

② 严复：《救亡决论》，《直报》1895 年 5 月 1—8 日，转引自王栻主编：《严复集》第 1 册，第 40—54 页。

代，近采泰西，合科举于学校”。而“中策”，“则莫如用汉唐之法，多设诸科，与今日帖括一科并行”。至于“下策”，便是“一仍今日取士之法，而略变其取士之具”。梁的理想目标自然是“合科举于学校”，故谓“由上策者强，由中策者安，由下策者存”。[①] 康有为则将目光聚焦于“文体”，试图以此作为突破：

> 制科之艺，行之数百年，沿袭至今，适承其弊。若不思变计，固无以得人才；若骤更成法，亦复猝无善策。尝统筹利弊，熟计重轻，以为非立法不善之为害，而实文体不正之为害也。故欲求真才，必自厘订文体始。[②]

改试“策论”除为新知大开方便之门外，也构成对传统思想学说的猛烈冲击。重要的是，“策问”地位之不断提升，是为了纠正科举考试所延伸之种种弊端。按照王德昭之研究，尽管清廷屡有谕旨，命令各省学政严饬教官，于季考、月课时加试策论，“务期切近时务，通达政治”，并令讲解现行律例内有关刑名、钱谷各条，“使之熟习淹贯，豫识政治之要”。但通观有清一代，直至末叶迫于时势不得不更张之前，科举考试但重首场，而首场尤重四书文如故；考官策问与士子对策，皆不得涉及本朝臣子如故；而各级学校与书院以制义课士也如故。[③] 废除“八股”、改试“策论”一经落实，对于学术之转向，影响深远。张之洞对此的思考，颇值得重视，其检讨八股文之流弊，较为重视考试“次第”上存在的问题：

---

① 梁启超：《变法通议二・科举》(变法通议三之二)，《时务报》第 8 册，1896 年 10 月 17 日。

② 康有为：《请正定四书文体以励实学而取真才折》，姜义华、张荣华编校：《康有为全集》第 4 集，第 62 页。

③ 王德昭：《清代科举制度研究》，中华书局 1984 年版，第 164—166 页。

> 虽设有二场经文，三场策问，而主司简率自便，惟重头场时文，二三场字句无疵，即已中试，遂有三场实止一场之弊。今改用策论，诚足以破拘挛陈腐之习矣，然文章之体不正，命题之例不严，则国家垂教之旨不显，取士之格不一，多士之趋向不定。①

尽管张之洞多方辩护，试图对涉及圣教的内容有周到安排，甚至表明此更能体现对四书五经之重视，但这样的次第安排，适足以影响四书五经等内容的彰显，其实际效果也将对接引西方知识产生重要影响。正是在诸多因素的推动下，1898 年 6 月 23 日光绪帝下诏：“著自下科为始，乡会试及生童岁科各试，向用四书文者，一律改试策论。”②1898 年 7 月 8 日，光绪帝再次下诏，在场次上就接受了张之洞变革科举的方案。③

戊戌时期所颁发的各项规章，大多未曾落实，政变后，一切概行停罢，恢复旧制，科考也不例外。正所谓大江东流挡不住，至 1901 年 8 月 28 日，上谕又重申了前意：

> 著自明年为始，嗣后乡会试头场，试中国政治史事论五篇，二场试各国政治艺学策五道，三场试四书义二篇、五经义一篇。考官阅卷，合校三场，以定去取，不得偏重一场。生童

① 张之洞、陈宝箴：《妥议科举新章折》，汪叔子、张求会编：《陈宝箴集》上册，中华书局 2005 年版，第 765 页；苑书义等主编：《张之洞全集》第 2 册，河北人民出版社 1998 年版，第 1304—1310 页。

② 《清德宗实录》卷四一九，光绪二十四年五月丁巳（初五日），谕内阁，《清实录》第 57 册，中华书局 1986 年影印本，第 491 页。这期间光绪所颁科举改革的谕令多达八道，均收入第一历史档案馆编：《光绪宣统两朝上谕档》第 24 册，广西师范大学出版社 1996 年版。对此的分析参见关晓红：《科举停废与近代中国社会》，社会科学文献出版社 2013 年版，第 42—49 页。

③ 朱寿朋编：《光绪朝东华录》（四），中华书局 1958 年版，第 4141 页。

> 岁科两考，仍先试经古一场，专试中国政治史事及各国政治艺学策论，正场试四书义、五经义各一篇。考试试差、庶起士散馆，均用论一篇、策一道。进士朝考论疏、殿试策问，均以中国政治史事及各国政治艺学命题。以上一切考试，凡四书、五经义，均不准用八股文程式，策论均应切实敷陈，不得仍前空衍剽窃。①

科举改革本有接引新知的意图，康有为将此分出两步走，先以策论代替经义，后以学校代替科考，是这一意图最直接的表现。张之洞所主张的，意图虽未言明，却也达至同样结果。相应地，落实这一意图的重要媒介"策问"，便也成为晚清接引新知的重要途径。梁启超后来对此的总结，就指明了这一点。他也点出了八股取士导致新知之难以接纳，"尊其体曰代孔孟立言，严其格曰清真雅正"，其结果是"士人皆束书不观，争事帖括，至有通藉高第，而不知汉祖唐宗为何物者，更无论地球各国矣"。废除八股产生的效果，即是为接引新知广开门扉：

> 八股既废，数月以来，天下移风，数千万之士，皆不得不舍其兔园册子帖括讲章，而争讲万国之故，及各种新学，争阅地图，争讲译出之西书，昔之梦梦然不知有大地，以中国为世界上独一无二之国者，今则忽然开目，憬然知中国以外，尚有如许多国，而顽陋倨傲之意见，可以顿释矣。虽仅数月，八股旋复，而耳目既开，民智骤进，自有不甘于谬陋者，旧藩顿决，泉涌涛奔，非复如昔日之可以拚闭抑遏矣。故此数月废八股之

---

① 《清德宗实录》卷四八五，光绪二十七年七月己卯（十六日），《清实录》第58册，第412页。

效，其于他日黄种之存亡，实大有关系也。[①]

梁启超指明了科举改革所具有的导向作用，而“策问”正是接引新知的重要中介。实际上，“策问”构成接引西学新知之重要媒介，并非仅由科举改革显示出来。此种关联，大约可延伸自西学知识之登陆中国。晚清格致书院之课艺，即反映出“策问”体裁作为课考内容的延伸，所出“问策”多关注于时务及新知。王韬曾将历次课艺题目、命题人姓名、部分优秀答卷，以及评阅人的评语、眉批，逐年汇集印行，分为十五册。[②]

略为梳理“策问”与科举改革之关联，以及“策问”对接引西学知识所具有的重要作用，对“策问”在晚清的特殊性，或可有初步了解。由此，进一步探讨“策问”以什么方式反映西学知识，也有相应基础。

二、“策问”“经世文编”及其他

科举考试作为一种程式化的考试，与之相伴随的是各种为应试士子准备的可兹效法的参考样式。“策问”在晚清科举改革中地位明显上升，也催生出各种汇编文字。[③] 这里重点讨论的《中外策

---

① 梁启超：《戊戌政变记》“新政诏书恭跋”，中国史学会主编：《戊戌变法》（二），上海神州国光社 1953 年版，第 25—26 页。

② 熊月之：《西学东渐与晚清社会》，上海人民出版社 1994 年版，第 362—391 页。

③ 艾尔曼在一篇文字中，就特别重视明清两代“策问”的主题分类，可资参考。Benjamin A. Elman, “From Pre-modern Chinese Natural Studies to Modern Science in China,” Michael Lackner & Natascha Vittinghoff edited, Mapping Meanings: The Field of New Learning in Late Qing China, Leiden: Brill, 2004, pp.25-74.中文译稿《从前现代的格致学到现代的科学》，《中国学术》2000 年第 2 辑，商务印书馆 2000 年版。

问大观》,即对应着这样的时势。该书由陆凤石鉴定,雷瑨编辑,1903 年由砚耕山庄石印。陆为该书所写序言即言明,由于科考改以“中外史事政治策论试士”,士子纷纷争购各种相关书籍,“不择优劣真伪”,并“朝夕揣摩以期一得”。而书贾见利忘义,“东抄西撮,剌取成篇,广售牟利”,出版了大量相关书籍。是书之编,即是编辑病于此,精心选编而成的。他们相信,苟取是编浏览,当开拓心胸,增浚智识,所受益远胜于访间所出各书。[①] 这也清楚交代了编辑此书,是为士子提供适应新的考试样式的资料。前已述及,“策问”作为特殊的考试体裁,在科举改革中成为关注焦点,自有其深意,与晚清“经世致用”之学术转向密切相关。对此也有必要略加梳理,以了解“策问”地位提升所预示的学术转向。

如同梁启超在《清代学术概论》中揭示的,清学分裂的主要原因,乃极幼稚之“西学”知识与清初启蒙期所谓“经世之学”相结合,别树一派,向正统派公然举叛旗。[②] 中国思想史的研究者也强调,1890 年后的十年是中国思想发展重要的分水岭:儒家经世致用的思想传统趋于告终,而寻求今天仍在摸索中的思想新方向被提了出来。[③] 经世致用思想确算是晚清中西思想沟通的重要津梁,各种“经世文编”资料,也成为西方知识被接引的象征。

自晚清至民国初年,曾有多达 20 余种的“经世文编”相与赓续。这一现象的出现,固可说是“经世致用”思想已深入人心,同时也是因为对“经世”之理解,代有不同。单从各种“文编”的类目看,

---

① 陆凤石:《中外策问大观·序》,雷缙编:《中外策问大观》,砚耕山庄 1903 年石印,第 1—2 页。

② 梁启超:《清代学术概论》,朱维铮编校:《梁启超论清学史二种》,复旦大学出版社 1984 年版,第 59 页。

③ 张灏:《梁启超与中国思想的过渡(1890—1907)》,崔志海、葛夫平译,江苏人民出版社 1997 年版,第 211 页。

即可发现其中所显示的“知识”之嬗变，不同版本的“经世文编”实际构成“呈现”西方知识的基本资源。① 重要的是，从《皇朝经世文编》到《皇朝经世文续编》，再至《皇朝经世文新编》，“‘经世文编’体的新学成分越来越多，旧学成分越来越少，其思想内容和学科分类，也不再是传统经世实学所能涵盖的了。晚清经世实学就是在经世文编的这种不断赓续的过程中，一步一步地走向近代新学”。②

可资参照的，还包括晚清大量出现的各种西学汇编资料。应该说，试图整体上对西学进行全面介绍，在晚清并不鲜见，顾燮光曾述及其中发生的转变，提及的《西学书目表》《东西学书录》《译书经眼录》等，其所分类目及所收书目，就显示了斯时对西学整体上的把握。③

梁启超1896年完成的《西学书目表》，大致按“学”“政”“教”对西书进行分类，除教类之书不录外，其余诸书，分为三卷：上卷为西学诸书，包括算学、重学、电学、化学、声学、光学、汽学、天学、地学、全体学、动植物学、医学、图学；中卷为西政诸书，包括史志、官制、学制、法律、农政、矿政、工政、商政、兵政、船政；下卷为杂类之书，收录游记、报章、格致，“总曰西人议论之书，曰无可归类之书”。徐维则1899年辑录的《东西学书录》计分31门：史志、政治法律、学校、交涉、兵制、农政、矿务、工艺、商务、船政、格致、算学、重学、电学、化学、声学、光学、气学、天学、地学、全体学、动植物学、医学、图

---

① 日本近代中国研究委员会编：《清朝经世文编总目录》，（台北）文海出版公司影印出版（无出版年月）。

② 冯天瑜、黄长义：《晚清经世实学》，上海社会科学院出版社2002年版，第577页。

③ 顾燮光：《自序》，《译书经眼录》，杭州金佳石好楼1935年版，第1页。《译书经眼录》收录译书紧接《增版东西学书录》（自1902年至1904年），大致反映的是20世纪初年东西学书翻译的情况。

学、理学、幼学、宗教、游记、报章、议论、杂著。顾燮光《译书经眼录》系继《东西学书录》而作，“著录各书由前清光绪二十八年至三十年止”，为卷凡八，为类凡廿五，包括史志、法政、学校、交涉、兵制、农政、矿务、工艺、商务、船政、理化、象数、地学、全体学、博物学、卫生学、测绘、哲理、宗教、体操、游记、报章、议论、杂著、小说。[①]

如同梁启超在《〈西学书目表〉序例》中指明的，“西学各书，分类最难。凡一切政皆出于学，则政与学不能分。非通群学不能成一学，非合庶政不能举一政，则某学某政之各门不能分。今取便学者，强为区别”。进一步还对照以往书目分类表示，“顾自《七略》以至《四库总目》，其门类之分合，归部之异同，通人犹或訾之，聚讼至今，未有善法”。[②] 徐维则于安置东西学书所遇到的新的难题，也特别予以注明：

> 部勒书目于别出互见之法，古人断断。东西学书，凡一书可归两类者，或一书旁及他事者，此比多多，大费参量。今因其所重依类强入，于古人目录之成法，相去远甚，等于簿录而已。[③]

从上述西学汇编资料不难看出，“经世致用”思想仍然是沟通西方知识之津梁。而对晚清所出版的各种“经世文编”、西学汇编

---

① 徐维则所辑《东西学书录》，1899 年出版，该书后由顾燮光补，改名《增版东西学书录》。此据徐维则辑、顾燮光补《增版东西学书录》，1902 年出版，第 1—15 页。“东西学”名称的出现，意味着日本成为晚清接纳新知的重要渠道，其影响甚至超过西学。这方面的讨论，参见章清「清末西學書の編纂にみえる西洋知識の受容」、『東アジアにおける近代知の空間の形成』、東方書店、2013 年。

② 梁启超：《〈西学书目表〉序例》，《饮冰室合集》第 1 册，“文集之一”，第 122—126 页。

③ 徐维则：《例目》，徐维则辑《东西学书录》，第 1 页。

资料稍作梳理，则不难看出，本文所要检讨的《中外策问大观》，其所列类目与同时代出版的“经世文编”与“西学汇编”，颇为相似，甚至可将此看作综合二者的产物。《中外策问大观》所选策稿按28种进行分类编辑，计有治道、学术、内政、外交、时事、变法、科举、学校、官制、议院、政体、财政、图法、法律、历法、天学、地学、舆地、格致、教宗、兵政、防务、农政、工政、商政、路矿、中史、西史。这也从不同的侧面表明“策问”地位之提升，实际对应着业已发生变化的思想格局，可将此视作中外交流的产物，乃东西学知识登陆晚清的一个重要“标尺”。

三、“策问”中之“中史”

“策问”作为一种特殊的论述体裁，乃针对具体的问题阐述见解。这里主要讨论的是《中外策问大观》卷二十七、二十八之“中史”与“西史”，以揭示晚清士人对中西历史的阐述，如何取法于“历史”，延续“历史记忆”。① “策问”既由两个部分组成，也有必要略作区分。从某种意义上说，策论之“问”，较之所应之“策”，更加值得关注，因为“问”之产生，表明此已成为众所关注的问题。大致说来，涉及历史部分的“策问”，展现出与历史的“对话”所包含内容究竟是什么。而“应策”文字则是针对“问策”的发挥，往往是先略陈该段历史，然后应对问题。既如此，“历史记忆”如何延续，这些“策问”也提供了鲜活的例证，展现出晚清利用“历史资源”的具体方式。针对这些“策问”进行一番解析，或也能补充以往研究较少涉及的层面，揭示晚清“历史记忆”延续的另一个侧面。

---

① 需要说明的是，《中外策问大观》主要汇集的是各省闱墨及书院课艺，其所收文字中，并非此两部分的文字才涉及“历史”，由于“策问”体裁的特殊性，不少内容均涉及中外历史。

在尝试对“策问”中涉及历史的内容进行分析时，重温克罗齐(Benedetto Croce)所阐述的“一切真历史都是当代史”或能获得一些启示。[①] 人们所认知的“历史”，往往是以当下的生活为参照的，是基于现实向历史的“投射”。本文所讨论的一则“策问”，也曾表达这样的看法：“大抵在当日而论当日之事，或难预知得失，及今论古，已有成局，即可了然。”[②]这样针对历史的设问，无疑是强化了对“历史”的期许，同时也显示出“史学”在晚清之特殊地位。清季民初史学走向中心，研究者已多有揭示。[③] 这里的关键是，史学走向“中心”乃“经世致用”思想所催生，张扬的是“史学所以经世”的主张，表明“史学”在晚清实际被当作应对各种现实问题的重要资源，是具有现实价值的学问。

举例来说，晚清较早出现的一部西学汇编资料《西学大成》，其“史学”门收录的书包括《大英国志》《联邦志略》《列国岁计政要》《列国海战记》《万国公法》《星轺指掌》，据此即可知当时所认知的“史学”，与今日颇有不同，因为收于“史学”部分这些书籍，于今而言，不少即难入“史学”之门。反过来亦说明，“史学”在当时是被视作颇能“经世致用”的，故此将体现富国强兵理想的书籍悉收入其中。[④] 1897年出版的《续西学大成》，“史学”类所收书也具同样的

---

① 克罗齐：《历史学的理论与实际》，傅任敢译，商务印书馆1987年版，第2—3页。

② 此系唐际虞应策时表达的看法。该则问策为：“问：晋郭钦、江统皆建徙戎议，果行其言，能弭五胡之乱否？”(雷缙编：《中外策问大观》卷二十七，第11页)

③ 罗志田：《清季民初经学的边缘化与史学的走向中心》，《权势转移：近代中国的思想、学术与社会》，湖北人民出版社1999年版，第302—304页；彭明辉：《晚清之经世史学》，(台北)麦田出版社2002年版。

④ 《例言》，王西清、卢梯青编：《西学大成》，上海醉六堂书坊1895年版，第1页。该书1888年最初由大同书局出版。

属性，包括《中西交涉通论》《中西近事图说》《交涉通商表》《中西记载》《中西大局论》《中西通商原始记》《中国筹防记》《西域回教考略》《中国新政录要》。[①] 明乎此，讨论"策问"中有关历史的内容，也能避免时间造成的隔阂。而且，科举新章明确乡会试头场试中国政治史事论五篇，二场才是各国政治艺学策五道，这也表明对历史的重视。

综观《中外策问大观》涉及"中史"之43道"策问"，主要有这样一些特点。(一)"策问"大多基于斯时中国所处境况设问。所涉及的内容，紧扣着当日之内忧外患，即把当时世界格局，尤其是中国所处环境，类比于春秋、战国时代；历史上所发生的诸多与战争、外交相关的话题，也多有体现。(二)这些"策问"还具体点出了哪些历史时代可类比于当日之中国，相应的，与周边民族有较多交往的朝代，得到更多关注。(三)"策问"还将当时所关心的应对之道，从多个环节体现出来，如开放言论、发现人才等方面。(四)除此而外，"策问"也较为重视追溯历史上之盛治，试图总结历代改革之经验得失，尤其关心哪些历史经验可以用于今日者。王安石、张居正等历史上的改革者，也多成为关注的问题。

略为梳理"策问"中归于"中史"部分的内容，可清楚看出晚清延续的究竟是哪方面的"历史记忆"。重要的是，唤起"历史记忆"明显烙上现实与西方的印痕，而此二者，实可看作一枚钱币的两面。可以说"西方因素"构成"历史记忆"延续的枢机，即便以中国史事发问，应策者往往也由此联系到西方。如以《左传》记载的内容所出的一则问策就这样写道："《左传》言裨谌能谋，谋于野则获，谋于邑则否，夫同一谋也，而有在野在邑之分，必有显见为难易者，

① 孙家鼐编：《续西学大成》，上海飞鸿阁书林1897年石印本，目录页。

岂果如杜征南所谓才性之蔽欤？试详陈之。”储桂山的对策则表示：“西国政者，以众人之见识为见识，则见识未有不造乎其极者也。”他明确指出：

> 环球列国，试问有不恤民艰而可以谋国政者乎。匪特议院为然也，即如报馆，西国市廛林立，凡主笔者，非退老议员，即致仕执政，国家大事，可以任意评其可否。或大声疾呼，或垂涕而道，虽大拂朝廷意旨，亦不之罪。且于朝廷一举一动皆载之，而小民知国政事矣。于民间一进一退皆载之，而君主知民疾苦矣。

还以此联系中国，表达了这样的看法：“谋野则获，不几东西同一辙耶？”在作者看来，“今者中国之事亟矣，追究祸始，实由于政府无谋”。究其实，“政府亦何尝不谋”，而是不得其法，“谋之不臧，迨事后而徒为迂谬顽固者咎，庸有济乎”！[①]

四、“策问”中之“西史”

“策问”之“中史”部分往往已由“西方因素”引发，那些直接归到“西史”名下之“策问”，自然更显示“西方因素”在晚清“历史记忆”延续中扮演的角色。综观《中外策问大观》卷二十八“西史”所收总计 23 道“策问”，其特点略可作如下归纳：(一)将当日中国所关切的问题投射于外国历史，如富强之由、治理之方及长治久安之道等，尤其重视“由弱至强”的例证。其中涉及日本的话题即有四条之多。(二)将中国之现实处境与历史上之西方相类比，可区分为历史上的人物与历史上的事例两种不同的情况。(三)涉及西史

---

① 雷缙编：《中外策问大观》卷二十七，第 1—2 页。此则问策出自格致书院庚子夏季课题。

之内容,多关切外交事务,尤其是影响于中国者,试图探索中国应对之道。

"西史"之策问所传递的"文化自持"观念,有较为充分的展示。其中涉及日本的一则以此发问:"日本新政之行何者最先,何者成效最著?其一切改从西法,识者论其不无过当,而弊之伏于其间者何事?近今有无补救之方?试条分缕析,切实指陈,以为中国考镜之资策。"刘邦骥的对策是这样开篇的:"日本新政之行之最先,而行之最著者,非西法也,乃中学也。"特别指出日本改革之先导,乃取法"春秋尊王大义"。最后表示:

> 今天下竞言变法,宜师日本矣,吾愿取其利,尤宜鉴其弊也。敢以一言断之曰:欲立国于不敝者,必自尊尊亲亲始。[①]

如果说这还只是"西学中源"之老套,而针对俾斯麦(Otto von Bismarck)的评说,则意味深长。该则策问提出:"俾思麦可方中国何人?试以古事比附之。"这样的提问方式,是当时会通中西历史典型的表现形式,也显示出"历史记忆"以怎样的方式延续。胡志伊的"对策"也赞赏俾斯麦乃"九州之外"堪当"伟人奇士"之人。细数起来,由德国宰相俾斯麦所联想到的中国历史人物包括有:西汉时的陈平、北宋时的范仲淹、十六国时期的王猛、三国时的诸葛亮、战国中期的商鞅、春秋时期的子产、战国后期的乐毅、春秋初期之管仲、西魏时的苏绰,这些人无一例外皆是所属时代杰出的政治家、军事家,功勋卓著。但作者并非以此认定俾斯麦能"合诸人之所长",遂为当今之全才,反倒是认为俾相之功业,诚不易及,却也不能"合诸人之所长"。具体言之,"有管仲之功而无其才,有子产之才而无其德,有希文之志而无其学,有孔明之遇而才德学皆逊

① 雷缙编《中外策问大观》卷二十八,第6页。

之”。更有意思的是，令作者深感可惜的是其“生于欧西，而不能不囿于欧西”，阐明问题出在西方文化本身，认为“耶苏之教，弃遗君亲，路得之书，绝灭伦理，俾相心知其非而不能禁革之”。因此，如若俾斯麦“习吾孔孟仁义之学，以教养其民，其立政必更有可观”。说到底，九州之外，六经之表，所谓奇才杰士者，不过如是，“若夫以西人格致之功，而运以《大学》诚正之理，其斯为当今之全才也夫”。[①]

单就此篇“策问”便不难看出，“历史记忆”的延续，是将所守望的“中体西用”见解，投射于对有关人物的臧否之中。所谓“文化自持”的范式，也落实在具体的历史书写中呈现出来。可以肯定俾斯麦的功业他人难以企及，但对于其“品行”却有所保留。有所保留，未见得是俾氏在德行上有值得物议之处，而是文化上“生于欧西”的“原罪”导致。重要的是，要培育当今之“全才”，“西人格致之功”外，不可缺少《大学》“诚正之理”。

科举考试最后几年的历史是匆忙写就的，不仅变革方案多所反复，运行有序的机制也乱了套。原定1901年举行的乡试和1902年举行的会试，都推迟一年举行，并改为“恩正并科”。同时，由于顺天贡院被毁，癸卯、甲辰两科会试，都改在河南贡院（开封）举行。这样，光绪壬寅（1902）、癸卯（1903）与甲辰（1904）连续三年举行的两科乡试与两科会试，在中国科举史上成为特别的考试。结合两次会试“中国政治史事论”所出题目，可以更能把握当日赋予了“历史”怎样的意义，又是如何延续“历史记忆”。

《清秘述闻再续》录有最后两次会试的考官及题目，大致可了解围绕“中国政治史事论”出题的情况。1903年会试首场是这样五

① 雷缙编：《中外策问大观》卷二十八，第8—9页

道问题:“管子内政寄军令论”;“汉文帝赐南粤王佗书论”;“威之以法法行则知恩限之以爵爵加则知荣论”;“刘光祖言定国是论”;“陈思谦言铨衡之币论”。1904年会试首场题目为:“周唐外重内轻,秦魏外轻内重各有得论”;“贾谊五饵三表之说,班固讥其疏。然秦穆尝用之以霸西戎中行说,亦以戒单于,其说未尝不效论”;“诸葛亮无申商之心而用其术,王安石用申商之实而讳其名论”;“裴度奏宰相宜招延四方贤才与参谋请于私第见客论”;“北宋结金以图燕赵、南宋助元以攻蔡论”。[①] 并非首场才涉及“历史”,第二场“各国政治艺学策”,也不乏“历史”的内容。难怪时人会将此总结为“以中外史事政治策论试士”。仅以最后一次会试的中国史题目来看,就分别指向藩镇、平戎、举贤、变法、以夷制夷等内容。类似于这样历代帝王所关切的问题,出现于20世纪初年,多少令人感到鲜少新的时代气息。值得重视的还包括,针对“历史”的问题,大体都是以人物为中心的,如1903年的五道论题,都点明了具体的历史人物,即便题目中没有人物,也不难发现是针对何人设题,如“威之以法法行则知恩限之以爵爵加则知荣论”,即是就诸葛亮出题。此外的题目,大体针对具体的朝代设题,如1904年会试之第一题“周唐外重内轻、秦魏外轻内重各有得论”,即突出这方面的用意,往往紧扣当下的处境吸取相关的历史经验。

余论:晚清之另一种“历史记忆”

“策论”作为国家考试的一项内容,无论是设“问”者还是对“策”者,差不多都是在国家主流意识形态的框架下言说,所延续的“历史记忆”自也受到制约。因此,在简单分析《中外策问大观》所

---

① 徐沅、祁颂威:《清秘述闻再续》卷一,法善式等撰:《清秘述闻三种》(下),中华书局1982年版,第992—1003页。

收“中史”“西史”方面的“策问”之后，实有必要将此与另一种延续“历史记忆”的方式稍作对照，以展示晚清“历史记忆”延续的不同维度。

晚清从反满立场出发延续的重塑传统的“历史记忆”，可视作对待历史激进主义的立场。这是在19、20世纪之交，学术圈围绕“有史”与“无史”的争论揭开帷幕的。邓实指出中国“无史”，即是期望于中国产生新的“史家”和新的“史识”，“非无史也，无史家也；非无史家，无史识也”。[①] 马叙伦甚至提出这样的疑问：“若是推史，则何必二十四史而为史？何必三通、六通、九通而为史？更何必六经而为史宗？”[②]王舟瑶在京师大学堂讲述“中国通史”，对“无史”的主张，也持同情立场，“其言虽过，却有原因”：

> 盖西人之史，于国政、民风、社会、宗教、学术、教育、财政、工艺，最所究心，所以推世界之进状，壮国民之志气。中国之史，重君而轻民，陈古而略今，正闰是争，无关事实，纪传累卷，有似志铭，鲜特别之精神，碍人群之进化。所以贻新学之诮，来后生之讥。[③]

如王汎森所揭示的，“有史”与“无史”问题之浮现，需援据晚清同时发展的政治概念才能很好把握，但在中国这样一个有着深厚史学传统的国家争论这样的问题，却意味着人们对历史的理解逸出了传统范畴，重新提出了“历史是什么”的问题。[④] 诚哉斯言。否

---

① 邓实：《史学通论》(一)，《政艺通报》壬寅第12号，1902年8月18日。

② 马叙伦：《史学大同说》，《政艺通报》癸卯第16号，1903年9月21日。

③ 王舟瑶讲述：《京师大学堂中国通史讲义》，学务处官书局1904年版，第1—3页。

④ 王汎森：《晚清的政治概念与“新史学”》，《中国近代思想与学术的系谱》，河北教育出版社2001年版，第165—196页。

认中国过去“有史”，自然对重新发掘中国之“历史记忆”大有助益。用梁启超的话说，所谓二十四史不过帝王之家谱，“地球上空前绝后之一大相斫书”，因此，“欲创新史学，不可不先明史学之界说。欲知新史学之界说，不可不先明历史之范围”。[①]

指出中国“无史”，还只是晚清延续“历史记忆”激进主义立场的表现之一，与之相应的，是伴随“反满”立场所催生的恢复汉族记忆的声音。

1906年章太炎的一段演说，颇为学林所看重，内中特别指出了其民族主义思想最初只是出于“保卫汉种”的意识，自从甲午以后，略看东西各国书籍，才有学理收拾进来。文中不仅指出语言文字、典章制度、人物事迹三端为中国特别的长处；提倡“国粹”，只是要人们爱惜自己的历史，但同时又强调，这又并非像做《格致古微》的人，将中国同欧洲的事，牵强附会起来；又不像公羊学派的人，说什么三世就是进化，九旨就是进夷狄为中国，去仰攀欧洲最浅最陋的学说。章太炎以顾炎武为例，强调了历史传统对于提升见识的意义：

> 若要增进爱国的热肠，一切功业学问上的人物，须选择几个出来，时常放在心里，这是最紧要的。就是没有相干的人，古事古迹，都可以动人爱国的心思。当初顾亭林要想排斥满洲，却无兵力，就到各地去访那古碑古碣传示后人，也是此意。[②]

这一席话，点出了晚清延续“历史记忆”另一重要的源头。如果知悉章太炎这番话，是在《民报》为其召开的欢迎会上所讲，其时

---

① 梁启超：《新史学》，《饮冰室合集》第1册，“文集之一”，第7页。

② 章太炎：《演说录》，《民报》第6号，1906年7月25日。

章刚刚解脱牢狱之灾，重获自由，便不难了解其用意所在。可以说，基于反满的政治立场，构成了晚清另一种“历史记忆”的延续。

章太炎那段时间的文字，也显示其致力于延续汉族的“历史记忆”。他在《〈民报〉纪念祝词》中，就历数汉族之先祖，明确表示其所关切的是如何振起“大汉之天声”。[①] 甚至还力图指明，中夏亡国实已“二百四十二年”，现今已是“天运丁未纪元四千六百零五年”。[②]

此也表明，在19世纪末20世纪初这一转型的关键时期，尽管中国读书人已受到西学影响，有了新的知识资源，但借助于传统仍是较为主动的选择。梁启超在《先秦政治思想史》中尝言，过去思想，常以历史的无上权威无形中支配现代人，以形成所谓国民意识。而政治及其他一切设施，非通过国民意识之一关，断不能有效。可资证明的是，近20年来，我国人汲汲于移植欧美政治制度，包括立宪、共和、联邦、苏维埃等，凡他国所曾实行者，皆一一取而试验之，结果却是“名实相缪，治丝愈棼”。原因即在于，所欲效法的制度并非植基于国民意识之上，“譬犹掇邻圃之繁花，施吾家之老干，其不能荣育宜也”。痛定思痛，梁启超也明确说明了借助于“传统”的正当性：

> 欲革去一旧思想，必须有一新思想焉足餍人心者以代之，否则全社会陷于怀疑与虚无，结果仍让彼有传统的惰力之旧思想占优势耳。而新思想建设之大业——据吾所确信者，万不能将他社会之思想全部移植，最少亦要从本社会遗传共业

---

① 章太炎：《〈民报〉纪念祝词》，《章太炎全集》（四），上海人民出版社1985年版，第209页。

② 章太炎：《中夏亡国二百四十二年纪念会书》，《章太炎全集》（四），第188—189页。

上为自然的浚发与合理的箴砭洗练。信如是也，则我国过去政治思想，虽其中一部分对于世界无甚价值者，就吾国人立脚点言之，其价值不可蔑视明矣。[①]

在所延续的“历史记忆”中，涉及的面相颇不少，这其中突出的表现之一即是历史人物的“复活”。蒋智由1903年就感慨于“盖棺论定，此非至言也”，指出英雄豪杰之生于一群中，其声名之显晦隆替，往往视其一群人之智识为准，“有黯淡于前而光明于后，有崇拜于古而唾骂于今”。蒋氏发出这样的感叹，是注意到自数十年以来，“蒙晦之古人而复出现于当世者，已略可指数”。如黄帝、郑成功、张煌言、甘辉、朱舜水、王船山、林清诸人，皆“伴民族主义之发生而复活者也”；黄梨洲之《原君》“近时称为特识”，顾炎武“匹夫有责”之言“动辄引用”，则是“伴民权主义之发生而复活者也”。[②] 这也是20世纪初年思想界一个重要动向，一些被历史尘埃掩埋多年的各色人物又重新跃上历史舞台。这方面，受章太炎影响的国学保存会诸子及《国粹学报》对“历史记忆”的延续，就颇为引人瞩目，指明创办《国粹学报》，系“以发明国学、保存国粹为宗旨”。[③] 黄宗羲的《明夷待访录》在其死后两个世纪，何以“成为鼓动反君主专制的一部经典”，已为研究者所揭示。[④] 同样，戴震被重视也有异曲同工之效。戴震所著《孟子字义疏证》《原善》二书，曾受到马叙伦、刘

---

① 梁启超：《序论》，《先秦政治思想史》，《饮冰室合集》第13册，“专集之五十”，第6—7页。

② 观云：《华年阁杂谈·几多古人之复活》，《新民丛报》第37号，1903年9月5日。

③ 《〈国粹学报〉发刊辞》，《国粹学报》第1期，1905年2月23日。

④ 朱维铮：《在晚清思想界的黄宗羲》，《求索真文明——晚清学术史论》，上海古籍出版社1996年版，第351—360页。

师培、章太炎诸人的关注。[①]

将此与“策问”中的“历史”稍作对照，不难发现，晚清对“历史记忆”的延续，明显区分为不同的维度，而起决定作用的是历史阐述者的“立场”。柯林武德(R. G. Collingwood)曾强调，所有的历史都是“思想”的历史，并且是那些我们在心灵里能够“重演”的东西。[②] 这也道出了“历史记忆”延续的枢机所在，透过章太炎及其领导下的“国粹运动”，可以看到“历史记忆”主要是以“复活”的方式延续，使得人们把“国”与当今的朝廷分开，所以拒绝体制内的改革。重塑传统的结果，也使得人们相信君主制的传统与真正的“国学”不是一回事。所以国粹既是一个 identification 的过程，也是一个 disidentification 的过程，是一历史记忆复返，也是选择性遗忘的过程。[③] 而“策问”中的“历史”，仍守护于官方意识形态，同样是“西方因素”催生，也同样针对历史进行重新阐述，却立足于“自改革”立场，着力于发掘可兹借鉴的历史经验，而且，重点关心的是在历史中重新发现维护自我荣光的资源。

哈布瓦赫对“记忆”的阐述特别追问我们是如何记忆的，并指出：“我之所以回忆，正是因为别人刺激了我；他们的记忆帮助了我的记忆，我的记忆借助了他们的回忆。至少在这种情况下记忆的唤起并无神秘之处可言。”[④]此所意味的是，记忆往往是借助于“他者”所发生的。以晚清言之，这个“他者”无疑即是“西方因素”及

---

① 郑师渠：《晚清国粹派——文化思想研究》，北京师范大学出版社 1997 年版，第 242 页。

② 柯林武德：《历史的观念》，何兆武、张文杰译，中国社会科学出版社 1986 年版，第 43 页。

③ 王汎森：《清末的历史记忆与国家建构——以章太炎为例》，《思与言》第 34 卷第 3 期，1996 年 9 月。

④ 莫里斯·哈布瓦赫：《论集体记忆》，第 69 页。

“日本因素”。展现“策问”中的“历史”，或可令我们对“历史记忆”在晚清如何延续，获得新的认知，注意到同样是“历史记忆”的延续，对历史的阐述却区分出不同的形态。如果说基于“反满”的政治立场所引发的汉族“历史记忆”的复返，令人影响深刻，那么揭示“策问”的“历史”，则显示了记忆如何由“西方因素”得以唤起的种种情景。因此，所谓“历史记忆”的延续，显然是交织着各种因素所催生的，对此的审视，也有必要突破针对历史单向度的阐释。“策问”中的“历史”，自也有着鲜明的特色，传递的是晚清主流意识形态面对历史的立场。

第二编

思想界的解析

晚清“思想界”的形成与知识分子的“公共空间”

“思想界”在今日已是广为使用的术语，将其与晚清建立特别的关联，正是要强调关乎“思想界”的形成并非无关宏旨。本文试图揭示作为“亚文化圈世界”的“思想界”是如何形成的，并以此检讨与知识分子的“公共空间”(public sphere)密切相关的问题。“公共空间”算得上近些年中国近代史研究的热门话题，笔者稍前已就近代中国对“公”与“公共”的表达，略陈己见。依拙见，古代社会确留下阐述“公”与“公共”的思想遗产，但近代中国对此的“表达”，却是国家与社会形成新型对应关系的产物。[①] 同时，所谓“表达”(representation)，也是相对于“实践”(practice)而言的。[②] 换言之，近代中国对“公”与“公共”的阐述，也有与实际相背离乃至矛盾的一面，往往作为一种姿态，成为一种标榜。故此，审视“公”与“公

---

① 实际上，有关此问题较有代表性的研究，即关注于明末清初之际“公”“私”论辩所显示的新视野。参见沟口雄三：《中国前近代思想之曲折与展开》，陈耀文译，上海人民出版社 1997 年版。

② 黄宗智在研究清代法律制度的专著中，已揭示出清代法律是由背离和矛盾的“表达”与实践组成的，只有两者兼顾才能把握历史的真实。参见黄宗智：《清代的法律、社会与文化：民法的表达与实践》，刘昶、李怀印译，上海书店出版社 2002 年版。

共”的话题，也有必要追问：何为“公共”？谁的“公共”？[1]

本文是上文基础上的申论，之所以将问题引向“思想界”的讨论，同样是基于为“公共空间”问题的讨论寻找较好的切入点。“公共空间”话语的引入，对于催生中国近代史研究的“问题意识”，不无裨益，但是否陷入“中国也有”的心结，也当引起足够的重视。[2]“思想界”所具有的“公共性”的一面，当无疑问，将其与知识分子的“公共空间”结合在一起加以审察，可为检讨近代中国“公共空间”问题提供较为可靠的基石。我想说明的是，晚清是“思想界”形成的关键时期，既与近代中国形成国家与社会新的对应关系密切关联，也体现了走出科举时代的读书人对新的角色与身份的探求，映射出近代中国社会文化演进值得重视的一幕。将问题聚焦于“思想界”的形成，可将近代中国“公共空间”的问题具象化，以审视伴随“思想界”的形成读书人的生活形态、写作方式以及社会身份有哪些重要改变。

一、“思想界”的表述

乍看起来，“思想界”实在是再平常不过的字眼，针对古代中国思想的表述，就不乏“某朝（代）思想界”的提法。这里试图解析的晚清“思想界”，所指却并非民国以降对前朝思想发展的归纳，而是关注于晚清对“思想界”的表述，“思想界”也是作为汉语新词出现

---

① 章清：《近代中国对“公”与“公共”的表达》，《公共性与公共知识分子》（《知识分子论丛》第1辑），江苏人民出版社2003年版。因讨论问题的相关性，该文部分资料在本文也有所使用。

② 孔飞力（Philip A. Kuhn）：《公民社会与体制的发展》，《近代中国史研究通讯》第13期，（台北）“中研院”近代史研究所1992年3月；魏斐德（Frederic Wakeman, Jr.）：《清末与近代中国的公民社会》，汪熙、魏斐德编：《中国现代化问题——一个多方位的考察》，复旦大学出版社1994年版，第23—57页。

的。以往对历朝历代“思想界”的表述，皆来自后世的总结（这样的表述是否合适且不论），晚清却肇端了对“思想界”的表述，且意味全然不同，尤其是“界”，不可轻易放过。这实际成为一种象征，预示着国家与社会形成新型对应关系后，中国社会在重新组织。

言及“界”，很容易就联系到在19世纪文献中频频出现的“世界”一词。研究汉语的学者已指出，“世界”这个名词是从佛经来的，本来是包括时间、空间来说的，略等于汉语原有的“宇宙”。而且，佛经里“世”和“界”的分别颇严格，“三世”指过去、未来和现在；“三界”则指欲界、色界和无色界。后来“世界”的意义到了大众口语里起了变化，“世”的意义消失，“界”的意义则吞并了“世”的意义，大致保存着“十方”的意思。① 马西尼（Federico Masini）所揭示的19世纪汉语外来新词，也列有“世界”，除指明“世界”是来自佛教的汉语词（源于梵语 Loka 的借词），还强调“世界”一词19世纪末作为从日语来的回归借词返回中国后才广为使用，用来表示现代意义的 world。②

马西尼对19世纪汉语外来词的研究只列出“世界”一词，对其他“界”却未加讨论，这是有其原因的。实际上与“界”有关的其他汉语新词（包括“思想界”在内），20世纪初才广泛使用。研究者已注意到，清末民初时，受日本等外来因素的影响，汉语中曾出现了大量的后缀新名词，其中“～～界”（文学界、思想界、艺术界、金融

---

① 王力：《汉语史稿》，中华书局2004年版，第593页。

② 马西尼：《现代汉语词汇的形成——十九世纪汉语外来词研究》，黄河清译，上海汉语大词典出版社1997年版，第177页；附录2“十九世纪文献中的新词词表”，第240页。

界、司法界、新闻界、教育界、出版界等），即是如此。[①] 刘禾则将此归于源自现代汉语的“后缀复合词”，在“界”(world, circles)目下举证的有艺术界、教育界、金融界、思想界、新闻界、司法界、文学界、出版界。[②] 语言学者的研究，肯定了“～～界”乃现代汉语新词，源自日语。

这里并不打算将问题的讨论限于语言层面，而是希望进一步检讨晚清对“思想界”的表述所具有的特殊意义，因为“～～界”提法的出现，关乎中国社会阶层的变动。

所谓“三千年未有之大变局”，其中最显著的变化之一，是作为传统社会精英的“绅”的特殊地位开始没落，精英从此不再来自较为单一的社会阶层，表达社会身份的新方式随之出现。萧邦奇(R. Keith Schoppa)注意到，通常被翻译成集团或团体的汉语新词汇“界”，如“政界”“学界”“商界”等等，是在清末民初的报刊和其他事务性报道中出现的，这成为一种征象，表明一个易于识别但外表相当松散的多中心的“亚文化圈世界”的形成。[③] 这也说明所谓“界”，主要是指某一社会阶层通过一定的关系“网络”组织起来。事实上，注意到“亚文化圈世界”的形成，也正是网络分析方法引入近代

---

① 王立达:《现代汉语中从日语借来的词汇》,《中国语文》1958 年第 2 期。实藤秀惠还将“～界”作为“中国人承认来自日语的现代汉语词汇”。参见实藤惠秀:《中国人留学日本史》,谭汝谦、林启彦译,生活·读书·新知三联书店 1983 年版,第 331 页。

② 刘禾:《跨语际实践——文学,民族文化与被译介的现代性(中国,1900—1937)》,宋伟杰等译,生活·读书·新知三联书店 2002 年版,附录 E“源自现代日语的后缀前缀复合词采样”,第 439 页。

③ 萧邦奇:《血路——革命中国中的沈定一(玄庐)传奇》,周武彪译,江苏人民出版社 1999 年版,第 14 页。

中国研究的产物。[①] "公共空间"与"公民社会"概念的流行,也预示着网络研究的方兴未艾。越来越多的研究者致力于探讨近代中国各阶层与群体,如何经由地缘的、家族的以及共同利益、共同信仰的关系联结为网络,介入到公众事务中。[②] 笔者也曾立足近代中国"集团力量"的兴起对此有所讨论。在我看来,集团力量兴起涉及的是社会动员方式的转变,是在国家与个人之间建立一种纽带。检讨读书人聚集方式的转变,以及"省界""业界""阶级"等"亚文化圈世界"的形成,有助于揭示读书人在形成集团力量时值得注意的一些特性。[③]

涉及"思想界"的表述,也当紧扣这样的问题背景。重要的是,与"思想界"的表述密切相关的还有其他的"界别",亦即是说,尽管

---

① 注意到网络视野的重要性,在经济史、社会史的研究中早有体现。在有关区域的研究中,无论所针对的是大的区域板块,还是中心城市,或更小的基层单位,一旦研究者将其所关切的"问题"导入其中,相应地也构筑起一张联结空间的网络。施坚雅(William G. Skinner)的"市场网络体系"、黄宗智的"社会变迁"以及杜赞奇(Prasenjit Duara)的"文化权力网络",即是体现这种网络眼光的典型例证。参见施坚雅:《中国封建社会晚期城市研究》,王旭等译,吉林教育出版社 1991 年版;黄宗智:《华北的小农经济与社会变迁》,中华书局 1986 年版;杜赞奇:《文化、权力与国家:1900—1942 年的华北农村》,王福明译,江苏人民出版社 1994 年版。

② 这方面最具代表性著作包括:Keith Schoppa, *Chinese Elites and Political Change: Zhejiang Province in the Early Twentieth Century*, Cambridge, Mass.: Harvard University Press, 1982; Mary Rankin, *Elite Activism and Political Transformation in China: Zhejiang Province, 1865-1911*, Stanford: Stanford University Press, 1984; Susan Mann, *Local Merchants and the Chinese Bureaucracy, 1750-1950*, Stanford: Stanford University Press, 1987. 还有 William Rowe 的两本关于汉口的书:*Hankow: Commerce and Society in a Chinese City, 1796-1889*, Stanford: Stanford University Press, 1984; *Hankow: Conflict and Community in a Chinese City, 1796-1895*, Stanford: Stanford University Press, 1989.

③ 章清:《省界、业界与阶级:近代中国集团力量的兴起及其难局》,《中国社会科学》2003 年第 2 期。

问题围绕着“思想界”的表述展开，却当看到“思想界”是与其他“界别”的表述差不多同时出现的。这里不妨结合梁启超的论述，对此略作梳理。在晚清“思想界”(或者“学界”“报界”“舆论界”)，梁启超堪称中心人物，他在20世纪初年所发表的一系列文字，正展现了“界”在晚清是如何被表述的。①

梁启超所表述的“～～界”

～～界	篇名	用例	时间/刊名
政界	《中国积弱溯源论》	吾尝遍读二十四朝之政史，遍历现今之政界，于参伍错综之中，而考得其要领之所在。	1901年5月/《清议报》第80册
新学界	《过渡时代论》	士子既鄙考据词章庸恶陋劣之学，而未能开辟新学界以代之，是学问上之过渡时代也。	1901年6月/《清议报》第83册
精神界/形质界	《十种德性相反相成义》	自由者，亦精神界之生命也。文明国民每不惜掷多少形质界之生命，以易此精神界之生命，为其重也。	1901年6、7月/《清议报》第82、84册

① 表格资料取自梁启超:《饮冰室合集》，中华书局1989年影印本；李华兴、吴嘉勋编:《梁启超选集》，上海人民出版社1984年版；夏晓虹辑:《〈饮冰室合集〉集外文》(上、中、下)，北京大学出版社2005年版。

续表

～～界	篇名	用例	时间/刊名
教界/学界	《国家思想变迁异同论》	天主教主持教令与国家之两大权，谓教界之权与俗世之权，皆上帝之所付。/现今学界，有割据称雄之二大学派，凡百理论皆由兹出焉，而国家思想其一端也。	1901 年 10 月/《清议报》第 94、95 册
政界/诗界/报界/文字界	《〈清议报〉一百册祝辞并论报馆之责任及本馆之经历》	……写政界之大势……类皆以诗界革命之神魂，为斯道别辟新土。/思以此为我国报界进化之一征验云尔。/今请与阅报诸君一为戏言，斯亦可谓文字界中之得天最厚者耶？	1901 年 12 月/《清议报》第 100 册
学界	《论学术之势力左右世界》	自此说（指卢梭《民约论》）一行，欧洲学界，如旱地起一霹雳，如暗界放一光明。/其（指托尔斯泰）所著书，大率皆小说，思想高彻，文笔豪宕，故俄国全国之学界，为之一变。	1902 年 2 月/《新民丛报》第 1 号
史界/思想界	《中国之旧史》	太史公，诚史界之造物主也。/梨洲诚我国思想界之雄也！	1902 年 2 月/《新民丛报》第 1 号

续表

～～界	篇名	用例	时间/刊名
政界	《文明与英雄之比例》	今日欧洲之政界，殆冷清清地，求如数十年前之大英雄者，渺不可睹。	1902年2月/《新民丛报》第1号
思想界/学界	《保教非所以尊孔论》	欧洲之所以有今日，皆由十四五世纪时，古学复兴，脱教会之樊篱，一洗思想界之奴性……我中国学界之光明，人物之伟大，莫盛于战国，盖思想自由之明效也。	1902年2月/《新民丛报》第1号
学界	《论公德》	今世士夫谈维新者，诸事皆敢言新，惟不敢言新道德，此由学界之奴性未去，爱群、爱国、爱真理之心未诚也。	1902年3月/《新民丛报》第3号
历史界/天然界	《史学之界说》	凡属于历史界之学，（凡政治学、群学、平准学、宗教学等，皆近历史界之范围），其研究常较难；凡属于天然界之学（凡天文学、地理学、物质学、化学等，皆天然界之范围），其研究常较易。	1902年3月/《新民丛报》第3号
思想界	《〈周末学术余议〉识语》	屈子之厌世观与其国家主义，亦实先秦思想界一特色也。	1902年4月/《新民丛报》第6号

续表

～～界	篇名	用例	时间/刊名
生计界/学界	《论自由》	前世纪(十九)以来,美国布禁奴之令,俄国废农佣之制,生计界大受影响。/当晚明时,举国言心学,全学界皆野狐矣;当乾嘉间,举国言考证,全学界皆蠹鱼矣。/吾故就团体自由、个人自由两义……演之以献于我学界。	1902年5月/《新民丛报》第6、7号
平准界/政治界	《现今世界大势论》	二十世纪之世界,雄于平准界者则为强国,啬于平准界者则为弱国,绝于平准界者则为不国。/今后之天下,既自政治界之争,而移于平准界之争,则我辈欲图优胜,宜急起以竞于此……未有政治界不能自立之民族,而于平准界能称雄者。	1902年5月/上海广智书局
思想界/生计界	《论进步》	自汉武表章六艺,罢黜百家……而全国之思想界销沉极矣。/生计界之竞争,是今日地球上一最大问题也。	1902年6、7月/《新民丛报》第10、11号

续表

～～界	篇名	用例	时间/刊名
学界	《政治学学理摭言》	俄国宗教总监坡鳖那士德夫氏，亦著论极攻政党及议院政治之弊，而其言皆大动学界，夫多数幸福之优于少数，天经地义，无可辨驳者也。	1902 年 9、10 月/《新民丛报》第 15、18 号
政治界/生计界	《干涉与放任》	泰西数千年历史，实不过此两主义之迭为胜负而已，于政治界有然，于生计界亦有然。	1902 年 10 月/《新民丛报》第 17 号
学界	《西村博士自识录》	其著译书凡数十种，于德育智育，皆有功焉。偶检此编，觉其言论多有适于吾国之用者，因随译一二，介绍诸我学界。	1902 年 10 月/《新民丛报》第 18 号
小说界	《论小说与群治之关系》	故今日欲改良群治，必自小说界革命始！欲新民，必自新小说始！	1902 年 11 月/《新小说》第 1 号
文界/新学界	《〈饮冰室文集〉原序》	先生之所以委身于文界，欲普及思想，为国民前途有所尽也。/是编或亦可为他日新学界真理之母乎？吾以是解嘲。	1902 年 11 月/上海广智书局

续表

～～界	篇名	用例	时间/刊名
文界/诗界/曲界/小说界/音乐界	《释革》	今日中国新学小生之恒言,固有所谓经学革命,史学革命,文界革命,诗界革命,曲界革命,小说界革命,音乐界革命,文字革命等种种名词矣。	1902 年 12 月/《新民丛报》第 22 号
学界/思想界	《〈自由原理〉序》	弥勒约翰在数千年学界中之位置,如此其崇伟而庄严也。顾吾国人于其学说之崖略,曾未梦及,乃至其名亦若隐若没,近数年来始有耳而道之。吁!我思想界之程度,可以悼矣。	1903 年 2 月/上海开明书局
生计界/学界	《论私德》	并世之中,其人格最完美之国民,首推英美,次则日耳曼,之三国者,皆在全球生计界中,占最高之位置者也。/此等谬种,与八股同毒,盘踞于二百余年学界之中心,直至甲午、乙未以后,而其气焰始衰。	1903 年 10、11 月/《新民丛报》第 38—39 号合刊及第 40—41 号合刊

上述列表所梳理的文字,只是梁启超 1901—1903 年间撰写的部分文字,展示了“界”是如何被表述的。只是,梁对“界”的形成所

具有的意义，似还没有什么“自觉”，没有明确区分各“界别”，也未指明此对于中国社会具有的意义。具体到“思想界”的表述，则有两点尤可注意。其一，“思想界”与“学界”的语境差不多完全一致，也难以区分。譬如在为《自由原理》一书作序时，梁称道“弥勒约翰在数千年学界中之位置，如此其崇伟而庄严也”；又指出吾国人于其学说“近数年来始有耳而道之”，“我思想界之程度，可以悼矣”。[①]这里对“思想界”与“学界”即未加区分。其二，梁启超所表述的“思想界”，也没有区分历史与现实的不同情况，所言“我思想界之程度，可以悼矣”，是对现实的描绘，其他的表述，无论是表彰“梨洲诚我国思想界之雄也！”还是哀叹“全国之思想界销沈极矣”，或赞美古学复兴“一洗思想界之奴性”，均是对历史的描述，并非针对当下社会，似乎中国社会早已存在一个“思想界”。这一点尤其需要辨析，“思想界”及其他的“界别”的出现，皆是中国社会转型的产物。

梁启超之外，还可通过其他例证展现“界”是如何被表述的。杨度1902年在《〈游学译编〉叙》中，不仅以中国之“学术界”“兵事界”“政治界”“文学界”对比法国大革命时的情况，还用到“思想界”一词描述当下社会：

> 我国民若能发舒其固有之特性以竞争于思想界，使中国明年之现象，大异于今年之现象，朝夕异状，以为世界之日日

---

① 梁启超：《〈自由原理〉序》，夏晓虹辑：《〈饮冰室合集〉集外文》上册，第141—142页。

新闻，增异常之色彩，此亦岂待他求也哉？[1]

杜亚泉1903年发表于《科学世界》的一篇文字，本是论述“吾国植物学中，可谓黑暗已极”，却推论说：“以现在言黑暗如是，以未来言艰难如是，推而至于全学界，至于政治界、经济界、实业界，其黑暗与艰难，殆有甚于此者。”[2]柳亚子1904年刊登于《江苏》杂志的诗作，其中一首也写道：“思想界中初革命，欲凭文字播风潮。”[3]尤其值得注意的是王国维1905年发表的《论近年之学术界》，该文明显是将晚清思想人物在“思想界”的架构进行评价：“近七八年前，侯官严氏所译之赫胥黎《天演论》出，一新世人耳目。”然而，“严氏所奉者，英吉利之功利论及进化论耳，其兴味之所有，不存于纯粹哲学，而存于哲学之各分科”，“此其所以不能感动吾国思想界也”。他进一步指明，伴随法国18世纪之自然主义由日本介绍到中国，又激起学海波涛，“其有蒙西洋学说之影响而改造古代之学说，于吾国思想界上占一时之势力者，则有南海康有为之《孔子改制考》《春秋董氏学》，浏阳谭嗣同之《仁学》”。[4]

---

① 文章写道：“试于我国学术界中，求一能为国民开自由之路索，为国家定权限之孟德斯咎，为人群增进化之达尔文者谁乎？儒墨之俦，能当之乎？我国兵事界中，求一乘革命而起，遍播自由于全欧各国如拿破仑；率十三州之众，一战而立自由平等之国于新世界如华盛顿者谁乎？汉高、明太能当之乎？我国政治界中，求一以蕞尔之撒尔尼亚，而成意大利统一之功如加富尔；以濒亡之普鲁士，而建德意志联邦之业如毕士麻克者谁乎？管、晏、诸葛能当之乎？我国文学界中，求一能以文字唤起国民之精神，而使之独立，如德之洛丁、英之意克里夫者谁乎？左、国、司马能当之乎？然则我历史之不如人，我国民之不如人也。”（杨度：《〈游学译编〉叙》，《游学译编》第1册，1902年11月14日）

② 杜亚泉：《普通植物学教科书序》，《科学世界》第2期，1903年5月。

③ 柳亚子：《岁暮述怀》，《江苏》第8期，1904年1月17日。

④ 王国维：《论近年之学术界》，《王国维文集》第3卷，中国文史出版社1997年版，第36—37页。

尤值一说的是严复，和他人相比，其身份无疑是特殊的，他并没有在日本生活、写作的背景，却提供了受梁启超等人的影响而接受“～～界”用语的例证。1902 年 2 月创刊的《新民丛报》“绍介新著”栏，介绍了严复所译《原富》一书，表彰之余，梁批评“其文笔太务渊雅，刻意模仿先秦文体，非多读古书之人，一翻殆难索解”，借此也阐明“夫文界之宜革命久矣”的主张。此外，文中还频繁用到“学界”一词，因为严复曾表示对于此学，“欲译最古者一书，最新者一书”，梁就表示乐观其成：“吾欲代我学界同志要索斯编之速卒业，吾欲代我学界同志要索其所谓最新者之一书，吾更欲代我学界同志要索他诸学科中最古最新者各一书。”[①]严复不仅看到了这篇文字，而且梁启超所寄《新民丛报》前三号，他也收到，并对各号文章都有所回应。重要的是，严复在回应梁提出的问题时，明确阐明其立场：“文界复何革命之与有?”甚至表示：“若徒为近俗之辞，以取便市井乡僻之不学，此于文界，乃所谓陵迟，非革命也。”[②]很显然，严复这里所用“文界”一词，乃袭用梁启超的用语。有意思的是，对梁、严二人争论文体问题有所回应的黄遵宪，1902 年致函严复，同样用到“学界”“文界”。信中推崇严复说：“公于学界中，又为第一流人物，一言而为天下法则，实众人之所归望者也。”还表示“公以为文界无革命，弟以为无革命而有维新”。[③]

这些用例产生怎样的影响，严复并未加以说明，但自此以后，“学界”一词即在其论著及书信中频频出现。约在 1902 至 1903 年间严复致函张百熙，即多处提到“学界”，认为“私家译著各书，互相

① 梁启超：《绍介新著：〈原富〉》，《新民丛报》第 1 号，1902 年 2 月 8 日。

② 严复：《与梁启超书》，王栻主编：《严复集》第 3 册，中华书局 1986 年版，第 516 页。

③ 黄遵宪：《致严复书》，王栻主编：《严复集》第 5 册，第 1572—1573 页。

翻印出售，此事于中国学界，所关非鲜"，并表达了他的看法，如中国"郑重版权，责以实力，则风潮方兴，人争自厉。以黄种之聪明才力，复决十年以往，中国学界，必有可观，期以二十年，虽汉文佳著，与西国比肩，非意外也"。[①]《群己权界论》1903 年由商务印书馆出版时，在《译凡例》中，严复也写道："谁谓吾学界中，无言论自繇乎？"[②]稍后，在所撰《〈袖珍英华字典〉序》中，他一方面指出是书"一时号渊博，为学界鸿宝"，另一方面又肯定商务印书馆排为袖珍之本，"于学界意良厚已"。[③] 联系上下文，可稍作辨析的是，严复所言"学界"，也并未严格限定是在历史的意义上还是当下的意义上使用。

结合梁启超及其他晚清人物对"界"的表述，大致可以做出这样的判断："界"的表述滥觞于晚清；"政界""学界""生计界""文界""诗界""史界"及"思想界"差不多同时出现，更是意义深远。这是按照与以往不同的方式描绘中国社会，不同"界"的出现（尽管还有些随意性），显示了中国的社会力量在重新组织。

这一切的发生，又与具有近代意义的"国家意识"萌生密切相关。换言之，有了近代意义的国家观念，中国社会才获得重新组织的契机。其中所发生的最显著的转变，便是中国社会的组织方式逐渐围绕"业界"展开，这也正是"亚文化圈世界"形成的基本标志。以读书人的聚集来说，最初的聚集往往凭借"地缘"因素，"省界"也成为读书人集团力量形成的最初标志，并集中体现在所办刊物上。《浙江潮》的创办，即是依托浙江同乡会而成（编辑兼发行者均署"浙江同乡会"），其《发刊词》开篇即谓：

---

① 严复：《与张百熙书》，王栻主编：《严复集》第 3 册，第 577—578 页。

② 严复：《〈群己权界论〉译凡例》，王栻主编：《严复集》第 1 册，第 134 页。

③ 严复：《〈袖珍英华字典〉序》，王栻主编：《严复集》第 1 册，第 143—144 页。

> 岁十月浙江人之留学于东京者百有一人组织一同乡会。既成，眷念故国，其心恻以动，乃谋集众出一杂志，题曰《浙江潮》。①

其后超越地缘的“业界”意识才构成了聚集的基础。1903 年《浙江潮》所刊登的《非省界》一文，就有这样的背景。因为内地一位读者致书浙江同乡会，“忧省界之日厉”，引起作者的同感。文章这样写道：

> 省界胎于庚辛之间。广人《新广东》出世，省界问题，如花初萌。于时各省同乡恳亲会，后先成立。承流附风，遂遗其始，至今日而省界之名词已定矣。来东土者，浸淫渲染，已成习惯。人人心中，遂横一大梗蒂，闻一议，接一人，遇一事，谈一语，必首相叩曰，是何处人，何处人。虽以平日之旧交，儿童之昵友，必有一画然不可合并之势。于乎此其尤大彰明较著者也，至入其社会，审其内容，则阴霾沉沉，戈矛森立。要之，无知愚贤不肖，莫不卷入此阵云之中。

这也显示了在破除“省界”的呼声中“业界”意识如何浮现出来，“自省界之说起，而国界种界反退处于若隐若现、似有似无之间”。甚至还表示：“吾颇闻今人有一二喜言破坏者，我独谓，欲破坏法律界、政治界、教育界，要不可不先破坏省界。”②

原本是同乡会刊物的《浙江潮》提出“非省界”问题，无疑说明“省界”问题之严重。这里阐明了所以要破除“省界”，是基于“国界”“种界”的立场；不独“省界”，连“法律界”“政治界”“教育界”，也

① 《〈浙江潮〉发刊词》，《浙江潮》第 1 期，1903 年 2 月 17 日。参见同期所刊《浙江同乡会简章》。

② 文诡：《非省界》，《浙江潮》第 3 期，1903 年 3 月 20 日。

俱在破坏之列，则表明“业界”意识已流行开来。可以说，由“省界”到“业界”，正展现了20世纪初年中国社会重新组织的新气象，同样创刊于1903年的《湖北学生界》，单从名称即可看作由“省界”向“业界”过渡的产物。

这里并无意说明“省界”与“业界”存在替代的关系，尽管破除“省界”之呼声不绝如缕，却未必即能破除。1907年《汉帜》发表的一篇文章，就同样提出“破除省界”问题。该文呼吁各省急速援助湘赣之革命军，“若犹徘徊歧路，各不相援，则我国内容之砂散，正西人之笑我‘十八省如十八国，四百兆人为四百兆心’者也。各省之局外袖观，不独无以对国民，抑亦无以对各国矣”。甚至搬出了历史来证明：

> 战国赵被魏围，则齐救之；三国吴为魏困，则蜀应之。何我一国之利害，反不若列国之关系？岂各省或有帝王思想，统领目的，故按兵观势而不欲遽发者乎？[①]

民国初肇，章太炎致信张謇分析当时之政情，仍然指出：“今日人情偏党，省界亦深，政党未成，一人秉钧，其乡人又连茹而至，草创之初，诚无善术矣。”[②]与此相应的，要明确给出“业界”形成的标志，也是困难的。不过“业界”逐渐成为社会动员的标志，却有据可寻。《顺天时报》1910年记载了北京各界争相听戏坛新宠王钟声的盛况：

> 九城里外，举国若狂，接连几晚上，不论商界、学界、政界、

---

① 铁郎：《论各省宜速响应湘赣革命军》，张枏、王忍之编：《辛亥革命前十年间时论选集》第2卷下册，生活·读书·新知三联书店1963年版，第847—856页。

② 章太炎：《与张謇》，1912年，马勇编：《章太炎书信集》，河北人民出版社2003年版，第411页。

女界、守旧界、维新界中人，凡知道钟声消息的，都要破点儿工夫，牺牲数时间，到大乐园去听钟声。[①]

此明显是以“界”来描绘各社会阶层。尚可举证的是同年《云南》杂志发表的一篇文字。该文为滇越铁路事发出警告：“谁非滇人？谁无责任？……惟统一吾滇议员、学界、绅界、商界、军界、实业界千万人为一心，目光所射，射在赎路，心血所注，注在赎路，口所谈者，谈赎路策。以赎路为职业，以赎路为生活。精神所贯，何事不成？”[②]其言说的对象，也包括了“学界”“商界”“绅界”“实业界”“军界”。更说明问题的是，1913年出版的《中国新术语》，在“界”一栏下对此还有所归纳，收有“警界”“权界”“军界”“法界”“学界”“官界”“工界”“空界”“伶界”“男界”“女界”“报界”“色界”“商界”“绅界”“省界”。[③] 以此而言，似乎可以说，伴随中国社会的重新组织，中国逐渐形成以“业界”相号召的社会。

这方面最为突出的展现，是刊物的栏目多按“界别”来组织文章，较多涉及的包括“学界”“政界”“商界”“军界”“民界”“医界”“女界”“出版界”“教育界”“留学界”“实业界”等。《译书汇编》《浙江潮》《江苏》等刊物，都设有“留学界”这一栏目。《新民丛报》最初有“诗界潮音集”“史界兔尘录”，后又增设了“政界时评”“学界时评”栏目。这还不算什么，1906年留日学生创办的《新译界》，全是按照“界别”来安排栏目，包括“政法界”“文学界”“理学界”“实业界”“教育界”“军事界”“外交界”“时事界”等，声称要实现这样的目标：

① 《琐事杂志·钟声新剧》，《顺天时报》1910年1月29日，第7版。

② 义侠：《为滇越铁路告成警告全滇》，《云南》第19号，1910年5月3日。

③ Evan Morgan, *Chinese New Terms and Expressions with English Translations: Introduction and Notes*, C. L. S. Book Depot, Kelly & Waish, Limited Shanghai, 1913, pp. 193-94.

一变吾国政法界为极良政法界；二变吾国文学界为绝妙文学界；三变吾国理学界为最精理学界；四变吾国实业界为至足实业界；五变吾国教育界为完美教育界；六变吾国军事界为强大军事界；七变吾国外交界为灵敏外交界；八变吾国时事界为光荣时事界。[①]

直接以"界"作为杂志名称的，除前述《湖北学生界》《新译界》之外，尚有《实业界》(1905 年)、《中国新女界杂志》(1907 年)、《铁路界》(1910 年)等。民初中华书局编辑出版的八大杂志：《大中华》《中华教育界》《中华实业界》《中华学生界》《中华妇女界》《中华童子界》《中华小说界》《中华儿童画报》，也醒目地突出了"界"的色彩。

这里也表明讨论"思想界"需要面对的问题，其他各类"界别"的表述，其具体所指，相较而言是清楚的，唯有"思想界"(包括"学界")，其内涵并不那么清晰。大致说来，基于职业进行命名的"界别"，多少让人清楚其所指；"史界""文界""诗界"之类，则关乎研究领域或体裁，也还算比较明确。相比之下，"思想界"与"学界"的内涵，却大异其趣，无论是以职业来指称，还是用研究领域涵盖，都尚有距离，显得不是那么回事。造成这样的困难，固然是因为"思想界"这一界别的职业特征尚不明显，同时也意味着"学"这一层面所遭受的剧烈震荡。而围绕"学"划分出这样多的类别，并进行"界"的命名，则与斯时"分科"观念的流行颇为有关。当时出版的不少杂志，其栏目往往便着眼于分科，最为典型的是陈黻宸主持的《新世界学报》(1902 年创刊)。该刊"取学界中言之新者为主义"，"以通古今中外学术为目的"，所设定的栏目均以"～学"或"～～学"命

① 范熙壬：《〈新译界〉发刊词》，《新译界》第 1 号，1906 年 11 月 14 日。

名，包括经学、史学、政治学、法律学、宗教学、心理学、教育学、商学、兵学、农学、工学、理财学、伦理学、地理学、物理学、算学、辞学、医学等学科，相应也设立了18个栏目。

毋庸讳言，晚清对“思想界”的表述并不清晰，只是泛泛提及，未曾赋予“思想界”具体的内涵，为此也有必要转换讨论的方向，关注与“思想界”密切相关的要素。有一点当无疑问，“思想界”除与读书人的角色联系在一起，还与表达的“载体”密不可分。所谓“载体”，范围自然十分广泛，但在晚清最重要的无疑是报章。对此做进一步探讨，或可以换一个面相关注“思想界”的成长；基于此，审视晚清知识分子的“公共空间”，也可获得较为清晰的图景。

二、“思想界”的要素

晚清对“思想界”的表述并不清晰，也增加了问题的复杂性。可以肯定的是，“思想界”与其他“界别”20世纪初年在中文世界的浮现，与中国社会的转型密切相关。张灏曾揭示了，1895至1920年前后大约25年时间，是中国思想文化由传统过渡到现代的关键年代，主要变化有二：一是报纸杂志、新式学校及学会等制度性传播媒介的大量涌现，一是新的社群媒体——知识阶层的出现。[①] 所谓“制度性传播媒介”与“新的社群媒体”，正构成了“思想界”的要素，说到底，“思想界”的表征正依托于这些要素营造。

其中的关键在于，“思想界”作为汉语新词在晚清的出现，对应着由“士”向“知识分子”的转型，体现出读书人对新的角色与身份的寻求。1905年废除科举，是一段历史的终结，从根本上摧毁了“士”这一阶层，但读书人还在，如何确立读书人在现代社会新的角

---

① 张灏：《中国近代思想史的转型时代》，《二十一世纪》总第52期，香港中文大学中国文化研究所1999年4月出版。

色与身份，不可避免成为走出科举时代的学人思虑的焦点。国家与社会形成新的对应关系后，知识分子的角色担当，自然也包括诸多环节，然而“公共舆论”的形成，却成为表达身份意义最突出的环节。换言之，“思想界”之浮现，乃至形成所谓“思想界”，实际构成读书人寻求新的角色与身份的结果。因此，对“思想界”的解析，不能回避“学界”及报纸杂志等在晚清的成长，正是这些要素在晚清的成长，映射出“思想界”的具体内涵，离开了报纸杂志等出版物，所谓“思想界”是难于把握的。高长虹在一篇文字中讨论到出版界就颇有意思地谈道：“我们普通虽然也说什么文坛，什么思想界，实则仔细一考较时，才都是妄言妄听，并没有那么一回事。”尤其是追问“文坛”建立于何处？“思想界”在三界的哪一层？则必瞠目不能对答。照其所见，所谓“文坛”，“实则说的只是这本诗集呀，那本小说呀，又一本杂感呀之类”；所谓“思想界”，“其实也只说的几本书，或几种定期刊物，此外便什么也没有”。[①]

当然，必须重视的是，报纸杂志在晚清的流行，并非与“思想界”的形成同步发生，带有浓厚“公共”色彩的“思想界”，所对应的是作为“公共舆论”的报纸杂志。这样，分析报纸杂志作为“公共舆论”是如何成长起来的，或可以回应晚清“公共空间”成长的问题。

系统勾画报纸杂志在晚清的成长，殊无可能。可以明确的是，报纸杂志与“公共舆论”不能简单等同。从《申报》初刊时的《本馆告白》中，就很难读出其中包含的“舆论”意义。[②] 舆论在中国之兴

① 高长虹：《1926年，北京出版界形势指掌图》，《走到出版界》，泰东图书局1929年版，第84页。

② 《申报》之《本馆告白》开篇即谓：“今天下可传之事甚多矣，而湮没不彰者比比皆是，其故何欤？盖无好事者为之记载，遂使奇闻逸事暗然无称，殊可叹息也。”同时强调，新闻纸出，“而凡可传之事无不遍播于天下”，而“览者亦皆不出户庭而知天下矣”（《申报》第1号，1872年4月30日，第1页）。

起，颇有曲折，晚清士人就并非皆是叫好之声。孙宝瑄即曾表示：“今之所谓舆论，乃最不可恃之一物也”，原因在于：

> 天下最普通人占多数，其所知大抵肤浅，故惟最粗最浅之说，弥足动听。而一唱百和，遂成牢不可破之舆论，可以横行于社会上，其力甚大，虽有贤智，心知不然，莫敢非之。①

较早注意到西人报章的王韬，对报纸也有这样的评价，泰西日报“今日云蒸霞蔚，持论蜂起，无一不为庶人之清议，其立论一秉公平，其居心务期诚正”。② 所谓“庶人之清议”，紧扣的正是士大夫熟悉的职能，王所主持的被誉为“中国人自办成功的最早的中文日报”《循环日报》，也体现的是这一精神，以报纸之功用在于“广见闻、通上下，俾利弊灼然无或壅蔽，实有裨于国计民生者也”。③ 康有为《上清帝第四书》还特别提出“设报达聪”的建议：“宜令直省要郡各开报馆，州、县、乡、镇亦令续开，日月进呈，并备数十副本发各衙门公览……中国百弊，皆由蔽隔，解蔽之方，莫良于是。”同时，“外国新报，能言国政，今日要事，在知敌情，通使各国著名佳报咸宜购取”，如此，则“百寮咸通悉敌情，皇上可周知四海”。④ 这里对报馆的定位也是清楚的，期望以此实现“上下通”“中外通”。

需要说明的是，对报章的重视是基于“合群”的需要，意味着此

---

① 孙宝瑄：《忘山庐日记》下册，1908 年 1 月 27 日，上海古籍出版社 1983 年版，第 1132—1133 页。

② 王韬：《论日报渐行于中土》，《弢园文录外编》，上海书店 2002 年版，第 171—172 页。

③ 卓南生：《中国近代报业发展史：1815—1874》，社会科学文献出版社 2002 年版，第 179—203 页。

④ 康有为：《上清帝第四书》，姜义华、张荣华编校：《康有为全集》第 2 集，中国人民大学出版社 2007 年版，第 86—87 页。

一时期成为读书人言说重心的“合群”这一诉求，成为“思想界”形成的重要推力。只不过，对于如何“合群”，晚清士人往往结合学校、议院、报馆三端展开论述，此亦透露出若干枢机。宋恕《代陈侍御请广学校折》即表示：“学校者，议论之本也；议论者，政事之本也。”故“欲振作政事，必先转移议论，而欲转移议论，必先开广学校”。[①] 在别的地方还明确指出：“学校、议院、报馆三端，为无量世界微尘国土转否成泰之公大纲领。”“今宜诏求英、德、法、美、日本等国议院、报馆详细章程，征海内通人斟酌妥善，与学校同时进行”。议院、报馆、学校既举，则“唐虞、三代之风渐将复见，英、德、法、美之盛渐将可希矣”。[②] 对于创办报章，梁启超则看重于此举有助于形成“重心力量”。他在给夏曾佑的信中就写道：“顷欲在都开设报馆，已略有端绪，此举有成，其于重心力量颇大也。”[③]在给汪康年的信中梁也说明：“欲开会非有报馆不可，报馆之议论，既浸渍于人心，则风气之成不远矣。”[④]

实际上，这些本是朝野上下共同的主张，兼任官书局督办的礼部尚书孙家鼐1896年所写《官书局开设缘由》就注意到，泰西教育人才之道，各国富强之基，无非三事：“曰学校，曰新闻馆，曰书籍馆。”只不过，此在西国已成习俗，在中国则为创见，是以“开办之始，动遭疑阻”。官书局最初的刊印的《汇报》就明确规定“凡有关

---

① 宋恕：《代陈侍御请广学校折》，胡珠生编：《宋恕集》上册，中华书局1993年版，第247页。

② 宋恕：《六字课斋卑议（印本）·变通篇》，胡珠生编：《宋恕集》上册，第137页。

③ 梁启超：《与穗卿足下书》，丁文江、赵丰田编：《梁启超年谱长编》，上海人民出版社1983年版，第40页。

④ 梁启超：《致汪康年》(7)，上海图书馆编：《汪康年师友书札》(2)，上海古籍出版社1986年版，第1833页。

涉时政，臧否人物者，概不登载”。[①] 但随后孙在《改上海时务报为官报折》中就奏请“开除禁忌，仿陈诗之观风，准乡校之议论”。光绪也批曰：“报馆之设，所以宣国是而通民情，必应亟为倡办。”“各报体例，自应以指陈利害、开扩见闻为主，中外时事，均许据实昌言，不必意存忌讳”。[②]

显然，报章、学校、学会等新事物，皆是因为与“西方”，尤其是与富强的关联，才为士人所重。将报章定位于“清议”之代表，或将学校定位于“议论”之本，只是中国古老传统的现代呈现，这也是传统资源的重新发现和诠释。在此过程中对报馆、学会、学校的定位也在发生转变。以报章来说，就渐次由沟通上下、开启民智，发展出新的职能，直至成为某种“权力”的体现。研究者从传播的角度揭示了其中所发生的变化：新式传播媒体早在19世纪中叶就随着传教士与商人进入中国，并在某些港口已经开始商业化，可是一直无法发挥结构性的影响力。然而1895年以后却发生了重大变化，其中的关键正是“新式传播工具在1895年以后的政治化”，让中国知识群体主动利用此工具，撼动了原有的政治与社会秩序。[③]

胡适曾说过：“二十五年来，只有三个杂志可以代表三个时代，可以说是创造了三个新时代。一是《时务报》，一是《新民丛报》，一是《新青年》，而《民报》与《甲寅》还算不上。”[④]《时务报》和《新民丛

---

① 孙家鼐：《官书局开设缘由》《官书局奏开办章程》，张静庐辑注：《中国近代出版史料初编》，上海群联出版社1953年版，第45—46、47—49页。

② 孙家鼐：《改上海时务报为官报摺》，张静庐辑注：《中国出版史料补编》，中华书局1957年版，第54—56页。

③ 李仁渊：《晚清的新式传播媒体与知识分子：以报刊出版为中心的讨论》，(台北)稻乡出版社2005年版，第103页。

④ 胡适：《致高一涵、陶孟和、张慰慈、沈性仁》，1923年10月9日，季羡林主编：《胡适全集》第23卷，安徽教育出版社2003年版，第415页。

报》,均为梁启超所创办,不妨结合此稍加说明。据此可看出,晚清士人所创办的报章,其定位是如何发生转变的,如何渐渐成长为"公共舆论"。

梁启超作为近代中国舆论界的"急先锋",提供了颇具意味的例证。1896年办《时务报》时,梁将报馆定位于"去塞求通",认为"去塞求通,厥道非一,而报馆其导端也"。他以西人报纸为例说:"国家之保护报馆,如鸟鬻子;士民之嗜阅报章,如蚁附膻。阅报愈多者,其人愈智;报馆愈多者,其国愈强。曰:惟通之故。"梁把报章与国家富强联系在一起,期望通过"广译五洲近事","详录各省新政","博搜交涉要案","旁载政治学艺要书"等项,以广开风气。他相信,"准此行之,待以岁月",必能"风气渐开,百废渐举,国体渐立,人才渐出"。[①] 就此而言,其定位也并没有"公共舆论"的色彩。

不仅如此,《时务报》作为"报章"的名分本就是值得斟酌的,名为"报",实际却是一份每期30页左右的书本式的旬刊,而且,"既在上层说服地方大吏官购报纸,明令阅读;又在基层劝人读报,广设派报处"。[②] 其言说的对象,是具有高度选择性的。该报也得到官方襄助,甚至一些督抚大臣饬令官销《时务报》。张之洞认为报纸一项,"有裨时政,有裨学术,为留心经世者必不可少之编",他也称道《时务报》"识见正大,议论切要,足见增广见闻,激发志气","实为中国创始第一种有益之报",为此要求"所有湖北全省文武大小各衙门,文职至各州县各学止,武职至实缺都司止,每衙门俱行

① 梁启超:《论报馆有益于国事》,《时务报》第1册,1896年8月9日。

② 廖梅:《汪康年:从民权论到文化保守主义》,上海古籍出版社2001年版,第73页。

按期寄送一本”。[1] 梁启超后来对这段历史的总结，就透露出发生于《时务报》周遭的诸多曲折，与当时的报章尚无清晰的定位相关：

鄙人之投身报界，托始于上海《时务报》，同人多知之。然前此尚有一段小历史，恐今日能言之者少矣。当甲午丧师以后，国人敌忾心颇盛，而全瞢于世界大势。乙未夏秋间，诸先辈乃发起一政社名强学会者，今大总统袁公，即当时发起之一人也。彼时同人固不知各国有所谓政党，但知欲改良国政，不可无此种团体耳。而最初着手之事业，则欲办图书馆与报馆，袁公首捐金五百，加以各处募集，得千余金，遂在后孙公园设立会所，向上海购得译书数十种，而以办报事委诸鄙人。当时固无自购机器之力，且都中亦从不闻有此物，乃向售《京报》处托用粗木版雕印，日出一张，名曰《中外公报》，只有论说一篇，别无记事。鄙人则日日执笔为一数百字之短文，其言之肤浅无用，由今思之，只有汗颜。当时安敢望有人购阅者，乃托售《京报》人随宫门钞分送诸官宅，酬以薪金，乃肯代送，办理月余，居然每日发出三千张内外。然谣诼蜂起，送至各家门者，辄怒以目，驯至送报人惧祸，及悬重赏亦不肯代送矣。其年十一月，强学会遂被封禁，鄙人服器书籍，皆没收。流浪于萧寺中者数月，益感慨时局。自审舍言论外，末由致力，办报之心益切。明年二月南下，得数同志之助，乃设《时务报》于上海，其经费则张文襄与有力焉。而数月后，文襄以报中多言民权，干涉甚烈。其时鄙人之与文襄，殆如雇佣者与资本家之关系，

---

① 张之洞：《札北善后局筹发〈时务报〉价（附单）》，苑书义等主编，《张之洞全集》第5册，河北人民出版社1998年版，第3317—3318页；《时务报》曾刊载此札，改题为《鄂督张饬行全省官销〈时务报〉札》，《时务报》第6册，1896年9月27日。

年少气盛，冲突愈积愈甚。丁酉之冬，遂就湖南时务学堂之聘，脱离报馆关系者数月。《时务报》虽存在，已非复前此之精神矣。[①]

这里无意否认《时务报》等报章的影响，该报实际成为当时办报者主要的取法对象。1897 年创刊的《知新报》，原即拟名《广时务报》，"盖以示推广上海《时务报》之意也"。[②] 其办报宗旨，也与《时务报》颇为相似。吴恒炜所撰《〈知新报〉缘起》，开篇即写道："不慧于目，不聪于耳，不敏于口，曰盲聋哑，是谓三病。此古今之达忧，天下之大患也。"也以此定位报章之功能："报者，天下之枢钤，万民之喉舌也，得之则通，通之则明，明之则勇，勇之则强，强则政举而国立，敬修而民智。"[③]梁启超后来曾总结说："甲午挫后，《时务报》起，一时风靡海内，数月之间，销行至万余份，为中国有报以来所未有，举国趋之，如饮狂泉。"而且，"《时务报》后，澳门《知新报》继之，尔后一年间，沿海各都会，继轨而作者风起云涌，骤十余家，大率面目体裁悉仿《时务》，若惟恐不肖者然"。[④] 这也表明，《时务报》实际成为转变的象征，乃过渡时期的产物，报章于促成"思想界"的形成，其作用越来越明显。

这里的关键便是"界"，点出了"思想界"本意味着更大的"舞台"，更大的"影响"。事实上，"公共舆论"的形成，不可或缺的是

---

① 梁启超：《鄙人对于言论界之过去及将来》，《庸言》第 1 卷第 1 号，1912 年 12 月 1 日。

② 《本馆告白》，《知新报》第 1 册，1897 年 2 月 22 日。

③ 吴恒炜：《〈知新报〉缘起》，此文分三期连载于《知新报》第 1—3 册，1897 年 2 月 22、27 日，3 月 3 日，引文见第 1、3 册。

④ 梁启超：《〈清议报〉一百册祝辞并论报馆之责任及本馆之经历》，《清议报》第 100 册，1901 年 12 月 21 日。

“阅读公众”这一环节，报章尤其面临如何赢得“公众”的问题。[①] 以《时务报》来说，首先成就的自是梁启超本人，“当《时务报》盛行，启超名重一时，士大夫爱其语言笔札之妙，争礼下之。自通都大邑，下至僻壤穷陬，无不知有新会梁氏者”。[②]《时务报》的发行面也逐步拓展，派报处遍及全国18省，并远涉重洋，总计达到200余处；每期销量也由最初的4000份左右，数月之间增至万余份。[③] 在此过程中，梁本人对于报章的认知，也发生着转变，报章的定位已渐渐围绕“公共”这一环节，多有阐述。黄遵宪就有这样的评价：

> 《清议报》胜《时务报》远矣，今之《新民丛报》又胜《清议报》百倍矣。惊心动魄，一字千金。人人笔下所无，却为人人意中所有，虽铁石人亦应感动。从古至今文字之力之大，无过于此者矣。[④]

这多少印证了梁启超认知上的转变。戊戌变法失败后，流亡日本的梁办起了《清议报》，该报就突出了“为国民之耳目，作维新之喉舌”这一性质，并且强调办报的目的就是使“天下人咸知变法”，“知新法之实有利益”。[⑤] 这里不只是就报章的内容立说，所涉及的“国民”“天下”的表述，还显示出在为报馆寻求恰当的定位。这对于“思想界”的形成，甚为要紧。

---

① 沃尔特·李普曼：《公众舆论》，阎克文、江红译，上海人民出版社2006年版，第229—235页。

② 胡思敬：《戊戌履霜录》卷四，中国史学会主编：《戊戌变法》（四），上海神州国光社1953年版，第47页。

③ 廖梅：《汪康年：从民权论到文化保守主义》，第66—78页。

④ 黄遵宪：《致梁启超书》，1902年，吴振清等编：《黄遵宪集》下册，天津人民出版社2003年版，第490页。

⑤ 梁启超：《〈清议报〉叙例》，《清议报》第1册，1898年12月23日。

梁启超在《清议报》出版100册时写下的文字，就有这样的用心。文章首先阐明了报馆的作用："报馆者，国家之耳目也，喉舌也，人群之镜也，文坛之王也，将来之灯也，现在之粮也。伟哉，报馆之势力！重哉，报馆之责任！"故此，为报馆者，不可不以热诚慧眼，确立一最高宗旨以守之，"若为报者能以国民最多数之公益为目的，斯可谓真善良之宗旨焉矣！"梁也清楚，就报纸来说，本有区别，"有一人之报，有一党之报，有一国之报，有世界之报"，今日之《清议报》尚处在党报与国报之间，但其理想却是"全脱离一党报之范围，而进入于一国报之范围，且更努力渐进以达于世界报之范围"。[①] 这一点，梁在《敬告我同业诸君》一文中说得更明确："报馆者非政府之臣属，而与政府立于平等之地位者也。不宁惟是，政府受国民之委托，是国民之雇佣也，而报馆则代表国民发公意以为公言也。"[②]这里显示的是，"公意""公言"等观念渐渐催生；报馆作为"公共事务"表达者的角色，也呼之欲出。

"鄙人最初与国家发生关系，即自经营报事始。"梁启超后来在一次演说中，明确将报章作为其与"国家"发生关系之始。[③] 其他人也有此认识，当《时务报》陷入经营管理上的纷争，黄遵宪在给汪康年信中，就反复说明这样的意思，报馆"既为公众所鸠之资，即为公众所设之馆。非有一定章，不足以垂久远昭耳目"。既为公众所设，"当如合众国政体，将议政（于馆中为董事）、行政（于馆中为理事）分为二事，方可持久"。[④] 不管黄的建议是否另有隐情，但明确

---

① 梁启超：《〈清议报〉一百册祝辞并论报馆之责任及本馆之经历》，《清议报》第100册，1901年12月21日。

② 梁启超：《敬告我同业诸君》，《新民丛报》第17号，1902年10月2日。

③ 梁启超：《对报界之演说》，《东方杂志》第14卷第3号，1917年3月15日。

④ 黄遵宪：《致汪康年》(30)，上海图书馆编：《汪康年师友书札》(三)，上海古籍出版社1987年版，第2348、2356页。

是将报馆定位于为“公众”所设。谭嗣同也有“夫报纸，又是非与众共之之道也”的认识，甚至比附梁启超“君史”“民史”之说，强调“报纸即民史也”，“报纸出，则不得观者观，不得听者听”，且影响“不徒一省”，还可以“风气浸灌于他省，而予以耳，而授以目，而通其心与力”，使一切新政、新学，“皆可以弥纶贯午于其间而无憾矣”。[①]

上述对报章作用的定位，于讨论晚清之“公共空间”，不无裨益。国家与社会新型对应关系的形成，为社会留下可供拓展的空间，由此也才可能导出“公共舆论”。事实上，所谓“舆论”之权，正由此确立。杨度即曾有“舆论即武力”的论辩，有人责难杨说，“观各国往事，其仅以舆论而奏功者甚鲜，且揣中国之前途，亦未必可不用兵力而能遂其开设国会之愿”。杨度就有这样的回复：“谓无兵力而仅有舆论之决不能成者，乃过甚之词也。”[②]再以《苏报》来看，“恪守报馆为发表舆论之天职”，是该报自我的定位，也以此探索报纸之作用。1903年该报发表的一系列论说，就显示出这方面的用心，不唯强调报馆之天职乃“国民隐托之于报馆者也”，甚至指出报馆之为物，自文明之眼窥之，“当视如国会议院之一部分”。[③]以报馆比之于国会议院，固属误导，但以报馆代表某种权力的意识，却甚为分明，只不过还不清楚“舆论”之权究竟应该怎样命名。据此也不难看出，随着报纸杂志的流行，对“公共”的表达逐渐逼近“舆论”这一环节，并且“舆论”作为社会利益的代言者，也被揭示出来。当“苏报案”发生，舆论方面就颇为关切此现象的象征意义，不

① 谭嗣同：《〈湘报〉后叙》（下），蔡尚思、方行编：《谭嗣同全集》下册，中华书局1981年版，第418—419页。

② 杨度：《金铁主义说》，《中国新报》第1年第4号，1907年1月19日。

③ 《论湖南官报之腐败》，《苏报》1903年5月26日，第1页；《论报界》，《苏报》1903年6月4日，第1页。

只追问"章炳麟、邹容之罪,在文明之国又果何罪也耶?"关键是这样的言说方式,"压力重则公论难伸,报馆之公论难伸则国民之前途必碍,是此案之关系于国民前途者又乌可以道理计耶!"[①]这是将报馆与"公论"联系起来,肯定"舆论"的重要性。

"近数年来之中国,可谓言论时代也。"[②]梁启超1904年的观察,多少说明晚清报章流行所促成的结果。与中国社会重新组织息息相关的是,报纸杂志也成为各"业界"及各"阶级"发出自己声音的主要媒介:"个人之思想,以言论表之;社会之思想,以报表之。有一种社会,各有其表之之报。社会有若干之阶级,而报之阶级随之矣。"[③]总体来看,晚清对"思想界"的阐述还处于萌芽阶段,但对于报纸杂志的作用却有颇多的论述。报纸杂志作为"制度性传播媒介",可看作"思想界"的有形部分,因此,略为分析晚清报纸杂志的走向,对于呈现晚清"思想界"的图景,也不无裨益。透过报纸杂志的走向,不难发现"思想界"作为一个舞台,是与读书人对"公共事务"的介入密切相关的;有关晚清的"公共空间",于此也得到较为明确的呈现。不过,除重视"制度性传播媒介"对催生"思想界"具有的意义,还当关注读书人在此过程中的走向,毕竟读书人乃促成晚清"思想界"形成的另一极。

三、读书人表达方式的转变

略为勾画晚清对"思想界"的阐述,及"思想界"与报纸杂志的

---

① 《苏报案》,收入《黄帝魂》,国民党党史史料编纂委员会1968年影印本,第249—258页。

② 梁启超:《中国历史上革命之研究》,《新民丛报》第46—48号合刊,1904年2月14日。

③ 《论报战》,《警钟日报》1904年3月16日,第1版。

密切关联，进一步要分析伴随“思想界”的形成所产生的影响。影响是多方面的，尤值注意的是读书人“表达”方式的转变。读书人为文总是“预设”其读者对象，是针对当下的社会立言，还是撇开现实性的考虑？用学术性的语言，还是大众接受的语言？凡此等等，都是为文者不能不考虑的问题。晚清读书人写作方式也在发生重大变化，新的写作方式与报纸杂志的流行有关，此也构成“思想界”具有“公共性”的关键。甚至可以说，没有写作方式的转变，哪里有什么“思想界”？谭嗣同针对文章体例进行疏别，便将词赋等“不切民用者”排除在外，区分体例为十，而以报章之文为“总宇宙之文”，盛赞天下文章“未有如报章之备哉灿烂者也”。①

关于此，可以联系晚清白话文运动遭遇的曲折，稍加辨析。晚清白话文运动的内在动因是为了通上下之情，因而主张以与“一般人生出交涉”的“浅近文宗”作为传播“现代思潮”的利器。② 然而，此并未打破士大夫阶层与下层民众之间的屏障，士大夫也许会降尊纡贵用白话文教化细民，但对白话文本身的价值却是怀疑的。依胡适所见，晚清以来白话文的推展，主要有不相关联的两幕：一幕是士大夫阶级努力用古文应付新时代的需要；一幕是士大夫中的明白人想创造一种拼音文字来教育“芸芸亿兆”的老百姓。③ 整个社会也被分作“他们”与“我们”：一边是应该用白话文的“他们”，一边是应该做古文古诗的“我们”，“我们不妨仍旧吃肉，但他们下等社会不配吃肉，只好抛块骨头给他们去吃罢”。④ 这样一来，势必

① 谭嗣同：《报章文体说》，《时务报》第 29、30 册，1897 年 6 月 10、21 日。

② 黄远庸：《通讯·释言·其一》，《甲寅》第 1 卷第 10 号，1915 年 10 月 10 日。

③ 胡适：《导言》，《中国新文学大系·建设理论集》，上海良友图书印刷公司 1935 年版，第 13 页。

④ 胡适：《五十年来之中国文学》，《胡适作品集》第 8 集，（台北）远流出版公司 1986 年版，第 136 页。

会影响白话文的推展，而基于同样的理由，其他方面的尝试也难以摆脱传统的束缚。钱基博就指出：

> 梁启超创新民之文体，章士钊衷逻辑为论衡，斯亦我行我法，脱尽古人恒蹊者矣。然袭文言之体，或有明而未融之处。而士钊之逻辑文学，浅识尤苦索解。[①]

前已述及，创办《时务报》使梁启超名重一时，部分即在于其“语言笔札之妙”。对此梁本人后来也有所论述：“启超夙不喜桐城派古文，幼年为文，学晚汉魏晋，颇尚矜炼，至是自解放，务为平易畅达，时杂以俚语韵语及外国语法，纵笔所至不检束，学者竞效之，号新文体。老辈则痛恨，诋为野狐。然其文条理明晰，笔锋常带感情，对于读者，别有一种魔力焉。”[②]文体问题在当时确是见仁见智，章太炎对此就提出尖锐批评：

> 文辞之坏，以林纾、梁启超为罪魁（严复、康有为尚无罪）。厌闻小学，则拼音简字诸家为祸始（王照、劳乃宣皆是）。

在章看来，“人学作文，上则高文典册，下则书札文牍而已”，高文典册固非人人所有之事，书札文牍则未有不用者。“然林纾之文，梁启超报章之格，但可用于小说报章，不能用之书札文牍，此人人所稔知也。今学子习作文辞，岂专为作小说、撰报章，而舍书札文牍之恒用邪！”[③]这里也道出报纸杂志流行后所引发的问题，但不管怎样，办报者若确立面向公众的理念，便不能不考虑表达方式当

---

① 钱基博：《中国现代文学史》，岳麓书社 1986 年影印本，第 482 页。

② 梁启超：《清代学术概论》，朱维铮校注：《梁启超论清学史二种》，复旦大学出版社 1985 年版，第 70 页。

③ 章太炎：《与钱玄同》，1910 年 10 月 20 日，马勇编：《章太炎书信集》，第 118 页。

如何配合。

这方面，严复与梁启超的争辩，值得作为典型的事例进行分析。日本学者小野川秀美曾以达尔文(Charles Darwin)与赫胥黎(Thomas Henry Huxley)来比喻严复与梁启超，认为推动“启蒙”更有力的是梁启超。[①] 所谓更有力，很大程度便是由两人写作方式的区别所造成。1897年梁启超在《与严幼陵先生书》中谈到了这个问题，那时，梁刚走上办报之路，其为文遭到严复的批评，于是梁作了如下的解释：

> 启超于学，本未尝有所颛心肆力，但凭耳食，稍有积累，性喜论议，信口辄谈，每或操觚，已多窒阂。当《时务报》初出之第一二次也，心犹矜持而笔不欲妄下。数月以后，誉者渐多，而渐忘其本来。又日困于宾客，每为一文，则必匆迫草率，稿尚未脱，已付钞胥，非直无悉心审定之时，并且无再三经目之事。非不自知其不可，而潦草塞责，亦几不免。又常自恕，以为此不过报章信口之谈，并非著述，虽复有失，靡关本原。

这段文字之所以值得征引，便在于梁启超对于在报章“匆迫草率”发表的文字，也不无遗憾，然而，考虑到此“不过报章信口之谈，并非著述，虽复有失，靡关本原”，于是又不免“自恕”。在回应严复对其《古议院考》的批评时，梁又明确指出报刊之文，不过是“为中等人说法”：“《古议院考》乃数年前读史时偶有札记，游戏之作，彼时归粤，倚装匆匆，不能作文，故以此塞责。实则启超生平最恶人引中国古事以证西政，谓彼之所长，皆我所有。此实吾国虚骄之结

---

① 小野川秀美：《晚清政治思想研究》，林明德、黄福庆译，(台北)时报文化出版公司1982年版，第295页。

习，初不欲蹈之，然在报中为中等人说法，又往往自不免。”[①]所谓中等人之类，同样关乎中国社会的分化，可见在报章发表的文字，秉笔者已有这样的自觉，此并非针对士大夫立说，乃是面向更大的受众发言。

后来在《鄙人对于言论界之过去及将来》的演讲中，梁启超对于自己办报所追求的方向也做了这样的说明："计鄙人十八年来经办之报凡七。自审学识谫陋，文辞朴僿，何足以副立言之天职，惟常举吾当时心中所信者，诚实恳挚以就正于国民已耳。"原因就在于，今国中报馆之发达，一日千里，早已不是办《中外公报》"沿门丐阅"的时代，不仅言明其发言对象是"国民"，同时还强调，其立言之宗旨，仍在"浚牖民智，薰陶民德，发扬民力，务使养成共和法治国国民之资格"，此乃"十八年来初志，且将终身以之者也"。[②] 可以说，梁启超之为文，已明确考虑到阅读对象，这也是其文字能够发挥重要影响的原因。李提摩太(Timothy Richard)反思中国的维新运动，就特别指出梁启超的文章：

> 写作风格介于高级的文言(一种术语古典文学的高级文体)——只有相对较少的学者才能理解——与白话之间，后者一般的苦力都能理解。它的内容很纯粹，博得了每一位学者的推崇；它的风格很朴实，每一位读者都能明白。[③]

以此而言，严复自然是反面的例证，其选择投士大夫所好的文字进行表达，就阻碍其译作产生更广泛的影响。吴汝纶曾推崇严

---

① 梁启超：《与严又陵先生书》，《饮冰室合集》第 1 册，"文集之一"，第 108 页。

② 梁启超：《鄙人对于言论界之过去及将来》，《庸言》第 1 卷第 1 号，1912 年 12 月 1 日。

③ 李提摩太：《亲历晚清四十五年——李提摩太在华回忆录》，李宪堂、侯林丽译，天津人民出版社 2005 年版，第 242 页。

复，“其书乃骎骎与晚周诸子相上下”，[①]对此，梁启超就指出，严复译文“太务渊雅”，由于刻意模仿先秦文体，非多读古书之人，“殆难索解”。这样自会影响到思想之传播，“此等学理邃赜之书，非以流畅锐达之笔行之，安能使学僮受其益乎，著译之业，将以播文明思想于国民，非为藏山不朽之名誉也。文人结习，吾不能为贤者讳矣”。[②] 严复则辩解说：“若徒为近俗之辞，以取便市井乡僻之不学，此于文界，乃所谓陵迟，非革命也。”还强调其所翻译的正是“学理邃赜之书”，“非以饷学僮而望其受益也，吾译正以待多读中国古书之人”。[③] 严复选择投士大夫所好的文字进行翻译工作，自然有不足为外人道的理由，鲁迅提供了值得重视的解释：

> 那时的留学生没有现在这么阔气，社会上大抵以为西洋人只会做机器——尤其是自鸣钟——留学生只会讲鬼子话，所以算不了“士”人的。因此他便来铿锵一下子，铿锵得吴汝纶也肯给他作序，这一序，别的生意也就源源而来了，于是有《名学》，有《法意》，有《原富》等等。[④]

严复与梁启超的论辩，凸显了晚清读书人写作方式面临的抉择，发生转变的契机正是报纸杂志的流行。研究报学的学者戈公振大致勾画了其间所发生的转变：清季文字，受桐城派与八股文之影响，重法度而轻意义。自魏源、梁启超等出，绍介新知，滋为恣肆开阖之致。而“留东学子所编书报，尤力求浅近，且喜用新名词，文

---

① 吴汝纶：《〈天演论〉吴序》，王栻主编：《严复集》第 5 册，中华书局 1986 年版，第 1317—1318 页。

② 梁启超：《绍介新著：〈原富〉》，《新民丛报》第 1 号，1902 年 2 月 8 日。

③ 严复：《与梁启超书》，王栻主编：《严复集》第 3 册，第 516—517 页。

④ 鲁迅：《关于翻译的通信》，《鲁迅全集》第 4 卷，人民文学出版社 1981 年版，第 382 页。

体为之大变”。[①] 分析那个时期创办的报纸杂志，确可注意到当日从业人员的追求。譬如，《湖北学生界》就批评那些“以奇古渊邃自矜”的所谓“专门名家”，之所以“纡轸其词，故作瘦语”，不过是“为一己之名誉计，非为国人谋公共之幸福也”，强调读书人要做到“今日所学，明日即思饷诸国人”。[②] 这还是就内容而言，渐渐地，办刊方针也渐渐涉及文体。如1902年创刊的《启蒙通俗报》就表示：“本报为中等人说法，文义浅显，兼列白话。”[③]更为极端的观点还时有流露，《中国白话报》的创刊就显出了这一用心。该报的创办人林獬就直指“中国最不中用的是读书人”，“如今这种月报、日报全是给读书人看的，任你说得怎样痛哭流涕，总是‘对牛弹琴’，一点益处没有的”。因此，“现在中国的读书人没有什么可望了，可望的都在我们几位种田的、做手艺的、做买卖的、当兵的以及那十几岁小孩子阿哥、姑娘们”。当然，文章也该写给他们看，“我为着这事，足足和朋友们商量了十几天，大家都道没有别的法子，只好做白话报罢”。[④] 研究者也揭示了，正是在那段时间，白话报刊有了长足的发展。[⑤]

不过，报章文字的通俗化只是问题的一面，尚需注意文章风格的变化。因为报纸杂志具有越来越大的影响力，为争夺读者，办报者为文的风格也逐渐显出鲜明特色。黄遵宪1902年在给梁启超

---

① 戈公振：《中国报学史》，生活·读书·新知三联书店1955年版，第131页。

② 张继熙：《叙论》，《湖北学生界》第1期，1903年1月29日。

③ 《改良〈启蒙通俗报〉第二年新广告》，《启蒙通俗报》第1年第19期，1902年12月。

④ 林獬：《〈中国白话报〉发刊词》，《中国白话报》第1期，1903年12月19日。

⑤ 关于清末白话报刊的情况，参见李孝悌：《清末的下层社会启蒙运动：1901—1911》，尤其是第二章“白话报刊与宣传品”，河北教育出版社2001年版，第17—47页。

的信中，因为其对于“自由”的看法与梁有所不同，就提醒说：

> 公所唱自由，或故为矫枉过直之言，然使彼等唱自由者，拾其唾余，如罗兰夫人所谓“天下许多罪恶假汝自由以行”，大不可也。公所唱民权或故示以加倍可骇之说，然使彼等唱民权者，得所借口，如近世虚无党以无君无政府为归宿，大不可也。一言兴邦，一言丧邦，茫茫禹域，惟公是赖，求公加之意而已。[①]

这显示出读书人对于报章言论的影响，已有充分认知。既如此，如何在文字上体现鲜明的特色，压倒对方，也成为办报者不得不考虑的问题。实际的结果是，报纸杂志的出现使读书人获得了公开论辩的舞台，而这个舞台也使文字犀利有力者大放异彩。这尤其增添了“思想界”所具有的“公共”的属性——“公共”也加入塑造过程。

对此并非没有警觉者，在1902年的一篇文字中严复就颇有意味地表示：“今世学者，为西人政论易，为西人科学难。政论有骄嚣之风（如自由、平等、民权、压力、革命皆是），科学多朴茂之意。且其人既不通科学，则其政论必多不根，而于天演消息之微，不能喻也。”[②]时人对于当时笔走偏锋的情形，也表示了忧虑：

> 今之号称志士者，陈义惟恐其不高，立言惟恐其不激，其所以自信者，吾必有以主于中国也；而是人者，乃或口不能举经史之名，手不能行通常之简，语以儒言国故，则漫然嗤之曰，是何足取。[③]

---

① 黄遵宪：《水苍雁红馆主人来简》，《新民丛报》第24号，1903年1月13日。

② 严复：《与〈外交报〉主人书》，王栻主编：《严复集》第3册，第564—565页。

③ 国学讲习会发起人：《国学讲习会序》，《民报》第7号，1906年9月5日。

然而，批评归批评，读书人依托于所办刊物互相攻讦，却是愈演愈烈。《新民丛报》与《民报》的争论，便呈现了晚清“思想界”形成过程中读书人之间的剑拔弩张。梁启超对此便毫不讳言，认为“业报馆者既认定一目的，则宜以极端之议论出之，虽稍偏激焉而不为病”。原因何在？“吾偏激于此端，则同时必有人焉偏激于彼端以矫我者，又必有人焉执两端之中以折衷我者，互相倚，互相纠，互相折衷，而真理必出焉”。而且，安于所习而骇于所罕闻，乃人之本性，“若相率以从容模棱之言，则举国之脑筋皆静，而群治必以沈滞矣”，“故必变其所骇者而使之习焉，然后智力乃可以渐进”。甚至推导出，“所骇者进一级，则所习者亦进一级，驯至举天下非常异义可怪之论，无足以相骇，而人智之程度乃达于极点”。[①] 如此一来，笔走偏锋不仅不为过，还是主持舆论者必须把握的尺度。

因此，对于形成“思想界”有着重要影响的，还体现在读书人表达方式的转变上。说起来，晚清“思想界”的形成，昭示于公众的便是思想交锋的加剧。以往读书人评论人物，往往具有很强的“私人性”，是在不公开的文字中进行表达，也许年深日久之后才被后人发掘出来。而选择报章，却意味着全新的表达样式。作者可以直截了当表达自己的看法，甚至为了追求表达的效果，还要标榜“矫枉必须过正”。由此，“思想界”所具有的“公开性”也有了更直接的呈现，影响所及，读书人之间的紧张关系也日渐凸显。

余论：隐然已在的“思想界”及其他

20 世纪初年的中国完成了对“思想界”的表述，但何谓“思想界”，却并没有明确的指称，到五四时期，时间过了差不多十年，“思

① 梁启超：《敬告我同业诸君》，《新民丛报》第 17 号，1902 年 10 月 2 日。

想界”便已隐然存在,似乎已不需要讨论。最突出的是,对思想人物评品,已热衷于将其置于“思想界”加以定位,晚清卓有影响的思想人物康有为、梁启超、章太炎等,便被后人以这样的方式进行表彰。五四之辈也不例外。而且,五四时期对于“思想界”所涉及的若干要素,有进一步检讨。这里无法把问题延伸到五四时期,只能稍作补充,以说明在激烈变动的近代中国,“思想界”不断以新的面貌呈现出来。

颇有学者倾向于这样的看法,19 世纪 90 年代中叶至 20 世纪最初十年里发生的思想变化,应被看成是一个比五四时代更为重要的分水岭。[1] 将晚清与五四联系起来,其意义不止是表明“没有晚清,何来五四”,将这两个时段打通,多少可以从一个更为长程的时段来认知近代中国的问题(自然此还远谈不上“长时段”)。以“思想界”的表述来说,就是一个延续性的话题,并且首先发生在对晚清思想人物的定位上。1912 年在梁启超结束十四年的流亡生涯从日本归国之际,胡适在报上读到有关消息,在日记中即表示:

> 梁任公为吾国革命第一大功臣,其功在革新吾国之思想界。十五年来,吾国人士所以稍知民族主义思想及世界大势者,皆梁氏之赐,此百喙所不能诬也。去年武汉革命,所以能一举而全国响应者,民族思想政治思想入人已深,故势如破竹耳。使无梁氏之笔,虽有百十孙中山、黄克强,岂能成功如此之速耶!近人诗“文字收功日,全球革命时”,此二语惟梁氏可以当之无愧。[2]

后来,胡适又语梁启超,“晚清‘今文学运动’,于思想界影响至

---

① 张灏:《梁启超与中国思想的过渡(1890—1907)》,第 218 页。

② 胡适:《胡适留学日记》(一),《胡适作品集》第 34 集,第 111 页。

大，吾子实躬与其役者，宜有以纪之”。这也成为梁撰写《清代学术概论》的“动机”之一。这部完成于1920年的著作，其显著特征即是将晚清人物置于“思想界”进行定位。评价康有为，乃今文学运动之中心，其《新学伪经考》诸所主张，“实思想界之一大飓风也”；又指出“晚清思想界有一彗星，曰浏阳谭嗣同”，其脱尽旧思想之束缚，“前清一代，未有其比也”。对于自己，梁则表示“启超之在思想界，其破坏力确不小，而建设则未有闻”，因此，“可谓新思想界之陈涉”。[①] 1923年梁启超在《五十年中国进化概论》中，又将近代以来中国思想的演化分为三期：“第一期，先从器物上感觉不足”；“第二期，是从制度上感觉不足”；“第三期，便是从文化根本上感觉不足”。第一期他点出了郭嵩焘、张佩纶、张之洞等辈，“算是很新很新的怪物”；第二期举出的是康有为、梁启超、章炳麟、严复等辈，“都是新思想界勇士，立在阵头最前的一排”。[②]

由于“思想界”已被广泛接受，活跃于五四时期的思想人物，当时就获得了“思想界”的定位。1919年毛泽东在《湘江评论》创刊号上发表的《陈独秀之被捕及营救》，就热情赞扬陈独秀“为思想界的明星”。[③] 胡适则为文热情介绍吴虞是“‘四川省只手打孔家店’的老英雄”，称赞其用最严厉又最平允的方法，打扫那“迷漫扑人的孔渣孔滓的尘土”，乃“中国思想界的一个清道夫”。[④] 胡适本人也曾被人期许，钱玄同就鼓动胡适说，尽管“不致于如吴老先生那样激烈”，但“我们实在希望你也来做‘思想界底医生’”，并且要针对《华

① 梁启超：《清代学术概论》，朱维铮校注：《梁启超论清学史二种》，第1、64、74—75、73页。

② 梁启超：《五十年中国进化概论》，《饮冰室合集》第5册，“文集之三十九”，第39—48页。

③ 毛泽东：《陈独秀之被捕及营救》，《湘江评论》第1期，1919年7月14日。

④ 胡适：《〈吴虞文录〉序》，季羡林主编：《胡适全集》第1卷，第760—763页。

国》和《学衡》,“打些思想界底防毒针和消毒针”。[①] 与之适成对照的,有时候“思想界”也会为人所用,用以攻讦对手。1925 年 8 月 4 日北京《民报》分别在《京报》《晨报》刊登发刊广告,称“特约中国思想界之权威者鲁迅”等随时为副刊撰著,后来有人便以此来讽刺鲁迅,陈源在给徐志摩的信中,就不无意味地写道:“鲁迅先生一下笔就想构陷人家的罪状。他不是减,就是加,不是断章取义,便捏造些事实。他是中国‘思想界的权威者’,轻易得罪不得的。”[②]

由此亦可看到,到五四时期“思想界”不仅已隐然存在,而且“思想界”的派别之争也愈发突出。1922 年周作人在《晨报副镌》发表的《思想界的倾向》,流露出这样的看法,“现在思想界的情形……是一个国粹主义勃兴的局面;他的必然的两种倾向是复古与排外”。[③] 胡适却以为,“这种悲观的猜测,似乎错了”,尤其是“把‘不思想界’的情形看作了‘思想界’的情形”。在他看来,“现在那些‘参禅炼丹,或习技击,或治乩卜’的人,难道真是‘思想界’中人吗?他们捧着一张用画片放在聚光点外的照片,真心认作吕祖的真容,甘心叩头膜拜。这样的笨伯也当得起‘思想界’的雅号吗?”[④] 所谓“把‘不思想界’的情形看作了‘思想界’的情形”,倒是一个有意思的提法。之所以值得重视,是因为指出“思想界”并非谁都当得起,实际涉及划分“思想界”的标准问题。稍后胡适也表达了这方面的意思,认为今日思想界,“根本的毛病还在思想的方法”,从极“左”到极右,都看不见“自己想过的思想”,也看不见“根据现实

① 钱玄同:《致胡适》,1925 年 5 月 10 日,耿云志主编:《胡适遗稿及秘藏书信》第 40 册,黄山书社 1994 年版,第 351—356 页。

② 陈源:《闲话的闲话之闲话引出来的几封信》,《晨报副刊》1926 年 1 月 30 日。

③ 周作人:《思想界的倾向》,《晨报副镌》1922 年 4 月 23 日,第 3—4 版。

④ 胡适:《读仲密君〈思想界的倾向〉》,《晨报副镌》1922 年 4 月 27 日,第 1 版。

状况的思想”。因为“做尧、舜、禹、汤、周公、孔子的梦的，固然不曾思想。囫囵吞下马克思、考茨基、列宁、孙中山的，也算不得曾经思想”。[①] 显然，胡适是依据“思想的方法”划分中国的思想界，虽未自我标榜，却也明确表示了与其他思想派别的分歧。[②]

问题回到针对晚清“思想界”的评价，可以说明的是，思想交锋的加剧，也使得“思想界”的问题愈加凸现。这里又要提及王国维的《论近年之学术界》，基于“学术”与“政治”的分野，王国维对晚清报章文字流行后衍生的种种弊端，表达了其忧虑：

> 庚辛以还，各种杂志接踵而起，其执笔者，非喜事之学生，则亡命之逋臣也。此等杂志本不知学问为何物，而但有政治上之目的，虽有学术上之议论，不过剽窃灭裂而已。[③]

要说针对晚清“思想界”的评说，此文的重要性自不待言，展示了“思想界”形成后的另一面。梁启超《清代学术概论》对此也有所检讨，书中评论康有为，认为其所持论不无可议之处，关键就在于“为事理之万不可通者，而有为必力持之”。而且，“实则其主张要点，并不必借重于此等枝词强辩而始成立，而有为以好博好异之故，往往不惜抹杀证据或曲解证据。以犯科学家之大忌”。不单苛责乃师，对于自己，梁也有深刻反省，“晚清思想界之粗率浅薄，启超与有罪焉”，“启超务广而荒，每一学稍涉其樊，便加论列，故其所述著，多模糊影响笼统之谈，甚者纯然错误，及其自发现而自谋矫正，则已前后矛盾矣”。当然，梁也对此辩护说：“平心论之，以二十

---

① 胡适：《从思想上看中国问题》，季羡林主编：《胡适全集》第21卷，第414页。

② 这方面详细的讨论参见章清：《1920年代：思想界的分裂与中国社会的重组——对〈新青年〉同人“后五四时期”思想分化的追踪》，《近代史研究》2004年第6期。

③ 王国维：《论近年之学术界》，《王国维文集》第3卷，第36—37页。

年前思想界之闭塞委靡，非用此种卤莽疏阔手段，不能烈山泽以辟新局。就此点论，梁启超可谓思想界之陈涉。”尤其指出：

> 启超虽自知其短，而改之不勇，中间又屡为无聊的政治活动所牵率，耗其精而荒其业。识者谓启超若能永远绝意政治，且裁敛其学问欲，专精于一二点，则于将来之思想界当更有所贡献，否则亦适成为清代思想史之结束人物而已。[①]

关乎此，胡适后来在一篇文字中也有所评说，说明晚清的“保存国粹”运动，其参与者“大多是抱着种族革命的志愿的，同时又都是国粹保存者。他们极力表章宋末明末的遗民，借此鼓吹种族革命；他们也做过一番整理国故的工作，但他们不是为学问而做学问，只是借学术来鼓吹种族革命并引起民族的爱国心。他们的运动是一种民族主义的运动”。[②] 尽管这是针对晚清“国粹运动”的言说，却足以涵盖整个晚清“思想界”所表现出的种种。

上述诸人对晚清思想的检讨，都涉及到对“思想界”的评价，而且点出了攸关“思想界”的大问题——“学术”与“政治”。这是值得深思的。“思想界”的形成，本预示着“学术”有了更广阔的舞台，但最终牺牲的却反倒是“学术”。而且，无论是参与者还是旁观者，事后往往都有回归“学术”的呼声。联想 20 世纪 90 年代在中国发生的围绕“学术”与“思想”的争辩，更能了解这一问题所具有的延续性。难道“思想界”形成后，这样的局面便难以避免？本乎此，讨论晚清“思想界”的形成与知识分子的“公共空间”，也不免增添一份沉重。

---

① 梁启超：《清代学术概论》，朱维铮校注：《梁启超论清学史二种》，第 64、73—74 页。

② 胡适：《新文化运动与国民党》，《新月》第 2 卷第 6 期，1929 年 9 月 10 日。

民初“思想界”解析

——报章与读书人的生活形态

通过解析民国初年之“思想界”，探讨报章所营造的思想环境，以及读书人在此中确立的新的角色与身份，是本文的中心旨趣。以往对此的审视，多选择富于代表性的思想人物展开。余英时和沈松侨围绕胡适的研究，就呈现了民初思想界的某些面相。前者主要基于思想史的背景阐明，胡适之所以能产生重大影响，在于其触动了中国的上层文化与通俗文化，“上层”“通俗”之类，所展示的正是当时的学术思想环境。后者则在思想史的诠释之外，另辟蹊径，致力于刻画“民初社会中的胡适”，检讨胡适是在怎样的社会关系网络中从事学术文化活动，这样又将民初的时代和社会背景呈现出来。[①] 本文着眼于报章所营造的思想环境，并透过报章与大学及读书人之间的互动勾画民初“思想界”的形态，或可对上述研究做些补充。晚清“思想界”的形成，笔者在其他文字中，已略陈己见。于今而言，“思想界”是再平常不过的字眼，将其与晚清建立特

---

① 余英时：《中国近代思想史上的胡适》，《重寻胡适历程：胡适生平与思想再认识》，广西师范大学出版社 2004 年版，第 157—220 页；沈松侨：《一代宗师的塑造——胡适与民初的文化、社会》，收入周策纵等：《胡适与近代中国》，（台北）时报文化出版公司 1991 年版，第 131—168 页。

别的关联，正是要说明关乎“思想界”的形成并非无关宏旨，与近代中国形成国家与社会新的对应关系密切关联，也体现了走出科举时代的读书人对新的角色与身份的探求。换言之，晚清所涌现的报章及新式读书人构成了“思想界”的要素，“思想界”的表征正依托于此所营造。[①]

“思想界”的形成既关乎信息传播，则如何评估此对社会所产生的影响，也当予以说明。这方面，哈贝马斯(Jürgen Habermas)与安德森(Benedict Anderson)是目下常被引用的范例。哈贝马斯揭示了在近世西欧社会，资产阶级的报刊、俱乐部、咖啡馆等场所催生出“公共领域”(public sphere)，供人们讨论和争论公众事务，报刊乃“公共领域最典型的机制”，可以清楚看出“公共领域政治功能的转型”。[②] 安德森则致力于探讨“印刷资本主义”(print-capitalism)如何影响到民族概念的散步与流传，认为就民族主义的起源来说，也许没有什么东西比印刷资本主义更能加快这个追寻的脚步，正因如此，“使得迅速增加的越来越多的人得以用深刻的新方式对他们自身进行思考，并将他们自身与他人关联起来”。[③]这里无意套用哈贝马斯与安德森的理论赋予民初“思想界”特别的意义，甚至进行某种证明，然而，其中所展示的研究视野，于思考报章在民初如何介入社会的各个方面，却不无裨益。

部分是受到哈贝马斯与安德森理论的影响以及新文化史研究的推动，探究传播媒介与思想、政治、社会之间的互动，也构成中国

---

① 章清：《晚清“思想界”的形成与知识分子的“公共空间”》，许纪霖主编：《知识分子论丛》第6辑，江苏人民出版社2007年版。

② 哈贝马斯：《公共领域的结构转型》，曹卫东等译，学林出版社1999年版，第218页。

③ 本尼迪克特·安德森：《想象的共同体：民族主义的起源与散布》，吴叡人译，上海人民出版社2005年版，第32—33页。

研究的热门话题，并主要基于晚清报章回应相关理论。[①] 作为新型传播媒介的报章，滥觞于晚清，这段历史自值得特别关注。降至民国，报章的发展则有了新的景象，何新之有？这正是本文试图揭示的。基于报章所营造的思想环境，及读书人由此展现的新的生活形态，以解析民国初年之“思想界”，是本文的中心论旨。不过，无论是传播媒介还是印刷业，包含的内容都甚为广泛，即便将讨论限定于报章，所能关注的也主要是与读书人密切相关的那部分，一方面试图说明报章经历晚清的发展到民初有什么新的变化，但所谓变化，主要不是量上的，而是关注传播媒介与思想、政治、社会之间的互动，以检讨民初由报章所营造的思想环境有怎样的特征；另一方面则试图结合读书人与报章的互动，尤其是身处大学校园的读书人与报章的关联，以审视读书人的生活形态呈现出哪些新的特性。无论什么时候，读书人总有展现其身份意义的象征，民初读书人也不例外，透过报章与大学及读书人的互动，或者可以更好说明民初的思想环境如何影响到对读书人的塑造。

一、报章所呈现的“思想版图”

颇有学者倾向于这样的看法，19 世纪 90 年代中叶至 20 世纪最初十年里发生的思想变化，应被看成是一个比五四时代更为重

---

① 这方面略可说明的是李欧梵、瓦格纳(Rudolf G. Wagner)分别针对《申报》的研究。李欧梵较早注意探讨晚清(也可能更早)以降，知识分子如何开创各种新的文化和政治批评的“公共空间”。参见李欧梵：《“批评空间”的开创——从〈申报〉“自由谈”谈起》，《现代性的追求》，生活·读书·新知三联书店 2000 年版，第 3—22 页。瓦格纳则通过审视 1877 年间郭嵩焘与《申报》的“冲突”，检讨《申报》与英国官方、清政府三方面的互动关系。Rudolf G. Wagner, “The Shenbao in Crisis: The International Environment and the Conflict between Guo Songtao and the Shenbo,” *Late Imperial China*, Vol.20, No.1, pp.107-38.

要的分水岭。[①] 将晚清与五四联系起来，其意义不只是表明“没有晚清，何来五四”，将这两个时段打通，多少可以从一个更为长程的时段来认知近代中国的历史（自然此还远谈不上“长时段”）。言及民初报章之发展，也自会联想到清末，事实上包括刊物本身及从业人员，都存在着延续性，因此，勾画民初报章所营造的“思想版图”，有必要上溯至晚清略作梳理。基于此，也有助于为本文的展开寻找问题的起点。

可以明确的是，报章与“公共舆论”不能简单等同，其最初出现时，尚无清晰的定位，由《申报》初刊时的《本馆告白》，就很难读出其中的“舆论”意义。[②] 舆论在中国之兴起，颇有些曲折，晚清士人就并非皆是叫好之声。[③] 较早注意到西人报章的王韬，也以“庶人之清议”来定位此，紧扣的是士大夫所熟悉的职能。[④] 同时，晚清士人往往结合学校、议院、报馆三端展开论述，此亦透露出若干枢机。无论将报章定位于“清议”之代表，或将学校定位于“议论”之本，都只是中国古老传统的现代呈现，经历诸多曲折，才发生变化。以报

---

① 张灏：《梁启超与中国思想的过渡（1890—1907）》，崔志海、葛夫平译，江苏人民出版社 1993 年版，第 218 页。

② 《本馆告白》，《申报》第 1 号，1872 年 4 月 30 日，第 1 页。

③ 孙宝瑄即有言，“今之所谓舆论，乃最不可恃之一物也”，“天下最普通人占多数，其所知大抵肤浅，故惟最粗最浅之说，弥足动听。而一唱百和，遂成牢不可破之舆论，可以横行于社会上，其力甚大，虽有贤智，心知不然，莫敢非之”（孙宝瑄：《忘山庐日记》下册，1908 年 1 月 27 日，上海古籍出版社 1983 年版，第 1132—1133 页）。

④ 王韬：《论日报渐行于中土》，《弢园文录外编》，上海书店 2002 年版，第 171—172 页。王所主持的被誉为“中国人自办成功的最早的中文日报”《循环日报》，也体现的是这一精神，以报纸之功用在于“广见闻、通上下，俾利弊灼然无或壅蔽，实有裨于国计民生者也”。参见卓南生：《中国近代报业发展史：1815—1874》，社会科学文献出版社 2002 年版，第 179—203 页。

章来说，就渐次由沟通上下、开启民智，发展出新的职能。[①] 而且，报章数量也急剧增加，梁启超 20 世纪初年即已感叹，斯时的中国“学生日多，书局日多，报馆日多”[②]。甚至还不乏文章传递这样的信息，“二十世纪以前，枪炮之世界也；二十世纪以后，报馆之世界也”[③]。

那么多人投身报章的创办，自是看重其具有的社会功能。梁启超即是值得剖析的对象。他在 1911 年的一篇文字，就颇有意思，讲述了曾担任美国总统的卢斯福（Theodore Roosevelt，今译作西奥多·罗斯福）的故事。卢氏罢职后厕身于一家杂志社为主笔，在欧洲的一次演说中，尝自述其所以执此业之故：“言论之有造于社会，尽人所同知也。然著书之言论，嫌于太谨严；日报之言论，嫌于太漫漶。著书之收效，期以百年，虽坚健而苦迟；日报之生命，限于一日，虽迅普而苦短。位其中者，莫如杂志。”这番话，完全可看作梁本人的夫子自道，他评论说：“其言或不免阿好乎？然杂志之为物，其在社会上之位置，略可见矣。”[④]后来在一次演说中，梁启超对自己从事的职业也有这样的说明，“对于他方面，有脱离者，亦有中断者，惟对于报界，始终无脱离或中断之时，今后且将益尽力于是焉”。[⑤]

---

① 研究者从传播的角度就揭示了其中所发生的变化：新式传播媒体早在 19 世纪中叶就随着传教士与商人进入中国，并在某些港口开始商业化，可是一直无法发挥结构性影响。1895 年以后却发生了重大变化，中国知识群体主动利用此工具，撼动原有的政治与社会秩序。参见李仁渊：《晚清的新式传播媒体与知识分子：以报刊出版为中心的讨论》，（台北）稻乡出版社 2005 年版，第 103 页。

② 梁启超：《敬告我同业诸君》，《新民丛报》第 17 号，1902 年 10 月 2 日。

③ 《续论报馆之有益于国》，《新闻报》1905 年 3 月 31 日，第 2 版。

④ 梁启超：《〈法政杂志〉序》，《法政杂志》第 1 年第 1 期，1911 年 3 月 27 日。

⑤ 《梁任公对报界之演说》，《东方杂志》第 14 卷第 3 号，1917 年 3 月 15 日。

可以说，经历晚清的发展，至民初时，对报章的定位已不可同日而语。梁启超1912年归国后发表的一次演讲，联系自己18年前之投身报业，不免感触良多，“今国中报馆之发达，一日千里，即以京师论，已逾百家，回想十八年前《中外日报》沿门丐阅时代，殆如隔世；崇论闳议，家喻户晓，岂复鄙人所能望其肩背”①。被尊为中国新闻界“开山祖”的徐宝璜甚至有言：“在民智开通之国的英美，有不看书者，无不看报者。新闻纸之有用于人，几若菽粟水火之不可一日无。其势力实驾乎学校教员、教堂牧师而上之。”②同时，在当时的言说中，更加明确地将报章与“思想界”结合起来，郑振铎便表示：

> 我对于一九一九年的中国出版界的成绩，有乐观的，也有悲观的。乐观的是定期出版物的发达，悲观的是大多数的文人，还是如此没有觉悟；中国的思想界，还是如此不长进。③

不过，试图通过报章的发展以呈现民初的“思想版图”，却会遭遇颇大的困难。1919年罗家伦欲批评当日中国之“杂志界”，即生发出这样的感叹：“(一)中国近年来杂志太多，不能全看；(二)这班杂志，忽生忽灭，不知上年出版的今年是否继续出版。”④尽管如此，为便于问题的展开，仍需对民初报章发展的状况，略加说明。

这方面尤值一提的是戈公振研究中国报学的开山之作《中国报学史》。戈氏晚清以来便任职报界，其部分叙述可视作当事人言；是书初版于1927年，与本文所讨论的时段相近，可作为当时的

---

① 梁启超：《鄙人对于言论界之过去及将来》，《庸言》第1卷第1号，1912年12月1日。

② 徐宝璜：《发刊词》，《北京大学日刊》1919年4月21日，第3版。

③ 郑振铎：《一九一九年中国的出版界》，《新社会》第7号，1920年1月1日。

④ 罗家伦：《今日中国之杂志界》，《新潮》第1卷第4号，1919年4月1日。

资料加以利用。戈公振援引了当时的两份资料大致给出了“报界之现状”：一是“第二届全国报界大会纪事录”，统计出 1921 年全国共有报纸 1134 种。一是“中外报章类纂社”的调查，指出最近二年华文报纸之每日发行者共 628 种，“若合以华侨报纸、学校报纸、公私政治学术社会团体之报纸，及一切属于游戏性质之报纸，不论每日发行或二日以上，其数当在二千种左右”。[①] 1923 年 *The China Year Book*（《中华年鉴》）还提供了这样的信息（括号内是另出英文杂志）：安徽 18 种，浙江 78 种（1），直隶 41 种（2），北京 167 种，福建 47 种（1），河南 14 种，湖南 37 种，湖北 39 种（1），甘肃 3 种，江西 21 种，江苏 116 种，上海 81 种（41），广西 23 种，广东 115 种，贵州 6 种，山西 32 种，山东 42 种（1），陕西 8 种，云南 27 种，四川 41 种（1），南满 14 种，北满 40 种（5），总计 951 种（54）。《年鉴》的信息来源于邮政总局截至 1921 年 12 月 31 日的资料，这些报纸和期刊都登记在册并通过邮局发行，有一定参考价值。[②]

由于统计时段选择不同，对象各异，上述数字只具参考意义。本文也无意从量上全面审视民初报章的发展；即便数字可靠，各报章还存在发行时间、地点及量的区别，也难以获取对等的信息。譬如，《申报》《东方杂志》与那些发行量有限，或仅出一二期的报章相比，无论从哪方面说都不能相提并论，但统计时却只能以一个计量单位计算。可以说，依据量化资料勾画民初报章之“思想版图”，几乎做不到。而且，所谓“思想版图”，并非仅是量的概念，当包含报纸杂志所展现的空间结构，即在各地出版、发行的情况；再考虑到

---

① 戈公振：《中国报学史》，生活・读书・新知三联书店 1955 年版，第 358—359 页。

② H. G. W. Woodhead edited, *The China Year Book*, *1923*, The Tientsin Press, Ltd., 1923, Chap. IX, pp.152-99.

从业者的因素，则情形更为复杂。由这些要素勾画报章的发展，或许才具备“思想版图”的意义。

尽管在数量上难以判明民初报章发展的具体情形，但根据此一时期历史演进的脉络，勾画出报章的结构性转变，还是可能的。戈公振大致从分期、性质等环节勾画民初出版界的图景：“以时期论，则可分为欧战以前与欧战以后。以性质言，则可分为学术与政论与改革文学思想及批评社会三大类。”特别描绘了民初报业“风起云涌，蔚为大观”的情况。[①] 说起来晚清以来报章的发展，本是被政治热情鼓动起来的，民国初肇，催生出新的出版物，亦属自然。李大钊 1913 年就注意到，“共和建造以来，海内言论界各标帜志，立论建议，策嘉谋猷”，惟“今之以言论号召于天下者，多挟其党见之私，黄钟瓦缶，杂然并作，望风捕影，各阿所私”。[②] 值得重视的是报章在格局上呈现的新气象。其一是新建政权的各级机关报取代前清官报大量出版（名称多由清末之“官报”而改称“公报”）。1899—1919 年间出版的各种“公报”113 种，其中辛亥以前出版的 49 种，辛亥以后出版的 64 种。其二是承袭晚清以来的兴学潮，涌现许多教育类报刊。辛亥前后各地发行的教育期刊达 118 种，其

① 戈公振：《中国报学史》，第 185 页。关于民国肇造后中国报刊的情况，目前可依据的是俄罗斯人波列伏依 1913 年发表在海参崴《东方学院丛刊》第 47 辑上的中文报刊目录，该目录以 1911—1912 年为断，记录了中国本土和境外重要城市出版的 487 种中文报刊名录。其中不足 200 种是民国以前所出，300 种左右是民国初年所创。这个目录较戈公振《中国报学史》和赖光临《七十年中国报业史》所载要多得多。参见周振鹤：《一九一三年俄人波列伏依的中文报刊目录》，《出版史料》1993 年第 2 期。

② 李大钊：《是非篇》，《言治》第 1 年第 4 期，1913 年 9 月 1 日，转引自《李大钊文集》上册，人民出版社 1984 年版，第 59—60 页。

中 1911 年以前出版有 27 种，1912—1919 年间创刊 97 种。[①] 其三则是服务于政党的报刊大量出现。据调查，民初有 312 个政治性的党会，刊布报纸杂志也成为各政党最普遍的宣传方法。[②] 上述报章的出现，皆是因应于民初的政治形势，无疑有助于了解民初由报章所营造的“思想版图”。

这里要特别提到呈现民初“思想版图”不可忽视的一环，那就是伴随中国社会的重心组织，报章作为主要的动员方式展现的新气象。“思想界”一词，也是与“政界”“学界”“生计界”“文界”“诗界”“史界”等差不多同时出现的，这昭示了中国社会在重新组织，“界”也成为社会动员的象征，展示于报章者，最突出的是其栏目多按“界别”来组织文章。直接以“界”作为杂志名称的，亦复不少，这是基于传达某一社会阶层的诉求，或针对特定的“阅读公众”。[③] 前面提及的杂志自与“业界”意识的流行密切相关，尚可举证的是妇女报刊的大量出版。妇女报刊以 1898 年问世的《女学报》为先声，大概在清末总计出版了近 30 种。民国时期尚无确切的资料，但估计数目不会少。据不完全统计，1898—1918 年间上海出版的妇女

---

① 陈新段、史复洋:《近代公报类期刊简介》;张小平、陈新段、史复洋:《辛亥革命时期的教育期刊简介》，均收入丁守和主编:《辛亥革命时期期刊介绍》第 5 集，人民出版社 1987 年版，第 579—602、547—578 页。需说明的是，从报章创刊的时间自可区分出清末民初各自出版了多少，然报章之出版有其延续性，清季出版的报章有不少进入民国以后继续出版，故上述数字并非指民初有多少报章发行。

② 张玉法:《民国初年的政党》，岳麓书社 2004 年版，第 35、178、203 页。

③ 较多涉及的包括“学界”“政界”“商界”“军界”“民界”“医界”“女界”“出版界”“教育界”“留学界”“实业界”等。《译书汇编》《浙江潮》《江苏》等刊物，都设有“留学界”栏目。《新民丛报》最初有“诗界潮音集”“史界兔尘录”，后又增设了“政界时评”“学界时评”栏目。1906 年由留日学生创办的《新译界》，全是按照“界别”安排栏目，包括“政法界”“文学界”“理学界”“实业界”“教育界”“军事界”“外交界”“时事界”等。参见范熙壬:《〈新译界〉发刊词》，《新译界》第 1 号，1906 年 11 月 16 日。

报刊数量即达26种之多,超过半数出版于民国初年。[①] 民初中华书局编辑出版的八大杂志《大中华》《中华教育界》《中华实业界》《中华学生界》《中华妇女界》《中华童子界》《中华小说界》《中华儿童画报》,也醒目突出了"界"的色彩。

尚可注意的是中国基督教期刊和白话文报刊的发展。基督新教对于催生中国期刊的作用,已无需说明。据教会内部提供的统计资料,1890年以前,公开发行的76种中文期刊中,宗教期刊占40种。到民国时期,"非教会书局出版物的增长率比教会书局快得多",然在1921年中国基督教期刊仍有107种。[②] 而伴随着报纸杂志的流行,催生了文体的改革。最初是追求内容之通俗易懂,渐渐地,报章的方针也涉及了文体。[③] 据统计,从1897至1918年所出白话报刊达到170余种(部分采用白话的报刊未计算在内),1897—1911年约111种,1912—1918年约59种。[④] 胡适也提供了审察民初白话文报刊可资参考的资料,指出1919年"五四运动"后,全国青年皆活跃起来,都要办些小型报刊来发表意见,"在一九一九至一九二〇两年之间,全国大小学生刊物总共约有四百多种。

---

① 史和、姚福申等编:《中国近代报刊名录》,福建人民出版社1991年版;《上海妇女志》编纂委员会编:《上海妇女志》,上海社会科学院出版社2000年版,第491页。

② 中华续行委办会调查特委会编:《中华归主——中国基督教事业统计(1901—1920)》,中国社会科学院世界宗教研究所1985年版,第98页。

③ 李孝悌已揭示了清末白话报刊的长足发展,其"下层社会"视野,揭示了伴随白话报刊的成长所兴起的"阅报社"及"宣讲、讲报与演说"的情况,对于了解报章如何深入下层社会,影响到普通人的生活,大有助益。参见李孝悌:《清末的下层社会启蒙运动:1901—1911》,河北教育出版社2001年版。

④ 蔡乐苏:《清末民初的一百七十余种白话报刊》,丁守和主编:《辛亥革命时期期刊介绍》第5集,第493—538页。这份统计资料还不完全,李孝悌的研究,即在一些报纸的记载和广告中另外辑出20份白话报刊。

全是白话文写的”。[①]

由于报章受创刊年限与发行范围及数量的影响甚巨，因而要通过某种方式呈现其图景，无疑是困难的。不过，通过以上的梳理，对于民初由报章营造的“思想版图”，还是可以获得基本的认知。首先可以说明的是，民初报章所呈现的“思想版图”，其荦荦大端，是报章发展有明显的分界。1922 年《晨报副镌》登载的一篇总结思想界发展倾向的文章，就大致以 1918 年为界区分出两个阶段，“四年以前中国思想界所评论的，多半是时事问题；近四年来的思想界所评论的，多半是学理问题”。[②] 同时，这张“思想版图”若置于地理版图，或还不足以完全展示报章的“星罗棋布”，然经历晚清以来的发展，报章已不再局限在少数大城市或沿海城市，也并非由少数社会阶层所操控。这也提示，若要审视民初由报章营造的“思想版图”，当重视什么因素主导了报章之兴起，报章的发展又呈现了“思想界”怎样的趋向。可以明确的是，较之晚清，民初由报章所呈现的“思想版图”已关联于普通人，影响所及，报章作用于个体的模式也在发生改变。这是接下来要重点探讨的。

二、读书人晋升的阶梯

透过报章展现民初之“思想版图”，旨在说明报章的影响已无处不在；读报章已成为日常生活的一个重要部分。至于读书人在学业养成阶段受到所读报章的影响，更有诸多例证。李欧梵尝试

① 唐德刚译注：《胡适口述自传》，季羡林主编：《胡适全集》第 18 卷，安徽教育出版社 2003 年版，第 326 页。

② 甘蛰仙：《最近四年中国思想界之倾向与今后革新之机运》，《晨报副镌》1922 年 12 月 3 日，第 2 版。

为“五四”一代做一个“集体素描”，即突出了读报章这一环节。[①] 不宁唯是，读书人往往还把创办报章明确定位于与“国家”“社会”发生关系之始。梁启超在一次演说中，就明确表示：“鄙人最初与国家发生关系，即自经营报事始。”[②]瞿秋白在《饿乡纪程》中，也将其参与组织《新社会》旬刊，视作其思想“第一次与社会生活接触”。[③]这里也试图举证报章如何影响到读书人的生活，问题则紧扣读书人的社会流动，以说明在科举废止的民初社会，报章从某种意义上说成为读书人新的“晋升的阶梯”。

隋唐以后绵延一千多年的科考制度，构成中国社会流动（social mobility）的主要管道，流动包括空间上的，也包括身份上的。前者是指考生沿乡试、会试、殿试之阶梯，奔波于府、州、县及省会、京师之地，陈独秀第一次离开家乡，即是到南京参加江南乡试。[④] 后者则指通过科举考试“寒微之士”步入晋升之阶梯，改变社会身份。[⑤]晚清民国时期涌现大量报章，又有怎样的意义呢？如何构成读书人新的“晋升的阶梯”呢？前已述及安德森对“印刷资本主义”的揭示，报章最突出的意义是将某一个体与“他人关联起来”。民初读书人的成长轨迹，也显示了报章如何使个人与社会建立关联，并仰

---

① 李欧梵：《五四文人的浪漫精神》，周策纵、周阳山：《五四与中国》，（台北）时报文化出版公司 1980 年版，第 296—297 页。

② 《梁任公对报界之演说》，《东方杂志》第 14 卷第 3 号，1917 年 3 月 15 日。

③ 瞿秋白：《饿乡纪程》，《瞿秋白文集·文学编》第 1 卷，人民文学出版社 1985 年版，第 26 页。

④ 陈独秀：《实庵自传》，《陈独秀文章选编》下册，生活·读书·新知三联书店 1984 年版，第 559 页。

⑤ 关于科举考试的诸多研究不是这里可以举证的，就关注“社会流动”而言，则可参考 Ping-ti Ho, *The Ladder of Success in Imperial China: Aspects of Social Mobility*, New York: Columbia University Press, 1962; Wolfram Eberhard, *Social Mobility in Traditional China*, Leiden: Brill, 1962.

赖此提升自己的社会地位。结合具体的例证不难看出，报章在民初社会中也构成了读书人晋升的阶梯（当然只是阶梯之一）。

吴虞民初那段时间的日记，就将此一过程作了形象展现，昭示出那个年代读书人的生活形态。首先读报章已成为其规划读书生活的重要部分。1912 年一则日记即言道："此后上半日看新学书，下半日看旧学书，晚看报章小说，以娱散情志。"[①]将看报章小说，归入"娱散情志"，或只是最初的情形；这样的工作计划，自也无法严格落实，不过，检视吴虞的日记，其读书生活围绕着这三个领域展开，倒有据可循。当吴虞尝试办杂志的时候，其所读杂志便起到示范作用。1914 年吴与几位同道商定拟办杂志的内容，就显示模仿对象是《新民丛报》，"拟仿之分政治时评、教育时评、社会时评三门也"。稍后又提出："文学之书当以《国粹学报》学篇文篇为依据，择善而从，庶无泛滥之敝。"[②]有两个数据颇令人惊奇，说明其与杂志的关联已如此之深。1915 年吴虞为自己发表的文字做了一份清单，涉及杂志有 25 种之多，除省内的成都、重庆等地，还远涉上海、东京。[③] 1920 年的一则日记则说明了其所定购的杂志，达 12 种之多。[④] 这些都显示一位身处内地的读书人如何通过报章与外部世界联系起来。

所谓"嘤其鸣矣，求其友声"，阅读报章的过程也是选择同道的过程。吴虞在读报的同时，凡觉思想相近者，便致函相关编辑人

---

① 中国革命博物馆整理：《吴虞日记》上册，1912 年 3 月 2 日，四川人民出版社 1984 年版，第 23 页。

② 中国革命博物馆整理：《吴虞日记》上册，1914 年 2 月 4 日、25 日，第 121、122 页。

③ 中国革命博物馆整理《吴虞日记》上册，1915 年 12 月 11 日、12 日，第 230—231 页。

④ 中国革命博物馆整理：《吴虞日记》上册，1920 年 10 月 25 日，第 561 页。

员，并奉上自己的文稿，其与《甲寅》《新青年》的关系，即由此肇端。他也希图其思想得播于天下，知悉其文稿将刊于《新青年》，他在日记中便写道：“余之非儒及攻家族制两种学说，今得播于天下，私愿甚慰矣。”后来更是表示：

> 《新青年》三卷一号将一、二卷目录特列一页，上署大名家数十名执笔，不意成都一布衣亦预海内大名家之列，惭愧之至。然不经辛亥之事，余学说不成，经辛亥之事而余或不免，四川人亦无预大名家之列者矣，一叹。美人嘉莱儿曰：文人亦英雄之一种。余正不可妄自菲薄，以为逊于世之伟人也，勉旃。①

陈独秀帮助吴虞在《甲寅》《新青年》发表文章，成为吴虞晋升之路的重要一环。陈是因为章士钊、谢无量的推许，知悉吴乃“蜀中名宿”，于是选录其《辛亥杂诗》，加以诠释，登载于 1915 年出版的《甲寅》第 1 卷第 7 期。通过发表于《新青年》的文字，也可了解陈、吴二人相交之大致情形。吴虞在给陈独秀的信中，将其文字依次录上，“以求印证”。陈的回信则表示：“尊著倘全数寄赐，分载《青年》《甲寅》，嘉惠后学，诚盛事也。”②日记中这方面的例证颇多，且模式相似，显示出读书人与报章之间的互动是如何发生的。1919 年吴虞在《时事新报》读到朱谦之的《新旧之相反相成》，内中提到，“蜀中有吴虞先生者，好为排孔之论，实于新旧递嬗中为尤有功。先生之学则何如，实竺于老、列、庄文之学者也。吾又常闻先生所著书，称道李卓吾，为官中所禁”。为此，吴虞马上将《进步》杂

---

① 中国革命博物馆整理：《吴虞日记》上册，1917 年 3 月 25 日、5 月 19 日，第 295、310 页。

② 陈独秀：《答吴又陵》，《新青年》第 2 卷第 5 号，1917 年 1 月 1 日。

志所登其关于李卓吾的文字检出寄给朱。两个月后，朱谦之也自北京来函，“请作《李卓吾学记》”。[①]

通过报章发表的文字，吴虞的影响力逐渐扩大，1917 年，时主持南社的柳亚子致函吴虞：“前从《民国日报》传读大著，知为今世之能倡唐风者，无任佩服”，“今读曩时持论，合符若节。窃幸吾道不孤，私以入社为请，甚以先生不弃鄙陋，惠然肯来，则拔帜树帜，可以助我张目，万幸万幸！”吴也欣然接受，“将社书填就，即以柳亚子、谢无量为绍介人”。[②] 不唯如此，因为在报刊上读其文字而致函吴虞表示敬佩之意的，既有“僻处鄂西”的陈彦徽，复有来自日本的青木正儿。[③] 而且，影响并不限于舆论界，北京大学的大门也为之打开。1917 年其堂弟吴君毅来信言及，“日前章行严、胡适之过谈，盛称兄学术思想不似多读旧书者，弟拟荐兄主讲中国文学于北京大学”。说是推荐，未尝不是因为吴虞已名声在外。1921 年夏天吴正式受聘于北大，因在北京获得胡适等人佳评，他也不无骄傲地表示：

> 予之著作，在四川前数年，真有“蜀犬吠日”的景象。近来同调虽多，而“诧异惊奇”的人，委实还是不少。可是一到了人文荟萃的北京，简直欢迎到这种地步，足见社会文化程度上的差异了。[④]

---

① 中国革命博物馆整理：《吴虞日记》上册，1919 年 5 月 14 日、7 月 18 日，第 462、473 页。

② 中国革命博物馆整理：《吴虞日记》上册，1917 年 3 月 5 日，第 290 页。

③ 中国革命博物馆整理：《吴虞日记》上册，1920 年 12 月 3 日、1921 年 11 月 18 日，第 567—578、654—655 页。

④ 中国革命博物馆整理：《吴虞日记》上册，1917 年 12 月 27 日、1921 年 8 月 2 日，第 361、621 页。

吴虞的故事显示了读书人如何借助报章走上晋升之路，这样的例证并非个别发生，阅读报章实际成为那个年代少年进行思想训练的主要管道。毛泽东 1920 年在一通书信中即表示：“现在我于种种主义、种种学说，都还没有得到一个比较明了的概念，想从译本及时贤所作的报章杂志，将中外古今的学说刺取精华，使他们各构成一个明了的概念。”①当时还是小学生的艾芜，也已经广泛阅读报刊，“我们一从热爱《学生潮》开始，就更进一步找寻学校图书室内的白话书刊了。成都出的《星期日》，北京出的《新青年》《新潮》《每周评论》，上海出的《星期评论》《少年中国》，就成为以后课余经常的读物”。②

吴宓的经历也值得一说，不唯显示一个年少的生命如何与杂志发生关联，还显示此如何主导其职业的选择。1911 年 7 月在一则日记中，吴宓描述了其少年时代创办杂志的经历，自 11 岁到 16 岁期间，计有 10 多种。尽管留下的只是失败的记录，许多杂志未必正式编就，然 10 岁出头之孩童，已有这样的经历，不能不令人侧目，“虽中经与他社之冲突，气未少折”，且由于社员乏人，经费无着，很多杂志往往仅出一二册，令人悼伤何胜。不过，令吴宓感到快慰的是，“余之著述事业至是而始得印刷、始得正当公布于众”。所以他也表示：“他日有暇仍当重整旗鼓，为吾陕西报界开一新天地。”③

年少时在僻处陕西之地所尝试的办报活动，未必成为吴宓“晋

① 毛泽东：《致周世钊信》，1920 年 3 月 14 日，中共中央文献研究室等编：《毛泽东早期文稿》，湖南出版社 1990 年版，第 474 页。

② 艾芜：《“五四”的浪花》，《浪花集》，北京出版社 1959 年版，第 102 页。

③ 吴学昭整理：《吴宓日记》第 1 册，1911 年 7 月 16 日，生活·读书·新知三联书店 1998 年版，第 109—110 页。

升之阶梯”，然童年时的经历显然对他不无影响。进入清华学校后，在繁忙的学业生活中，他仍对办杂志倾注了大量精力，不仅介入《清华周刊》的编纂工作，大量阅读美国出版的杂志，还将其学术理想与办杂志联系在一起。一次与同学汤用彤谈将来志向，吴就表示其目标是“联络同志诸人，开一学社，造成一种学说，专以提倡道德、扶持社会为旨呼号”。至于进行之法，吴所强调的便是“发刊杂志多种，并设印刷厂，取中国古书全体校印一过，并取外国佳书尽数翻译，期成学术文章之大观，而于国家精神之前途，亦不无小补”。[①] 由于有这样的想法，在选择学科时，他也慎重表示要以杂志为业。1915 年 3 月 9 日的日记即表示，“近为慎重之决心：将来至美，专习印刷及杂志事业，期于有成，毋恤余事”。不日，与汤用彤晤谈，也留下这样的日记：“素有经营印书，及编译杂志之成约，讨论甚详。”对于吴宓选科之决定，“诸友均不赞成”，家中父母及亲友，“亦皆以余之决定为误”，但他仍坚持这一选择。[②] 这时的吴宓未必清楚“报业”所学为何，是否有此学科可供选择。到美国后，吴方知“报业专以营业图利为之旨”，乃师及陈寅恪等“均深鄙报业之一途，而劝宓专学文学，以‘评文者’Critic 自期”。即便如此，吴宓仍坚持，“到美一番，若于实事上毫无考察，如报业，如印刷业，均不谙悉一二，则实虚此一行”，而且，“文学之效用，虽远且巨，然以今中国之时势，若专以评文者自待，高蹈独善，不偕诸友戮力前途，为国事世事，稍尽人己之绵力，则按之夙习立志，拊膺实深愧矣”。[③]

说起来，留美期间的吴宓未尝不是在进行“他日为国人导师之

① 吴学昭整理：《吴宓日记》第 1 册，1914 年 3 月 13 日，第 312 页。

② 吴学昭整理：《吴宓日记》第 1 册，1915 年 3 月 9、11 日、10 月 20 日，第 413、414、511 页。

③ 吴学昭整理：《吴宓日记》第 2 册，1919 年 11 月 13 日，第 91 页。

预备”，导致他择业上的犹豫，还体现在他对国内杂志界的重视。日记即显示了吴宓对《新青年》《新潮》等杂志以及陈独秀、胡适等提倡白话文学，颇为关注，其评价完全是负面的，“今之盛倡白话文学者，其流毒甚大，而其实不值通人之一笑。明眼人一见，即知其谬鄙，无待喋喋辞辟，而中国举世风靡。哀哉，吾民之无学也！”[1]到1920年，吴宓规划着归国之事，北京高等师范学校和四川高等师范学校校长都颇有意聘请吴，他选择了北京。京师乃全国所瞻系，做此选择自无不妥，关键是吴宓早已有归国后的打算：“宓归国后，必当符旧约，与梅君等，共办学报一种，以持正论而辟邪说。非居京，则不能与梅君等密迩，共相切磋。”不久，得国内朋友来书，慨伤国中现况，劝吴等早归，捐钱自办一报，“以树风声而遏横流”，吴宓当即表示，“他年回国之日，必成此志”。进而言道，“此间习文学诸君，学深而品粹者，均莫不痛恨胡、陈之流毒祸世”，“他年学问成，同志集，定必与若辈鏖战一番”。[2] 事实上，吴尚未归国，“鏖战”已经开始，不久他就在《留美学生季报》发表《记新文化运动》《中国的新旧说》，检讨新文化运动。

吴虞、吴宓等读书人投身杂志界的活动，展示了民初报业一个显著的特征。接下来还会谈到，因为对政治的极度失望，促使读书人“思出其位”，选择的主要方向即是创办报章。1918年前后读书人广泛介入报章的创办，从报业的角度也构成一道独特的景观。戈公振曾表示：“民国以来之报纸，舍一部分之杂志外，其精神远逊于清末。盖有为之记者，非进而为官，即退而为营业所化。故政治革命迄未成功，国事窳败日益加甚。”[3]改变这种格局的便是思想性

① 吴学昭整理：《吴宓日记》第2册，1919年12月14日，第105页。

② 吴学昭整理：《吴宓日记》第2册，1920年3月4、28日，第134、144页。

③ 戈公振：《中国报学史》，第178—181、196页。

杂志的流行，这也直接构成了对商业性杂志的冲击。张元济 1918 年底的日记就有如下记载：

> 昨与梦、仙谈，拟将《东方杂志》大减。一面抵制《青年》《进步》及其他同等之杂志，一面推广印，借以招徕广告。今日见北京大学又办有《新潮》一种。梦又言减价事，又应斟酌。[①]

可见伴随《新青年》《新潮》等杂志影响力的拓展，原来的杂志格局也被打破，除商务印书馆受到冲击之外，中华书局原来所办杂志，这个时期停刊的也不少。因为传言中华将杂志"停去六种"，张于是要求"通告分馆，尽力推销，勿失机会"。[②]

事实上，商务出版的杂志在五四时期也遭到严厉批评，陈独秀先后两次撰文批评《东方杂志》，罗家伦的批评除涉及《东方杂志》，还点到《教育杂志》和《妇女杂志》。[③] 商务所出杂志所受到的冲击，直接反映在杂志的销售额从 1917 年的 14.6 万元减少到 1918 年 11.1 万元；到 1919 年时，积压的历年杂志竟有 11 万余册。[④] 为此，商务不得不图谋革新，《东方杂志》受到质疑最多，"只能维持现状"

---

① 张人凤整理：《张元济日记》上册，1918 年 12 月 25 日，河北教育出版社 2001 年版，第 670 页。

② 张人凤整理：《张元济日记》上册，1917 年 1 月 12 日，第 204 页。

③ 陈独秀：《质问〈东方杂志〉记者——〈东方杂志〉与复辟问题》，《新青年》第 5 卷第 3 号，1918 年 9 月 15 日；《再质问〈东方杂志〉记者》，《新青年》第 6 卷第 2 号，1919 年 2 月 15 日。罗在文章中将当时出版的杂志分为四派：官僚派、课艺派、杂乱派、学理派，以《东方杂志》为"杂乱派"之代表；"学理派"中"脑筋不清楚的一类"，则"包括商务的《教育杂志》和《妇女杂志》"。参见罗家伦：《今日中国之杂志界》，《新潮》第 1 卷第 4 号，1919 年 4 月 1 日。

④ 张人凤整理：《张元济日记》上册，1918 年 12 月 26 日，第 671 页；下册，1919 年 3 月 14 日，第 732 页。

的主编杜亚泉，也只有让位于陶保霖（陶死后由钱智修接任主编）。[①] 其他杂志的编辑人员也做了调整：《教育杂志》改由李石岑编辑（实际由周予同负责）；《小说月报》改由沈雁冰、郑振铎主持，其他《学生杂志》《妇女杂志》也分别改为杨贤江、章锡琛编辑。张元济早有这样的认知，“本馆营业非用新人、知识较优者，断难与学界、政界接洽”，而“后起之辈思想甚新，蓬蓬勃勃，亦颇有为公司兴利除弊之意，有不可遏抑之势”。[②] 新人主持下的杂志在期刊市场也重新有了竞争力，关键便是开掘了学界资源，吸纳读书人介入馆中的具体事务，从而促成了出版界与学界的互动。[③]

无论什么时候，读书人皆有展现其身份意义的象征（其他社会阶层也是如此），发生变化的主要是表达的载体。通过上面的描述不难发现，报章之于民初读书人，正构成其联结社会的“中间环节”。清末民初是由“士”向“知识分子”的转型时期，报章在此间的繁荣，正体现了读书人对新的角色与身份的寻求，成为其表达身份意义最突出的环节。这里并无意说明读书人依托报章形成了单一的角色身份，事实上，民初之区别于晚清，正体现在投身报界的读书人，有着多重身份。前已述及晚清以来“界”是如何被表述的，有

① 张元济1919年8月的日记就写道：“《东方杂志》事，惺翁告，亚泉只能维持现状。又云外间绝无来稿。”10月又记：“惺言，《东方杂志》甚有佳作，而亚泉均不取，实太偏于旧。”不日便做出决定：“请亚泉专管理化部事，《东方》由惺存担任。”（张人凤整理：《张元济日记》下册，1919年8月5日、10月22、28日，第828、889、891页）

② 张树年主编：《张元济年谱》，商务印书馆1991年版，第129、270页。1919年5月在与胡适晤谈时，对学界也颇有“借重之意”，“京师为人材渊薮，如有学识优美之士，有余暇从事撰述者，甚望其能投稿或编译”。参见张人凤整理《张元济日记》下册，1919年5月1日，第765页。

③ 周武：《论民国初年文化市场与上海出版业的互动》，《史林》2004年第6期。

一点颇有意思,围绕“思想界”的表述,相似的还有诸如“精神界”“出版界”“报界”“学界”“教育界”“舆论界”等,其具体所指,实难划分明显的边界。此亦表明讨论“思想界”不得不面对的问题,其他各类“界别”的表述,其具体所指,相较而言是清楚的,唯有“思想界”(包括“学界”),其内涵并不那么清晰。基于职业进行命名的“界别”,多少让人清楚其所指;“史界”“文界”“诗界”之类,则关乎研究领域或体裁,也还算比较明确。相比之下,“思想界”与“学界”的内涵,却不那么清晰,以职业来指称或研究领域加以涵盖,都尚有距离。造成这样的困难,最基本的便是因为“思想界”这一界别的职业特征不明显;同时也是因为与“思想界”密切联系在一起的读书人有多重身份。既如此,也有必要结合大学与报章的关联,分析民国初年“思想界”或“学界”的情况;说起来,部分读书人的生活形态,也是由大学与报章共同营造。审视民初读书人的生活形态,这也是不可或缺的一环。

三、大学·报章·社会

说到“晋升的阶梯”,不只吴虞如此,陈独秀未尝不是这样。1917 年 1 月 14 日,在发表出任北大校长的就职演说四天之后,蔡元培任命陈独秀为文科学长,《新青年》也成为“敲门砖”。根据蔡后来的回顾,1916 年冬天,还在法国的蔡元培接到教育部电,促其回国出长北大。到北京后,他先访医专校长汤尔和,汤表示:“文科学长如未定,可请陈仲甫君;陈君现改名独秀,主编《新青年》杂志,确可为青年的指导者”,并取《新青年》十余本示蔡。蔡也有这样的看法,“我对于陈君,本来有一种不忘的印象”,“听汤君话,又翻阅了《新青年》,决意聘他”。有意思的是,对于蔡的相邀,陈独秀起初断然回绝,“因为正在办杂志”。蔡则表示,“那没关系,把杂志带到学校里来办好了”。[①] 这样《新青年》也随陈独秀走进北大。

大学与报章结合，使民初思想界呈现出有别于晚清的图景，《新青年》的走向，展现了这本杂志如何和北大结合在一起，又产生了怎样的影响。1915 年陈独秀创办的《青年》杂志，最初汇聚的主要是皖籍读书人，卷首作者几乎全为安徽籍或与皖政界和文化界关系密切者，影响也有限。据张国焘所说，尽管《新青年》1915 年已创刊，但“北大同学知道这刊物的非常少”，直到 1917 年春陈独秀任北大文科学长，才能在学校和书摊上买到。[②] 周作人也提及，“初来北京，鲁迅曾以《新青年》数册见示，并且述许季茀（即许寿裳——引者注）的话道，‘这里边颇有些谬论，可以一驳’”。他却认为，“觉得没有什么谬，虽然也并不怎么对”，也就是一个普通刊物，“看不出什么特色来”。《新青年》在 1917 年逐渐有了新的气象，关键即在陈独秀当上了北大文科学长，胡适、刘半农等人都进了北大，“这与北大也就发生不可分的关系了”。[③]

从出版的角度看，也是如此。据汪原放所忆，陈独秀 1913 年亡命到上海，找到其大叔汪孟邹，告知出一本杂志的想法，表示“只要十年八年的功夫，一定会发生很大的影响”，但当时的亚东正在印行《甲寅》杂志，经济上甚为棘手，没有力量做，于是介绍给群益书社。最初每期只印一千本，而且只发行了 6 号，就停刊了半年。[④] 对此，陈独秀也是颇为沮丧的，“本志出版半载，持论多与时俗相

---

① 蔡元培：《我在北京大学的经历》，《东方杂志》第 31 卷第 1 号，1934 年 1 月 1 日；唐宝林、林茂生编：《陈独秀年谱》，上海人民出版社 1988 年版，第 75 页。

② 张国焘：《我的回忆》上册，东方出版社 2004 年版，第 37 页。

③ 周作人：《知堂回想录》，（香港）三育图书文具公司 1980 年版，第 333—334、355 页。

④ 汪原放：《亚东图书馆与陈独秀》，学林出版社 2006 年版，第 37、33 页。

左，然亦罕受驳论，此本志之不幸，亦社会之不幸”。[①] 获悉陈被任命为北大文科学长，汪原放诸人不禁议论道：“陈仲翁任国立北京大学文科学长好得多了，比搞一个大书店，实在好得多。”“学堂、报馆、书店都要紧，我看，学堂更要紧”。[②] 这是在议论大学、报馆、书店哪个更重要，殊未料彼此之间还有关系。陈主持北大文科后发行的《新青年》第3卷，撰稿人差不多都是北大教员和学生，迅即成为北大革新力量的言论阵地。[③] 陈独秀也不再单独控制这一杂志，从第4卷第1号起，改为同人杂志；第6卷第1号又公布了轮流编辑的办法。[④] 胡适、钱玄同、高一涵、李大钊、刘半农、沈尹默、陶孟和以及周氏兄弟，成为该刊之要角。

可以说，较之晚清，民初思想界最引人注目的变化，是杂志创办者往往兼有大学教授的身份。而且，不单教授们在办杂志，许多学生也投身到刊物的创办中。《新潮》杂志发刊时，傅斯年就不无意味地表示：“北京大学之生命，已历二十一年；而学生之自动刊物，不幸迟至今日然后出版。”还解释了该杂志之缘起，一致的看法是“学生应该办几种杂志”，“我们将来的生活，总离不了教育界和出版界，那么，我们曷不在当学生的时候，练习一回呢”。[⑤] 张国焘在回忆中也描绘了那个年代读书人之选择办杂志，差不多成为“行动的第一步”：“要救国，就要组织团体，发行一种刊物，作为行动的第一步。当时这种组织小团体的想法颇为流行，不少有抱负的青

---

① 陈独秀：《答陈恨我》，《新青年》第2卷第1号，1916年9月1日。

② 汪原放：《亚东图书馆与陈独秀》，第37页。

③ 陈万雄：《五四新文化的源流》，香港三联书店1992年版，第1—20页。

④ 《本志编辑部启事》，《新青年》第4卷第3号，1918年3月15日；《本杂志第六卷分期编辑表》，《新青年》第6卷第1号，1919年1月15日。

⑤ 傅斯年：《〈新潮〉发刊旨趣书》，《新潮》第1卷第1号，1919年1月1日；《〈新潮〉之回顾与前瞻》，《新潮》第2卷第1号，1919年10月30日。

年都想借以一试身手，登高一鸣。”[①]以北京大学学生为主体成立的无政府主义团体实社，也宣称“本社以研究所得，随时宣诸报章”。[②]

要完整梳理身处大学校园的读书人创办杂志的情况，无疑是困难的，这里可根据北大的情况略加说明。据《北京大学日刊》1920年底提供的资料，北大之“定期出版品”(除纯属本校出版者外，与本校关系较深者亦陈列)包括有：《北京大学月刊》《北京大学日刊》《北京大学学生周刊》《新潮》《数理杂志》《音乐杂志》《绘学杂志》《批评半月刊》《评论之评论》，“其现在暂行停刊者为《国故》月刊《奋斗》周刊，曾经拟议尚未实现者，有史学系之《史学杂志》与地质研究会之《地质杂志》”。总的说来，“本校之出版品，年来骤形增加。其蓬蓬勃勃之气象，不特为国内之重心，亦为世界所瞩目”。单从出版品看，恐怕主要的成绩便是创办的杂志，其他出版物实在有限，只列出《北京大学丛书》《新潮丛书》《世界丛书》。两相对照，还是不难发现存在的差异，而且，北大师生“在外间出版者无从调查”。[③]

对此状况北大教员也是颇有看法的，1920年北大开学典礼上胡适就痛心地表示，北大这些年总算挂着“新思潮的先驱”“新文化中心”的招牌，但面对学术界大破产的现象，面对自己在智识学问上的贫乏，应该感到惭愧；以目前整个学校两年间只能出版5期月刊、5种著作、1种译著所体现的学术水准，远没有资格谈“普及”。[④]到1922年北大25周年校庆，胡适也痛陈北大“开风气则有余，创造学术则不足”，认为号称最高学府就应该有与其名声相当的具有世

---

① 张国焘：《我的回忆》，上册，第43页。

② 《实社意趣书》，《实社自由录》第1册，1917年7月1日。

③ 《出版品》，《北京大学日刊》1920年12月17日，第7版。

④ 陈政记：《胡适之先生演说词》，《北京大学日刊》1920年9月18日，第3版。

界性贡献的学术,但实际却依旧是99%的稗贩。李大钊也认为北大“值得作为一个大学第二十五周年纪念的学术上的贡献实在太贫乏了”,因为“只有学术上的发展值得作大学的纪念,只有学术上的建树值得‘北京大学万万岁’的欢呼”。①

由此也有必要检视当时大学的师生的发表情况,有个背景有必要交待一下,自晚清报章逐渐流行后,中国读书人的书写方式较之以往便有了革命性的改变,主要文字均依托报章发表。梁启超在晚清思想界“暴得大名”,部分即在于其“语言笔札之妙”,但报章文字“匆迫草率”,体现得也极为充分。1897年梁启超在《与严幼陵先生书》中就谈到这个问题,那时候,梁刚走上办报之路,其为文遭到严复的批评,于是梁作了如下解释:

> 启超于学,本未尝有所颛心肆力,但凭耳食,稍有积累,性喜论议,信口辄谈,每或操觚,已多窒阂。当《时务报》初出之第一二次也,心犹矜持而笔不欲妄下。数月以后,誉者渐多,而渐忘其本来。又日困于宾客,每为一文,则必匆迫草率,稿尚未脱,已付钞胥,非直无悉心审定之时,并且无再三经目之事。非不自知其不可,而潦草塞责,亦几不免。又常自恕,以为此不过报章信口之谈,并非著述,虽复有失,靡关本原。

梁启超对于在报章发表的文字,也不无遗憾,然而,考虑到“不过报章信口之谈,并非著述,虽复有失,靡关本原”,且只是“在报中为中等人说法”,又不免“自恕”。② 对此,章太炎更有严厉批评:“文

① 胡适:《回顾与反省》;李大钊:《本校成立第二十五年纪念感言》,均刊于《北京大学日刊》1922年12月17日,第2、3版。

② 梁启超:《与严幼陵先生书》,《饮冰室合集》第1册,“文集之一”,中华书局1989年版,第107—108页。

辞之坏，以林纾、梁启超为罪魁（严复、康有为尚无罪）。厌闻小学，则拼音简字诸家为祸始（王照、劳乃宣皆是）。”在章看来，“人学作文，上则高文典册，下则书札文牍而已”。高文典册固非人人所有事，书札文牍则未有不用者，“然林纾之文，梁启超报章之格，但可用于小说报章，不能用之书札文牍，此人人所稔知也。今学子习作文辞，岂专为作小说、撰报章，而舍书札文牍之恒用邪！”①

民初时对报章文字的批评，亦复如此。《晨报副镌》刊登的一篇文字，就颇有意味讲到古今读书人写作之区别，作者甚至愤愤表示，“古人著书为传世，今人著书为卖钱”：

> 我国古哲著书，专讲究藏之名山，以待来者。窥其书之内容，不是对于学术有特别发挥，就是对于世道有针砭功用。今日则不然。社会喜讲恋爱，就千篇一律皆在作恋爱小说，并不注意人心世道的转移。社会喜谈社会主义，就报纸杂志皆言社会主义，毫不计较国家社会的经济状况。所以然者，古人著书为传世，今人著书为卖钱。②

这一状况的造成，自有其原因，除了报章自身属性催生“急就章”，最基本的是读书人所依托的“学术期刊”此时尚处萌芽中，要到20世纪二三十年代才逐渐成型；当时的大学对于教员的成果发表也没有明确要求。不管怎样，民初读书人表达的载体主要还是各种期刊，1918年张申府在一篇短文中，甚至指出“中国旧无杂志，与之不相习，故罕能利用之”：

> 西土学者著作之方今古已有不同。古之学者毕一生之

---

① 章太炎：《与钱玄同》，1910年10月20日，马勇编：《章太炎书信集》，河北人民出版社2003年版，第118页。

② 臧启芳：《出版与文化》，《晨报副镌》1923年8月9日，第1版。

力，汇其所学，成一大典，以为不朽之业。今之学者学有所得，常即发为演讲，布诸杂志，以相讨论，以求增益。一二年所得，罕有刊成书册者。治一学，而欲知新，而欲与时偕进，乃非读其学之杂志不可。[①]

后来，张申府在一篇文字中，列出了其撰写的主要文字，包括“从1911年到1948年期间曾投稿过的报纸期刊等”，“解放以来发表的文字”，“我出过的单行本书及小册子等”，“主编过的期刊杂志”。[②] 从这个清单便不难看出，民国时期的读书人和期刊的关系是何等密切，投稿报刊构成了基本的生活形态，即便是“单行本书及小册子”，也主要是发表于期刊的文字汇集而成，《独秀文存》《胡适文存》，便是如此。

身处大学校园的读书人广泛介入杂志的创办，搭建起沟通社会的津梁。这也引发一系列问题，大学教员的社会责任如何体现，大学又担负怎样的责任？纷争也由此引发。1919年2月15日出刊的《新青年》第6卷第2号，登载了这样一则启事：

近来外面的人往往把《新青年》和北大混为一谈，因此发生种种无谓的谣言。现在我们特别声明：《新青年》编辑和做文章的人虽然有几个在大学做教员，但是这个杂志完全是私人的组织，我们的议论完全归我们自己负责，和北京大学毫不相干。此布。[③]

发表这样的“启事”，自是因为已感受到种种流言，无补于事，

---

① 张申府：《劝读杂志》，《新青年》第5卷第4号，1918年10月15日。

② 张申府：《所忆》，《张申府文集》第3卷，河北人民出版社2005年版，第565—607页。

③ 《〈新青年〉编辑部启事》，《新青年》第6卷第2号，1919年2月15日。

也是可以预料的。《新青年》的对手乃至坊间，都不可能不把杂志与大学联系在一起。据陈独秀所言，因为看见《新青年》登有几篇大学教习的文章，便对“大学造了种种谣言”，然他们“决不拿出自己的知识本领来正正堂堂的争辩，总喜欢用‘倚靠权势’‘暗地造谣’两种武器”。[①] 在稍后致胡适的信中，陈又指出：“大学解散的话，现在还没有这种事实；但是少数阔人，确已觉得社会上有一班不安分的人，时常和他们为难；而且渐渐从言论到了实行时代；彼等为自卫计，恐怕要想出一个相当的办法。”话虽隐讳，但陈已感到“整顿大学，对付两个日报、一个周报，恐怕是意中的事”。[②] 身为北大校长的蔡元培，更是时常陷入种种是非中。

关键在于，借助于报章，大学校园之风潮很容易就传入社会。1919 年 2 月 26 日《神州日报》以“北京特约通信”的方式发布这样的信息：因为“言论思想多有过于激烈浮躁”，“北京大学文科学长陈独秀即将卸职”；陶孟和、胡适、刘半农等教授也拟令“一律辞职”。甚至言之凿凿，“昨大学校曾开一极重大讨论会，讨论大学改组问题，欲将某科某门改所谓某系，如是则可以不用学长。此种讨论，亦必与陈学长辞职之说大有关系，可断言也”。[③] 到 3 月 3 日，又进一步说明：“兹闻文科学长陈独秀已决计自行辞职，并闻已往天津，态度亦颇消极，大约文科学长一席在势必将易人，而陈独秀之即将辞职已无疑义。”而胡适、陶孟和、刘半农三位教授，“则蔡校长以去就力争，教育部已均准其留任矣”。[④] 到 3 月 9 日，还登出模

---

① 陈独秀：《关于北京大学的谣言》，《每周评论》第 13 号，1919 年 3 月 16 日。

② 陈独秀：《致胡适》，1919 年 5 月 7 日，《胡适来往书信选》上册，中华书局 1979 年版，第 42 页。

③ 《学海要闻》（半谷通信），《神州日报》1919 年 2 月 26 日，第 2 版。

④ 《学海要闻》（半谷通信），《神州日报》1919 年 3 月 3 日，第 2 版。

棱两可的消息："北京大学文科学长陈独秀近有辞职之说，日前记者在访该校校长蔡孑民先生，询以此事，蔡校长对于陈学长辞职一说，并无否认之表示。"①

《公言报》则在3月18日刊登了一篇文字《请看北京学界思潮变迁之近状》，不无意味地表示："北京近日教育虽不甚发达，而大学教师各人所鼓吹之各式学说则五花八门，颇有足纪者。"文章指出北大新派学者，"前后抒其议论于《新青年》杂志"，"近又由其同派之学生组织一种杂志曰《新潮》者，以张皇其学说。《新潮》之外，更有《每周评论》之印刷物发行"，"其思想议论之所及，不仅反对旧派文学，冀收摧残廓清之功，即于社会所传留之思想，亦直接间接发见其不适合之点而加以抨击"。复指出，与新派对峙者"有旧文学一派"，视新派怪诞不经，"为其祸之及于人群，直无异于洪水猛兽"，还特别说明：

> 顷者刘、黄诸氏，以陈、胡等与学生结合，有种种印刷物发行也，乃亦组织一种杂志，曰《国故》。组织之名义出于学生，而主笔政之健将，教员实居其多数。②

对于像《神州日报》那样虚构证据，以强调关于北大的种种消息"信而有征"的做法，蔡元培自是不能袖手，况且，这样的谣言流传甚广，"上海报纸，甚至有专电言及此事"。蔡当即致函《神州日报》，申明"陈学长并无辞职之事，如有以此事见询者，鄙人必绝对

---

① 《学海要闻》(半谷通信)，《神州日报》1919年3月3日，第2版。

② 《请看北京学界思潮变迁之近状》，《公言报》1919年3月18日，第3、5版。相似的内容之前曾刊登于《申报》，静观：《北京大学新旧之暗潮》，《申报》1919年3月6日，第6版。

否认之。所谓并无否认之表示者，误也"。[①] 针对《公言报》刊登的文字，"为表示北京大学真相起见"，蔡元培也"不能不有所辨正"。因此文刊登时附有林纾致蔡元培函，故蔡以答复林纾的形式，要求《公言报》"照载"。蔡主要阐述了新文化运动的方向问题，关于大学本身，则主要强调了两点：一是对于学说，循"思想自由"原则，取"兼容并包"主义；二是对于教员，以学诣为主，"其在校外之言动，悉听自由，本校从不过问，亦不能代负责任"。[②] 稍后，《国故》月刊社与刘师培也分别发出公开信，指明《公言报》所言，"与真象不符"。[③]

来自社会的压力不仅施诸于北大教员，学生也不能免。傅斯年披露，《新潮》问世不过8个月的时间，就遭遇了三层困难，其一是"经济方面的波折"；其二是"发生了许多反动"，"有几家报纸天天骂我们，几几乎像他们的职业。甚而至于我们学校的某某几个教员休息室里，也从此多事"；其三是"惹出了一个大波浪"：

> 有位"文通先生"，惯和北大过不去，非一次了；有一天拿着两本《新潮》几本《新青年》送把地位最高的一个人看，加了许多非圣乱经、洪水猛兽、邪说横行的评语，怂恿这位地位最

① 《蔡校长致〈神州日报〉记者函》，《北京大学日刊》1919年3月19日，第4版。大致说来，关于辞退大学教授之说，在京中倒无所传布，但《申报》以"京电"刊出有关消息，却引起种种猜测。《每周评论》曾汇集包括《顺天时报》《民治日报》《民福报》《益世报》《民国日报》《时事新报》《神州日报》《教育周报》《国民公报》《新报》《中华新报》《川报》等报刊对此事的反应，编为特别附录"对于新旧思潮的舆论"，分两次刊出。《每周评论》第17号，1919年4月13日；第19号，1919年4月27日。

② 《蔡校长致〈公言报〉函并附答林琴南君函》，《北京大学日刊》1919年3月21日，第1—3版。此篇及附件先后刊登于《公言报》1919年3月18日及4月1日。

③ 《〈国故〉月刊社致〈公言报〉函》《刘师培致〈公言报〉函》，《北京大学日刊》1919年3月20日，第6版。

高的来处治北大和我们。这位地位最高的交给教育总长傅沅叔斟酌办理。接着就是所谓新参议院的张某要提查办蔡校长，弹劾傅总长的议案。①

傅斯年没有交代其中发生的种种纠葛，根据傅增湘、蔡元培往返函件，不难了解其中的枢机。傅开宗明义，"自《新潮》出版，辇下耆宿对于在事员生不无微词"。他表示所虑乃在"因批评而起辨难，因辨难而涉意气"，希望"遵循轨道，发为议论"，"若其以仓卒之议翘于群众，义有未安，辄以滋病，殆有未可"。尤其是，"倘稍逾学术范围之外，将益启党派新旧之争，此则不能不引为隐忧耳"。蔡元培在答复中，首先指明"局外人每于大学内情有误会之处"，同时辩护说，"若持《新潮》《国故》两相比拟，则知大学中笃念往旧，为匡掖废坠之计者，实亦不弱于外间耆贤也"。这是蔡毫不退让的，就像他与林纾的通信所言。不过涉及发言方式问题，蔡承认此乃"明言傥论"，"当即以此旨喻于在事诸生，嘱其于词气持论之间加以检约"。他也强调："批评原无可虑，所虑乃在出乎其位，牵及感情之言。"②

所谓"出乎其位"，实际是从两个方面提示了大学与报章的关系：其一涉及角色定位，其一关乎发言方式。民初"思想界"的独特风貌，或即体现于此。这也引起诸多议论，杨荫杭对于"学界"就有这样的观察，"世间清净去处，莫如学界"，然而，"学之中亦有'客'焉，所办者曰'学务'，而无事不提议，无电不列名，则其人固非教育

---

① 傅斯年：《〈新潮〉之回顾与前瞻》，《新潮》第 2 卷第 1 号，1919 年 10 月 30 日。

② 《傅增湘蔡元培往返函件》，北京大学档案·全宗号(七)·目录号 1·案卷号 117，转引自王学珍、郭建荣主编：《北京大学史料》第二卷(1912—1937)下册，北京大学出版社 2000 年版，第 2744—2745 页。

家，不过‘学客’而已矣。为求学故入学，乃在求学时代，竟无一事不通晓，无一事不干预，则其人固非学生，不过‘学客’而已矣”。教育家之义务，在教育后进以救国；学生之义务，在学成人才以救国，“若挂学校之招牌，而自成一阶级，自创一政派，则学殖荒矣。若更为政客所利用，东设一机关，西设一事务所，终日不读书，但指天画地，作政客之生涯，则斯文扫地矣”。[①] 尽管未曾言明，但字里行间还是关联到办报之读书人。因此，关于大学与报章的关系，不只是大学师生广泛参与杂志的创办，还在于这些杂志往往“思出其位”。由此，也当进一步思考，读书人广泛投入杂志的创办，是基于怎样的认知？可以明确的是，民初所形成的“思想革命”的观念，与此不无关联，意味着读书人之所以重视报章，是缘于对“思想革命”的充分肯定。

四、政治·思想·学术

报章所营造的“思想界”展现了民初读书人生活形态的一些面相，重要的还不仅是读书人建立起与报章密切的关联，报章的流行还另有枢机，深刻影响着读书人的“话语”(discourse)。前已述及，民初报章的发展存在结构性的转变，民国初肇，伴随政党活动的兴盛，催生了各种政论性的杂志，由大学师生创办的思想学术性的杂志，主要流行于1918年以后。何以会截然划分出两个不同的阶段？自与民初的历史演进不无关系，甚至可以说，“共和幻象”乃读书人创办杂志的诱因，也构成营造民初思想界的潜在背景。因此有必要进一步讨论，报章作为一种特殊载体，如何影响到读书人思考问题的方式，乃至方向。

---

① 杨荫杭：《政客与学客》，《申报》1921年9月29日，第5张第18版。

这里不能不提到王朝崩溃所产生的冲击，与历史上任何一个王朝的覆灭不同，此时中国遭逢的是普遍王权（universal kingship）的崩溃，所造成的整体性危机，民国成立后很快就反映出来，人们还没有从旧王朝覆灭的“震惊”中走出，热闹非凡的民主宪政很快如昙花一现。鲁迅就深有感触地说过：“见过辛亥革命，见过二次革命，见过袁世凯称帝、张勋复辟，看来看去，就看得怀疑起来，于是失望、颓唐得很了。”“我觉得革命以前，我是做奴隶；革命以后不多久，就受了奴隶的骗，变成他们的奴隶了”。[①] 鲁迅上述常被人征引的话，道出了民国成立后的景象距离人们的期望甚远，白鲁恂（Lucian W. Pye）用“共和幻象”（phantom republic）描绘革命光辉的式微，就揭示出甫经成立的中华民国不仅未能重建社会秩序，反倒加速了社会整合的危机。[②] 这也难怪，一个古老帝国以往行之有效的统治方式随着王权的崩溃失去了效应，要在较短的时间里重建社会秩序，既不可能，也不现实。[③]

在这种背景下发生的新文化运动，即可视作读书人对政治秩序极度失望的结果，当时组织的很多团体，往往竞相标榜“不党”、不涉及“政界”，只是这样的选择无补于政治秩序的改善，也显而易见。不过，政治走向于报章的影响颇大，使报章的发展在短短的时

---

① 鲁迅：《〈自选集〉自序》，《鲁迅全集》第 4 集，人民文学出版社 1981 年版，第 455 页；《忽然想到》，《鲁迅全集》第 3 集，第 12 页。

② Lucian W. Pye, *The Spirit of Chinese Politics: A Psychocultural Study of the Authority Crisis in Political Development*, Cambridge Mass.: M. I. T. Press, 1968.

③ 正如政治学者所指出的：当社会发生急遽变化削弱甚至瓦解了政治权威的传统源泉，就会使创造新的既具合法性又具高效能的政治体制问题趋于复杂化。这个变数如果大大超出了“共处一体的艺术”，其后果便是政治上的不稳定和混乱。参见塞缪尔·P.亨廷顿（Samuel P. Huntington）：《变动社会的政治秩序》，张岱云等译，上海译文出版社 1989 年版，第 5 页。

间里呈现出不同的趋向。最初是政治热情左右着报章之沉浮;紧接着展开的,既以新文化运动为标识,则杂志的走向自受到思想文化因素的主导。如果说晚清思想界有功于“共和”,则民初的“共和幻象”则促成思想界以新的方式重组。

1912年梁启超归国后,尽管仍选择办报为业,甚至强调此乃“十八年来初志,且将终身以之者也”。[①] 但以善变著称的梁启超,主要精力都投入到实际政治中,只是在不断碰壁之后,又试图超越现实政治在思想文化方面做些努力。1915年中华书局发行《大中华》杂志,聘梁启超为主任撰述,他所撰写的《发刊词》就表达了对此的看法:“我国民积年所希望所梦想,今殆已一空而无复余。”但梁试图说明政治不是事业的全部,“我国民前此之失望,政治上之失望也,政治不过国民事业之一部分,谓政治一时失望,而国民遂无复他种事业,此大惑也。且政治者,社会之产物也,社会凡百现象皆凝滞窳败,而独欲求政治之充实而有光辉,此又大惑也。”相应的也将该杂志定位于“赞助我国民从事个人事业社会事业者于万一”。[②] 次年在与报馆记者谈话中,梁启超又明确指出:

> 鄙人自问若在言论界补助政府匡救政府,似尚有一日之长,较之出任政局或尤有益也。又国中大多数人民政治智识之缺乏,政治能力之薄弱,实无庸为讳,非亟从社会教育上痛下工夫,则宪政基础终无由确立。此着虽似迂远,然孟子所谓“七年之病,求三年之艾,苟为不蓄,终身不得”。鄙人数年来

---

① 梁启超:《鄙人对于言论界之过去及将来》,《庸言》第1卷第1号,1912年12月1日。

② 梁启超:《发刊词》,《大中华》第1卷第1期,1915年1月20日。

受政界空气之刺激愈深，感此着之必要亦愈切。[①]

梁启超的反省，获得了严复的同情。1915 年严复在给梁启超的一通书信中便表示："近年来，国家多故，朝野不宁，然治之之道，确如老弟所言，必先安内固本，而后方克对外，此不易之理。"尤其说明"今日吾等所能为者，除以文字报国外，他何敢言？"[②]梁启超与严复，皆是晚清思想界的翘楚；民国之缔造，功莫大焉。他们在此际所做反省，显示出民初政治演进给予他们颇多刺激，严复所谓"除以文字报国外，他何敢言"尤其令人玩味。他们一生都在从事文字报国的工作，现在旧话重提，有几分无奈，也预示着在重新思考文字报国的方向。前已述及吴虞的晋升之路，翻阅其日记，也可发现饶有兴味的一幕，正所谓"吾日三省吾身"，吴每年在日记中差不多都要宣示其宗旨乃"专主研究学术，不问政治"。1918 年记："余去年即有不入党、不任主笔之宣言，今年又加不谈政事一条。处此乱世，总以不开罪于人、少于人交涉、和光共尘、不露头角为要。衣食粗给，杜门读书讲学，陶渊明吾之师也，慎之勉之。"1920 年又强调："予平日宗旨不入党，不任主笔，不以文字谈法律、政治，近年尤以不涉足政界为要件。"[③]

就新文化一代来说，他们之登上思想文化的舞台，祭起的便是"不谈政治"的戒约。1915 年陈独秀办起《青年杂志》，就明确告白"本志之天职"，乃"改造青年之思想，辅导青年之修养"，"批评时

---

① 梁启超：《与报馆记者谈话一》，《饮冰室合集》第 8 册，"专集之三十三"，第 132 页。

② 严复：《致梁启超》，1915 年 8 月 14 日，马勇整理：《严复未刊书信选》，《近代史资料》总第 104 号，中国社会科学出版社 2002 年版，第 91—92 页。

③ 中国革命博物馆整理：《吴虞日记》上册，1917 年 3 月 2 日、6 月 11 日，1920 年 9 月 25 日，第 288、315、557 页。

政，非其旨也"，如国人思想未有根本之觉悟，也难以"非难执政之理"。[①] 陈在1916年的一篇文字，还将明中叶以来所发生的变化区分为七期，第七期乃是指"民国宪政实行时代"，强调"此等政治根本解决问题，不得不待诸第七期吾人最后之觉悟"。原因在于，"伦理思想，影响于政治，各国皆然，吾华尤甚"，"伦理的觉悟，为吾人最后觉悟之最后觉悟"。[②] 胡适归国后的选择，也颇有代表性。在《非留学篇》这篇也许是其留学时期最重要的文章中，曾严厉批评中国留学政策偏重实业而轻视文科是"忘本而逐末"："吾国人所受梁任公严几道之影响为大乎？抑受詹天佑胡栋朝之影响为大乎？晚近革命之功，成于言论家理想家乎？抑成于工程之师机械之匠乎？"[③]在给一位大学教授的信中，他还写道："没有通向政治体面与政治效率的捷径"，"让我们去教育我们的人民，让我们为我们的后代打下一个他们可以依赖的基础"。[④] 这样，胡适归国以后做出相应选择，也便顺理成章：

> 1917年我回国时，船到横滨，便听到张勋复辟的消息；到了上海，看了出版界的疏陋，教育界的沉寂，我方才知道张勋的复辟乃是极自然的事，我方才打定二十年不谈政治的决心，要想在思想文艺上替中国政治建筑一个革新的基础。[⑤]

对于新文化一代"不谈政治"的标榜，需要加以辨析，这些言辞

---

① 《通信》，《青年杂志》第1卷第1号，1915年9月15日。

② 陈独秀：《吾人最后之觉悟》，《青年杂志》第1卷第6号，1916年2月15日。

③ 胡适：《非留学篇》，周质平主编：《胡适早年文存》，（台北）远流出版公司1995年版，第361、368页。

④ 胡适：《胡适留学日记》（三），《胡适作品集》第36集，（台北）远流出版公司1986年版，第250页

⑤ 胡适：《我的歧路》，《努力周报》第7期，1922年6月18日。

并非意味着他们对政治冷漠，而是在政治与思想之间确立了新的路径。《新青年》致力于思想文化，也只是为着澄清政治的迷雾；况且该杂志未必就真的“不谈政治”。[①] 因此，问题远非要不要谈政治那样简单，于新文化一代来说，创办杂志并非意味着远离政治，而是确立了思想具有超越政治的优先性。“思想革命”的话语，也在此中得到阐述。

前已言及，逐渐认识到中西竞争最终是一场“学战”，是晚清中西文化交流突出的一环。耐人寻味的是，民初却凸显了“思想战”，杜亚泉在 1915 年的一篇文字中即明言：

> 今之时代，为思想战之时代。十八世纪民权思想之普及，美利坚独立，法兰西革命，其他革命战争之蔓延于各国者，不知凡几。十九世纪民族思想之发达，意大利合并，巴尔干分裂，其他民族战争之爆发于各地者，更不知凡几。此回旋澎湃之思潮，更由太平洋印度洋远渡亚东，波及吾国，而有辛亥之役。吾国之思想战，盖以此为著矣。[②]

这里所说之“思想战”，其语境与晚清流行的“学战”自不能相提并论，但突出思想之作用，却甚为分明。这也构成新文化运动的流行话语，汪敬熙注意到，自 1916 年 1 月《东方杂志》发表黄远生《国人之公毒》后，“有许多人都同声说，我们中国各种坏处的根原

---

① 照胡适的说法，《新青年》“不谈政治而专注意文艺思想的革新”，主要受其影响，“陈独秀、李大钊、高一涵诸先生都很注意政治的问题”。参见胡适：《纪念“五四”》，《独立评论》第 149 号，1935 年 5 月 4 日。陈独秀确是坚持，“政治问题，往往关于国家民族根本的存亡，怎应该装聋作哑呢？”（陈独秀：《今日中国之政治问题》，《新青年》第 5 卷第 1 号，1918 年 7 月 15 日）

② 杜亚泉：《论思想战》，《东方杂志》第 12 卷第 3 号，1915 年 3 月 1 日。

就是思想界，并且又说，如想改革中国，第一步就须改革思想”。[①]一篇讨论思想界两大潮流的文字，开篇就写道：“诸君大概都知道改革社会，是要改造思想的。”这已是把“思想”之优先性作为讨论问题的前提。进一步还试图说明，思想是一切社会、政治、学术的源头，“思想变了，那学术社会政治一定跟着变”：

> 凡稍能看报纸杂志的人，大概都知道从“五四运动”以来，中国发生了“新文化运动”，随着新出版物一天多一天，所鼓吹的，一言以蔽之，是新思想，分言之：把这思想用到文学上来，便是新文学；把这思想用到政治上去，便是新政治（平民政治）；把这思想用到社会上去，便是新社会（互助社会）。[②]

当时出版的许多杂志，也都强调了“思想”之优先性。《新中国》杂志创刊时，其《发刊词》就指出：“新思想为造新政治、为造新道德、为造新学术之前提”，“若思想变，而政治、道德、学术皆应之，是宜其有是无非，有善无恶矣。故欲以新政治、以新道德、以新学术而造新思想者，其势逆；以新思想而造新政治、而造新道德、而造新学术者，其势顺”。尤其阐明：“世界目前思想界的变迁，岂唯邃古所未闻见，即求之数年十数年之前，犹觉其有今昔之殊。”[③]同年创刊的《闽星》杂志则提出“思想界的改造”问题，何以“思想界”需要改造，原因即在“世界的进化和人类的思想很有密切的关系。思想的变迁到了什么程度，进化的现象，自然为其写真，达到那个境地了”。为此也强调“思想一变，新机大来，前途光明，没有穷极”。[④]

---

① 汪敬熙：《什么是思想？》，《新潮》第1卷第4号，1919年4月1日。

② 陈问涛：《中国最近思想界两大潮流》，《时事新报》1923年4月29日，“学灯”，第1—2版。

③ 学箕：《〈新中国〉发刊词》，《新中国》第1卷第1号，1919年5月15日。

④ 陈炯明：《〈闽星〉发刊词》，《闽星》第1卷第1号，1919年12月1日。

更有杂志差不多已陷入“思想决定论”的窠臼：“一切社会底进步，都起于思想底进步，而思想底进步，惟赖‘评论’。一切过去的思想进步史，都是评论史。”[①]

作为革命者的孙中山，也在转变着论述的重心，革命话语有了新的展现。他为《建设》杂志撰写的《发刊辞》，将中国社会出现之乱象归于“革命破坏之后，而不能建设”，而“所以不能者，以不知其道也”。因此，“吾党同志有见于此，故发刊《建设》杂志，以鼓吹建设之思潮，展明建设之原理，冀广传吾党建设之主义，成为国民之常识”。[②] 五四学生运动发生，孙中山更是发现“革新思想”与“革新事业”有着明显关联，由衷感叹由热心青年所办之各种出版物，使社会遂蒙绝大之影响，“虽以顽劣之伪政府，犹且不敢撄其锋”：

> 此种新文化运动，在我国今日，诚思想界空前之大变动。推其原始，不过由于出版界之一二觉悟者从事提倡，遂至舆论放大异彩，学潮弥漫全国，人皆激发天良，誓死为爱国之运动。倘能继长增高，其将来收效之伟大且久远者，可无疑也。

投身革命的孙，是带着另外的视野来看待舆论，是从行动者的角度赋予舆论特别的意义。受此感召，孙中山也相信“吾党欲收革命之成功，必有赖于思想之变化”，肯定国民党当时创办的《建设》杂志、《星期评论》颇有功于“树立新事业之基础，描绘新计划之雏形”，惟“尚自慊于力有不逮者，即印刷机关之缺乏是也”。他也明确提出：“从速设立一大印刷机关，诚不可谓非急务矣。”[③]可以说，

---

① 《本志宣言》，《评论之评论》第1卷第1号，1920年12月15日。

② 孙文：《〈建设〉发刊辞》，《建设》第1卷第1号，1919年8月1日。

③ 孙中山：《致海外国民党同志函》，1920年1月29日，《孙中山全集》第3卷，中华书局1985年版，第207—212页。

不单是思想者在强调“思想”之优先性，行动者也在积极回应。廖仲恺甚至致信胡适表示：“我辈对于先生鼓吹白话文学，于文章界兴一革命，使思想借文字之媒介，传于各级社会，以为所造福德，较孔孟大且十倍。”①

关于“学”与“治”的关系，龚自珍时已有“一代之治，即一代之学”的看法。② 张之洞对此也阐述了独到见解，“世运之明晦，人才之盛衰，其表在政，其里在学”。③ 新文化运动中胡适标榜“二十年不谈政治”，无非是传递“学术救国”“教育救国”的信念。这也代表着民初各方人士共同的见解，1913 年吴稚晖、蔡元培、李石曾、汪精卫等聚谈时就表达了这样的共同感受：“皆确然深信：惟一之救国方法，止当致意青年有志力者，从事于最高深之学问，历二三十年沉浸于一学，专门名家之学者出，其一言一动，皆足以起社会之尊信，而后学风始以丕变。”④因此民初读书人突出思想的“优先性”，可谓渊源有自。林毓生阐述五四一代“借思想文化以解决社会根本问题”的思想方式，也将问题导源于中国传统思想模式的影响。⑤

强调“学高于政”，固然受传统思想模式的影响，勾画民初报章与读书人的互动，却可以看到问题的另一面。这里的关键便在于报章展示了独特的作用，报章之所以吸引各方人士投身其中，是看

① 廖仲恺：《致胡适》，1919 年 7 月 19 日，《胡适来往书信选》上册，第 64 页。

② 龚自珍：《乙丙之际箸议第六》，《龚自珍全集》，上海人民出版社 1975 年版，第 4—5 页。

③ 张之洞：《劝学篇》，苑书义等主编：《张之洞全集》第 12 册，河北人民出版社 1998 年版，第 9705 页。

④ 吴稚晖：《四十九岁日记选录》，《吴敬恒选集・序跋游记杂文》，（台北）文星书店 1967 年版，第 221 页。

⑤ 林毓生：《中国意识的危机》，穆善培译，贵州人民出版社 1988 年版，第 45—51 页。

重这一传播媒介的作用;既投身于报章,则不免为其正当性加以辩护,"思想革命"话语由此流行开来,自也是题中应有之义。可以说,要解释五四时期"话语"的流行,不能忽视报章与读书人的紧密关联。不过,尚须虑及的是,报章所营造的民初"思想界",既影响到读书人论述方向的转变,相应地也留下可资检讨的诸多问题。在文章的最后,我也希望能够对此略作说明,解析民初"思想界"的另一面。

余论:"思想界"的另一面

还在民元时,黄远庸看到内务部关于北京报馆之调查报告,即在感叹报馆数量之多,"足令人惊骇","观此不能不为人物经济及社会经济惜也"。[①] 到1920年,陈独秀针对斯时出版物的情况有更严厉的批评:其一,"出版物是文化运动底一端,不是文化运动底全体。出版物以外,我们急于要做的、实在的事业很多,为什么大家都只走这一条路?若是在僻远的地方——云南、甘肃等处——发行杂志,倒也罢了,象北京、上海同时出了好些同样的杂志,人力上、财力上都太不经济了"。其二,"我们的民族性,是富于模仿力,缺乏创造力……现在许多人都只喜欢办杂志,不向别的事业底方面发展,这也是缺少创造力底缘故。就以办杂志而论,也宜于办性质不同、读者方面不同的杂志,若是千篇一律,看杂志的同是那一班人,未免太重复了"。其三,"凡是一种杂志,必须是一个人一团体有一种主张不得不发表,才有发行底必要。若是没有一定的个人或团体负责任,东拉人做文章,西请人投稿,像这'百衲'杂志,实

① 黄远庸:《北京之党会与报馆》,《远生遗著》上册,卷二,商务印书馆1984年版,第163页。

在是没有办的必要，不如拿这人力财力办别的急于要办的事”。[①]陈的观察，颇耐人寻味，可作为解析民初“思想界”的着眼点，思考由报章所营造的“思想版图”是否呈现出地区不均衡、内容也单一的情况。重要的还在于，民初思想性杂志的流行，陈也算得上始作俑者，现在却责怪读书人过于喜欢办杂志，则意味着面对杂志的流行，读书人也不无反省。

像陈独秀这样批评杂志的，不乏其人。1916 年李大钊也注意到，北京政局自袁世凯死后“渐成活动之观”，呈现出两种新的景象：“其一，为报馆充斥；其二，为流氓集中是也。”李也持此论，中国都市的报馆实在是太多了，“吾国民之普通知识，本极缺乏，供以文明国通常之报纸，已虞其销路之太狭，而今吾国都市中之报馆，其数乃远越乎各国。元二年之际，外人旅行吾国者，辄谓世界中都市之报馆，以北京为最多，莫不惊为奇异，今日之象，殆与元二年相同”。[②] 恽代英更是将“杂志狂”与“新文化潮流”联系在一起，“在这种杂志狂的所谓新文化潮流中，确实有些人，因要出风头而做文章，因要做文而读书”。令人叹息的是，在这“学术荒废”的时代，读一两本欧美书报，引用上几句，“亦便足令这些少见多怪的国民，诧为博学多闻”。[③] 罗家伦对于当时出版界的状况，也不无忧虑，“对于现在的定期出版品，不在乎数的增多，而在乎量的改革”。他还具体指出中国学问之零落，思想界的破产，部分即在于大家都热衷于读杂志的文章，不去系统阅读专门的著述。在其看来：

---

① 独秀：《新出版物》，《新青年》第 7 卷第 2 号，1920 年 1 月 1 日。

② 李大钊：《新现象》，《晨钟报》1916 年 9 月 4 日，转引自《李大钊文集》上册，第 211 页。

③ 恽代英：《怎样创造少年中国?》(下)，《少年中国》第 2 卷第 3 期，1920 年 9 月 15 日。

西洋大部头有系统的著述，应当从速翻译介绍了！我们总说严又陵先生的译法不好，平心而论，中国除了严又陵而外，有几个人译了几部大书？中国人看西洋的学说，实在可怜得很，可以说是除了杂志而外，其余简直没有几个看过成部的著作，那能有成熟的学说发现呢？[①]

关于此，黄远庸1915年撰写的《国人之公毒》一文，还具体指明所谓"毒"，"一言蔽之曰，思想界之笼统而已"。文中写道："每见杂志等之文章，互相论辩，而绝不知其论点所在，十有八九皆空中相搏也。此无他，笼统之语易作，而明画之论难为而已。"[②]

上述批评，都揭示出报章流行后暴露出的种种弊端，事实上，自报章流行，其特有的表达方式，即召来种种质疑的声音。严复1902年就颇有意味地表示："今世学者，为西人政论易，为西人科学难。政论有骄嚣之风（如自由、平等、民权、压力、革命皆是），科学多朴茂之意。且其人既不通科学，则其政论必多不根，而于天演消息之微，不能喻也。"[③]倒是站在舆论第一线的梁启超，努力为之辩护，甚至毫不讳言，"业报馆者既认定一目的，则宜以极端之议论出之，虽稍偏稍激焉而不为病"。[④] 如此一来，笔走偏锋不仅不为过，还是主持舆论者必须把握的尺度。王国维1905年发表的《论近年之学术界》，持论近于严复，明确指出晚清报章文字最为突出的，是不知学问为何物，"但有政治上之目的"：

---

① 罗家伦：《一年来我们学生运动底成功失败和将来应取的方针》，《新潮》第2卷第4号，1920年5月1日。

② 远生：《国人之公毒》，《东方杂志》第13卷第1号，1916年1月10日。

③ 严复：《与〈外交报〉主人书》，王栻主编：《严复集》第3册，中华书局1986年版，第564—565页。

④ 梁启超：《敬告我同业诸君》，《新民丛报》第17号，1902年10月2日。

庚辛以还，各种杂志接踵而起，其执笔者，非喜事之学生，则亡命之逋臣也。此等杂志本不知学问为何物，而但有政治上之目的，虽有学术上之议论，不过剽窃灭裂而已。[①]

民初报章的流行，也展示了读书人如何借助报章的一面。胡适“文学改良”主张发端于朋友间的辩论，或许彼此都难以说服对方，于是想到了报章这一“试金石”。胡适在给陈独秀的信中就表示，关于文学改良之主张(所谓“八事”)，“或有过激之处，然心所谓是，不敢不言。倘蒙揭之贵报，或可供当世人士之讨论。此一问题关系甚大，当有直言不讳之讨论，始可定是非”。[②] 这是试图利用报章化解纷争。而借助于报章制造舆论，也同样不能免。这其中最为形象的一幕，无过于《新青年》编辑部为提倡白话文而发表的“双簧信”。《新青年》发行约一年后，其持论仍“罕受驳论”，陈独秀不免感慨万千：“此本志之不幸，亦社会之不幸。”即便胡、陈关于“文学革命”的主张发表后，一开始也并未激起很大反响，于是《新青年》导演了一出“双簧戏”，由钱玄同化名王敬轩致信《新青年》编者，列举反对文学革命的种种理由，然后由刘半农撰写答书，对那些理由加以痛斥。为制造出效果，来书以古文写成，还特别在标题后加上批语——“圈点悉依原信，本社志”。[③] 不仅如此，“故为矫枉过直之言”，在随后出版的《新青年》中不断展现。紧接着4卷4号，钱玄同就发表了《中国今后之文字问题》，尖锐地提出：“欲使中国不亡，欲使中国民族为二十世纪文明之民族，必以废孔学、灭道教为根本之解决；而废记载孔门学说及道教妖言之汉文，尤为根本解

① 王国维：《论近年之学术界》，《王国维文集》第3卷，中国文史出版社1997年版，第36—37页。

② 胡适：《寄陈独秀》，《新青年》第2卷第2号，1916年10月1日。

③ 《文学革命的反响》，《新青年》第4卷第3号，1918年3月15日。

决之根本解决。”[1]即便《新青年》同人，也未必赞同这样的主张，但能够激起反响，便达到目的了。

对于报章文字之笔走偏锋，胡适也有所检讨。因为钱玄同与宋春舫、张厚载发生了分歧，胡适在给钱玄同的信中便指出：“适意吾辈不当乱骂人，乱骂人实在无益于事。宋君无论如何，他总算得是一个新派人物。其人作文太粗心则有之（此乃多作日报文字之过，且少年得志太早之过），然不当把他骂出我们的大门去也。”同时也指出对于张厚载亦当如此：

> 我以为这个人也受了多做日报文字和少年得意的流毒，故我颇想挽救他，使他转为吾辈所用。若他真不可救，我也只好听他，也决不痛骂他的。我请他做文章，也不过是替我自己找做文的材料。我以为这种材料，无论如何，总比凭空闭户造出一个王敬轩的材料要值得辩论些。[2]

说起来，胡适之所以提出“多研究些问题，少谈些主义”，也是对于报章文字有所警惕，试图检讨当如何利用舆论，指明“现在舆论界的大危险，就是偏向纸上的学说”。他也希望中国的舆论家，“把一切‘主义’摆在脑背后，做参考资料，不要挂在嘴上做招牌，不要叫一知半解的人拾了这些半生不熟的主义去做口头禅”。[3] 在给廖仲恺的信中，他也明确表示：“近来的杂志真能做研究的文章的

---

① 钱玄同：《寄陈独秀》，《新青年》第4卷第4号，1918年4月15日。

② 胡适：《致钱玄同》，1919年2月20日，《胡适来往书信选》上册，第24—25页。

③ 胡适：《多研究些问题，少谈些“主义”！》，《每周评论》第31号，1919年7月20日。

实在不多。这是新思潮运动的一大缺憾。”[①]

1918年杜亚泉撰文检讨“言论势力失坠之原因”，也谈到文字风格问题，“社会当沉寂偷惰之际，不可不有以刺激而觉醒之。言论之耸听者，振发聩聋之利器也”。然而，“危词警论，可以暂试而不可常用”，可叹的是，“近今言论家，惩于国民之奄忽无生气，故其立论，惯取刺激之口吻。亡国灭种，视为常谈；奴隶牛马，时发警告”。[②] 稍后《东方杂志》也刊文提醒杂志界“持论当以真理为依归，勿尚感情”，还特别指出自古文人议论往往便喜于立异，学问家入主出奴，尤好排抵异己，杂志界之职务，“必须持议稍坚卓，毋尚一时之意气”。[③] 这方面，张奚若的批评更为严厉。张在美国读到《新青年》《新潮》《每周评论》，颇有感触，是喜是悲，是赞成，是反对，难于言表，“盖自国中顽固不进步的一方想起来便觉可喜，便觉应该赞成；然转念想到真正建设的手续上，又觉这些一知半解、半生不熟的议论，不但讨厌，简直危险”。他也指出了办报者好为偏激之论，尤其值得警惕：

> 吾非谓《新青年》等报中的人说话毫无道理，不过有道理与无道理参半，因他们说话好持一种挑战的态度——漫骂更无论了——所以人家看了只记着无道理的，而忘却有道理的……此外，这些脑筋简单的先生们，又喜作一笔抹杀之论。[④]

---

① 胡适：《井田辨》，“寄廖仲恺先生的信”，1919年11月8日，季羡林主编：《胡适全集》第1卷，第391页。

② 杜亚泉：《言论势力失坠之原因》，《东方杂志》第15卷第12号，1918年12月15日。

③ 景藏：《今后杂志界之职务》，《东方杂志》第16卷第7号，1919年7月15日。

④ 张奚若：《致胡适》，1919年3月13日，《胡适来往书信选》上册，第30—31页。

所谓偏激之论，还只是报章文字问题的一面，更令人感叹的是，有时候报章文字不是笔走偏锋的问题，甚至为达到目的，走向制造舆论的一步。这方面章太炎的遭遇最值玩味，值得做些补充。仅以民国初年所发生的几件事，就可知悉章太炎是如何被报章谣言所包围；自然的，章对于报章也是恶评连连。1912 年 6 月 2 日，章太炎即函报界俱进会表示："京城报馆三十余家，大抵个人私立，取快爱憎，以嫉妒之心，奋诬污之笔。其间虽有一二善者，而白黑混淆，难为辨别。都城斗大，闻见易周，然其信口造谣，甚于齐谐志怪。"之所以令章如此动怒，原因是此前京城报纸连续登载"章太炎在总统府中，以手枪吓唐总理"的消息。章请内务部饬警官前往取消，而"京城各报，憋不畏法，不肯取消"。章因此评价说："如此之类，不止一端。上则摇惑民心，皆有腐败官僚有意编造，以快一己之私。此种报章，南方各报，亦多见及，望弗以亡是乌有之谈，传为实录，则幸甚。"然而，不几日章太炎再度陷入报章混淆事实之漩涡。上海《民立报》《民权报》《天铎报》等，又指其欲请梁启超归国。于章而言，这自是"殊可怪骇"之说，"仆虽与卓如无怨，亦不以秉钧当国相推。且为卓如计，固当养晦东瀛，待时而返；不当造次归国，为反对者所集矢"。他不得不在报上发表通信，"上海不知情实，受其混乱，故更申明之"。[①] 1913 年 5 月章太炎南下沪鄂，又引起纷纷议论，害得章只好寄《宣言》交《时报》《申报》发表："鄙人此次往来沪鄂，获与诸君子游，言谈之间，时及政治，而报章所录，多非实情，除亲笔函电外，托辞者几三分居二。"他也希望报纸传单之类，"据实著录，勿据传闻，勿尚假托"，"尤愿世界明眼人信所可信，疑所当

---

① 章太炎：《与报界俱进会》，《大共和报》1912 年 6 月 2 日；《章太炎通信》，《大共和报》1912 年 6 月 26 日，转引自马勇编：《章太炎书信集》，第 463、468—469 页。

疑，毋为危言蒙蔽，致贻祸于邦家也”。[①]

更令章太炎难以容忍的是，报章还频频针对其私人生活做文章，影响到与家人的关系。大概是章针对报章造谣发表的通信引起家人注意，故来信询问，于是章1913年8月26日给夫人汤国梨信中表示：今日报纸只是“天师符”，何以尚信其言？并愤愤指出“今日可以不必看报”。不久报章又有章太炎离婚之说，他只得致信夫人解释，“报章喧传离婚之言，乃进步党人有意离间，此辈无赖成性，吾今亦不看报，盖报纸无一实情也”。到1915年又传出章太炎纳妾之事，他又需要对此加以说明：“杭人误传纳妾一事（此乃政府遣人运动，盖以君不北来，欲以纳妾为固，已明拒之），尤为荒谬。今报馆谣言，市人妄语，一概当置之勿听。即如《神州日报》何尝非政府机构？而君偏信其言，则不如掩耳为愈也。方今言论不应偏听一人，择其较可信者乃信之耳。”可能是考虑到影响还不能消除，次日又致一信，“报章妄言，常由访事构造，所论是非利害，皆可以《封神传》《西游记》视之。沪上人情，不观实际，易为浮议虚谣所动，则制人之生死出入者，乃在主笔心胸。此而听之，□动安得不为所牵动乎？”[②]章太炎对此的辩解，皆把问题归诸报章之造谣生事。

这里无意论辩其中之是非，事实上章太炎本人也是好为议论的，鲁迅对此就表示：“民国元年，章太炎先生在北京，好发议论，而且毫无顾忌地褒贬。常常被贬的一群人于是给他起了一个绰号，

① 章太炎：《章太炎之宣言》，《时报》1913年5月25日，第4版；《申报》1913年5月25日，第3版。

② 章太炎：《与汤国梨》，1913年8月26日、10月17日、1915年1月8、9日，原刊于汤国梨编《章太炎家书》，转引自马勇编：《章太炎书信集》，第522、531、561、562页。

曰‘章疯子’。其人既是疯子,议论当然是疯话,没有价值的人。”[1]既如此,容易卷入舆论的漩涡,也便不难理解。但章太炎遭遇的,也令人思考报章的两面性。有意思的是,曾经在晚清的报界纵横捭阖的梁启超、严复等人,到民国时期都不乏这方面的检讨。

梁启超1920年完成的《清代学术概论》对此就多所论述,书中评论康有为,认为其所持论不无可议之处,关键就在于“为事理之万不可通者,而有为必力持之”。而且,“实则其主张要点,并不必借重于此等枝词强辩而始成立,而有为以好博好异之故,往往不惜抹杀证据或曲解证据。以犯科学家之大忌”。不单苛责乃师,对于自己也有深刻反省,“晚清思想界之粗率浅薄,启超与有罪焉”,“启超务广而荒,每一学稍涉其樊,便加论列,故其所述著,多模糊影响笼统之谈,甚者纯然错误,及其自发现而自谋矫正,则已前后矛盾矣”。[2] 严复也有不读报章文字的愤激之言。熊纯如请严复推荐可读之报章,严在信中便表示:“嘱择报章,实在不知所对者何。复向于报章,舍英文报外,不甚寓目,北京诸报,实无一佳,必不得已,《亚细亚报》或稍胜也。”[3]严复在晚清即对报章文字有高度的警觉,此时联系以往对梁启超的批评,也再度提出立言者当注意其后果。在给熊纯如书札中,他就这样表示:

> 任公文笔,原自畅遂,其自甲午以后,于报章文字,成绩为多,一纸风行,海内观听为之一耸。又其时赴东学子,盈万累千,名为求学,而大抵皆为日本之所利用。当上海《时务报》之

---

① 鲁迅:《补白》,收入《华盖集》,《鲁迅全集》第3集,第103—112页。

② 梁启超:《清代学术概论》,朱维铮校注:《梁启超论清学史二种》,复旦大学出版社1985年版,第64、73—74页。

③ 严复:《与熊纯如书》,约写于1915年,王栻主编:《严复集》第3册,第624页。

> 初出也，复尝寓书戒之，劝其无易由言，致成他日之海[悔]。闻当日得书，颇为意动，而转念乃云："吾将凭随时之良知行之。"（任公宋学主陆王，此极危险）由是所言，皆偏宕之谈，惊奇可喜之论。至学识稍增，自知过当，则曰："吾不惜与自己前言宣战"。然而革命、暗杀、破坏诸主张，并不为悔艾者留余地也。[①]

办报者也在进行自我反省。这里又要提及傅斯年的《〈新潮〉之回顾与前瞻》，该文不仅揭示了《新潮》杂志所遭受的打压，同时也并不讳言他们的短处：

> 我们有点勇猛的精神，同时有个武断的毛病。要说便说，说得太快了，于是乎容易错。观察研究不能仔细，判断不能平心静气——我不敢为我自己讳。我不是说要"战战兢兢"的发议论，"庸德之行，庸言之谨"，已经是乡愿了；"战战兢兢"，便不成人形。我是说，天地间的事物，情形复杂的很，简直和乱麻一样；我们若不一条一条的拨开，而用"快刀斩乱麻"的手段，那里能够得"事理之平"？……我们要说便说，要止便止，虽则是自然些，有时也太觉随便。况且我们是学生，时间有限，所以经营不专，因而不深。[②]

写下这些话时，傅斯年已定下了赴英国的行程，出国留学，不单是傅的选择，也是新潮社诸多成员的选择。由北大学生发起成立的新潮社及创办的《新潮》杂志，是新文化运动中一支引人瞩目

---

① 严复：《与熊纯如书》，约写于 1916 年，王栻主编：《严复集》第 3 册，第 648 页。

② 傅斯年：《〈新潮〉之回顾与前瞻》，《新潮》第 2 卷第 1 号，1919 年 10 月 30 日。

的力量，这一群体在五四运动后的集体“出走”，更构成一道独特的景观。[①] 固然，从《新潮》杂志本身亦可看出五四学生辈与老师辈的差别所在，但在俗世声名如日中天之际别有选择，未尝不是因为身陷于报章营造的热闹声，愈发感到知识的匮乏，所以才选择出国。正像1919年冬天傅斯年在赴英的船上所表达的：“我这次往欧洲去奢望甚多，一句话说，澄清思想中的纠缠，炼成一个可以自己信赖的我。”[②]傅的心路历程，正构成《新潮》社成员一个缩影，身处中国最高学府，老师辈阐述的大学教育理想已深植于心，傅也把学术作为支撑大学理想的重要环节，以“鼓动学术上之兴趣”为《新潮》的“第三责任”，还冀望其同道“切实的求学”，“毕业后再到外国去”，“非到三十岁不在社会服务”。[③]

发生的胡适身上的事同样说明问题。在胡适走上谈政治的“歧路”时，持反对意见的孙伏园就认为，“文化比政治尤其重要，从大多数没有智识的人，决不能产生什么好政治”，“胡适之”三个字之所以可贵，“全在先生的革新方法能在思想方面下手，与从前许多革新家不同”。因此他也表示将竭其绵薄，“将已被政治史上夺了去的先生，替文化史争回来”。[④] 傅斯年是胡适在学术上主要的倚靠对象，他对胡适的期望更是学术上的。傅出国后写给胡适的第一封信就诚恳表示：“先生现在在中国知识界的地位已高，因此

---

① 《新潮》后来的出版很不景气，以往一年要出10册的定期期刊，现在“几乎要弄到半年才出一册”，为此，编辑部同人解释其中的原因便在于“本社社员四十余人，几乎有三十余人是在国外的”。参见新潮社在京同人敬启：《新潮社的最近》，《晨报副镌》1922年12月24日，第3、4版。

② 王汎森等编：《傅斯年文物资料选辑》，台北傅斯年先生百龄纪念筹备会1995年版，第85页。

③ 傅斯年：《〈新潮〉发刊趣旨书》，《新潮》第1卷第1号，1919年1月1日。

④ 胡适：《我的歧路》，《努力周报》第7期，1922年6月18日。

事件必多,分神的地方不免。这又何尝不是一种不可免而又可凭以施行所期的现象,但从将来的大成上看,不免反为魔障。”他也表达期望说:“愿先生终成老师,造一种学术上之大风气,不盼望先生现在就于中国偶像界中备一席。”[①]稍后胡适筹备《努力周报》时,他的一班故友高梦旦、张元济、陈叔通、王云五等,也纷纷提出反对意见。他们为胡适指明的方向是,“专心著书,那是上策;教授是中策;办报是下策”。以办报为“下策”,尽管是针对胡适所言,未必不是因为报章地位之失落,胡适的朋友之所以有此建议,也是以梁启超为前车之鉴,担心胡适成为“梁任公之续”。[②]

这里的意味是,经历短暂的热闹之后,曾经投身报章之读书人对于其负面效果,也逐渐有所体认,重拾学术理想,即可视作读书人为此所做调整。事实上,还在民初报章大肆流行之际,种种言论破产之声已不绝于耳。1918 年杜亚泉就指出:“自国体改建以来,言论自由,载在约法,报馆林立,厥数倍蓰,言论势力宜可增进矣。然而,国人信仰畏惮之程度,较诸畴昔转不逮焉。”原因何在?关键即在中国之言论界乃“仓皇迎受,无所折衷,故所陈说,非失之支离,即流于偏激,而不能有融会贯彻之精义,以收群众之视听”。[③]《时事新报》刊登的一篇来自东京的读者投书《箴出版界》,“一方面固然是忠告出版界不要再作孽,一方面也是告诉普通读者,对着现在新出版的东西,放一些鉴别力,不要上他的勾当,受他的欺骗”。作者不免叹息:“我在东京,看了他们出版界的情状,回过头来,望望自己国内的出版界,竟是使我哭不出笑不出了。”总之,现在的言

---

① 傅斯年:《致胡适》,1920 年 8 月 1 日,《胡适来往书信选》上册,第 106 页。

② 《胡适的日记》(手稿本)第 2 册,1922 年 2 月 7 日,(台北)远流出版公司 1990 年版。

③ 杜亚泉:《言论势力失坠之原因》,《东方杂志》第 15 卷第 12 号,1918 年 12 月 15 日。

论界，越弄越不成样子了。[1]

基于报章所营造的思想环境，以及读书人在这样的思想环境中所确立的新的角色与身份，以解析民国初年之“思想界”，是本文的中心论旨。透过读书人与报章的互动，尤其是身处大学校园的读书人与报章的关联，可展示民初读书人有别于过去时代的生活形态。张东荪在《晨报》发表的一篇短文，曾突出了这一层意思——“报纸是社会的缩型”，“社会变化了，报纸也必定变化”。[2]同样的，报章也映射了读书人的角色定位。从时间上说，报章在清末民初的繁荣，正是一段历史的终结，意味着读书人在科举废除后需要确立新的角色与身份，而报纸杂志正体现着读书人对新的角色与身份的寻求。国家与社会形成新的对应关系后，读书人的角色担当，自也包括诸多环节，报章的出现，无疑成为这一阶层表达身份意义最突出的环节。

这里并无意说明读书人依托报章形成了单一的角色身份。事实上，要说民初区别于晚清的主要所在，正在于投身报界的读书人，有着多重身份。无论什么时候，读书人总有展现其身份意义的象征，民初读书人也不例外，解析民初“思想界”，尤其是透过报章与大学及读书人的互动，或者可以更好说明民初的思想环境如何塑造了现代读书人的品性。有一点是清楚的，无论怎样看待报章，或许都得承认自晚清以来报章越来越深刻地影响着社会生活的各方面；读书人借助于报章所做论辩，未必直接左右着社会演进的历程，然而又有什么社会阶层对中国问题的思考，能够绕开报章这一“中介”呢？

---

① 瑞书：《箴出版界》，《时事新报》1920 年 4 月 4 日，“学灯”，第 4 版。

② 东荪：《报纸的现在与未来》，《晨报》，“晨报周年纪念增刊”，1919 年 12 月 1 日，第 5 页。

“五四”思想界：中心与边缘

——《新青年》及新文化运动的阅读个案

不知从何时起，“自五四运动以来”，成了固定的叙述模式，描绘个人的成长，揭示社会的变迁，往往都离不开这样的开篇。[①] 这样的叙述方式，无疑都在明示“五四”的影响力，及其在中国历史上所具有的分水岭地位。近些年，情况才稍有所变，不乏学者持有这样的看法，“没有晚清，何来五四”。[②] 打通“晚清”与“五四”，多少可以从更为长程的时段来认识“五四”（自然还远谈不上“长时段”），并动摇历史叙述的架构。不宁唯是，有关新文化运动的“影响”问题，也进入学者的视野。论者阐明了《新青年》从一“普通刊物”发

---

① 且不论今日，“五四”后不久，即有这样的言说方式。1923年《时事新报》一篇讨论思想界潮流的文字就强调：“凡稍能看报纸杂志的人，大概都知道从‘五四运动’以来，中国发生了‘新文化运动’，随着新出版物一天多一天，所鼓吹的，一言以蔽之，是新思想，分言之：把这思想用到文学上来，便是新文学；把这思想用到政治上去，便是新政治（平民政治）；把这思想用到社会上去，便是新社会（互助社会）。”（陈问涛：《中国最近思想界两大潮流》，《时事新报》1923年4月29日，“学灯”第1—2版）也难怪恽代英会以此撰文说：“‘自从五四运动以来’八个字，久已成了青年人作文章时滥俗的格调了。”（恽代英：《“自从五四运动以来”》，《中国青年》第26期，1924年4月12日）

② 王德威：《被压抑的现代性：没有晚清，何来五四？》，陈平原等主编：《学人》第10辑，江苏文艺出版社1996年版。

展成为新文化的一块“金字招牌”，以及“新文化”由涓涓细流汇成洪波巨浪，都经历了一个“运动”的过程，而且，对于“新文化运动”，前后的叙事，实际上有相当的出入。[①]

对此，似有必要进一步申论。关键在于，对于“影响”的探究，往往将注意力集中于事件的参与者，关注的是“有”；不受此影响的却成为“失语者”，皆归于“无”。对于新文化运动的“影响”，林林总总的“回忆”，所提供的即是“有”的情况。[②] 对《新青年》的“阅读”也是如此，各种“回忆”建立起“读《新青年》，参与五四运动”的叙述模式。然而，同样可以基于“无”展开叙述，因为阅读的“时日”，同时也在证明此前未曾“接触”《新青年》。这样的音调或许不那么“和谐”，却也有所浮现。1907 年出生于浙江海宁一个偏僻小镇的王凡西即表示：“北京学生们的‘闹事’，则连我们‘最高学府’里的老师也不曾注意。十余岁的小孩子当然更是茫无所知。”知道这件事，乃至受这运动的影响，已是一二年之后了。[③] 生于 1930 年的余英时也言及，在故乡安徽潜山官庄乡这个典型的“穷乡僻壤”度过的八年岁月，不但没有现代教育，连传统的私塾也没有。在其 16 岁

---

① 王奇生：《新文化是如何“运动”起来的——以〈新青年〉为视点》，《近代史研究》2007 年第 1 期。

② 陈寅恪对此有精到的诠释：“凡前人对历史发展所流传下来的记载或追述，我们如果要证明它为‘有’，则比较容易，因为只要能够发现一二种别的记录，以做旁证，就可以证明它为‘有’了；如果要证明它为‘无’，则委实不易，千万要小心从事。因为如果你只查了一二种有关的文籍而不见其‘有’，那是还不能说定的，因为资料是很难齐全的，现有的文籍虽全查过了，安知尚有地下未发现或将发现的资料仍可证明其非‘无’呢？”（罗香林：《回忆陈寅恪师》，《传记文学》第 17 卷第 4 期，1970 年 10 月）

③ 王凡西：《双山回忆录》，东方出版社 2004 年版，第 1 页。

以前,根本不知“五四”为何物。[1] 生活于偏僻之地,不知“五四”,倒容易理解。不过,别的情形却颇耐人寻味,1922 年北京大学入学考试的国文试卷,有这样一题——“试述五四运动以来青年所得之教训”,据《学生杂志》一篇文章透露,以“五月四日开运动会”解释“五四运动”的考生,“很有几位”。[2] 研究的情形也并不乐观。伍启元著《中国新文化运动概观》1934 年由现代书局出版,《清华周刊》登载的一篇评论就指出,近几十年所发生的“或者只有春秋战国时代才能相媲美”的空前的思想变动,却不幸得很,“一直到现在,还没有一本书,能将这个复杂缭乱的情形,撷英咀华,作简短握要的介绍。有之只是几篇不尽不实的论文,散见于各报章杂志,这又怎能满足青年的希望呢!”[3]这样看来,关于“五四”的影响,仍是有待深入检讨的问题。

舒衡哲(Vera Schwarcz)曾提出关于“五四”的记忆问题,指出“1919 年事件的参加者、观察者和批评者都学会了相当有选择地使用他们的记忆”。[4] 曹聚仁在回忆中即坦诚:“我之回忆五四运动,已在五十年后,用今天的角度,来看那座纪念碑,观感自有不同。”[5] 事实上,担心五四被“遗忘”,也算得上持续不断的声音。1935 年 5 月,胡适接连写下关于“五四”的两篇文章,原因无他,“这年头是

---

① 余英时:《我所承受的“五四”遗产》,《现代危机与思想人物》,生活·读书·新知三联书店 2005 年版,第 71—74 页。

② 嘉谟:《青年生活与常识》,《学生杂志》第 11 卷第 9 号,1924 年 9 月。

③ 乔平:《伍启元著〈中国新文化运动概观〉(书评)》,《清华周刊》第 41 卷第 6 期,1934 年 4 月 28 日。

④ 薇娜·舒衡哲:《五四:民族记忆之鉴》,中国社会科学院科研局、《中国社会科学》杂志社编:《五四运动与中国文化建设——五四运动七十周年学术讨论会论文选》上册,社会科学文献出版社 1989 年版,第151 页。

⑤ 曹聚仁:《我与我的世界》上册,北岳文艺出版社 2001 年版,第 127 页。

‘五四运动’最不时髦的年头，前天五四，除了北京大学依惯例还承认这个北大纪念日外，全国的人都不注意这个日子了”[①]。在20世纪50年代的台湾，作为“五四后期人物”的殷海光更发出这样的叹息声，“五月四日这样重要的节日，几乎被人忘记了！”[②]“记忆”与“遗忘”，或许正构成“后五四”时代的历史基调；“五四”的历史也在不同的时空下不断被“建构”。

这也是本文提出基于“中心”与“边缘”审视五四新文化运动的缘由所在。如能在更为广泛的视野发掘具体的阅读经验，将问题转换为新文化运动是如何被“阅读”的，则对此的认知，或能提供新的视野。近代中国的“多个世界”，及所呈现的“多歧性”特质，今日已成研究中国近代史学者的“共识”。[③] 这既有助于推动从“边缘”看“中心”，展示更多的图景，同时也表明，针对“边缘”立说，并不容易，很难提供全方位的视角。故此，本文所提供的也仅是私人的阅读经验，试图通过几个个案，分析《新青年》所象征的新文化运动，是如何被“阅读”的。内中不只关注新文化是如何传播的，还期望展现身处不同地域、不同身份的个体“阅读”《新青年》及新文化运动发生的“变异”。这样的“图景”与“中心”无论是否相似，或都有裨于呈现新文化运动的多姿多彩性，也有助于更为全面把握新文化运动的“影响”。

---

① 胡适：《纪念“五四”》，《独立评论》第149号，1935年5月5日；《个人自由与社会进步——再谈五四运动》，《独立评论》第150号，1935年5月12日。

② 殷海光：《重整五四精神》，《自由中国》第16卷第9期，1957年5月5日。

③ 罗志田：《新旧之间：近代中国的多个世界及“失语”群体》，《四川大学学报》（哲学社会科学版）1999年第6期；《见之于行事：中国近代史研究的可能走向》，《历史研究》2002年第1期。

一、《新青年》作为"中心"的确立

所谓"中心"与"边缘",实在是过于宽泛与模糊的字眼。笔者在这里也无意加以严格限定,只是试图说明在不同的时间、空间背景下对《新青年》所象征的新文化运动有着不同的"阅读"体验。所谓"中心"与"边缘",更多来自时人的认定,"中心"之成为"中心"有赖于"边缘";"边缘"也不断产生对"中心"的认同,二者本身形成互动关系,难以划出清晰的界限。尽管在时间的把握上或有不同的看法,但《新青年》构成"中心",却是难以回避的问题。仅从"中心"所提供的信息,无论是作为"生意",还是"阅读",都不难发现这一点。

作为"生意",《新青年》最初的确可用惨淡经营来形容。陈独秀1913年亡命到上海,找到汪孟邹,表达了出一本杂志的想法,并表示"只要十年八年的功夫,一定会发生很大的影响"。当时的亚东正在印行《甲寅》杂志,没有力量做,于是介绍给群益书社出版,最初每期只印一千本,只发行了6号,就停刊了半年。[①] 对此,陈也是颇为沮丧的,"本志出版半载,持论多与时俗相左,然亦罕受驳论,此本志之不幸,亦社会之不幸"[②]。不过,所谓"生意",却不能限于杂志本身,结合出版杂志的书局加以考虑,就颇为必要。经营商务印书馆的张元济,在日记中就透露出书局对出版杂志的考量。1916年3月13日,张在日记中曾记载一事,"《时报》将不之",颇希望商务能够"附股",他却表示:"本馆近来对于报事甚淡,恐难附

① 汪原放:《亚东图书馆与陈独秀》,学林出版社2006年版,第37、33页。

② 陈独秀:《通信》,《新青年》第2卷第1号,1916年9月1日。

股。”[①]《时报》估价较高，是商务没有兴趣的原因；其所说的对报事甚淡，也未尝不是实情。不过，几个月后日记中又提到另一事：“代售《船山学报》，告傅卿函询湘馆，总馆代印价已收足否。不登报无销路，催交报费方可代登。”[②]这里也指明了书局与报章形成的关联，“登报”与“销路”是密切联系在一起的。因此，从“生意”的角度，有必要考虑这一层，不能单从杂志的印数来核算成本。群益书社之所以愿意发行《青年杂志》，除了其他原因，部分也是因为有这个窗口，可以将所出书籍，进行推广。从创刊号开始，群益书社每期都刊登了不少书籍广告(绝大多数为群益书社的出版物，少量是其他杂志与亚东书局的书籍广告)，并发布《通信购书章程》，书局由此获益，不可不提。[③] 而书局业已建立起的发行管道，对杂志的发行来说，也至关重要。《青年杂志》从第 1 卷第 2 期开始列出“各埠代派处”，计有 49 个城市与省份的 76 家“书局”。[④] 这当是群益书社已建立起的发行渠道，据此可推断《新青年》借助于此可能发

---

① 张人凤整理:《张元济日记》上册，1916 年 3 月 13 日，河北教育出版社 2001 年版，第 38 页。

② 张人凤整理:《张元济日记》上册，1916 年 6 月 7 日，第 94 页。

③ 《青年杂志》第 1 卷第 1 号“版权页”即刊出《通信购书章程》，告知购买“本版书籍”的具体办法。而第 1 卷第 2 号“版权页”才登出“投稿简章”。

④ 包括北京、天津、保定、大名、济南、烟台、太原、运城、西安、云南、贵州、兰州、成都、重庆、泸州、梁山、开封、广州、汕头、桂林、嘉应州、长沙、汉口、武昌、南昌、广信府、安庆、芜湖、屯溪、福州、厦门、坎市、苏州、南京、无锡、南通州、扬州、常州、杭州、宁波、绍兴、处州、温州、奉天、吉林、龙江、哈尔滨、新加坡等。

行到何地。这也是不可忽略的“生意”，算是《新青年》搭上了便车。[①]

与之适成对照的是，1919 年 1 月创刊的《新潮》杂志，就显出别样的情形，其社员只管编辑出版，发行由北京大学出版部主持，“发行面是非常狭小的”，“代销处也只限于本校，北京的一些高等学校及书报摊”，外埠由于“不登广告，只靠同道的几个杂志互相介绍，知道的人不多”。[②] 顾颉刚在日记中也透露，由于不能依托书局，《新潮》的发行颇为曲折；社员之间通信，也很关切如何与书店打交道。[③] 关乎此，张静庐曾以一个“出版人”的身份有所总结：

> 在几百几千种杂志中，要使你的刊物从那里窜出来，决不是一件容易的事。第一，要使各地的读者都晓得有这样一本东西(买与不买是另一问题)，第二，要使它能达到每一家贩卖书店(卖得掉与卖不掉是另一问题)，第三，要使读者怎样会拿出钱来买你的杂志(满意不满意是另一问题)。[④]

---

① 恽代英对办杂志的设想，也提到这些情况：“凡主办一杂志，应以之为唯一之生活，应视办理杂志如何可以推广销路，如何可以满足读者欲望，为其心目中时时不忘之研究问题，学习问题(窃谓中国最紧要之问题，为将职业学问拍合为一嘤，当撰职业与学问篇详述之)。国中办杂志者没轻心以掉，但求一杂志之模型，即出而问世，此所以屡致失败。凡书局所办杂志，尚稍从营业方面着想，未如彼等之轻心以掉之甚，故常较为长命，固非独资本厚薄问题也。然以言研究学习则尚未足。”(恽代英：《再复毕几庵书》，约 1917 年 6 月，中央档案馆、中国革命博物馆、中共中央党校出版社编：《恽代英日记》，中共中央党校出版社 1981 年版，第 263 页)

② 李少峰：《新潮社始末》，中国社会科学院近代史研究所编：《五四运动回忆录》(续)，中国社会科学出版社 1979 年版，第 209 页。

③ 《顾颉刚日记》第 1 卷，1919 年 1 月 14 日，(台北)联经出版公司 2007 年版，第 67 页。

④ 张静庐：《杂志发行经验谈》，《出版界二十年——张静庐自传》，上海杂志公司 1938 年版，附录，第 1—14 页。

相应地,《新青年》提供的另一种"生意",也同样重要,那就是与"学"结合。《新青年》创刊时的《社告》,第五条即明示:"本志特辟通信一门,以为质析疑难发舒意见之用,凡青年诸君对于物情学理,有所怀疑,或有所阐发,皆可直缄惠示,本志当尽其所知,用以奉答,庶可启发心思,增益神志。"①该杂志第1、2卷的"通信"栏,也显示出读者所关心的集中于"问学",尤其关切学习某一门知识,该读何书?哪所学校最佳?②

因此,关于"学"与杂志的关联,也是不可忽略的层面,所谓另一种"生意",即是要考虑报纸杂志的"色彩"问题。且不论来华西人最早创办的中文报章,成为"西学"的重要载体,与"学"的结合,同样是晚清士人发行报章值得注意的"生意经"。这关乎学科知识在近代中国的成长,从学科构成报章的主要栏目,以及聘用读书人来办报,都体现出这一点。唐才常所撰《〈湘报〉叙》就强调说:

> 今乃海宇大通,朝野一气,政学、格致万象森罗,俱于报章见之,是一举而破二千余年之结习,一人而兼百人千人之智力,不出户庭而得五洲大地之规模,不程时日而收延年惜阴之大效。凡官焉者,士焉者,商焉者,农工焉者,但能读书识字,即可触类旁通,不啻购千万秘籍,萃什伯良师益友于其案侧也。其使中国为极聪强极文明之国,吾于是决其必然矣。③

---

① 《社告》,《青年杂志》第1卷第1号,1915年9月15日。

② 《新青年》第1、2卷的"通信"栏,为求学投函的内容特别多。如上海一所学校的学生盼望了解克鲁泡特金《互助论》与南逵博士《人学》的内容。《青年杂志》第1卷第2号,1915年10月15日。天津一学生则期望推荐学习逻辑学的译著。《青年杂志》第1卷第3号,1915年11月15日。

③ 唐才常:《〈湘报〉叙》,《湘报》第1号,1898年3月7日。该报第14号还登载了《论阅报之有益》一文,论述阅报带来的种种益处,参见杨檠:《论阅报之有益》,《湘报》第14号,1898年3月22日。

一份标榜“觉民”的杂志，也阐明“夫积民而成国，断无昏昏沉醉之民，而能立国于竞争之世”。因此，“学生攻书之暇，出一杂志，以写种种事情，若者良，若者不良，内而己国之事情，外而全球之大势，无不登诸报端，以输入文明，其计至深远也”。[①] 该刊登载的第一篇文字，同样强调“阅报”之有益，指明报者乃“新学之母”。[②]《时报》1911 年刊登的一篇文字，还提出“印刷物可觇文明程度之高下”：

> 今夫文野程度，全视印刷物之多寡以为衡。欧美各国近数十年内所以进步如此之速者，皆由印刷物导之先河，各国每年所出新书籍，无虑数十万种，各国每年所出杂志，无虑数十百种，各国之操新闻业者，每日所出纸，无虑数十万份。

换言之，“未有印刷物不发达，而文明程度可以增进者”。作者忧心的是，“试问吾国每岁出版之物有几何?”“虽遍登广告，然大抵翻印旧籍者仍有多数，而新籍则几如凤毛麟角焉。以此风气验之吾国今日守旧者仍多于开新者，此则中国前途最可忧之一大事也”。[③]

《新青年》被带到大学，即产生了意想不到的效果，催生出另一种形态的杂志。1918 年前后读书人广泛介入创办报章的活动，从

---

① 《〈觉民〉发刊词》，《觉民》第 1 期，1903 年 11 月，转引自高旭等原编，高铦、谷文娟整理：《〈觉民〉月刊整理重排本》，社会科学文献出版社 1996 年版，第 7—8 页。

② 作者阐明：“顾在古昔，则明诗书已足。而在今日，则非研究新学新理不为功。新书汗牛充栋，莫知适从。学理浅者，又往往不能卒读，则莫若多阅报纸。见闻既广，智识既开，事理既富，而后研究新学，洞若观火。是报者，又为新学之母也。夫报既能通上下之隐情，传内地之动静，使世界大势伏处山麓者，了如指掌。”(觉民：《论阅报之有益》，《觉民》第 1 期，同上书，第 9—10 页)

③ 孤愤：《论印刷物可觇文明程度之高下》，《时报》1911 年 3 月 9 日，第 1 版。

报业的角度也构成一道独特的景观。戈公振曾表示："民国以来之报纸，舍一部分之杂志外，其精神远逊于清末。盖有为之记者，非进而为官，即退而为营业所化。故政治革命迄未成功，国事窳败日益加甚。"[①]正所谓"天下熙熙，皆为利来，天下攘攘，皆为利往"，要说"生意"的兴旺，最说明问题的即是大学中人广泛投身创办杂志的活动。以北大来说，据《北京大学日刊》1920年底提供的资料，北大之"定期出版品"包括有：《北京大学月刊》《北京大学日刊》《北京大学学生周刊》《新潮》《数理杂志》《音乐杂志》《绘学杂志》《批评半月刊》《评论之评论》，"其现在暂行停刊者为《国故》月刊、《奋斗》周刊，曾经拟议尚未实现者，有史学系之《史学杂志》与地质研究会之《地质杂志》"，还特别提到：

> 更有许多本校之学生，因鉴于文化运动之事业，仅及于通都大邑，殊未尽善，乃各就其乡土之情形，从事研究调查，以谋补救。即就其调查研究之所得，在北京办各种定期出版品，编辑印刷完竣后，再行寄回各处。如四川学生所办之《新四川》，浙江兰溪学生所办之《新兰溪》、永嘉学生所办之《新学》，陕西学生所办之《秦钟》，安徽学生所办之《安徽旬刊》，直隶武清教员及学生所办之《武清周刊》等，福建学生所办之《闽潮》半月刊等等不下十余种。其余若《新青年》，为本校前文科学长陈独秀先生所主持，撰述者多为本校教职员学生。《新教育》为现代理校长蒋梦麟先生所主持。《新生活》为本校职员李辛白先生所主持。《国民》杂志为北京学生界所办。《少年中国》月刊为少年中国学会所办，而主持之者均为本校学生。[②]

---

① 戈公振：《中国报学史》，生活·读书·新知三联书店1955年版，第178—181、196页。

② 《出版品》，《北京大学日刊》1920年12月17日，第7版。

学人投身到杂志的创办中，也成为自觉的行为。《新潮》杂志发刊时，傅斯年就不无意味地表示，“北京大学之生命，已历二十一年；而学生之自动刊物，不幸迟至今日然后出版”。还解释了杂志之缘起，一致的看法是“学生应该办几种杂志”，“我们将来的生活，总离不了教育界和出版界，那么，我们曷不在当学生的时候，练习一回呢”。[①] 张国焘也描绘了那个年代读书人之选择办刊物，差不多成为“行动的第一步”：“要救国，就要组织团体，发行一种刊物，作为行动的第一步。当时这种组织小团体的想法颇为流行，不少有抱负的青年都想借以一试身手，登高一鸣”。[②] 推而论之，整个新文化运动即是以出版事业为基础的，“中国新文化的勃兴，可说是以出版事业为基础的。举凡革命主张的鼓吹，世界思潮的介绍，现代文学的提倡，新兴艺术的引进，科学精神的展开，哲学理论的探讨……其所持的工具，莫非为报章、杂志、书籍，凡此无一不属于出版事业”，而且，“不但在中国是如此，在世界其他各国也莫不如此。盖因近代印刷术的发达，差不多成了压倒其他一切的文化流传的工具，所以出版事业也成了促进文化的主要动力”。[③]

从“生意”的角度，由于材料的限制，无法如探究《百科全书》一般去追问五四时期“启蒙运动的生意”。[④] 但上述种种，却多少说明《新青年》构成“中心”的缘由及具体展现。基于此，立足“边缘”看

---

① 傅斯年：《〈新潮〉发刊旨趣书》，《新潮》第1卷第1号，1919年1月1日；《〈新潮〉之回顾与前瞻》，《新潮》第2卷第1号，1919年10月30日。

② 张国焘：《我的回忆》上册，东方出版社2004年版，第43页。

③ 杨寿清：《对于中国出版界之批判与希望》，《中国出版界简史》，上海永祥印书馆1936年版，附录，第75页。

④ 达恩顿：《启蒙运动的生意：〈百科全书〉出版史（1775—1800）》，叶桐、顾杭译，生活·读书·新知三联书店2005年版。有关这方面的研究，已有太多相关著作，不在这里一一罗列。

“中心”，也成为可能。不过，要展示对《新青年》等新文化运动时期杂志的阅读，还有必要对晚清以降所展现的阅读生活，略加说明。毕竟，对《新青年》及新文化时期报章的“阅读”，是在这样的背景下发生的，存在着历史的延续性。[①]

二、“阅读”报章：成长的阶梯

系统勾画报纸杂志在晚清的发展，殊无可能，可以明确的是，“京报”“邸报”及“宫门抄”“辕门抄”这样一些沟通政情的形式，构成帝制时代信息传播的主要管道，产生着持续影响。当晚清士人投身报章的创办，也主要基于“上下通”“中外通”来理解报章之功能，在认知上也存在分歧。宋恕在一通信函中即表示：“康长素拟开报馆于京师，恐无益处。今上海报馆有三，专以逢迎时贵，变乱是非为事。京师忌讳更甚，安可以开报馆？果开之，其逢迎变乱之弊，必更甚上海！”[②]严复对此也是冷眼相看，他在给汪康年信中念念不忘“庶人不议之例”，就道出报章在中国发展遭遇阻力的缘由。[③] 孙宝瑄更是有言，“今之所谓舆论，乃最不可恃之一物也”，“天下最普通人占多数，其所知大抵肤浅，故惟最粗最浅之说，弥足动听。而一唱百和，遂成牢不可破之舆论，可以横行于社会上，其

① 这方面的情形这里无法展开，除前揭王奇生的文章，笔者也有所述及。参见章清：《民初“思想界”解析——报刊媒介与读书人的生活形态》，《近代史研究》2007年第3期。

② 宋恕：《致杨定夫书》，1895年11月7日，胡珠生编：《宋恕集》下册，中华书局1993年版，第544页。

③ 信中写道：“津京两处，皆有人拟鸠股本，开设绝大报馆，挽弟为之著述家。独是朝廷虽累有新政之诏，然观其行政用人，似与所言尚非相应者。既开报馆，原与庶人不议之例不符，与其不议，不如勿开；开而议之，窃恐方今之日尚不能言者无罪也。”[严复：《与汪康年书》(八)，王栻主编：《严复集》第3集，中华书局1986年版，第509—510页]

力甚大，虽有贤智，心知不然，莫敢非之”。[1]《时务报》创刊时介绍“都城官书局开设缘由”，也指明了这一点：“学会报馆在西国已成习俗，在中国则为创见，是以开办之始动遭疑阻。”[2]

正所谓“大江东流挡不住”，到20世纪初年梁启超已感叹，斯时的中国是“学生日多，书局日多，报馆日多”。[3] 甚至还不乏文章在传递这样的信息：“二十世纪以前，枪炮之世界也；二十世纪以后，报馆之世界也。”[4]可以说，经历晚清的发展，至民初时，对报章的定位已不可同日而语。梁启超1912年归国后发表的一次演讲，联系自己18年前之投身报业，不免感触良多，“今国中报馆之发达，一日千里，即以京师论，已逾百家，回想十八年前《中外日报》沿门丐阅时代，殆如隔世；崇论闳议，家喻户晓，岂复鄙人所能望其肩背”。[5]

阅读的情况又如何呢？首先值得重视的是官方对于“阅报”的提倡。以张之洞来说，《劝学篇》就列有“阅报”篇，指明“凡国政之得失，各国之交涉，工艺商务之盛衰，军械战船之多少，学术之新理新法，皆具焉。是以一国之内如一家，五洲之人如面语”。由是，“一孔之士，山泽之农，始知有神州；筐箧之吏，烟雾之儒，始知有时局。不可谓非有志四方之男子学问之一助也”，从而实现“寡交游，

---

① 孙宝瑄：《忘山庐日记》下册，1908年1月27日，上海古籍出版社1983年版，第1132—1133页。

② 《都城官书局开设缘由》，《时务报》第1册，1896年8月9日。

③ 梁启超：《敬告我同业诸君》，《新民丛报》第17号，1902年10月2日。

④ 《续论报馆之有益于国》，《新闻报》1905年3月31日，第2张。

⑤ 梁启超：《鄙人对于言论界之过去及将来》，《庸言》第1卷第1号，1912年12月1日。

得切磋”。[①]《时务报》发刊后，张当即表示：“照得新报一项，有裨时政，有裨学术，议论切要，足以增广见闻，激发志气。”不仅通令湖北全省订阅，还为湖北省、府、州、县各衙门以及各局各书院各学堂统一订购共288份。其辖下之两湖，也成为上海之外销量最大的两个省，均超过1000份。[②] 推广之力度，不可谓不大。

1902年6月17日创刊于天津的《大公报》，从一开始，即有培育“阅读公众”的自觉，呼吁农工商贾、妇人孺子各色人等，“莫不能阅报，莫不视报为《三字经》，为《百家姓》，为《感应篇》，为《阴骘文》，为《聊斋志异》，为《三国演义》”。甚至表示：“世有以予言为然者乎，请以阅报人数之多寡与报馆之有无推广卜之也。”[③]1903年创刊的《湖南演说通俗报》，还揭示出地方上的回应，也颇为积极。该报创办后，“抚部院通饬州县，谕令城乡士民，广为购阅，以广化导”，并明确指示：“各乡各团均有公费，各团订购一册，所费无多，收效甚大，亟应谕饬尊办。”[④]稍后刊登的一篇文章，即讲述了该报如何“畅销”的情形：

> 醴陵县，原由抚宪饬洋务局，派阅通俗报二十份，张大令为之提倡，各团境长，大家购阅演说，近已共销一百四十二份。彼都人士，可谓热心牖民，开通之极。现闻长沙善化湘潭湘乡平江浏阳各团绅，皆拟购买通俗报，共兴演说，况各团皆有公款，报赀甚微，惠而不费，但得贤令尹一谕帖，则不患有人阻

---

① 张之洞：《劝学篇》，苑书义主编：《张之洞全集》第12册，河北人民出版社1998年版，第9745—9746页。

② 《札北善后局筹发〈时务报〉价附单》，苑书义主编：《张之洞全集》第5册，第3317—3319页。

③ 《论阅报之益》，《大公报》1902年7月7日，第2页。

④ 《醴陵张大令劝令乡团阅报谕帖》，《湖南演说通俗报》第6期，1903年7月。

挠。上有好者，下必甚焉。[①]

官方之外，更为普遍的情形则是，各地有识之士纷纷开办阅报所。《政艺通报》1903年登载有《开办晋明书报所简明章程》，指明“本所之设，在开通晋人之智识，改良晋人之性质，俾知我国与各国竞争在学问而不在血气。无学问，则人挟幽并之健，地负关河之雄，徒酿乱阶，靡雪国耻。至本所阅书报者须咸励此志”。还制订阅读办法：“凡来所阅书报者，本所备有取书凭条，可自注明所阅之书，向干事员领取。不得擅自取阅，或将各书颠倒错乱，致碍检查。”鼓励晋省官绅士商能“捐助图籍、经费”，“以志公德”。[②]《东方杂志》所刊《各省报界汇志》，除介绍各地新出报章的情况，也展现了所设阅报社的情况。如介绍山东的情况说：

> 济南官报馆主笔李明坡征君，现于布政大街设一阅报馆，各报具备，任人往阅，不取分文。蓬莱李叔坚大令近以寒士阅报无资，特捐廉购报，散给各乡生童阅看。其阅报规则，远者令各社社差限日送到，互相传观，观毕，于下次送报日将上次所看之报缴回；近者于课校士馆时分领回家阅看，每六人共看报章一种，阅讫于下期与课时，将旧报缴回，另领新报云。

还介绍四川推销报章的情况：“四川官报发行后，各府厅州县均已派定销数，现复推销云、贵、陕、甘、湖北等省，每省各一百分[份]。”[③]就此而言，成都通俗报社1909年印《成都通览》也提供了颇为重要的信息。该书这样介绍“成都之报界”：

---

① 储能子：《畅销报纸》，《湖南演说通俗报》第8期，1903年8月。

② 《开办晋明书报所简明章程》，《政艺通报》第2年癸卯第19、20号，1903年11月3日、19日。

③ 《各省报界汇志》，《东方杂志》第1年第6期，1904年8月6日。

成都向无报章，只有各州县驻省之京报，辕门抄而已。自戊戌年富顺宋芸子先生创办《渝报》，《渝报》立未久，尊经书院改立《蜀学报》。马君子波创售《时务报》，始见《国闻报》《时务报》等类，戊戌均绝灭无存。庚子后，图书局傅樵村始同苏君星舫创立《算学报》，辛丑傅樵村立《启蒙通俗报》，并代派京沪各报。二酉山房、算学书局、安定书屋诸处继之，中外各报始畅行。若成都发行之报，只学务公所之《学报》、官报书局之《官报》《成都日报》三种而已。官报性质为行政机关，系宛平陆天池先生所创立，钱叔楚先生继以《成都日报》，桐城方和斋提学复出《教育官报》，皆派发各州县分阅。官办之报，性质与民报不同，然均不可偏废也。近来阅报之风气，渐次开矣。(傅樵村收藏各报甚多，光绪三十年捐送三十余箱入高等学堂)。

除了介绍成都晚清创办及代派报刊的情况之外，还具体列出了“成都售报所”，及随时可购之报的名录，说明“阅报公社”提供的报章有哪些。[①] 相比于“中心”，成都算是“边缘”之地，其展示的图

① 傅崇矩编：《成都通览》上册，成都时代出版社 2006 年版，第 356—358 页。所介绍的“成都售报所”包括：开智书社（劝业场）、二酉山房（学道街）、安定书局（南纱帽街）、粹记（鼓楼街）、公益书社（青石桥）、输文新社（卧龙桥）、图书分局（南新街）、志古堂（学道街）、商务印书分馆（青石桥）、四圣祠（四圣祠街）。“随时可购之报”如下：《顺天时报》《香港商报》《四川官报》《成都日报》《中外日报》《上海时报》《学部学报》《政治官报》《商部官报》《神州日报》《中央日报》《舆论日报》《时事画报》《竞业旬报》《广益丛报》《四川教育学报》《通俗日报》《通俗画报》。至于“阅报公社之报类”，则有约 82 种，还注明“傅樵村立，吴蔚若学使提倡者，岑制台刊示保护”。关于这方面的情况，还可参见孙少荆：《1919 年以前的成都报刊》，四川省政协文史资料委员会编：《四川文史资料集粹》第 4 卷《文化教育科学编》，四川人民出版社 1996 年版，第 237—249 页。

景，多少说明晚清报章发行及阅读的情况。1903年开明书局出版的王维泰所撰《汴梁卖书记》，还记录了书商也介入此事，“欲在省城设一阅报看书公所”，并且“纠合同志，集资赁屋”，以推进之。此事也得到积极回应，“已择地开办，并托寄各报”。①

具体到个别人物阅读报章的情况，也不乏相关的资料说明。生活在成都的吴虞，民初那段时间的日记，就展示读报章已成为其读书生活的重要部分，有两个数据颇令人惊奇，说明其与杂志的关联已如此之深。1915年吴虞为自己发表的文字做了一份清单，涉及杂志有25种之多，除省内的成都、重庆等地，还远涉东京、上海。② 舒新城也提供了相似例证，如果说成都已是大城市，舒的家乡湖南溆浦，只算得上偏僻的小县城。其早年教育是在湖南家乡完成的，1907年考入鄜梁书院，翌年改入溆浦县立高等小学堂。在县立高等小学读书的三年时间里，因为剩余时间很多，看了很多“新书”：

> 以溆浦那样偏僻的地方，当然购不着什么真的新书，但阅报室中有《时报》《新民丛报》《国粹学报》《安徽俗话报》及《猛回头》《黄帝魂》《中国魂》《皇朝经世文编》《西学丛书》《皇朝蓄艾文编》《时务通考》等等。

这表明晚清时阅报室的出现，为青年学子提供了广泛阅读书籍和报章的机会。舒对此也有颇多感受，“我自未满五岁进入私塾就学，至民国六年夏毕业高师为止，共度二十年之学生生活。虽然因为父母与师友的种种教导、熏陶，养成了自学的习惯，数十年来，

---

① 王维泰：《记交际》，《汴梁卖书记》，开明书店1903年版，第44页。

② 中国革命博物馆整理：《吴虞日记》上册，1915年12月11、12日，四川人民出版社1984年版，第230—231页。

不曾有一日离开书报与纸笔”。[①]

上述种种，皆说明清末民初报章的发行及产生影响的情况。[②]至于读书人在学业养成阶段受到所读报章的影响，更有太多例证，李欧梵尝试为“五四”一代做一个“集体素描”，即突出了读报章这一环节。[③] 在此背景下，再来检讨《新青年》创刊后被“阅读”的情况，及所产生的“反馈”，也有所依托。

三、阅读《新青年》：金毓黻的故事

王汎森曾提出“阅读大众”(reading public)的问题，认为新文化运动培养出一个新的“阅读大众”，为争取这些新的读者，以营利为考量的出版业者随之发生变化。[④] 就对《新青年》的“阅读”来说，其范围是极为广泛的，通过各种渠道，远在美日的留学生，以及生活于偏远之地的少年，都提供了阅读的证明。[⑤] 但如何阅读，是否呈现出“中心”与“边缘”不同的色彩，也值得关注。这里主要选择几

---

① 舒新城：《我的教育》上册，张玉法、张瑞德主编：《中国现代传记丛书》第二辑，(台北)龙文出版社1990年版，第55、105页。

② 李孝悌已揭示了清末白话报刊的长足发展，其“下层社会”视野，揭示了伴随白话报刊的成长所兴起的“阅报社”及“宣讲、讲报与演说”的情况，对于了解报章如何深入下层社会，影响到普通人的生活，大有助益。参见李孝悌：《清末的下层社会启蒙运动：1901—1911》，河北教育出版社2001年版。

③ 李欧梵：《五四文人的浪漫精神》，周策纵、周阳山：《五四与中国》，(台北)时报文化出版公司1980年版，第296—297页。

④ 王汎森：《思潮与社会条件——新文化运动中的两个例子》，余英时等：《五四新论：既非文艺复兴，亦非启蒙运动》，(台北)联经出版公司1999年版，第93页。

⑤ 关于《新青年》的“阅读”，其所设“通信”栏，本身提供了不少信息，说明该杂志得到关注的情况。参见李宪瑜：《“公共论坛”与“自己的园地”——〈新青年〉杂志“通信”栏》，陈平原、山口守编：《大众传媒与现代文学》，新世界出版社2003年版，第266—281页。杨琥：《〈新青年〉“通信”栏与五四时期的社会、文化互动》，李金铨编：《文人论政：民国知识分子与报刊》，(台北)政大出版社2008年版，第53—80页。

个个体的阅读经验加以检讨，以区分出两种不同的情况，一是已走出校园者的情况，一是在校学生的情况。前者以身处东北的金毓黻为个案，后者则选择就读于武昌中华大学的恽代英和浙江第一师范学校的陈范予为例证。

金毓黻(1887—1962)的读书生活是从6岁入私塾开始的，尽管16岁时一度辍学习商，却“一日未尝废书”。从1906年重新就读家乡辽宁省辽阳县启化高等小学堂，就按照新式教育的阶梯一路走下去，1916年毕业于北京大学文学门。返回东北后，金任教于沈阳文学专门学校，兼任奉天省议会秘书，从此往来于沈阳、齐齐哈尔、长春之间。金毓黻留下的《静晤室日记》，从1920年3月开始记录，展示了虽地处“边缘”却广泛接触“新知”的例证。从其阅读范围来看，是颇为广泛的，传统典籍之外，所点评的时人著作包括有胡适《中国哲学史大纲》、任鸿隽《科学方法论讲义》、王星拱《科学方法论》、章太炎《訄书》《检论》、王闿运《湘军志》、梁启超《欧游心影录》《实用国语文法》《清代学术概论》等。1920年9月5日的日记，有这样的记载：

> 由图书馆借到新出版书数种，拟分类读之。一、科学方法论；二、文学概论；三、国语文法；四、文字学；五、史学。近日学术界革新之事业方法有二：一曰整理国故，一曰迎受新潮。新潮之输入者，已具有条理，自无整理可言。至言整理国故，则多主用科学方法。胡氏《中国哲学史》之著，其见端也。然科学方法之何若，为研究学术之阶梯，引为先务，职是故耳。其余三事，皆为余素欲研究者，本无后先可言，所列次第，为明入

手之序耳。①

仅以此来看,“中心”之地所流行的针对学者“新派”“旧派”之分,就不那么明显。此外,阅读报章,也成为金毓黻日常生活主要的内容。对于读报章的意义,日记中有这样的论说:“欧美人喜阅报章杂志,嗜之成癖,一日不废,此其文明所由日进也。日本人虽为后进,阅报之风,亦足与欧美相颉颃。惟吾国人多半不喜阅报,即使阅之,亦时政要闻及市井琐闻而已。至于杂志之专言学术者,几乎无人过问矣。国人日就鄙野,学术日形窳败,有由然也;奚止风俗之日下,人心之日偷,为可忧哉!”②

1920 年前后,金毓黻在日记中评说的杂志包括有:《新青年》《新中国》《教育杂志》《唯是》《大公报》《学艺》《东方杂志》《改造》《时事新报》《晨报》《建设》《太平洋杂志》等。而且,其所在的地方,似乎也很容易买到所需杂志。1920 年 10 月 1 日记:“看报,梁任公主撰一报曰《改造》,第一期已出版,拟购阅之。”次日之日记已表示购到。③《改造》第 1 期发行时间为 1920 年 9 月 15 日,由此亦可知那个时候书报之销售,已建立起颇为便捷的渠道。对于所读过杂志,金在日记中也不乏评点,1920 年 8 月 29 日的日记写道:

> 年来国内出版界甚发达,报章一类,日刊以上海《时事新报》、北京《晨报》为最佳,月刊如《新青年》《新潮》《大学月刊》《新教育》及《学艺》亦均可观。同学黄、郑两君组办之《唯是学报》,导扬国学,而以适合时势为归,亦出版界之佳品也。获阅

① 金毓黻:《静晤室日记》第 1 册,卷四,1920 年 9 月 5 日,辽沈书社 1993 年版,第 106 页。

② 金毓黻:《静晤室日记》第 1 册,卷二,1920 年 6 月 11 日,第 52 页。

③ 金毓黻:《静晤室日记》第 1 册,卷四,1920 年 10 月 1 日,第 129 页。

两期，未窥全豹，拟去信订购。①

对于新文化运动所产生的影响，《新青年》与《东方杂志》的易位，是常被提到的例证。金毓黻日记中提供的信息，却未必如此。1920 年 12 月 5 日的日记有这样的记载：“《新青年》《建设》皆近年杂志中之上品，往余皆不知购读，闻见之陋，端由于此，继自今宜多方选择，以充俭腹。”②这个记录恐不确，事实上此前的日记中曾言及读过《新青年》，并引用相关文字，但之所以产生这样的“记忆”错位，或许是所读杂志太多，也很可能是因为读后没有留下深刻印象。与之适成对照的是，1921 年 1 月 15 日的日记却对《东方杂志》抱有更多同情：

> 蒋百里论新文化运动云：“今年是一个危机，去年不过开个头儿，今年若不认真作下去，则并那头儿同归泡影。”吾国人之于百事，皆勤于始而怠于终，去岁新文化运动如火如荼，而今则逐渐衰竭矣。去岁新发刊杂志不下百余种，而今逐渐停版矣。人有讥《东方杂志》陈腐者，然求之国内，运命之长则无与之相等者，今年之《东方杂志》已为第十八年矣。凡办何事业者，如《东方杂志》之持久，与吾国之文化岂不有更巨大之补助哉！③

① 金毓黻：《静晤室日记》第 1 册，卷三，1920 年 8 月 29 日，第 99 页。次年的日记还表示：“北京亚洲同文协会出《时事旬刊》已一年，近改组为周刊，内容甚可观，拟订阅之。”（金毓黻：《静晤室日记》第 1 册，卷六，1921 年 1 月 17 日，第 217 页）

② 金毓黻：《静晤室日记》第 1 册，卷五，1920 年 12 月 5 日，第 169 页。

③ 金毓黻：《静晤室日记》第 1 册，卷六，1921 年 1 月 15 日，第 214 页。过了一段时间，日记又写道：“13 期《东方杂志》颇多斐然可观之作，又较上半年为进步矣。《学艺》杂志极朴实，专以研理为旨趣，绝无剽窃卤裂之弊。”（金毓黻：《静晤室日记》第 1 册，卷十一，1921 年 8 月 26 日，第 408 页）

可资证明的是,稍后的日记还表示近日拟订阅之杂志,包括《时事新报》《东方杂志》《小说月报》《学艺》《改造》《新潮》《民铎》,“皆国内著名之杂志也,约计年需奉洋二十元,不为多也”。[①] 这个名单中也未列出《新青年》。这似乎也无关于作者趋向保守,或《新青年》过于激进,事实上,金所持看法反倒是认为今日报界所少者,乃“批评之态度”。[②]

杂志之外,新文化运动中流行的“话语”,金毓黻在日记中也多有评说。在其中,也看不到新旧派的剑拔弩张,甚至没有新旧之间明显的界限。这也提供了审视新文化运动新的视野。

新文化运动中胡适与梁启超的易位,是基于“中心”立场颇为重要的观察,向被作为解释新文化运动取得成功的象征。然而,金毓黻在日记中涉及对胡适、梁启超二人的评说,却没有划分出明显的界限。1920 年 10 月 6 日的日记写道:“胡适之论新思潮义意[意义],有研究问题、输入学理、整理国故、再造文明四项。而新思潮的态度,则为评判的态度。《改造》载寓公《新思潮我观》一篇,解释‘新思潮’三字之义最为切当透辟。盖胡氏用综合的解释,而寓公则用分析的解释,此其不同之点也。”[③]稍后又表示:“梁任公作《欧游心影录》,用语体文作游记,可谓别开生面,造语隽永,富于趣味,

---

① 金毓黻:《静晤室日记》第 1 册,卷六,1921 年 1 月 23 日,第 220 页。

② 1921 年的日记即写道:“今日报界所少者,以批评之态度而衡量一切学说、政治书报,而又抉其隐微,得其究竟者也。《新潮》初出版时,实具有批评之态度,迨后数期则无之矣。某君批评北京大学出版之评论,顾名思义,宜以批评为主,而实际只有两篇,可谓名不副实。窃谓批评一事本不易言,即曰能之,或以有所顾忌,不敢肆意为之者亦不在少数也。譬如同为杂志月刊,而此志称许他志之佳,固其所乐闻;若指谪其纰缪,未有不勃然怒于色者。此在他国所不能免,而在中国为尤甚,真正以批评态度办报者之日少,由于此耳。”(金毓黻:《静晤室日记》第 1 册,卷六,1921 年 1 月 17 日,第 217 页)

③ 金毓黻:《静晤室日记》第 1 册,卷四,1920 年 10 月 6 日,第 132 页。

盖以说部体出之者也。其于世界现势及政治学说，均用综合法出之，附以批评，并加之以推测断案，读之所以有味。”内中肯定“能知之而能言之，言之又能尽量发挥者，惟梁氏耳”。又指出：“近顷能以白话文谈学理而又引人入胜者，厥惟胡适之氏，实可与梁任公并立两大。其大别，则梁氏于政治外尚乏他科专门学识耳，即此一节，乃梁不如胡处。”①

此一评价，也表明在五四时期，梁启超在学识上已处下风，关键即在伴随学科意识的提升，是否有所专长已渐成衡量学者的重要凭据。金曾引述梁启超《清代学术概论》中对自我的评价，然后总结说：

> 观以上所论，梁氏可谓自知甚明，彼所揭之短处，虽有知言尚论之士，言能探骊，亦恐无以过此。之数言者，不啻为自身作传论、传赞。人苦不自知耳，如果自知，则他人之论皆无当也，以不若自知之深切著明也。吾国往世学者有一通病，曰不求精而务博。即曰能精，亦精者什一，而博者什九。又此方求精，他方复求博，欲一人之身万物皆备，此吾国学术所以不进步也。梁氏之好博，亦吾国学术界数千年之遗传性使然，梁氏实蒙其影响而非其咎也。新学巨子胡适之亦有好博而不求精之弊，试一翻其著述自知矣。梁氏如能从此彻底觉悟，大加忏悔，而别作狭而深之运动，为学术界作一革新模范人物，诚吾国学术界前途之幸也。②

既批评梁启超“不求精而务博”，同时又指出“新学巨子胡适之亦有好博而不求精之弊”，可看出金毓黻所持更多是“调和”论点。

---

① 金毓黻：《静晤室日记》第1册，卷五，1920年11月24日，第160页。

② 金毓黻：《静晤室日记》第1册，卷六，1921年1月25日，第220—221页。

此亦表明，所谓新旧之争，立于外界的视野，或有不一样的看法。金在日记中也经常提到新旧两派所发言论，大抵是持平之论，未见偏向哪一方。金似乎也特别主张“兼容并包”，“胡适之极端主张白话文者也，而于教授中学则主文、语并授，所选教材且及于林琴南之作。林之与胡亦世所公认为彼此冰炭而相入者也，而犹不能无所取。学问之道本贵兼容并包，姝姝守一先生之言以自限，究何益乎？韩文公谓世有圣人出，孔子必用墨，墨子亦必用孔。初非调和之论，盖有至理存焉，人之不知，患有蔽耳”。[①]《建设》杂志曾刊登胡汉民文章，论儒教喜排斥异己，并举孔子诛少正卯为证，金看了不免感叹：“余因之有感于今世之为新文化运动者，设生当孔子之世，有不为孔子所诛者乎？”[②]获悉对于国语及社会主义的讨论，他在日记中也发表感想说：

> 近日报纸载国人对于国语及社会主义讨论者甚多，不外正负两方，时能发见真理，不可谓非可喜之现象也。然仍有意气或私见，其甚者，则以谩骂出之。商榷学术，本为发明学理，非同个人之利害，犹不能矜平躁释以求真是，况下于此者乎？此为贤者之过，甚望其有以改之。[③]

这样的“调和之论”，也传递出金毓黻对新文化运动整体的评价。1920年金在日记中摘录了《东方杂志》第17卷第3号的不少文字，然后评价说：“观上所论，盖以冷静眼光从侧面观察而得之决论，语语切当，足以针砭提倡新文化者之失。特身处潮流中者，或

① 金毓黻：《静晤室日记》第1册，卷五，1920年11月17日，第155—156页。
② 金毓黻：《静晤室日记》第1册，卷五，1920年11月23日，第159页。
③ 金毓黻：《静晤室日记》第1册，卷五，1920年12月15日，第182页。

未觉悟及此耳。”[①]然而，对于《学衡》杂志对新文化运动的评估，金又大不为然：

阅《学衡》杂志梅光迪《评新文化》一文，语涉偏宕，殊患失平。间亦有中症之论，足箴一般揣摹风气者之失。然如文学一端，近人倡用语体，功盖不在禹下，若亦一概抹杀，非知言也。吾国古文，艰深难晓，中材以下之士习而鲜通，由来久矣。障碍文化，本难为讳。若夫文章口语，组织各异，彼此相通，诚如翻译。而谓此经验为数千年文人所未有，吾不知其何所据而云然也。新文学家之缺点，不在主张之不当，乃在根柢之不深。彼辈太半稗贩西籍，不入我见，日以发挥个性诏人，曾不知己身仍依旁他人门户以讨生活，此根柢不深之失也。尚论之士，宜分别观之，既不能因其主张尚正而为之回护其失，亦不能因其植根浅薄遂并其主张亦一概抹杀也。[②]

1920年前后那段时间，金毓黻游走于东北的几个城市，也提供了从“边缘”审视“中心”的例证。很显然，从“边缘”所感知的新文化运动，与“中心”视野相比，是有所区别的，不过，金本人也提供了受“中心”影响的例证。看了杂志的文章，他就往往会联系自己的研究。1920年他就表示：“看《新潮》杂志罗家伦氏《什么是文学》一篇。其文学界说以西洋文学为根据，是否与文学原理适合，他日拟为专篇论之。”[③]随后又道出：“昨读胡适之《谈新诗》一文，谓‘凡是抽象的材料，应用具体的写法。’今日途中试为新体诗两首……二

① 金毓黻：《静晤室日记》第1册，卷六，1920年12月18日，第186—187页。

② 金毓黻：《静晤室日记》第1册，卷十三，1922年1月22日，第512页。

③ 金毓黻：《静晤室日记》第1册，卷四，1920年9月23日，第121页。

诗为初次试作，自谓尚能合拍，尚有意境。”[①]这多少显示金毓黻也在追随新文化运动的步伐。

四、来自学生的“声音”

金毓黻对《新青年》及新文化运动的“阅读”，展示的已是学有所成者的情形，在校学生的情况又如何呢？有一点值得补充，回过头去看，无疑会对那个时代弥漫的“青年”气息，留下深刻印象。1915年陈独秀创办《青年杂志》，命名之外，其所有的关切，最初也都是聚焦于“青年”。《社告》第一句就是，“国势陵夷，道学衰微，后来责任，端在青年。本志之作，盖欲与青年诸君商榷将来所以修身治国之道”。[②]《新青年》之外，还可注意到其他方面同样表现出对“青年”的关切，以“青年”，乃至“少年”命名的书籍、报章、社团，可谓多矣。“少年中国学会”称得上五四时期最有影响的一个社团，其会员之多，分布之广，存在时间之久，其他社团都只能望其向背。该会宗旨的第一条就是“振作少年精神”，把青年“视为创造少年中国之唯一良友”。[③] 笔者曾基于“省界”“业界”及阶级分析近代中国集团力量的兴起，试图说明“政界”“商界”等等提法，在清末民初的报章中不断出现，乃“业界”形成的标识。[④] 这一时期值得重视的变化则是频频出现“青年界”的称呼，表明社会界别已有新的划分。凡此种种，皆表明社会动员已较为重视围绕“青年”展开，梳理作为

---

① 金毓黻：《静晤室日记》第1册，卷四，1920年9月29日，第127—128页。

② 《社告》，《青年杂志》第1卷第1号，1915年9月15日。

③ 王光祈：《本会发起之旨趣及其经过情形》，《少年中国会务报告》第3期，1919年5月1日。

④ 章清：《省界、业界与阶级：近代中国集团力量的形成及其困局》，《中国社会科学》2003年第4期。

在校学生的青年如何“阅读”新文化，亦能发现饶有兴味的一幕。

不妨先以《恽代英日记》为线索，略陈其中的点滴。恽代英(1895—1931)对《新青年》的“阅读”，有一点值得先作说明，以此作为对比。在武昌做学生那段经历，恽代英1925年的一篇文章曾有这样的说明，“在五四运动以前，我在武昌做学生”，“那时候全国一般的思想界都可怜极了，只有《新青年》与其他一二刊物，稍稍鼓吹一点‘离经叛道’的思想。这一种鼓吹，对于我便发生了影响；我可以说我本是一个富于怀疑批评精神的人，我向来又只爱看课外书报而不爱正经功课，所以我的思想便首先被摇动了”。[①] 这样的回溯历史的方式，展现的正是典型的“自五四运动以来”的叙述模式，表明哪怕是当事者在事后的回忆中也不能避免“后见之明”。与那个时期的日记加以对照，可发现其中的差别不可谓不大。恽留下的日记从1917年开始，那个时期他正就读于武昌中华大学(1918年毕业后担任中华大学附中的教导主任)，一个在校学生与报章有着如此紧密的联系，在恽代英那里，体现得尤为充分。

首先值得重视的，仍然是“生意”。养家负担甚重的恽代英，向报章投稿换取现金与赠书券，是支撑家庭生活和学习生活主要的倚靠。1917年2月，恽即以《论奴仆》，“初从《妇女杂志》社得酬现金”。[②]《爱澜阁文稿目录》记录了其投稿各杂志的情况，收益也详细登录，整个1917年，共得现洋109元，书券35元2角。[③] 该年8月11日就描绘了这样的情况：

---

① 恽代英：《“应该怎样开步走？”》，《中国青年》第96期，1925年9月21日。

② 恽代英：《民国六年大事记》，中央档案馆、中国革命博物馆、中共中央党校出版社编：《恽代英日记》，第211页。

③ 恽代英：《爱澜阁文稿目录》，中央档案馆、中国革命博物馆、中共中央党校出版社编：《恽代英日记》，第219—221页。

今日寄去多稿，如了宿债。计《妇女杂志》社三稿共一万一千三百余字，预计可得酬十六余元，当《禁食篇》恐未必售耳。《小说丛报》社一稿，计八千余字，余索酬十元，但恐未必售耳。如能尽酬，则差可了一切债。余尚拟作文投《新青年》，借问前稿究竟。《东方》《太平洋》亦各作一稿寄之。[①]

投稿之外，是订阅杂志的情况。1917年2月恽代英规划"今年应买书"，书仅有三本，准备订阅的杂志却有《东方杂志》《妇女杂志》《教育杂志》《科学》(各一年)，尚有《大中华》《教育界》《学生界》三种未决定。[②] 1919年又记录了订阅《东方》《北京大学月刊》《实业月刊》《新教育》《新青年》(均为全年)的情况。[③] 上述对杂志的选择，在别的方面也有所体现。1918年恽代英与友人议决"设公共图书馆以交换所有书籍，并公之大众"，"所备图书，以最近杂志及新书为要，其大部旧书不在重要之列"。[④] 这个图书室计划售卖的包括《新青年》《新潮》《新教育》《新中国》《少年中国》《教育潮》《学生》

---

① 稍后又记："余又急于欲赚钱矣。余欠帐尚十一二元，而应办之事尚多。吾所拟方针：于《妇女杂志》赚洋十元(译体育二篇，家政一篇)及书券若干，《女子交际问题》。于《青年进步》赚洋十元，《职业与学问》等。于《新青年》赚洋十元，《基督教平议》。小说与少年读物于《环球》赚洋十元。此外，在《东方》仍赚书券若干，尚须他处赚现洋若干。"(中央档案馆、中国革命博物馆、中共中央党校出版社编：《恽代英日记》，1917年8月11日、10月10日，第128、156页)

② 中央档案馆、中国革命博物馆、中共中央党校出版社编《恽代英日记》，1917年2月10日，第32页。

③ 中央档案馆、中国革命博物馆、中共中央党校出版社编《恽代英日记》，1919年3月20日，第506页。

④ 中央档案馆、中国革命博物馆、中共中央党校出版社编《恽代英日记》，1918年6月2日，第395页。

《每周评论》《救国日报》等。[①]

像恽代英那样广泛阅读报章，在青年学生中绝非个别的情况，更为重要的是，青年学生“阅读”的报章，也在发生着变化。恽代英个人的阅读经验，颇能说明一些问题。

从最初的日记来看，恽代英无疑是倾心于《东方杂志》的，1917年记下了读10月出版的《东方杂志》的感想，“《动的文明与静的文明》篇颇有见地，《欧战主因与旧式政策之灭亡》，尤先得我心”[②]。然而，到1919年的日记中，却是这样的内容：“阅《时事新报》，亦复如《申报》，此真进步也，均超迈《时报》。香浦谓中国人守旧，旧日以为《时报》与《东方杂志》最好，现在仍作此语，有耳无目，可怜哉。”[③]这显示出恽对于当时的杂志渐渐有了新的偏好。那么，恽不再认为《东方杂志》“最好”，是否就意味着选择了《新青年》呢？

建立这样简单的关联，或许是危险的。日记中的确展示了恽代英逐步喜欢上《新青年》，1919年4月24日的日记有这样的话：“阅《新青年》，甚长益心智。”[④]稍后在致王光祈的信中，恽更是表示：“我很喜欢看见《新青年》《新潮》，因为他们是传播自由、平等、博爱、互助、劳动的福音的。”[⑤]但由此即推断为恽代英的“选择”，未

---

① 中央档案馆、中国革命博物馆、中共中央党校出版社编：《恽代英日记》，1919年7月25日，第590页。

② 中央档案馆、中国革命博物馆、中共中央党校出版社编：《恽代英日记》，1917年1月2日，第8页。所提及的文章篇名有误，应为《静的文明与动的文明》《欧战之主因与旧式政策之灭亡》，《东方杂志》第13卷第10号，1916年10月10日。

③ 中央档案馆、中国革命博物馆、中共中央党校出版社编：《恽代英日记》，1919年6月25日，第568页。

④ 中央档案馆、中国革命博物馆、中共中央党校出版社编：《恽代英日记》，1919年4月24日，第528页。

⑤ 中央档案馆、中国革命博物馆、中共中央党校出版社编：《恽代英日记》，1919年9月9日，第624页。

必合适。说起来，恽接触并向《新青年》投稿，从时间上说不算晚，1917 年 3 月 1 日出版的《新青年》第 3 卷第 1 号，已刊有其所撰《物质实在论》(哲学问题之研究一)。该年 8 月 11 日的日记又记："拟作文投《新青年》，借问前稿究竟。"[①]在其所整理的《民国六年大事记》中，还说明该年 6 月 20 日，曾撰有《破坏与建设》《论信仰》，"投《新青年》共酬洋五元"。[②] 因此，最晚到 1917 年初，恽已接触到《新青年》，对比之前提及的要到 1919 年 3 月才订阅《新青年》，不免会问，这个时间似乎长了些？如果再看恽代英对《新青年》的"阅读"，或许就会发现问题之所在。

1917 年 9 月 27 日，恽代英注意到《新青年》改革文字，在日记中有此议论：

> 《新青年》倡改革文字之说。吾意中国文学认为一种美术，古文、骈赋、诗词乃至八股，皆有其价值，而古文诗词尤为表情之用。若就通俗言，则以上各文皆不合用也。故文学是文学，通俗文是通俗文。吾人今日言通俗文而痛诋文学，亦过甚也。又言中国小说，不合于少年阅览，因谓中国无一本好小说。究之《红楼梦》，虽不宜少年读之，而其结构之妙，必认为一种奇文，不可诬也。故此亦一种过论。[③]

次年《致吴致觉书》中，他又表达了这样的看法："新文学固便

---

① 中央档案馆、中国革命博物馆、中共中央党校出版社编：《恽代英日记》，1917 年 3 月 1 日，第 128 页。

② 恽代英：《民国六年大事记》，中央档案馆、中国革命博物馆、中共中央党校出版社编：《恽代英日记》，第 220 页。查阅《新青年》可获悉，恽所撰《论信仰》，刊 1917 年 7 月 1 日出版《新青年》第 3 卷第 5 号。而《破坏与建设》一文，则没有刊登。

③ 中央档案馆、中国革命博物馆、中共中央党校出版社编：《恽代英日记》，1917 年 9 月 27 日，第 153—154 页。那段时间，恽代英正在读《红楼梦》。

通俗,然就美的方面言,旧文学亦自有不废的价值,即八股文字亦有不废的价值,惟均不宜以之教授普通国民耳。”①

对于新旧思想,恽代英的看法也并不偏重于“新”,所主张的是“利用旧思想以推行新思想最妙”。在他看来,“吾等信新学说,非以纯理的脑筋信纯理的学说,乃以此学说有利于大多数人也,由此则苟利大多数人。如利用旧思想之正确者,以传播新思想,何为非最可用之办法。必欲将旧思想一概抹煞,以启争辩,而碍事机之进行,若非为自己好奇立异,殊不必也”。进一步还谈道:

> 孔子之学说,自然不尽可信,然苟确有所见之大学者,其根本观念每每不谬,其余则受当时社会之影响,有不正确处,亦有不可讳者。如孔子《礼运·大同》及《论语·道之以政》章,何曾不好。至谓女子比于小人,事君期于尽礼,则囿于时见,此人之常情。以此责孔子,犹责其不用阳历而行夏之时,不坐摩托车而乘殷之辂,此岂非可笑事耶!甚者,必周纳孔子之言行,而《礼运》则必谓非孔子所作,此纯为批评陈死人之闲话则可,不然必是与孔子结下不共戴天之仇。不然,何苦必以如此凌辱孔子为快?一个人必定要争孔子是大圣,没有一句错的。一个人必定要争孔子是大愚,没有一句不错的。若不是为孔子,是为世界人,我看这都错了。②

尽管未曾提及《新青年》,但不难发现恽代英为孔子所做辩护,

① 恽代英:《致吴致觉书》,1918年4月27日,中央档案馆、中国革命博物馆、中共中央党校出版社编:《恽代英日记》,第439页。

② 恽也不只在这里谈到孔子,为孔子辩护,随后又讲道:“为平日不菲薄孔子,而且有些地方很敬重他。但是,我很菲薄孔教徒,自然程、朱、陆、王等在外。”(中央档案馆、中国革命博物馆、中共中央党校出版社编:《恽代英日记》,1919年4月27日、7月8日,第530、584页)

部分即是针对《新青年》刊发的文字表达看法。① 这表明今日视作新文化运动最重要的象征，在恽代英那里，并未激起热烈反响，反倒是另有看法，甚至是负面的看法。1919年的一则日记，恽也留下这样的记录："寄仲甫信，劝其温和。"②话虽不多，征诸以上事例，恽所要表达的意思，还是清楚的。这也不免令人好奇：作为青年学生对新文化运动的"阅读"，是否另有枢机？可以明确的是，在"中心"推动新文化运动者的"良苦用心"，未必皆能获得"同情之了解"。对于青年学生来说，尤其如此。从恽代英那里，大体可以感受的是，对于自己的未来，自有其设想；"中心"传递的，与他个人的想法，大异其趣。

恽代英对自己有这样的期许："代英读书时极少，但做事、做文、谈话，处处比读书更有益。自知欲列学者之林，固为无望，亦觉只要做'人'的事，'一命为学者，无足观矣'。作事、做文、谈话，每求有益于人。"总之，"只求为中学事，决不望作大学教授也。精神因有事业而有所倚托，所以心神常愉快。暇或以书报消遣，无书报亦一样愉快也"。③ 可以说，恽并未考虑选择学者之路，这对他来说，多少是属于"不易得"。④ 重要的还在于他对"行动"，更有兴趣。

---

① 所谓《礼运》非孔子所作，不用举证别的，在恽代英发表《论信仰》一文的《新青年》第3卷第5号，登载有吴虞与陈独秀的通信，谈的就是这个问题。至于"阳历"问题，《新青年》第6卷第1号刊登的陈大齐所撰《恭贺新禧》(附钱玄同附记)，即涉及这方面的问题。

② 中央档案馆、中国革命博物馆、中共中央党校出版社编：《恽代英日记》，1919年2月10日，第483页。

③ 中央档案馆、中国革命博物馆、中共中央党校出版社编：《恽代英日记》，1919年7月3日，第572页。

④ 这是日记中对胡适的评价："阅《中国哲学史》，颇服适之先生巨眼过人，不易得。"(中央档案馆、中国革命博物馆、中共中央党校出版社编：《恽代英日记》，1919年6月8日，第555页)

前已提及恽在致王光祈的信中，表达了对《新青年》和《新潮》的喜欢，这封信紧接着又写了这样一句，“但是我更喜欢看见你们的会务报告，因为你们是身体力行的”。信中也表达了加入少年中国学会的愿望。这应该是由衷的话，从恽对《新青年》的阅读来看，往往对于学术方面的内容没有什么回应，倒是对行动方面的内容更有兴趣。尽管居于“中心”地位的北京大学一干人，于提升中国的学术品质可谓不遗余力，却未必能得到青年的赞同。1917 年的一则日记中，恽也记下了获悉蔡元培入长北大后讲话的感想：

> 蔡孑民先生告北京大学诸生言，大学生专研学问与专门之重实用者有别，故大学生宜专心学业。余意不然，(一)先生以为必如此学术乃昌乎？则学术而不顾实用，不证之实用，必非实学。(二)大学生不重实用，非国家设立翰林院，则将来则何以为生。(三)专门毕业生如能以科学尽职分，非不足者自必勉学，其谬误者自必改正，其研究学术之效必更远且大。①

这里无意以恽代英作为青年学生的代表，以为青年学生对新文化的认知如何如何。将目光转向另一位学生陈昌标(1901—1941)，或许就能看到不一样的情形。

陈昌标，字范予，1918 年从诸暨乐安高小毕业后，考上位于杭州的浙江省第一师范。曹聚仁曾谈道：“时人谈五四运动的演进，北京大学而外，必以长沙一师与杭州一师并提，这都是新时代的文化种子。”②征诸陈范予的经历，也能说明这一点。这所学校的老师，已将较为时兴的内容传达给学生，如陈在《国文》课上就读到梁

① 中央档案馆、中国革命博物馆、中共中央党校出版社编：《恽代英日记》，1917 年 1 月 19 日，第 19 页。

② 曹聚仁：《我与我的世界》上册，第 116 页。

启超的《少年中国》，胡适的《不朽》与《建设的文学革命论》。① 从报上获悉新文化运动的相关信息，他的立场也是鲜明的："看报，知蒙古有国暗助独立及今国内新旧派之反对大学生以思潮之思想著书，而张元吉竟诉之教育部，遂致陈独秀辞大学教育职。噫，顽石不化犹如是。"②日常生活中经历一些事，也有类似的议论。譬如，针对孔子诞辰放假事，陈在日记中就表示：

> 孔子诞日为什么放假？孔子在专制时代，是一个不出锋头的圣人，他的道德和艺术[学术]，真可算是成万世帝王的好商品，无怪乎到这日子，要喧闹了一番。不过是什么时代？孔子的道德，既然不适用，就是孔子的学术，还有存在的余地吗？……孔子既然不是现今的人，他的道德、学术配不上做现在的榜样，那末，我们为什么还要空废[费]了一天的工夫，放无意识的假呢！……我甚不能解。③

问题转向"阅读"，日记中也提供了不少信息。1919—1920 年间，陈范予阅读的报刊包括有《教育潮》《新青年》《新教育》《星期评论》《世界画报》《新潮》《时事新报》《浙江新潮》《杭州学生联合会报》《新社会》《平民教育》《钱江评论》等等。如加以区分，大体包括三类：首先是教育方面的刊物，其次则是"中心"所出版的各种刊物，再有就是地方性的报刊。就对《新青年》的"阅读"来说，所提供的信息或许与我们的"期待"，颇有落差。日记中有两处提到《新青年》，1919 年 7 月 21 日的日记这样记录："阅《新青年》。"同年 10 月

---

① 坂井洋史整理：《陈范予日记》，1919 年 10 月 28 日，1920 年 1 月 21 日、6 月 19 日，学林出版社 1997 年版，第 143、180、209 页。

② 坂井洋史整理：《陈范予日记》，1919 年 4 月 2 日，第 75 页。

③ 坂井洋史整理：《陈范予日记》，1920 年 10 月 8 日，第 238 页。

4 日的日记也只是这样的内容:“天晴。晚,学习风琴,并阅《新青年》。”①

陈范予的日记较为简略,对《新青年》没有什么特别的表示,未必能说明什么,这也可归到“无”的一类。那么,“有”的是什么呢?日记中较多涉及的内容,主要还是对现实问题,尤其是学生运动有更多关注。1919 年 5 月 6 日,从《时报》上获悉“月之四日下午二时,北京大学生等五千人往各国使馆求归还青岛并诛卖国贼陆、曹、章等”,陈在日记中就写道:

> 此种学生诚足取法。吾人寄旅此间,岂不知国事之紊乱、民生之涂炭,特以才少学寡,不敢效揭竿之首事耳。前既有道之者,吾人当砺行踵之,以国家为前提,庶乎得尽薄国贼,而重新中国。黄帝尧舜之光,亦父老子女之荣也哉。余望者是,赞者愿同向之,其可乎。

第二日晚,之江大学来函云:“吾侥学生宜结成团体以为北京学生之后盾,所被捕二十余人当思能以出之。”陈在日记中也留下这样的豪言:“国家兴亡,匹夫有责,况吾辈求学者乎。是以对此大事不得不用心强力计,以成之也可。”②

日记中相关的内容还不少,不必在此一一征引,此所显示的是青年学生如何被“唤醒”,投身于具体的行动。这也影响到对新文化的“阅读”方式,日记中未见多少对于新文化学理上回应的内容,能够激起其反响的,往往是演讲,远超过杂志本身。日记中较多言及听演讲的体会,此亦表明,影响于学生的,报章之外,演讲是值得

---

① 坂井洋史整理:《陈范予日记》,1919 年 7 月 21 日、10 月 4 日,第 122、129 页。

② 坂井洋史整理:《陈范予日记》,1919 年 5 月 6、7 日,第 85—87 页。

重视的形式。1919 年 5 月 7 日记："赴省教育会听杜威博士演讲。"10 月 7 日记："晚四点后，蒋梦麟先生在礼堂演讲。"[①]此外，还提及包括杜威、蒋梦麟、沈仲九、陈望道、罗素、罗世真等举办的多次演讲，均有详细记录。除了听演讲，辩论式的学习方式也在兴起。1920 年 1 月 29 日的日记就写道："下半天，到学校和天池、乃庚辩论新学，也是研究新学，觉得滋滋有味，到晚膳才返家。有这种研究的机会正是促进新学的良机，其乐事也。"[②]

这一点，亦为舒新城的回忆所证明。"当时青年求知欲之切与各校竞争之烈可称无以复加。九年秋由省教育会延请杜威、罗素、蔡元培、吴稚晖、张继、张东荪、李石岑诸先生赴长沙讲演，对于蔡等以下诸人除去公共讲演而外，各校均请莅校讲演，蔡、吴竟至声哑足软。"其本人，因为是湘人的缘故，在长沙多年，师友关系比较多，也不得不多方应付。[③] 因此，这也算"中心"影响"边缘"的方式，只不过是由"中心"之"人物"直接发挥影响力。

余　论

余英时讲述《我所承受的"五四"遗产》，集中表达了这一层意思，带有浓厚"自传"意味的"五四"，更加值得珍视。在这一特殊的角度下，"五四"便不再是一个笼统的"思想运动"，而是因人而异的"月映万川"了。虽然同是此"月"，映在不同的"川"上自有不同的面目。[④] 立足"中心"与"边缘"审视五四思想界，部分也是期望能展现新文化运动"月映万川"的图景。当然，对"阅读"个案的梳理，无

---

① 坂井洋史整理：《陈范予日记》，1919 年 5 月 7 日、10 月 7 日，第 86、130 页。

② 坂井洋史整理：《陈范予日记》，1920 年 1 月 29 日，第 183 页。

③ 舒新城：《我的教育》上册，第 155 页。

④ 余英时：《我所承受的"五四"遗产》，《现代危机与思想人物》，第 71—74 页。

意去动摇关于新文化运动的解释架构，也做不到。然而，个体的故事仍弥足珍贵，能够提供反省这段历史值得注意的一些面相。

所谓“阅读”，原本即是私人性的，对《新青年》的“阅读”，也未必有什么“通例”可以援引。除上述讲到的几个个案，还不乏更多例证说明此。譬如，在舒新城那里，其所提供的信息，无论是“禁读《新青年》”，还是“读《新青年》”，都算是“例外”。约在1917年舒完成了从私塾到高师约20年的学生生活，1918年下半年，任教于湖南福湘女学。该校为美国长老会所办，舒所提供的信息是令人颇感意外的，“该校对于学生禁阅某种书报——当时的《新青年》是被禁的”。进入该校后，他很快感到学生“国家常识”之匮乏，原因在于：第一是出于文史教员不努力灌输本国知识，第二她们无阅报的习惯，第三她们不与一般教育界接触。他也成为学生阅读新文化报刊的引路人惯：“自‘五四运动’以后，求知欲更为发展，各种刊物风起云涌，使为应接不暇，竟因读书过度而生胃病。我的教育学术研究及著作生活，也在此时植立较深的基础。”他也以此教育学生：

> 我欲养成她们的阅报习惯，每日都为之圈定若干段国内外的重大新闻，强其阅览，且于每次上课之最初最后数分钟或讲到课程与时势有关系时而询问之；对于当时的《教育杂志》《中华教育界》《新青年》《新潮》《星期评论》《解放与改造》《青年进步》《妇女杂志》等等亦复如是。所以学生的常识很有进步。

舒新城的经验还表明，阅读《新青年》，于他来说也属“例外”。他坦诚：“我对于当时社会之种种，自然和一般青年一样，而惊醒则比较的快：是因为自民国五年起为便继续不断地阅读《新青年》——最初并不是知道这刊物的价值而订阅，是因为它是出湖南陈家在上海所开的群益书局所发行而订阅——对于陈氏的议论，当然是表同情的，不过因为知识的限制，不能有深切的表示。”此外还提及，“当时长沙无代售各种刊物兼报纸的书店”，只是因为一位黄姓体育教员个人创办了《体育周报》，以之与各种刊物交换，且代售各种刊物，舒也因此有了购买杂志的渠道。“我与他本相熟，托他把能办的刊物都送我一份，同时于本省的报纸而外，并由他代订《时事新报》《民国日报》及北京《晨报》一份。中秋节他送来一张账单，三种报纸连同五六十种定期刊物，共为九十余元。这数目是一年的费用，当然不算大”。①

然而，仅仅勾画私人的“阅读”经验，还远远不够，区分“中心”与“边缘”，正可以超越个体的经验，寻找两者的作用机制，亦可从更为广泛的视野认知新文化运动。尽管“阅读”是个体的行为，由种种机缘造就，然而，哪怕是私人的阅读，也可以展示“中心”向“边缘”渗透的机制何在。同时“边缘”对“中心”所产生的认同，也是需要面对的问题，否则，“中心”也难以形成。前面所提及的个案，主要展示了“中心”向“边缘”的渗透，需要补充的，正是在此过程中所发生的“边缘”向“中心”的认同。

在本文所涉及的几个个案中，恽代英即提供了这方面的例证。1917 年恽在日记中不无骄傲地表示：“刘子通先生闻余曾投稿陈独秀先生处，因索底稿一阅，并云陈函颇赞美余。余自思，余之地位或已日渐加高。”②1919 年的日记又传达了这方面的用心：“写致东荪先生信，与昨致适之先生信，皆我联络善势力，以得正当助力之

---

① 舒新城：《我的教育》上册，第 139、141、146—147 页。

② 中央档案馆、中国革命博物馆、中共中央党校出版社编：《恽代英日记》，1917 年 3 月 14 日，第 50 页。

企谋。”[①]可以说，恽所开创的事业，颇希望得到“中心”的襄助。《新青年》第6卷第3号“通信”栏，曾登有《欢迎〈新声〉!》，内容为武昌中华大学中学部新声社致《新青年》编辑的信，及胡适的复信。信中写道：“我们素来的生活，是在混沌的里面，自从看了《新青年》渐渐的醒悟过来，真是像在黑暗的地方见了曙光一样。我们对于做《新青年》的诸位先生，实在是表不尽的感谢了。”[②]以这样一种方式推销自己的刊物，在当时是颇为流行的做法。受到《新青年》的影响，自是事实，但无疑也包含着认同“中心”，寻求“中心”支援的意味。所谓“嘤其鸣矣，求其友声”，从《新青年》的广告看，最初主要是群益书社的书籍介绍，随后，主要即为各种新创办报章的广告所充斥，展现出各种报章所形成的“共同市场”。[③]

试图获得“中心”的认同，不单作为青年学生的恽代英如此，吴虞更提供了借此走向“中心”的例证，其经历显示了，阅读报章的过程也是选择同道的过程。他在读报过程中，凡觉得思想相近者，便致函相关编辑人员，并奉上自己的文稿，其与《甲寅》《新青年》的关系，即由此肇端。《甲寅》与《新青年》，也成为吴虞晋升之路的重要一环。从《新青年》“通信”栏，还可发现这一幕，从投函《新青年》开

① 中央档案馆、中国革命博物馆、中共中央党校出版社编:《恽代英日记》，1919年8月22日，第610页。

② 《欢迎新声!》，《新青年》第6卷第3号，1919年3月15日。

③ 《新青年》第7卷第2号(1920年1月1日)，曾刊有《新刊一览》，并注明“以本志收到的为限”。总计登有35种期刊，其中发行地点在北京的11种，上海14种，广州2种，杭州2种，长沙4种，天津1种，福建漳州1种。下一期第7卷第3号(1920年2月1日)，同样登载了《新刊一览》，总计列有33种期刊，其中发行地点在北京的有12种，上海12种，广州1种，杭州2种，长沙1种，天津1种，福建漳州1种，成都1种，武昌2种。大量刊物是重复的。另外还有不少刊物在《新青年》登载广告。

始，逐渐成为该杂志的主要作者的，不单有吴虞，还可开列出这样一长串的名单：钱玄同、常乃悳、张申府、俞颂华、蔡和森、陈望道等。[①]

胡适曾说过："二十五年来，只有三个杂志可以代表三个时代，可以说是创造了三个新时代。一是《时务报》，一是《新民丛报》，一是《新青年》，而《民报》与《甲寅》还算不上。"[②]吕思勉也指出："三十年来撼动社会之力，必推杂志为最巨。凡风气将转迹时必有一两种杂志为之唱率，而是时变动之方向，即惟此一两种杂志之马首是瞻。"杂志之所以产生如此的影响，关键即在于，"皆针对当时之人发言；又其声情激越，足以动人之感情也"。[③] 前者言及杂志攸关于时代，后者则强调了杂志与社会的密切关联。无论怎样，《新青年》都当得上。在这个意义上揭示有关《新青年》及新文化运动的阅读个案，以呈现新文化运动的多姿多彩性，以及中国社会的多样性，或不无裨益。而"中心"与"边缘"的区分，亦可帮助后人更好认知新文化运动的"影响"机制。

---

① 杨琥：《〈新青年〉"通信"栏与五四时期的社会、文化互动》，李金铨编：《文人论政：民国知识分子与报刊》，第 53—80 页。

② 胡适：《致高一涵、陶孟和、张慰慈、沈性仁》，1923 年 10 月 9 日，季羡林主编：《胡适全集》第 23 卷，安徽教育出版社 2003 年版，第 415 页。

③ 吕思勉：《三十年来之出版界(1894—1923)》，《吕思勉论学丛稿》，上海古籍出版社 2006 年版，第 287 页。

1920年代:思想界的分裂与中国社会的重组

——对《新青年》同人“后五四时期”思想分化的追踪

将“年代”视野引入近代中国,难免聚焦于作为时代命名的事件,毕竟,历史上能够作为时代命名的事件并不多。审视1920年代思想界的走向,就难以绕开五四。五四之所以成为中国思想文化发展的分水岭,原因必多,其中之一当与“分裂”相关。“分裂”是全方位的,世界大战、巴黎和会以及学生运动,都预示着种种“分裂”的肇端。研究近代中国思想的学者,也大体接受这样的看法:1920年代是思想冲突加剧、思想界随之分裂的时代。

思考的起点大都立足于五四“思想”的多歧性,论证则指向“政治”立场的分野。娴熟这段历史的周策纵就指出,1919年以后,知识分子首先在思想上继而在行动上的不一致与日俱增,以致在以后的年代里这个运动产生了巨大分裂,“一方面自由派和保守派徒劳地要求在军阀统治下实行温和的改革,另一方面左派份[分]子和民族主义者在苏俄与日俱增的影响下加速了他们的组织活动”①。或许是因为这个观察稍嫌简略,且偏重于政治因素的分析,近年来也出现了从新的维度加以讨论的论作,罗志田从“西方分

---

① 周策纵:《五四运动:现代中国的思想革命》,周子平等译,江苏人民出版社1996年版,第332页。

裂”的角度分析了“后五四时期”的思想分化，指出从整个近代这一中长时段看，新文化运动既是西潮在中国的颠峰，也是其衰落的开始，早期的《新青年》尚处西方整体观的余荫之下，五四以后即渐分，表面是分裂为激进与稳健两派，实则与“西方”的分裂有很直接的关联，如学界与思想界就都有所谓英美派、法日派以及尚不明显的俄国派之分。[①]

通过对“后五四时期”《新青年》同人思想分化的追踪，以审视中国思想的走向及思想界的分裂，是本文关注的重点。1920 年代思想界因何分裂，如何评估思想界的分裂，及所涉及的时间断限，都是值得申论的问题。关键在于，聚焦于思想界的分裂，往往将中国社会的重组掩饰，而这其中所发生的转变，正是值得重视的。故此，本文希望能够结合中国社会的重组，对思想界的“分裂”作一概论性申述，期望在增进对“1920 年代”了解的基础上，重新认识“后五四时期”中国思想及中国社会的走向。

一、审视思想界分裂的“后见之明”

关乎近代中国思想界的“分裂”，显然易于掺杂种种恩怨的话题，如何避免纠缠于其中的“后见之明”，尤其是当事者事后的种种说项，便成为绕不开的问题。甚至可以说，如不能对此略作说明，

① 罗志田:《西方的分裂:国际风云与五四前后中国思想的演变》,《中国社会科学》1999 年第 3 期。

恐是难以做到“返诸旧心”的。[①] 因此，在问题展开之前，略为勾画思想界分化的缘起，也是必要的，“后五四时期”思想界的图景，实由此塑造。这其中，胡适与李大钊围绕“问题与主义”的论辩，就构成塑造历史的重要元素，并以此作为思想界分裂的象征。胡适即有其“后见之明”，作为当事人之一，晚年他把“问题与主义”之争看作“和马克思主义者冲突的第一回合”。[②] 这样的“回忆”并非只发生在胡适身上，夏衍也曾指出：“1919 年到 1920 年，是一个新旧决裂和分化的时刻”，五四初期的“外争国权，内惩国贼”的政治口号，逐步增加了反帝反封建特别是反礼教的新文化运动的色彩，“这事件，标志着中国思想界出现了进一步的伟大的分裂”。[③] 此亦表明，审视 1920 年代思想界的图景，需要面对种种“迷思”，甚至“迷思”是由当事者自己营造的。

应当承认，“后五四时期”思想界的分化，当时即已成为问题，1920 年瞿秋白即有言：

---

① 柯文(Paul A. Cohen)考察义和团所提出的“历史三调”，以及舒衡哲(Vera Schwarcz)对五四“记忆”延续的探讨，都提示了历史学家处理有关问题时应有这样的“自觉”。参见柯文：《历史三调：作为事件、经历和神话的义和团》，杜继东译，江苏人民出版社 2000 年版；舒衡哲：《中国的启蒙运动——知识分子与五四遗产》，李国英等译，山西人民出版社 1989 年版。罗志田在《历史记忆与五四新文化运动》等文章中也涉及此问题，该文收入《近代中国史学十论》，复旦大学出版社 2003 年版，第 143—174 页。

② 唐德刚译注：《胡适口述自传》，季羡林主编：《胡适全集》第 18 卷，安徽教育出版社 2003 年版，第 355 页。这样的解释当然有“郢书燕说”之嫌，论者对这段历史的考辨，就指明这场论战的历史图景是如何塑造出来的。参见李林：《重论“问题与主义”之争》，刘青峰编：《胡适与现代中国文化转型》，香港中文大学出版社 1994 年版，第 11—33 页。

③ 夏衍：《懒寻旧梦录》(增补本)，生活·读书·新知三联书店 2000 年版，第 26—27 页。

> 中国社会思想到如今,已是一大变动的时候。一般青年都是栖栖皇皇寝食不安的样子,究竟为什么?无非是社会生活不安的反动。反动初起的时候,群流并进,集中于"旧"思想学术制度,作勇猛的攻击。等到代表"旧"的势力宣告无战争力的时期,"新"派思想之中,因潜伏的矛盾点——历史上学术思想的渊源,地理上文化交流之法则——渐渐发现出来,于是思潮的趋向就不像当初那样简单了。①

"新""旧"之争,是探讨五四时期思想界走向的基本向度,无须多作说明。瞿秋白指出思想界"新派"与"旧派"之分,即是延续了有关话题。难得的是,他已注意到,"新派思想"中"潜伏的矛盾点"已"渐渐发现出来"——尽管未曾言明"发现"究竟是什么。

"新派"知识分子中存在的派系之争,在"后五四时期"也偶有提及,主要是针对个人及所属籍贯和教育背景而言,并不一定确有所指。胡适进北大主要靠陈独秀援引,校内当时主要由章太炎门下弟子把持,陈去势孤,汤尔和、蒋梦麟等常在人事安排方面党同伐异,被指为"浙派之植党揽权"。此外,沈尹默是所谓北大"法国文化派"要员,与李石曾、顾孟余等"结党把持",与胡适对立。胡则逐步培植自己人脉,即后来鲁迅所谓"现代评论派"。吴虞注意到这一现象,因而评论说:"李石曾辈很有势力,北大教职员会,李派与胡适之派人数平均。"②1926 年下半年鲁迅南下厦门、广州,在厦

① 瞿秋白:《饿乡纪程》,《瞿秋白文集・文学编》第 1 卷,人民文学出版社 1985 年版,第 29 页。

② 中国革命博物馆整理:《吴虞日记》下册,1924 年 1 月 24 日、1926 年 1 月 19 日,四川人民出版社 1986 年版,第 154、295 页;《胡适的日记》(手稿本),(台北)远流出版公司 1990 年版,第 5 册,1925 年 1 月 17 日,无页码。参见桑兵:《近代中国学术的地缘与流派》,《历史研究》1999 年第 3 期。

门、中山大学均与顾颉刚卷入复杂的人事纠葛,甚至闹到有你无我、你来我走的地步,报上就有“胡适之派和鲁迅派相排挤”的说法。[①] 此外,学生方面也被时人指为有“两种大的倾向”,五四运动之后,两者“越发分明”,前者是新潮社,“隐然以胡适之先生为首领”,“渐渐倾向于国故整理运动”;后者是国民杂志社,“显然是社会主义尤其是布尔什维克主义的仰慕者”。[②]

约在20年代末30年代初,思想界的分化成为言说的中心,尤其是南京国民政府建立后,“民族精神”成为建构三民主义的重要符号,也产生种种批评五四的意见。叶楚伧《由党的力行来挽回颓风》就声称,“中国本来是一个由美德筑成的黄金世界”,且将黄金时代定于三百年前,明显表现出对近代以来的文化变革,尤其是五四新文化运动的不屑。[③] 陈立夫更是表示,自五四运动以来,所有的文化工作,“大部分均系破坏工作,以致吾国固有之文化,摧毁无余”。[④] 而在“革命”名义下,五四思想也被分解。朱镜我1930年发表的《中国目前思想界的解剖》,指出改良主义、自由主义、机会主义代表着“在现状态下有相当势力的思想系统”,而“资产阶级底自由主义的思想系统”,即是胡适一派的理论,新月派的立场,完全失却了革命性,“看不出帝国主义实使中国沦于崩溃的事实,也看不

---

① 顾颉刚:《致胡适》,1927年2月2日、4月28日,《胡适来往书信选》上册,中华书局1979年版,第422—430页。鲁迅:《两地书》第二集“厦门—广州”(1926年9月至1927年1月),《鲁迅全集》第9卷,人民文学出版社1961年版,第132页;鲁迅:《华盖集续编·海上通信》,《鲁迅全集》第3卷,第298页。

② 黄日葵:《在中国近代思想史演进中的北大》,《北大廿五周年纪念刊》1927年12月17日。

③ 叶楚伧:《由党的力行来挽回颓风》,《中央日报》1929年10月10日,第1张第0版。

④ 陈立夫:《文化建设之前夜》,《中央日报》1935年4月17日,第3张第2版。

出封建残余阻碍中国的自由发展之事实”。[①] 这里可以看出思想界的分裂是如何被定性的——主要来自于敌对思想的互相涂抹，“资产阶级底自由主义的思想系统”的命名，形成于 20 年代末 30 年代初，自有其深意在，表明有关思想界分化的看法，缘自政治的立场。此亦提示，当紧扣 20 年代末 30 年代中国社会的演进，审视思想界的走向。

类似这样本于政治立场针对“五四”思想进行的解释，不仅得以延续，而且政治色彩愈加浓厚。1940 年翦伯赞就撰文指出，在五四运动中，胡适及其流派，“一面对于还正在与他们直接斗争的封建思想，作正面的批判；另一方面，对于真正在兴起中的社会主义思潮拼命的打击，而积极的鼓吹资本主义合理之资本家的精神”，同样是将“胡适及其流派”作为“资产阶级”代言人。尤有甚者，因为抗战时期广泛开展民族动员、文化动员，胡适等还要承担“民族文化虚无主义”的责任，认为胡适等抨击中国古典圣经贤传，殊未知儒教“也不是完全没有积极的成分”，即便否定，也并非完全消灭，是要把“被否定的诸要素中的积极的东西保存着并发展他，当作新的东西之发展的契机”。[②] 国民党方面，1943 年出版的《中国之命运》，也给“五四思想”贴上新的标签。以蒋介石之名炮制的这本书，将自由主义与共产主义等而视之，认为五四后输入国中这两种思想，不仅不切于国计民生，违反了中国固有的精神文化，而且“根本上忘记了他是一个中国人，失去了要为中国而学亦要为中国而用的立场”，其结果这两种“不外英美思想与苏俄思想”的“抄袭和附会”的思想学说，“不过使中国的文化陷溺于支离破碎的风

---

① 朱镜我：《中国目前思想界的解剖》，《世界文化》第 1 期，1930 年 9 月 10 日。

② 翦伯赞：《评实验主义的中国历史观》，《中国史论集》，文风书局 1944 年版，第 21—34 页。

气”，是“文化侵略最大的危机，和民族精神最大的隐患”。[①]

五四时代的思想人物，同样也在针对思想分化展开分析。1933年胡适以1923年为界将现代思想分为前后两期：第一期是“维多利亚思想时代，从梁任公到《新青年》，多是侧重个人的解放”；第二期则是“集团主义(collectivism)时代。一九二三年以后，无论为民族主义运动，或共产革命运动，皆属于这个反个人主义的倾向”。[②] 这一分期当然也有其“成见”，几乎全以他所理解的“中国的文艺复兴运动”为依据，尤其突出了政治运动对于思想文化运动的干扰。稍后不久，胡适明确将《新青年》群体归于自由主义，并且认为北京大学1919年3月26日开会辞去陈独秀，“不但决定北大的命运，实开后来十余年的政治与思想的分野”，中国共产党的创立及后来国中思想的“左”倾，《新青年》的分化，北大自由主义者的变弱，“皆起于此夜之会”，因为“独秀在北大，颇受我与孟和(英美派)的影响，故不致十分‘左’倾。独秀离开北大之后，渐渐脱离自由主义者的立场，就更‘左’倾了”。[③]

值得重视的是鲁迅等对相关问题的揭示。1935年鲁迅在一篇文字中讲到，20年代最初几年，作为五四运动策源地的北京，自从支持《新青年》和《新潮》的人们风流云散后，“倒显着寂寞荒凉的古战场的情景”。[④] 这样的看法，也出现在研究新文化运动的论著中，1936年出版的《五四运动之史的评价》就注意到，新文化运动最初

---

① 蒋介石：《中国之命运》，(重庆)正中书局1943年版，第72—74页。

② 《胡适的日记》(手稿本)，第11册，1933年12月22日。

③ 胡适：《致汤尔和》，1935年12月23日，《胡适来往书信选》中册，第281—282页。

④ 鲁迅：《现代小说导论》(二)，蔡元培等：《中国新文学大系·导论集》，上海良友图书公司1940年版，第132页。

的中心，“是打破封建时代所残留下来的桎梏，和否定束缚人类向上发展的文化”，然而不久以后就分化了：“一派是以马克思思想为主标，一派是奉杜威主义当南针，在这反孔狂潮之下，分出社会主义和实验主义两支相反的队伍。他们固然各走各自的路向，各图各自的发展，可是中国文化思想界却因此而失了重心”。[①] 所谓思想文化界“失去了重心”，甚为要紧，“分裂”导致“重心”的丧失，本不难理解，但问题随之而来，思想文化界“失去了重心”，还只是问题的一面，同样值得考虑的是，如果思想文化界的“分裂”是中国社会重组的产物，那么在重新组合的中国社会，思想文化界的“位置”又如何？是不是同样有“失去了重心”的问题？这或许更值得关注。

这里只是对“后五四时期”思想界的分化略作说明，以显示问题的缘起。之所以特别提示 20 年代末 30 年代初形成的对思想界分化的看法，最基本的正在于，伴随中国社会的重组，“思想界”也形成新的格局，往往是基于特定的政治立场对此前的历史进行回溯。此亦表明，中国社会的“重组”与思想界的“分裂”，实有密切关联。

二、《新青年》的“分裂”，抑或陈独秀的“出走”

审视 1920 年代中国思想界的走向，通常都围绕《新青年》的“分裂”展开，于此还发掘出最具象征性的事件——胡适与李大钊围绕“问题与主义”的辩论。这场论争，自有其深意在，只是其中之“意义”，并非即刻呈现出来，以此作为当时思想界分化的象征，值得斟酌。因此，同样以《新青年》“分裂”作为问题的起点，也存在不

---

① 陈端志：《五四运动之史的评价》，上海生活书店 1936 年版，第 339 页。

同的取向。值得说明的是，追踪《新青年》同人“后五四时期”的思想分化，固然需确立问题的起点，但与其致力于发掘具有象征性的事件，不如聚焦于《新青年》群体的分化，该群体不仅提供了检讨“五四”前后所发生的一系列“分裂”的视角，而且，思想界的“重组”也与此分化息息相关。只不过，如何认识此一问题，是“分裂”，还是“陈独秀的出走”，却值得考虑。①

约在1919年4月李大钊给胡适信中，就谈到“团结”问题，提出应该把《新青年》《新潮》和《每周评论》的人结合起来，“为文学革新奋斗”，“在这团体中，固然也有许多主张不尽相同，可是要再想找一个团结像这样颜色相同的，恐怕是不大容易了”，但主张不必相同，只要“都要向光明一方面走是相同的”，所要者，“《新青年》的团结，千万不可不顾”。② 这当是有所指。就在这年底，《新青年》第7卷第1号刊登的据称代表“全体社员共同意见”的一则宣言，颇为引人注目。一本已发行到第7卷的杂志，表示“本志的具体主张，从来未曾完全发表”，已足使人惊讶；既说社员持论各不相同，却又“要将全体社员的公共意见，明白宣布”，更令人回味。③ 合理的推断是，《新青年》内部已出现不谐之音，且引起社会上种种猜疑，否则大可不必在这个时候宣示什么“公共意见”。

从宣言本身也不难发现，在一些基本问题的认知上，《新青年》

---

① 胡适后来就谈表示：“自一九二〇年一月以后，陈独秀是离开我们北京大学这个社团了。他离开了我们《新青年》团体里的一些老朋友；在上海他又交上了那批有志于搞政治而倾向于马、列主义的新朋友。时日推移，陈独秀和我们北大里的老伙伴，愈离愈远。”（唐德刚译注：《胡适口述自传》，季羡林主编：《胡适全集》第18卷，第362页）

② 李大钊：《致胡适》，1919年4月，《李大钊文集》下册，人民出版社1984年版，第936页。

③ 陈独秀：《〈新青年〉宣言》，《新青年》第7卷第1号，1919年12月1日。

内部确实已产生裂痕。究其实质，是在杂志经历一系列风波，引致其成员间潜在的分裂倾向时，编辑部成员重新在寻求共识，焦点则是“政治”。拾起“民众运动”与“社会改造”的旗帜，并表示要和各派政党“绝对断绝关系”，即是试图找寻在政治上沟通的契机。但这样的沟通，收效甚微，其成员间的裂痕，也难以弥合。

问题并不是要不要“谈政治”那样简单。照胡适的说法，1919年以前，《新青年》大致还是“不谈政治而专注意文艺思想的革新”，有意不谈政治，主要受其影响，“陈独秀、李大钊、高一涵诸先生都是注意政治问题的”。[①] 陈独秀对此还颇有报怨，“本志同人及读者，往往不以我谈政治为然”，但他坚持认为，“政治问题，往往关于国家民族根本的存亡，怎应该装聋作哑呢？”况且，“此种根本问题，国人倘无彻底的觉悟，急谋改革，则其他政治问题必至永远纷扰”。[②] 1919年以后《新青年》更多介入现实政治的讨论，也是事出有因，欧战结束、巴黎和会召开以及由此催生的学生运动，这一连串事件的发生，《新青年》又岂能置身事外。

这其中的区别主要在于，陈独秀毫不讳言要“谈政治”，是因为有了明确的“理想”与“主义”。在《谈政治》一文中，他就表示，我“深信许多人所深恶痛绝的强权主义，有时竟可以利用他为善；许多人所歌颂赞美的自由主义，有时也可以利用他为恶”，劳动阶级的枷锁镣铐分明是自由主义带上的，“若仍旧妄想否认政治是彻底的改造，迷信自由主义万能，岂不是睁着眼睛走错路吗？”[③]这篇文章的重要性不在于陈大张旗鼓要“谈政治”，文中所表达的——如

① 胡适：《纪念五四》，《独立评论》第149号，1935年5月4日。

② 陈独秀：《今日中国之政治问题》，《新青年》第5卷第1号，1918年7月15日。

③ 陈独秀：《谈政治》，《新青年》第8卷第1号，1920年9月1日。

把自由主义看作资本主义的代名词——显示如何“谈政治”，陈已有了他的答案。胡适也未必忌讳“谈政治”，《星期评论》出版后，他就撰文表示，“如果要使思想革新的运动能收实地的功效，非有一贯的团体主张不可”。只是胡尚未形成具体的“理想”与“主义”，所以仍守护于“谈政治”要基于“研究的结果”。① 因此，问题的关键不在是否谈政治，而是如何“谈”。宣言反复声明要和过去及现在的各党派“绝对断绝关系”，且“永远不忍加入”，才是症结之所在。可以说，导致《新青年》团体陷于分裂，是这个杂志的“色彩”越来越“过于鲜明”。

就在这则宣言发表后不久，1920 年 1 月陈独秀离开北京到了上海，同时将《新青年》带到上海编辑出版。当陈将编辑工作交由陈望道、李达、李汉俊等倾向共产主义的知识分子担当后，这个杂志逐渐成为宣传俄国革命和马克思主义的刊物。在这种情况下，《新青年》该如何走下去，成为其成员不得不思虑的问题。胡适再度祭起“不谈政治”的戒约，认为问题已到必须解决的关头。1920 年 12 月他致函陈独秀说，尽管你本人也声称并不为然，但杂志“色彩过于鲜明”，却是已成之事实，今虽有意抹淡，似亦非易事，况且“北京同人抹淡的工夫决赶不上上海同人染浓的手段之神速”。他提出三个解决办法：第一，另创一个哲学文学的杂志；第二，将《新青年》迁回北京出版；第三，“暂时停办”。当时在北京的《新青年》同人，也对此发表了意见。②

① 胡适：《欢迎我们的兄弟——〈星期评论〉》，《每周评论》第 28 号，1919 年 6 月 29 日。

② 胡适：《致陈独秀》，张静庐编：《现代中国出版史料》甲编，中华书局 1954 年版，第 8—10 页。关于《新青年》的分裂及此后其同人所搭建的发言台，笔者在其他文字中有更详细讨论，此系对前文之补充。参见章清：《“胡适派学人群”与现代中国自由主义》，上海古籍出版社 2004 年版。

尽管多数编委主张《新青年》移回北京编辑，却没有能够落实。在上海编辑出版的《新青年》杂志，因为遭查禁，最后只好移到广州出版。虽说《新青年》这个旗帜还在，但自这个杂志迁往上海，就已经走上了一条不归路，《新青年》群体分道扬镳，已无可挽回。

如何看待《新青年》群体的分裂，是不该回避的问题。上述种种，似都给出明确信号，《新青年》的分裂缘自政治上的分歧，所谓"马克思主义"与"非马克思主义"（近年来表述为"社会主义"与"自由主义"）的分歧，于此也有了确凿证据。然而，这样的评估却难免烙上"后见之明"的痕迹。关于什么是五四的核心，从来就是言人人殊的问题，和历史上其他充满歧见的事件一样，五四给后人的昭示也并不完全一致，张灏曾归纳出五四思想的"两歧性"，揭示出五四思想中存在一些对立发展的趋势，有助于认识各种思潮的诡谲歧异。[①] 在政治立场上清楚辨析马克思主义与非马克思主义（或社会主义与自由主义），或也是轻率的，五四时围绕"政治"问题进行的辩论，"不应该仅仅被理解为、或者最有益地被理解为自由主义者在政治上的幼稚或短见的表现；或者理解为激进分子偏向政治教条化的倾向"。[②]

揆诸"后五四时期"的历史，也不难发现，"问题与主义"之争，或自由主义与社会主义的论辩，并不意味着"历史的终结"，即以对

① 张灏：《形象与实质——再认五四思想》，韦政通等：《自由民主的思想与文化》，台北自立晚报社文化出版部1990年版，第23—57页。

② 格里德：《五四知识分子的"政治"观》，王跃、高力克编：《五四：文化的阐释与评价》，山西人民出版社1989年版，第1—14页。

“社会主义”的看法来说，也未见有什么严重分歧。[①] 关键在于，尽管《新青年》为同人杂志，但其成员的思想背景与价值取向并不完全相同，可以说，同人间的分歧其实早已潜埋，只是在启蒙的诉求下，这种分歧被遮掩着；随着政治话语慢慢浮出水面，分歧即暴露出来。只是，此时的“分裂”主要由陈独秀的“出走”表现出来。至于思想界的“分化”，主要体现在《新青年》群体的“瓦解”，还没有通过形成不同的思想派别表现出来，未来的情形如何，还需要进一步追踪杂志同人“后五四时期”的抉择。

三、政治歧见：一个目标，两条道路

《新青年》南迁上海后，胡适曾表示有意另创一个专事哲学与文学的杂志，但这样性质的杂志却没有能够出现，颇具讽刺意味的是，包括胡适在内的原《新青年》杂志一群人，再汇聚知识圈及政治圈的其他力量，走上的仍是“谈政治”的“歧路”。这表明《新青年》群体分化后，其同人各自搭建起新的发言台，皆关注于现实政治。这样，追踪《新青年》同人“后五四时期”思想分化，也有了重要依凭，可以进一步了解“谈政治”的读书人，又有怎样的“政治歧见”。

由“不谈政治”到走上“谈政治”的“歧路”，这是知识阶层的一个新动向，其实，在那样一个时代，不单知识阶层有新的动向，其他社会阶层也是如此。梁启超1921年在天津讲演，就曾表示：“近来许多好人打着不谈政治的招牌，却是很不应该；社会上对谈政治的人，不问好歹，一概的冷淡，也是很不应该。”国中优秀分子当有一

---

① 罗志田：《胡适与社会主义的合离》，陈平原等编：《学人》第4辑，江苏文艺出版社1993年版。笔者也曾对此有所讨论，参见章清：《现代中国自由主义与社会主义的合离：自由知识分子关于社会主义的历史图景》，瞿海源等主编：《自由主义的发展及问题》，（台北）桂冠图书公司2002年版。

种“觉悟”:“国家是我的,政治是和我的生活有关系的。谈,我是要谈定了;管,我是要管定了”。[①] 正如白吉尔(Marie-Claire Bergère)所揭示的,自袁世凯称帝失败后,也许就注定了这个信誉扫地的政府再也没有能力控制中国南北分裂的局面,而在军阀横征暴敛的年代,所有社会集团的利益都受到损害。在经历一段拒绝参与政治事务的消极抗议后,愈来愈多的商人与企业家意识到,只有通过改革,实现政治机构和社会组织的变革,才能保证经济持续和深入的发展。[②]

在军阀混战的年代,不单一向远离政治的商人与企业家“思出其位”,知识圈中人,此时也同样感受到不得不卷入政治的压力。1920年底陈独秀赴粤前,特地致函胡适、高一涵,提醒说:“南方颇传适之兄与孟和兄与研究系接近,且有恶评,此次高师事,南方对孟和颇冷淡,也就是这个原因,我盼望诸君宜注意此事。”还坦陈此乃他时常不可忘却的忠告,“恐怕我的好朋友书呆子为政客所利用”。[③] 一开始,许是种种流言在传布,却也绝非空穴来风,即便知识阶层仍守望于学术理想,也不能杜绝各种政治势力对知识阶层的关注。李大钊就用“处女的地位”,说明了知识圈的处境:

> 现在我们大学一班人,好像一个处女的地位,交通、研究、政学各系都想勾引我们,勾引不动就给我们造谣;还有那国民

---

① 梁启超:《辛亥革命之意义与十年双十节之乐观》(续),《晨报副镌》1921年11月8日,第2版。

② 白吉尔:《中国资产阶级的黄金时代(1911—1937)》,张富强、许世芬译,上海人民出版社1994年版,第5章。

③ 陈独秀:《致胡适、高一涵》,约1920年年底;《致胡适》,1921年2月15日,张静庐编:《现代中国出版史料》甲编,第7—8页。

系看见我们为这些系所垂涎，便不免引起一点醋意。[①]

对此，胡适也深有体会，研究系的蓝公武曾拖其加入他们的“联省自治”运动，只是他仍坚持，“我虽现在不主张放弃政治，但我不能玩这种政客的政治活动”。[②] 这些都表明，在那个政治情绪高昂的年代，大学中人同样有不能免于政治影响的处境。《新青年》迁离北京后，留在北京的一群人同样需要通过某种方式整合起来，终于在1922年5月，一个新的杂志问世了，只不过，这个新杂志与原先胡适所期许的纯学术性杂志全然不同，以“努力”命名的这份刊物，明确指向的是对政治事业的图谋。而且，该刊第2号发表的由16位学者联署的《我们的政治主张》，所标举的“好政府主义”论纲，与梁启超的见解如出一辙。

从前或宣言“不谈政治”，或信仰各种主义的一群“清高人士”，竟能平心降格提出“好政府”的主张，在思想舆论界也激起热烈反应，赞同的意见大多来自教育界人士，北京几所学校的校长就联署作为宣言的“赞成人”；批评性回应则较多来自其他政治派别。[③] 较之“问题与主义”的论辩，《努力周报》的创刊对于了解不同思想的交锋，无疑更具意义。

据张国焘回忆，当时聚集在上海的一群共产党人，认为“好人政府”的倡导会“阻碍革命思潮发展，将一般人引导到改良幻想的歧途”，故主张“不必顾虑到与蔡元培、胡适等好人政府派的原有友

---

① 李大钊：《致胡适》，1921年，《李大钊文集》下册，第951页。

② 《胡适的日记》(手稿本)第2册，1921年9月21日。

③ 来自国民党方面的批评可参见邵力子：《读蔡孑民、胡适之诸先生底政治主张》，《民国日报》1922年5月18、19日，“觉悟”，第4张。来自无政府主义方面的批评则以区声白的评论为代表，参见区声白：《中国目前的政治问题如何解决》，《民钟》第1卷第5期，1923年7月10日。

谊”,应将“我们的主张公开出来”。[1] 由陈独秀起草的《中国共产党对于时局的主张》,就批评“好政府诸君”为“妥协的和平主义,小资产阶级的和平主义”。[2]《先驱》编辑部还发文说:“我们要知道好政治与坏政治,不是几个好人或坏人弄成的,乃是一派怎样特殊势力或特殊阶级弄成的”,在北洋派武人势力的基础上建立“好政府”,“未免太空想,太滑稽,而且太不努力了”,“在未实现之前,即已定了死刑”。[3]

甫经成立的共产党质疑《我们的政治主张》并不令人奇怪,这不过是五四后“革命话语”流行的一个表象而已。在军阀蝇营狗苟的政治环境下,不单共产党表达出对“阶级革命”的关切,《努力周报》的读者也希望“好人”诸君能深入民众,甚至不乏革命的呼声。《努力周报》所主张的,确是倾向于对现存社会秩序进行修补式的改造,明显与革命的呼声适成对照。不过,从当时的思想格局看,无论倾向自由主义还是社会主义的知识分子,都还只是刚刚汇聚成政治力量,也许政治主张已渐渐趋远,但未来的政治选择如何,仍有诸多未确定因素。

事实上,中共二大宣言仍表示,“愿意和资产阶级的民主主义革命运动联合起来,做一个‘民主主义的联合阵线’”。紧接着胡适所写《国际的中国》也积极呼应,明确表示宣言认同于“民主主义的联合战线”,是可喜可贺的事。所不同的是,中共将“帝国主义的侵略与军阀的扰乱”作为中国内忧外患的祸源,胡却要人们相信,现在中国已没有很大的国际侵略的危险,尽可不必做惧怕国际侵略

---

① 张国焘:《我的回忆》第1册,东方出版社1980年版,第231—233页。

② 陈独秀:《中国共产党对于时局的主张》,《先驱》第9号,1922年6月20日。

③ 《先驱》编辑部:《批评“好政府”主义及其主张者》,《先驱》第9号,1922年6月20日。

的恶梦，“我们的朋友陈独秀先生们在上海出版的《向导》周报，标出两大目标：一是民主主义的革命，一是反抗国际帝国主义的侵略。对于第一项，我们是自然赞成的。对于第二项，我们觉得这也应该包括在第一项之内。因为我们觉得民主主义的革命成功之后，政治上了轨道，国际帝国主义的侵略已有一大部分可以自然解除了”。[①] 胡适后来曾言，这是他最挨骂的文章，“共产党至今骂我此文，国民党也不会了解此文”。[②]

格里德(Jerome B. Grieder)将《我们的政治主张》视作“是对那些可看作‘自由主义’的观点的第一次系统的概括”，大抵不错。[③] 除阐述“好政府”的政治论纲，《努力周报》也提出了对斯时现实问题的具体意见。在这些具体的政治主张上，如“联省自治”，双方也有所交锋。《向导》创刊号上，陈独秀就撰文表示对胡适等人的联省自治主张，“期期以为不可”，认为要救济中国，“首在铲除这种割据的恶势力”，且须用“革命的手段”，在群雄割据的扰乱中，鼓吹联省自治，只是“徒以资横梗中间的武人用为永远巩固割据之武器，使老百姓更陷于水深火热之中，连向中央请愿这条可怜的路都断了”。[④] 胡适对此有所回应，强调“根据于省自治的联邦制，是今日打倒军阀的一个重要武器”，“凡反抗这个旗帜的，没有不失败的”。[⑤] 随后，蔡和森也加入进来，指出中国乱源，“在封建的旧势力

① 胡适：《国际的中国》，《努力周报》第22期，1922年10月1日。

② 胡颂平编著：《胡适之先生年谱长编初稿》第2册，(台北)联经出版公司1984年版，第508页。

③ 格里德：《胡适与中国的文艺复兴——中国革命中的自由主义》，鲁奇译，江苏人民出版社1989年版，第200页。

④ 陈独秀：《联省自治与中国政象》，《向导》第1期，1922年9月13日。

⑤ 胡适：《联省自治与军阀割据——答陈独秀》，《努力周报》第19期，1922年9月10日。

之继续；而不在胡适之先生那种新发明的‘统一’史观”，胡适的主张是肯定“打倒军阀的第一步在联省自治”，“但我们也可以大胆告诉适之先生：打倒军阀割据的第一步在民主的革命”。[①]

不难看出，双方的分歧，其实可归结于：一个目标，两条道路。胡适回应《中国共产党对于时局的主张》，就对彼此的分歧作了这样的归纳。他认为其中所阐述的十一项原则，“并无和我们的政治主张绝对不相容的地方”，只是步骤有先后而已。也许他并不清楚为什么共产党把他们看成是“小资产阶级”——“有产阶级至无产阶级之间的一种第×阶段”，但他对宣言中所提出的理想目标并没有太大歧见，只是强调，《努力周报》所着重的是“现在”最低限度的要求，事事都考虑只从“现在第一步”着手，所以，“我们并不菲薄你们的理想的主张，你们也不必菲薄我们的最低限度的主张。如果我们的最低限度做不到时，你们的理想主张也决不能实现”。[②] 说起来，“问题与主义”论争中，李大钊与胡适所论辩的中心，也是如此。

从胡适与李大钊、陈独秀的交往中，也可看出双方还保持着密切关系。胡适拟好《我们的政治主张》，首先想到的是与李大钊商议（宣言发表时李也具名于上）。李从事的政治活动，也主动与胡通报。[③] 1923 年 9 月，李大钊还致信胡适，希望能将蔡和森所著《俄国社会革命史》一书，纳入《世界丛书》出版。[④] 该年陈独秀给胡适的信，除希望《努力周报》出版后“每期赐寄一份”，还推荐瞿秋白新

---

① 蔡和森：《武力统一与联省自治——军阀专政与军阀割据》，《向导》第 2 期，1922 年 9 月 20 日。

② 胡适：《这一周》，《努力周报》第 10 期，1922 年 7 月 9 日。

③ 李大钊：《致胡适》，约 1922 年 8 月，《李大钊文集》下册，第 955 页。

④ 李大钊：《致胡适》，1923 年 9 月 7 日、10 月下旬，《李大钊文集》下册，第 956，957 页。

著，“国人对于新俄，誉之者以为天堂，毁之者视为地狱，此皆不知社会进化为何物者之观察”，秋白的书必能去掉世人诸多误解，“望早日介绍于商务，并催其早日出版为要”。① 事实上这样的“交情”一直得以延续，几年以后，胡适游欧期间还与国共两党著名人士于右任、蔡和森等密切沟通。胡适此时不只是表达对社会主义的认同，还修正了他多年来的想法，其中投身政治活动乃至“组党”的想法，颇不寻常。当他看到政治革新具有如此效力，也才有“应该出来做政治活动”，甚至组织政党的表态。② 难怪李大钊说：“我们应该写信给适之，劝他仍旧从俄国回来，不要让他往西去打美国回来。”③

略为分析《新青年》同人“后五四时期”重新搭建的发言台，可以清楚把握“双方”在政治上的“歧见”究竟有什么具体的表现。看得出，依托新的发言台的《新青年》同人，都在各自表述改革中国政治的意见，分歧不是没有，主要是在手段与方法上，或许用“一个目标，两条道路”归纳双方的“歧见”，更为确当。这也表明，审视《新青年》同人“后五四时期”的分化，对此应有清楚把握，即《新青年》群体瓦解后，并未即刻形成对立的思想派别；所阐述的政治主张也并非完全不能相容。明乎此，也能更好认识思想界何以有“我们”与“他们”的区分，以及何以会有“思想界联合战线”之提议。

---

① 陈独秀：《致胡适》，1923 年 4 月 7 日，《胡适来往书信选》上册，第 194 页。事实上，瞿秋白这段时间曾多次致函胡适，其中提到，他有意促成其任教的上海大学，成为“南方的新文化运动中心”，希望胡适能常加指导。参见耿云志主编：《胡适遗稿及秘藏书信》第 41 册，黄山书社 1994 年版，第 159—162 页。

② 《日记》，1926 年 8 月 3 日，季羡林主编：《胡适全集》第 30 卷，第 222—223 页。

③ 胡适：《漫游的感想》，季羡林主编：《胡适全集》第 3 卷，第 41 页。

四、"我们"与"他们":思想界的联合战线

约在1921年初,胡适曾写了封措辞严厉的信给陈独秀。这封常被征引的信,确值得重视,内中引人瞩目的即是对"我们"与"他们"的区分,且将彼此的畛域悉数道出。胡适颇有些责怪陈不能区分"我们"与"他们",足证其牢固树立了这种意识。① 后来鲁迅、周作人与陈源之间发生笔战,胡适也致函表示这是朋友中最可惜之事,"国内只有这些可以作工的人,大家努力'有一分热,发一分光',还怕干不了千万分之一的工作——我们岂可自己相猜疑,相残害,减损我们自己的光和热吗?"意思很明确,"我们""横竖是水,可以相通",因此"'他们'的石子和秽水,尚且开始容忍,何况'我们'自家人的一点小误解,一点子小猜疑呢?"②书信往来揭示的生活史与思想史的汇通,涉及思想界的划分,自有其深意在,不禁令人发问:"我们"与"他们"的区分,勾画出思想界怎样的图景?

余英时曾指出,在中国近代思想史的脉络下讨论"保守"与"激进",首先要看到其文化意义。中国和西方保守派、自由派、激进派的三分局面不同,西方的三派都相对于一个存在了两三百年的社

---

① 信中写道:"你难道不知我们在北京也时时刻刻在敌人包围之中?你难道不知他们办共学社是在《世界丛书》之后,他们改造《改造》是有意的?他们拉出他们的领袖来'讲学'——讲中国哲学史——是专对我们的?""你难道不知延聘罗素、倭铿等人的历史?(我曾宣言,若倭铿来,他每有一次演说,我们当有一次驳论。)"(胡适:《致陈独秀》,约1921年初,《胡适来往书信选》上册,第119—120页)

② 胡适:《致鲁迅、周作人、陈源》,1926年5月24日,《胡适来往书信选》上册,第377—380页。徐志摩也曾致信周作人表示:"关于这场笔战的事情,我今天与平伯、绍原、今甫诸君谈了,我们都认为有从此息争的必要,拟由两面的朋友出来劝和,过去的当是过去的,彼此大家合力来对付我们真正的敌人,省得闹这无谓的口舌,倒叫俗人笑话。"(徐志摩:《致周作人》,1926年1月31日,《徐志摩全集》第9集,上海书店出版社1990年版,第90—91页)

会现状立言，都已越过了“传统与现代之争”，中国则不然，思想冲突的焦点正在传统与现代之间。“激进”与“保守”并不在其对现状的态度，而是取决于对中国文化传统的看法，“中国现代思想史上最有势力的两个流派——自由主义和社会主义——大体上都对传统持否定的立场”。[①] 将政治立场与文化立场略作区分，双方的趋同则更加清晰。最明显的无过于，《新青年》分裂后双方在思想文化战线的协同动作，还延续了相当一段时间。

对于新文化运动保守主义的反应，学术界已多有所论，如艾恺(Guy Salvatore Alitto)所揭示的，梁启超《欧游心影录》，梁漱溟《东西文化及其哲学》和张君劢《人生观》，受到学术界广泛注意，对于传统中国文化精髓的眷求，对现代工业化西方的反感，以及反实证主义的理论建构，“他们都有着共同的论题和态度”。[②] 是否存在所谓“东方文化派”，尚需进一步分析，然而，透过所形成的发言台以阐明共同的主张，也是有据可寻的。以梁启超为领袖的《改造》，即标榜“嘤其鸣矣，求其友声”，明确主张，“本刊所鼓吹在使新文化运动向实际的方面进行”。[③] 这里的要害是所谓“实际的方面”，试图划出彼此的界限。在梁看来，这几年看似蓬蓬勃勃的所谓“新思潮”“新文化运动”，检查其内容，最流行的莫过于讲政治上、经济上的这样主义那样主义，可看作“西装的治国平天下大经纶”；次流行的莫过于讲哲学上、文学上的这种精神那种精神，可视作“西装的

① 余英时：《中国近代思想史上的激进与保守》，《钱穆与中国文化》，上海远东出版社 1994 年版，第 188—222 页。

② 艾恺：《最后的儒家——梁漱溟与中国现代化的两难》，王宗昱、冀建中译，江苏人民出版社 1993 年版，第 76 页。

③ 《〈改造〉发刊词》，《改造》第 3 卷第 1 期，1920 年 9 月 15 日。

超凡入圣大本领”。[①] 1923 年他所写《五十年中国进化概论》，将近代以来中国思想的演化分为三期，其中对第三期的转变及人物谱系的勾画，更耐人寻味。梁不仅指出第三期的种子由第二期“播殖下来”，且将第二期界定为“从甲午战役到民国六七年间止”，似乎“新文化运动”只是第二期的补充而已，“恰值欧洲大战告终，全世界思潮都添许多活气，新近回国的留学生，又很出了几位人物，鼓起勇气做全部解放的运动。所以最近两三年间，算是划出一个新时期来”。不唯如此，照其看法，“这三期间思想的进步，试把前后期的人物做个尺度来量他一下，便很明白”。结果，第一期他点出了郭嵩焘、张佩纶、张之洞等，“算是很新很新的怪物”；第二期举出康有为、梁启超、章炳麟、严复等人，“都是新思想界勇士，立在阵头最前的一排”。唯独第三期，全然不提任何人物，只是说“许多新青年跑上前线”。[②]

因此，尽管“东方文化派”来自对手的涂抹，但作为同一营垒，其同道与对手，在他们的言论中还是略有交代。梁漱溟就认为，陈独秀《人生真义》、李大钊《今》、胡适《不朽》，这些“所谓《新青年》一派的人生观都不能让我们满意”，因为其中所讲的“完全见出那种向外要有所取得的态度”。[③]《东西文化及其哲学》出版后，蒋百里致梁启超信中也表示：

> 顷见梁漱溟《东西文化》一书，此亦迩来震古铄今之著作，

---

① 梁启超：《科学精神与东西文化》，《时事新报》1922 年 8 月 23 日，“学灯”，第 1 版。

② 梁启超：《五十年中国进化概论》，《饮冰室合集》第 5 册，“文集之三十九”，中华书局 1989 年影印本，第 43—45 页。

③ 梁漱溟：《合理的人生态度》，《漱溟卅前文录》，商务印书馆 1926 年版，第 193—199 页。

渠结末之告白，大与吾辈自由讲座之宗旨相合，先生于近日内，何妨与南开确定一办法，将先生之历史讲义亦归为讲座之一，而再约漱溟也担任一座，震与君劢、东荪每各担一座。[1]

至于1923年的“科学与人生观”论战，最早回应张君劢《人生观》演讲的丁文江，得到胡适的倾力支持，[2]张君劢同时针对胡适与陈独秀的意见加以驳诘，也多少说明一些问题。[3]

既然有共同的敌人，则组成联合战线共同对付，便成为可能。实际上，“后五四时期”仍存在思想界的“联合战线”，追踪《新青年》同人“后五四时期”的思想分化，需特别注意此。

1923年陈独秀就提出了思想界联合战线问题，认为“在扫荡封建宗法思想的革命战线上”，相信“唯物史观”和相信“实验主义”的，“实有联合之必要”，应结成“思想革命上的联合战线”。[4] 他还将高唱“精神生活”“东方文化”之论调，归为吴稚晖所谓“祸国殃民亡国灭种之谈”。他点到了张君劢、梁启超、章士钊、梁漱溟等人，以深文周纳的方式指出：“我虽不认识张君劢，大约总是一个好学深思的人；梁任公本是我们新知识的先觉者；章行严是我的廿年老友；梁漱溟为人的品格更是我所钦佩的。”但是，“他们提倡那些祸国殃民亡国灭种的议论，要把国人囚在幽谷里，我们不得不大声疾呼的反对，看他们比曹锟、吴佩孚更为可恶，因为他们的害处大过曹、吴”，“梁漱溟说我是他的同志，说我和他走的是一条路，我绝不

---

① 蒋方震：《与任师书》，1921年11月26日，丁文江、赵丰田编：《梁启超年谱长编》，上海人民出版社1983年版，第941页。

② 丁文江：《致胡适》，《胡适来往书信选》上册，第188—190页。

③ 张君劢：《〈人生观之论战〉序》，郭梦良编：《人生观之论战》，上海泰东图书局1923年版，第1—17页。

④ 陈独秀：《思想革命上的联合战线》，《前锋》第1期，1923年7月1日。

能承认”。[1]

思想界联合战线之议，显示出共产党人也有“我们”与“他们”的区分，说明当时思想界营垒的划分，主要依据文化立场而非政治立场。这并非陈独秀个人的看法，1923 年邓中夏对思想界进行划分，也明确分出“新兴反动派”（即“东方文化派”），认为该派可分为三系，梁启超、张君劢、张东荪等为一系，梁漱溟为一系，章行严为一系。又将分了家的新文化运动者区分为“科学方法派”和“唯物史观派”（分别以胡适、丁文江与陈独秀、李大钊为代表）。邓评论说：“东方文化派是假新的，非科学的”，“科学方法派和唯物史观派是真新的，科学的”，后两派应该“结成联合战线”，“一致向前一派进攻、痛击”。[2] 当陈独秀提出思想界的联合战线问题，邓马上接过话题，认为“在现在中国这乌烟瘴气的思想界中不特是必要，而且是应该”，相应也将胡适等作为“革命派”势力范围。比较“唯物史观”与“实验主义”，邓中夏也认为不同之中有约略相同的几点，因此“我们应该结成联合战线，向反动的思想势力分头迎击，一致进攻”。邓这样写道：

> 再明显些说，我们应该结成联合战线，向哲学中之梁启超、张君劢（张东荪、傅侗等包括在内）、梁漱溟；心理学中之刘廷芳（其实他只是一教徒，没有被攻的资格）；政治论中之研究系、政学系、无政府党、联省自治派；文学中之“梅光之迪”等，和一般无聊的新文学家，教育中之黄炎培、郭秉文等，社会学中之陶履恭、余天休等这一些反动的思想势力分头迎击，一致

① 陈独秀：《精神生活，东方文化》，《前锋》第 3 期，1924 年 2 月 1 日。

② 邓中夏：《中国现在的思想界》，《中国青年》第 6 期，1923 年 11 月 24 日。

进攻。[①]

萧楚女也撰文指出，在革命的呼声下，尚有几派，还“没有肯把人类和时代合起来去着想”。这里所指的也是“无政府派”“东方文化派”(含“精神文明派”“农村立国派”)和“国家主义派”。还表示：“国民党外的朋友及国民党内比较号为稳健的同志们，不知两党之联合，只是为了当前的敌人之存在”，因此要考虑如何“合力进攻敌人”。[②]

思想界“联合战线”呼声的出现，不是偶然的，显示出可能结成“联合战线”的双方，对“五四”遗产的承继。恽代英就特别提到“自从五四运动以来”的问题，指出这八个字，“久已成了青年人作文章时滥俗的格调”，然这总表明一般青年崇拜五四的心理。同时也并不回避，青年学生掀起五四壮烈的历史，是“因为他们受了蔡元培、陈独秀、胡适之诸先生思想的影响”。[③] 这也表明，“后五四时期”思想界对“五四”记忆的延续是突出的一环，正因为此，在政治上已有种种歧见的双方，在思想文化上还能联合起来共同面对敌手。

这里可以略为梳理“后五四时期”思想界联合战线的一些具体表现，所谓“联合战线”，自然是未成之议，但双方不乏相通之处。最基本的，延续“五四”启蒙的诉求，双方对诸如“东方文化”“精神生活”之类，一直保持高度的警觉。

1923 年李大钊就撰文指出，思想界本来很盛的退落、循环的历史观，于今又有“反动复活的趋势”，章士钊、梁启超辈，即有“退反

---

① 邓中夏：《思想界的联合战线问题》，《中国青年》第 15 期，1924 年 1 月 26 日。

② 萧楚女：《国民党与最近国内思想界》，《新建设》第 2 卷第 2 期，1924 年 8 月 20 日。

③ 恽代英：《“自从五四运动以来”》，《中国青年》第 26 期，1924 年 4 月 12 日。

于退落的或循环的历史观的倾向”。他表示自己本崇今论者，故特揭出“时”的问题与贤者商榷，“冀其翻然思反，复归于进步论者之林”。[①] 陈独秀更是指出：“人类文化是整个的，只有时间上进化迟速，没有空间上地域异同”，明确反对把“东方文化”当作特别优异的东西。原因在于，东方的农业文化、家庭手工业的文化、宗法封建的文化，以及这些文化所产生的思想、道德、教育、礼俗，西方也曾经历过，并不是东方所特有的，“把这不进化的老古董当作特别优异的文化保守起来，岂不是自闭于幽谷！”[②]泰戈尔访华，也引起陈的注意，他对于翻译其著作就大不为然，认为“像太戈尔那样根本的反对物质文明、科学与之昏乱思想，我们的老、庄书昏乱的程度比他还高，又何必辛辛苦苦的另外来翻译太戈尔？”[③]不单是陈独秀、李大钊等延续了以往的见解，瞿秋白这一时期的文字，也表明中国共产党人对“革命话语”的阐述，在文化上继续了五四的见解。瞿也相信，“东西文化的差异，其实不过是时间上的”——是“时间上的迟速，而非性质上的差别”，“东方文化派”竭力维护的文化，“早已处于崩坏状态之中”。他们大得其意的“科学破产”，哪里是什么“科学破产”，不过是“宗法社会及资产阶级文明”破产罢了。[④]

显而易见，这些看法所守护的是“五四”时期所彰显的“进步理念”。如对照胡适此一时期所发表的文字，尤其是针对梁漱溟《东西文化及其哲学》提出的批评，即可见双方持论的一致性。胡也强调，各民族文化所表现的，“不过是环境与时间的关系”，“所以我们

---

① 李大钊：《时》，《晨报五周年纪念增刊》1923 年 12 月 1 日，第 5 页。

② 陈独秀：《精神生活 东方文化》，《前锋》第 3 期，1924 年 2 月 1 日。

③ 陈独秀：《我们为什么欢迎太戈尔？》，《中国青年》第 2 期，1923 年 10 月 27 日。

④ 瞿秋白：《东方文化与世界革命》，《新青年》季刊第 1 期，1923 年 6 月 15 日。

不敢用那‘理智’‘直觉’等等简单的抽象名词来概括某种文化”，如以历史眼光观察文化，“只看见各民族都在那‘生活的本来的路’上走，不过因环境有难易，问题有缓急，所以走的路有迟速的不同，到的时候有先后的不同”。[①] 胡适将东西文化归于历史步调的差异，认同的也是相同的理念。

上述种种，令人获得这样的印象，所谓“思想界的联合战线”在组织未必有什么具体形式，但各自所表达的主张，似乎又隐约存在着这样的“联合战线”。最突出的是，双方均将敌对的一方，纳入相应的谱系中。这表明20年代上半期的中国思想界，识别思想派别的主要因素仍保持着鲜明的“文化色彩”，文化的立场，构成思想界识别的重要基础。这样，对于思想界的“分化”问题，或可有进一步的认识。就《新青年》同人来说，“后五四时期”确有“分化”的迹象，各自有了新的发言台，甚至在思想方面的分歧也随有体现，但这并不影响双方在思想上继续保持基本的认同。[②]

五、阶级意识的提升与中国社会的重组

1922年周作人在《晨报副镌》发表的《思想界的倾向》，流露出

---

① 胡适：《读梁漱溟先生的〈东西文化及其哲学〉》，《读书杂志》第8期，1923年4月1日。

② 对“科学与人生观”论战的总结，就显示了重要征象。陈独秀即表示：“只可惜一班攻击张君劢、梁启超的人们，表面上好像是得了胜利，其实并未攻破敌人的大本营……就是主将丁文江大攻击张君劢唯心的见解，其实他自己也是以五十步笑百步，这是因为有一种可以攻破敌人大本营的武器，他们素来不相信，因此不肯用。”（陈独秀：《〈科学与人生观〉序》，《科学与人生观》上册，亚东图书馆1923年版，第1页）瞿秋白也指出：“今年春夏间，《努力周报》丁文江、胡适之先生等与张君劢先生辩论科学与人生观。我看他们对于自然科学与社会科学之争辩实在打不着痛处。”虽还没有将胡适等归到“另[illegible]派”，但已走出了重要一步。参见瞿秋白：《自由世界与必然世界》，《新青年》季刊第2期，1923年12月20日。

这样的看法:现在思想界的情形,“是一个国粹主义勃兴的局面;他的必然的两种倾向是复古与排外”。[①] 胡适却以为,“这种悲观的猜测,似乎错了”,尤其是,“把‘不思想界’的情形看作了‘思想界’的情形”。在他看来,“现在那些‘参禅炼丹,或习技击,或治乩卜’的人,难道真是‘思想界’中人吗?他们捧着一张用画片放在聚光点外的照片,真心认作吕祖的真容,甘心叩头膜拜。这样的笨伯也当得起‘思想界’的雅号吗?”[②]所谓“把‘不思想界’的情形看作了‘思想界’的情形”,倒是有意思的提法,指出“思想界”并非谁都当得起,实际涉及划分“思想界”的标准问题。稍后一篇文字,胡适也阐述了这个意思,认为今日思想界,“根本的毛病还在思想的方法”,从极“左”到极右,都看不见“自己想过的思想”,也看不见“根据现实状况的思想”。[③] 显然,胡适主要是依据“思想的方法”,划分思想界。此亦表明,“思想界”于中国本有如何浮现,以及居于怎样的社会位置的问题。结合中国社会的重组审视思想界的走向,也有了相关基础。

有必要联系近代中国“亚文化圈”世界的形成,略作分析,这里所论及的“思想界”,正是“亚文化圈”形成的标志之一,并构成集团力量形成的重要象征。在稍前一篇文字中,笔者已检讨了读书人如何经由“地缘”因素有了最初的聚集,随之超越地缘的“业界”意识如何构成聚集的基础;进一步的,阶级意识的提升又如何影响到集团力量的形成。[④] 这正表明中国社会动员所依托的主要是哪些

---

① 周作人:《思想界的倾向》,《晨报副镌》1922 年 4 月 23 日,第 3—4 版。

② 胡适:《读仲密君〈思想界的倾向〉》,《晨报副镌》1922 年 4 月 27 日,第 1 版。

③ 胡适:《从思想上看中国问题》,季羡林主编:《胡适全集》第 21 卷,第 408—422 页。

④ 章清:《省界、业界与阶级:近代中国集团力量的兴起及其难局》,《中国社会科学》2003 年第 2 期。

环节，据此探讨20年代思想界的转向，也不无裨益。

胡适对“思想界”的界定，所谓当得起与当不起的问题，不便作为“思想界”的定义。但“思想界”的形成，无疑与中国社会的转型密切相关。张灏曾揭示了，在1895至1920年前后大约25年时间，是中国思想文化由传统过渡到现代的关键年代，主要变化有二：一是报纸杂志、新式学校及学会等制度性传播媒介的大量涌现，一是新的社群媒体——知识阶层的出现。[①] 这里所说的“制度性传播媒介”与“新的社群媒体”，正构成了“思想界”的要素，说到底，“思想界”的表征，无非是通过报纸杂志、学校与学会等组织起来的知识分子。

1922年丁文江在给胡适信中，曾提出“用人应该绝对破除留学国界、政治党派、省界”。[②] 这或令我们对当时思想界的形态，有进一步印象，因为这里欲“破除”的，恰反证出“留学国界”“政治党派”与“省界”构成知识圈聚集的重要因素。在此过程中，共同的使命感渐渐成为沟通的基础。傅斯年就介绍《新潮》乃“集合同好”之杂志，是“用这知识上的接触做根本，造成这个团体”，而且，“最纯粹，最精密，最能长久的感情，是在知识上建设的感情，比着宗族或戚属的感情纯粹得多。恩怨造成的感情是不可靠的，因为恩怨容易变化，容易掺杂；独有知识造成的感情，随着知识进化”。[③] 这也成为一种象征，显示知识分子的聚集发生着由“地缘因素”向“思想认同”的转变。傅所说“知识上的同一趋向”乃持久的感情，甚为要

① 张灏：《中国近代思想史的转型时代》，《二十一世纪》总第52期，香港中文大学中国文化研究所，1999年4月。

② 丁文江：《致胡适》，1922年4月8日，《胡适来往书信选》上册，第195页。

③ 傅斯年：《新潮社之回顾与前瞻》，《新潮》第2卷第1号，1919年10月30日。

紧，因为讨论思想界的“分化”，事实上皆围绕此展开。只是“思想界”既依托社会之演进成形，则分化是缘自“思想认同”的减弱，还是因为中国社会产生了新的组织方式，不能不令人深思。基于此，或也可获得审视思想界分化新的视野。

在分析中国20世纪政治发展时，邹谠曾提出20世纪初期面临的全面危机是中国社会革命与全能主义(totalism)政治的共同渊源。[①] 指出中国的社会革命一开始就蕴藏着全能主义政治的因素，算不上独具匠心，史华兹(Benjamin I. Schwartz)也曾强调20世纪中国政治的发展很大程度上受制于“普遍王权”崩溃后所引发的全盘性危机。[②] 重要的是，邹谠不仅指出社会革命一开始就蕴藏着全能主义政治的因素，还阐明了其表现之一，是看到只有先建立强有力的政治机构或政党，然后用它的政治力量、组织方法，深入和控制每一个阶层、每一个领域，才能改造或重建社会国家和各领域中的组织与制度，从而克服全面危机。注意到集团力量涌现所具有的意义，这对于分析思想界的走向，是值得重视的视点，据此亦当关心，在“全能主义”政治的作用下，思想界的位置究竟如何。

“思想界”，或者说，组织起来的知识分子，其情形如何呢？从知识分子自身的检讨中，即不难了解其中的问题所在。顾颉刚就指出，“我们这辈人，理智太强，到处不肯苟同，这原不错；但这只能

---

① 邹谠：《中国二十世纪政治与西方政治学》，《二十世纪中国政治：从宏观历史与微观行动的角度看》，(香港)牛津大学出版社(中国)有限公司1994年版，第1—10页。

② Benjamin I. Schwartz, “The Chinese Perception of World Order, Past and Present”, John King Fairbank ed., *The Chinese Order*, Cambridge, Mass.: Harvard University Press, 1968, pp.276-88.

是在学问上用，不能在政治上用。”[1]梁实秋回忆《新月》时期知识分子的聚集也曾谈到，他们这些人各有各的思想路数，各有各的研究范围，各有各的生活方式，各有各的职业技能，彼此不需要标榜，更没有互相的依赖；也不曾组成一个严密的团体，只是在政治危机时刻暂时聚集在一起，通过办刊物表达他们对时局的看法。[2] 对此，胡适也是深有体会的。1928 年 4 月高梦旦因为不堪商务印书馆内部的矛盾纠纷，终于继张元济之后脱离商务，他对胡适说：“我们只配摆小摊头，不配开大公司。”这也引起胡适好一阵感叹，“此语真是说尽一切中国大组织的历史”，故此表示：

> 我们只配作“小国寡民”的政治，而运会所趋却使我们成了世界上最大的帝国！我们只配开豆腐店，而时势的需要却使我们不能不组织大公司！——这便是今日中国种种使人失望的事实的一个解释。[3]

这就是“思想界”的写照，可以明确的是，依托报纸杂志、新式学校及学会等制度性传播媒介组织起来的知识分子，并没有严格的组织形式。[4] 这样的“思想界”，如与重新组织起来的政治力量相比照，则不难见出彼此的差异。

1921 年共产党的成立与 1924 年国民党的改组，其突出的意义即是列宁主义式政党组织模式的引进，解决了思想日趋多元的社

---

① 顾颉刚：《致胡适》，1927 年 2 月 2 日，《胡适来往书信选》上册，第 426—427 页。

② 梁实秋：《忆新月》，《秋室杂忆》，台北传记文学出版社 1970 年版，第 65—79 页。

③ 《胡适的日记》(手稿本)，第 6 册，1928 年 4 月 4 日。

④ 这方面详细的讨论，参见章清《近代中国对“公”与“公共”的表达》，收入《公共性与公共知识分子》(《知识分子论丛》第 1 辑)，江苏人民出版社 2003 年版。

会如何保持一个团体的意识形态信仰。塞缪尔・亨廷顿(Samuel P. Huntington)曾评价说,在布尔什维克革命之前,没有一位革命领导人系统论述过如何组织扩大参政并使之制度化的理论,而"布尔什维克关于政党的概念,为动员和制度化相关联的问题提供了一个清楚明确的答案"。亨氏解释了列宁的政治发展理论对亚洲、非洲及拉丁美洲的现代化产生的影响,还特别强调:"这个也许是关于列宁模式的政治发展最明显的例子。"[①]

此所意味的是,1920年代中国社会在重新进行组织,基本标志即是依托"阶级"进行社会动员的"列宁主义政党"的涌现。随着中国社会按照新的方式进行组织,"思想界"实际有一个重新定位的问题。最突出的是,"思想界"尽管仍以思想文化上的主张相争持,但其中所笼罩的却是"思想的立场"与"阶级的意识"。国共两党的壮大,说明了立足阶级进行广泛的社会动员,既难以避免,也是卓有成效的。费正清(John King Fairbank)充分肯定将无产阶级创造性地转换为"无财产阶级"对于中国革命具有的意义,可谓见道之论。[②] 与之相应,作为"思想界"表征的知识分子,也要被纳入其中,在"革命话语"中按照"阶级"进行定位。

陈独秀言说的转变,就显示"后五四时期"读书人的是如何被进行阶级定位,并逐步"边缘化"。1923年12月陈发表《中国国民革命与社会各阶级》,还谈到读书人"好的方面",因为戊戌变法、辛亥革命及"五四"以来的国民运动,"几乎都是士的阶级独占之舞台","现在及将来的国民运动,商人工人农民固然渐变为革命之主

① 塞缪尔・亨廷顿:《变动社会的政治秩序》,张岱云等译,上海译文出版社1989年版,第362、367页。

② 费正清编:《剑桥中华民国史(1912—1949年)》上卷,杨品泉等译,中国社会科学出版社1993年版,第6页。

要动力，而知识阶级(即士的阶级)中之革命分子，在各阶级间连锁的作用，仍然有不可轻视的地位”。所谓“各阶级间连锁的作用”，其实已是对知识阶级“附属”作用的定位，故也指明：

> 小资产阶级的知识阶级，他本没有经济的基础，其实不能构成一个独立的阶级，因此他对于任何阶级的政治观念，都摇动不坚固，在任何阶级的革命运动中，他都做过不少革命的功劳，也做过不少反革命的罪恶。[①]

稍后，陈在《二十七年以来国民运动中所得教训》一文中，更加明确指出，“现代中国国民运动，起源远在中日战争以后”，而“戊戌变法”“义和团”“辛亥革命”“五四运动”这四件事，“都是中国革命的无产阶级开始表现他的社会的势力以前，小资产阶级之重要的国民运动，而也只有这四件事配说是国民运动”。其中所得教训是，这四个国民运动，“都是小资产阶级(知识阶级包含在内)独唱的舞台，也就是屡次失败之根本原因”。[②]

可以说，随着阶级意识的提升，确定革命的基本势力“必须是真正的生产者——农人，工人”，并将“智识阶级”定位于革命不能依赖的对象。[③] 恽代英《评醒狮派》就明显有这样的用心，文章写道：“自从《醒狮周报》出版以后，我又加了一种不赞成他们的理由：便是他们的‘士大夫救国论’。他们把士商阶级看得很重要，而很忽略农工平民的力量。”而没有民众站在背后之士大夫，总不能担任革命的责任，“二三十年来，康有为、梁启超、章行严、黄炎培、胡

---

① 陈独秀：《中国国民革命与社会各阶级》，《前锋》第2期，1923年12月1日。

② 陈独秀：《二十七年以来国民运动中所得教训》，《新青年》季刊第4期，1924年12月20日。

③ 恽代英：《中国革命的基本势力》，《新建设》第1卷第5期，1924年5月。

适之辈，皆曾为一时士大夫救国者之领袖，然都一一堕落，成为过去之人物”。[1]

恽代英点到的这些名字中，可以获得这样的信息，“胡适之辈”与前所论及的“敌手”划归在一起，理由则是阶级——“士大夫救国者之领袖”。这也给出重要的信号，思想界的分化，缘自阶级意识的提升。而中国社会重新组织起来，于“思想界”的意义也显露无遗。笔者联系中国社会的重组检讨1920年代思想界的分裂，其用意也在此。因为中国进入以阶级方式动员的社会后，读书人所仰赖的那个“界”，其凝聚力，是远不能与阶级动员的效果相提并论的。因此，所谓思想界的“分裂”，实可看作中国社会重新组织的产物。事实上，正是这段时间，尽管“赤与反赤”的论辩已甚嚣尘上，但“阶级专制”还是更多引起胡适的警惕。在草拟给陈独秀的信稿中，他就明确表示难以相容于“主张一阶级专制的人”，甚至提出，“这个社会要变成一个更残忍更惨酷的社会，我们爱自由争自由的人怕没有立足容身之地了”。[2]

问题回到1920年代思想界的“分裂”，也大致可以判定是在20年代晚期愈发突出的，实际与中国社会的重组同步。如将问题延伸到代表“左翼”思想的“创造社”的崛起，则对《新青年》同人“后五四时期”思想分化的枢机，当有进一步了解。这个“思想界”，较之“五四”时期，已有霄壤之别。

创造社作为一个文学团体，从一开始，就把矛头指向五四一代，“自文化运动发生之后，我国新文艺为一二偶像所垄断，以致文艺之新兴气运，澌灭将尽。创造社同仁奋然兴起，打破社会因袭，

---

① 恽代英：《评醒狮派》，《中国青年》第76期，1925年4月25日。

② 胡适：《致陈独秀》，耿云志主编：《胡适遗稿及秘藏书信》第20册，第72—77页。

主张学术独立，愿与天下之无名作家，共兴起而造成中国未来之国民文学”。[①] 郭沫若后来将创造社的“异军突起”，作了详尽说明：这个团体初期的主要分子，不曾直接参加《新青年》时代的文学革命；和那一代的启蒙家也没有师生或朋友关系。但这一团体的出现，意味着文学革命进入第二个阶段：前一期“主要在向旧文学的进攻”；这一期“主要在新文学的建设”。结果，“他们第一步和胡适之对立，和文学研究会对立，和周作人等语诗派对立，在旁系上复和梁任公、张东荪、章行严也发生纠葛，他们弄到在社会上成了一支孤军”。[②]

成仿吾的《从文学革命到革命文学》算得上点题之作，文章写道：新文化运动的第一项工作为旧思想的否定，第二项工作为新思想的介绍，但这两方面都不曾收得应有的效果，“胡适之流才叫喊了几声就好象力竭声嘶般逃回了老巢”，“新文化运动不上三五年就好象寿终正寝”。[③] 冯乃超也质疑文学革命这个所谓“文化上的新运动”究竟获得了什么。在他眼里，《红楼梦》的考证，《儒林外史》的标点，都能风靡天下，“这又有什么意义？”“考古！疑古！！动地般敲着退军的鼙鼓，博士的责任就此告终了，博士的历史的使命就此完结了，不太仓皇了么？”提到鲁迅，用了“这位老生”的字眼，认为鲁迅反映的只是社会变革期中落伍者的悲哀，“是常从幽暗的酒家的楼头，醉眼陶然地眺望窗外的人生”。[④]

创造社的崛起，展现了思想界分化新的缘由，冯乃超后来对此

---

① 创造社同人：《纯文学季刊〈创造〉出版预告》，《时事新报》1921年9月29日，第1版。

② 郭沫若：《文学革命之回顾》，《文艺讲座》第1册，1930年4月10日。

③ 成仿吾：《从文学革命到革命文学》，《创造月刊》第1卷第9期，1928年2月1日。

④ 冯乃超：《艺术与社会生活》，《文化批判》第1号，1928年1月15日。

有坦率检讨，指明参与其中者，主要受当时日本流行的“左”倾“福本主义”的影响，这种“天马行空”式的理论，明确主张文艺运动要与政治斗争结合起来。[①] 受此理论影响的青年回到中国，并祭起革命文学的旗帜，也意味着文学本身，都让位于政治的考虑。相应地，过去的作家，都必须转变方向；过去的文学活动，也必须进行全部的清算和批判，否则，按照成仿吾的说法，“文艺的方向转换是不能实现的”[②]。于是，所谓“思想”的争鸣，主要不是通过文学和学术来表达；“思想界”的分化，也并不取决于“思想”的标准，实际取决于政治的立场。郭沫若还是就胡适的资格发问，“谈‘国故’的夫子们哟！你们除饱读戴东原、王念孙、章学诚之外，也应该知道还有马克思、恩格斯的著作，没有辨证唯物论的观念，连‘国故’都不好让你们轻谈”。[③] 而到成仿吾那里，则是掷地有声的，“打发他们去!”“在意识形态上，把一切封建思想，布尔乔亚的根性与它们的代言者清查出来，给他们一个正确的评价，替他们打包，打发他们去”。[④]

约至 1930 年代前后，思想界的“分化”也呈现出新的形态，双方都着眼于彼此的不同，最突出的是围绕“科学与人生观”的论战，前后的评价就颇有差别。1928 年彭康就表示要对这场论战“算个总账，一笔勾销”，认为从“玄学鬼”张君劢，“科学神”丁文江，一直到“柴积上日黄中的老头儿”吴稚晖，都只是蛇蝎一篓，“没有区

① 冯乃超：《革命文学·鲁迅·左翼作家联盟》，《新文学史料》1986 年第 3 期。

② 成仿吾：《全部的批判之必要》，《创造》月刊第 1 卷第 10 期，1928 年 3 月 1 日。

③ 郭沫若：《自序》，《中国古代社会研究》，上海联合书店 1930 年版，第 6 页。

④ 成仿吾：《打发他们去！》，《文化批判》第 2 号，1928 年 2 月 15 日。

别”,“都是我们理论上的敌人,所以非彻底地决算一下不可”。[①] 彭还努力区分“我们的文化运动与胡适等的文化运动”:“胡适的文化立场是资产阶级自由主义的立场,我们是马克思主义的立场。他只是‘怀疑的态度和批评的精神’,我们是阶级的意识和斗争的精神。”所以,“在文化运动的根本意义上,我们又不能不说胡适自己是反动的”。[②] 王明在批评“李立三路线”时也特别指出:“资产阶级的大中层及一切资产阶级改良的派别(汪精卫改组派、胡适之民权派、陈独秀托洛茨基取消派等),都各是反动营垒的一翼。”言下之意,李立三“把他们看成是站在革命与反革命之间的所谓‘第三派’或‘中间营垒’”。[③] 尽管对胡适等人贴上的标签各不相同,但已将这一派作为“反动”的一翼。

一方既然表示要“打发他们去”,另一方的反应也是可想而知的,思想界的争斗愈趋激烈,与此不无关系。被目为落伍者的鲁迅、胡适等人,也被卷入种种是非之中。1925 年胡适的武汉之行,就让他“挨了不少骂”。他称这些文字为“妙论”,从中可以领略意识形态化的批评在中国的呈现。[④] 也就是那段时间,胡适发表的文字,也在进行着“派别”的划分。

1929 年胡适发表的《我们走那条路?》,列举了思考中国未来前途具有代表性的三种设计,包括国共两党及国家主义的主张,以此

---

① 彭康:《科学与人生观——近几年来中国思想界底总结算》,《文化批判》第 2 期,1928 年 2 月 15 日。

② 彭康:《新文化运动与人权运动》,《新思潮》第 4 期,1931 年 2 月 28 日。

③ 王明:《中国革命底根本问题》,《为中共更加布尔什维克化而奋斗》,1931 年 2 月,转引自蔡尚思主编:《中国现代思想史资料简编》第 3 卷,浙江人民出版社 1983 年版,第 509—515 页。

④ 胡适在日记中写道:“湖北一班共产派的学生出的《武汉评论》出了一个‘欢迎’专号,其实全是漫骂。”(《胡适的日记》(手稿本),第 5 册,1925 年 2 月 1 日)

表明其另有主张。在所要解决的问题中，胡适明确表示，资本主义不在内，因为我们还没有资格谈资本主义；资产阶级也不在内，因为我们至多只有几个小富人；封建势力也不在内，因为封建势力早已在二千年前崩坏了；帝国主义也不在内，因为帝国主义不能侵害那五鬼不入之国。如此一来，既否认了国共两党所确立的目标，又阐述了他们对此的思考。[①] 稍后胡适所写的《介绍我自己的思想》，就着重强调他与陈独秀等的分歧：

> 从前陈独秀先生曾说实验主义和辩证法的唯物史观是近代两个最重要的思想方法，他希望这两种方法能合作一条联合战线，这个希望是错误的。辩证法出于海格尔的哲学，是生物进化论成立以前的玄学方法。实验主义是生物进化论出世以后的科学方法。这两种方法所以根本不相容，只是因为中间隔了一层达尔文主义。[②]

显然，重要的不是胡适所区分的不同点（这仍然不免“后见之明”的痕迹），而是这里给出明显的信息，大约在 30 年代前后，双方都立足于不同来看待对方，分歧似乎有愈演愈烈之势。稍后胡适谈到这段历史就指出，1926、1927 年的国民运动至少有两点是和新文化运动不同的：一是苏俄输入的党纪律，一是那几年的极端民族主义。这些都含有绝大的“不容忍”（Intoleration），“这种态度是和我们在五四前后提倡的自由主义很相反的”。[③] 这似乎是为“后五四时期”《新青年》同人的分化，做出了论定。

---

① 胡适：《我们走那条路?》，《新月》第 2 卷第 10 期，1929 年 12 月 10 日。

② 胡适：《介绍我自己的思想》，《新月》第 3 卷第 4 号，1931 年 6 月 10 日。

③ 胡适：《个人自由与社会进步——再谈五四运动》，《独立评论》第 150 号，1935 年 5 月 12 日。

1920年代思想界的分裂，显然是过于宏大的问题，即便限定于对《新青年》同人"后五四时期"思想分化的追踪，也难以将所涉及的问题有较为充分展开。毕竟，近代中国是一个社会变动急遽加剧的年代；知识分子的社会流动包括身份的转变，较之以往，也不可同日而语，故此，结合中国社会的重组以审视思想界的"分裂"，能顾及的只是很有限的思想资源，只能期望略陈己见，以增进对这个"年代"的了解。

总结来看，面对思想界"分裂"这样一个易于掺杂种种恩怨的话题，须对纠缠于其中的"后见之明"有相应的警觉，基于此，审视"后五四时期"（主要是1920年代）中国思想及中国社会的走向，也能有新的视野。这里的意味是，审视思想界的走向，确绕不开《新青年》"分裂"这一起点，因为"五四"前后所发生的一系列"分裂"，往往在《新青年》群体中率先得以体现；思想界的"重组"，也与这个群体的分化息息相关。只是，此时的"分裂"主要由陈独秀的"出走"表现出来。《新青年》群体分化后，其同人各自搭建起新的发言台，而且均关注于现实政治。这也提供了重要资源，可以把握"双方"在政治上的"歧见"究竟有什么具体的表现。看得出，依托新的发言台的《新青年》同人，都在各自表述改革中国政治的意见，只是具体的主张并非完全不能相容，或许用"一个目标，两条道路"归纳双方的"歧见"，更为确当。正因为此，"后五四时期"的思想界相应也有明确的"我们"与"他们"的区分，"思想界的联合战线"或还停留在呼吁环节，但这并不影响"我们"在思想上的协同动作，最突出的是，双方均将敌对的一方纳入相应的谱系中。这多少表明，20年代上半期的思想界，识别思想派别的主要因素仍保持着鲜明的"文化色彩"。然而，随着中国社会进行重新组织，特别是依托"阶级"进行社会动员的"列宁主义政党"涌现，于"思想界"的影响却甚为明显。思想界的“分裂”在20年代晚期愈发突出，实际与中国社会的重组同步，这也多少说明所谓思想界的“分裂”，实是中国社会重新组织的产物。《新青年》同人“后五四时期”思想分化的枢机，于此也有充分体现。

前已述及，胡适批评周作人把“不思想界”的情形看作“思想界”的情形，实际是提出了“思想界”有一个当得起当不起的问题。由此也不免会问，依托阶级进行社会动员的中国社会，在完成新的组织之际，“思想界”的色彩会因此改变吗？将1920年代思想界的“分裂”悉归于中国社会的重组，甚而判定中国社会的重组导致“思想界”改变“颜色”，或还需要进一步分析，但中国社会重组之后，这个“思想界”，较之“五四”时期，已不可相提并论。

第三编

“学术社会”的建构

“学术社会”的建构与知识分子的“权势网络”

——《独立评论》群体及其角色与身份

“皮之不存，毛将焉附”，论及中国知识分子时，语出《左传》这句话，娴熟历史的毛泽东最乐道之。不管怎样，或许都得承认，关于“毛”与“皮”的辩证，点出了与知识分子命运攸关的问题，也当成为思考由“士”向“知识分子”转型的基本着眼点。1905 年绵延一千多年的科举制的废除，是一段历史的终结，实际上从根本上摧毁了“士”这一阶层。但读书人还在，如何确立读书人在现代社会新的角色与身份，不可避免成为走出科举时代的学人思虑的焦点。1927 年 6 月，当王国维自沉于北京颐和园，顾颉刚就发出谁害了王国维的追问？他在悼文结尾所作评断，就浓缩了当时对读书人命运的考量：“没有发展专门学术资力的国家害死了王国维！我们必须建立专门学术的资力。士大夫阶级的观点依据害死了王国维！我们必须打倒士大夫阶级。我们不是士大夫！我们都是老百姓！”①

关于“士”向“知识分子”的转型，已是毫不新鲜的话题，然而涉

① 顾颉刚：《悼王静安先生》，《文学周报》第 5 卷第 1、2 期合刊，1927 年 8 月 7 日。

及近代中国读书人对新的角色与身份的寻求，尚有进一步讨论的空间。[①] 在我看来，肇端于20世纪初年对读书人新的角色与身份探索，在30年代前后有了初步的结果，并部分呈现于知识分子建构“学术社会”的理想上。“学术社会”来自那个年代知识分子的自诩，简言之，是致力于在转型社会重建知识的庄严，让“学术”构成未来社会的重心，同时重新确立读书人的位置。因此，分析“学术社会”的建构，或许可以换一个侧面更好认知近代中国的知识分子，解析由“士”向“知识分子”转型所发生的实质性转变。当然这样一个涉及面极之广博的课题，不是一篇文章所能包容的，本文拟以30年代聚集于《独立评论》杂志的一群学人为中心，期望通过分析他们的学术活动以及介入公众事务所形成的“权势网络”，对这一问题提供一些粗浅的看法。

一、一群读书人与他们的多重身份

《独立评论》创刊于1932年5月22日，1937年7月25日出完244期后停刊。不难看出，该刊乃“九一八事变”的产物，是国难临头之际，身处北京的读书人认为还可以为国家尽一点点力的一件工作。《独立评论》初期社员计有11人：胡适（主编）、丁文江、蒋廷黻（二人助编）、傅斯年、任鸿隽、陈衡哲、翁文灏、竹垚生、吴宪、周炳琳、顾振。此外还有罗尔纲、章希吕二人协助校对。以后，由于

---

① 美国学者施耐德（Laurence A. Schneider）曾以顾颉刚为例，论及近代中国知识界在寻求新的角色与身份时产生的种种焦虑。参见施耐德《顾颉刚与中国新史学——民族主义与取代中国传统方案的探索》，梅寅生译，（台北）华世出版社1984年版。本文所涉及的“读书人”“学人”及“知识分子”，之所以有不同提法，缘于当时就有这些不同的用语。笔者选择《独立评论》一群人进行讨论，希望在较少歧异的前提下，对近代中国的知识分子所呈现的角色与身份有更好的认知。

初创社员流动颇大，又补充了吴景超、周诒春、陈之迈、张奚若、陈岱孙、顾毓琇、陈受颐、何廉、张忠绂等新社员，只是为聚餐谈话的方便，社员人数始终限制在十二三人。[①] 与近代中国的许多刊物一样，《独立评论》也非敝帚自珍式的同人刊物，照胡适的统计，该刊总计发表了1309篇文章，其中55%以上是社外的稿子。因此，正式社员之外，陶希圣、汪敬熙、萧公权、徐炳昶、张佛泉、陈序经、董时进、郑林庄等在该刊撰稿十篇以上者，也列为考察对象。[②]

选择30年代极有影响的《独立评论》，意在通过聚集于此的知识分子，分析近代中国读书人新的角色与身份。为便于问题的说明，制作了如下的表格，借此展现这些读书人的教育背景、本职工作、学术活动，以及对公众事务的参与和对实际政治的介入。

① 《独立评论》杂志社的社员，前后有较大变化，可参见张太原：《〈独立评论〉与20世纪30年代的政治思潮》，社会科学文献出版社2006年版，第47—50页。胡适在日记中也提供了相关信息，如1934年5月4日记：“晚上独立社在我家聚餐。到者：在君、廷黻、景超、叔永夫妇，垚生、梅荪、涛鸣、何醉帘（廉）。客人为汤尔和。”1935年12月15日又记：“周寄梅先生回平了，我去看他，他已允就实业部次长之职。《独立》社共有四人入政府了。”[《胡适的日记》（手稿本），（台北）远流出版公司1990年版，第11册，1934年5月4日；第12册，1935年12月15日。无页码]

② 陈仪深：《〈独立评论〉的民主思想》，（台北）联经出版公司1989年版，第6—17页。在《独立评论》撰稿十篇以上者还有署名“寿生”的一位作者，原名申尚贤，为北大旁听生，故不列入。

《独立评论》主要作者情况简表

姓名	籍贯	生卒年	教育背景		任职背景		
			国内	国外	教育	学术	政治及其他
胡适（适之）	安徽绩溪	1891—1962	中国公学	哥伦比亚大学哲学博士	北京大学文学院院长	中基会董事	国民参政会参政员、驻美大使
丁文江（在君）	江苏泰兴	1887—1936	私塾	格拉斯哥大学动物学和地质学双科学士	北京大学地质系研究教授	中央研究院总干事	
蒋廷黻（绶章）	湖南邵阳	1895—1965	湘潭益智学堂	哥伦比亚大学哲学博士	清华大学历史系教授兼系主任		行政院政务处长
傅斯年（孟真）	山东聊城	1896—1950	北京大学	伦敦大学、柏林大学	北京大学兼职教授	中研院史语所所长	国民参政会参政员
任鸿隽（叔永）	浙江吴兴	1886—1961	中国公学	康奈尔大学学士、哥伦比亚大学硕士	中央大学、四川大学校长	中基会董事	国民参政会参政员

续表

姓名	籍贯	生卒年	教育背景		任职背景		
			国内	国外	教育	学术	政治及其他
陈衡哲（莎菲）	江苏武进	1890—1976	上海爱国女学	芝加哥大学文学硕士	北京大学、四川大学教授		
翁文灏（咏霓）	浙江鄞县	1889—1971	秀才	卢汶大学物理及地质学博士	清华大学代校长	实业部地质调查所所长、中基会董事	行政院秘书长、经济部部长
周炳琳（枚荪）	浙江黄岩	1892—1963	北京大学	哥伦比亚大学文学硕士	北京大学法学院院长		国民参政会参政员、教育部常务次长
吴宪（陶民）	福建福州	1893—1959	清华学校	哈佛大学博士	北京协和医学院教授兼院长	中国生理学会会长	
竹垚生	浙江嵊县	1891—1969				中国科学社、中国地质学会	浙江兴业银行北平分行经理

续表

姓名	籍贯	生卒年	教育背景		任职背景		
			国内	国外	教育	学术	政治及其他
顾振（湛然）	江苏无锡	1894—1938	清华学校	康奈尔大学机械工程硕士			开滦矿务局顾问、京奉路局局长
吴景超（北海）	安徽歙县	1901—1968	清华学校	芝加哥大学社会学博士	清华大学社会学系主任		行政院秘书、经济部秘书
何廉（淬廉）	湖南宝庆	1895—1975	长沙雅礼书院	耶鲁大学经济学博士	南开大学经济学院院长		行政院政务处处长、经济部次长
张忠绂（子缨）	湖北武昌	1901—1977	清华学校	霍普金斯大学政治学博士	北京大学法学院政治系教授	《外交月报》总编辑	国民参政会参政员、军事委员会参事

续表

姓名	籍贯	生卒年	教育背景		任职背景		
			国内	国外	教育	学术	政治及其他
陈之迈	广东番禺	1908—1978	清华大学	哥伦比亚大学哲学博士	北京大学及清华大学教授		行政院参事、驻美大使馆参事
张奚若（熙若）	陕西朝邑	1889—1973	陕西宏道书院、上海中国新公学	哥伦比亚大学硕士	清华大学教授兼政治系主任		国民参政会参政员
周诒春（寄梅）	安徽休宁	1883—1958	上海圣约翰书院	耶鲁大学硕士	燕京大学代校长	中基会董事	实业部常务次长
陈岱孙	福建闽侯	1900—1997	清华学校	哈佛大学博士	清华大学教授		
顾毓琇（一樵）	江苏无锡	1902—2002	清华学校	麻省理工学院科学博士	清华大学工学院院长		教育部政务次长

续表

姓名	籍贯	生卒年	教育背景		任职背景		
			国内	国外	教育	学术	政治及其他
陈受颐	广东番禺	1899—1977	岭南大学	芝加哥大学文学博士	北京大学史学系主任		
陶希圣	湖北黄冈	1899—1988	北京大学法律系		北京大学政治系教授	《食货》主编	国民参政会参政员
汪敬熙	江苏吴县	1893—1968	北京大学	霍普金斯大学心理学博士	北京大学教授	中研院心理学研究所所长	
萧公权	江西泰和	1897—1981	清华学校	康奈尔大学哲学博士	清华大学政治系教授	《中国社会及政治学评论》	
徐炳昶（旭生）	河南唐河	1888—1976	河南公立旅京豫学堂、京师译学馆	巴黎大学	北平师范大学校长	北平研究院史学研究会的考古组主任	

续表

姓名	籍贯	生卒年	教育背景		任职背景		
			国内	国外	教育	学术	政治及其他
张佛泉	河北宝坻	1907—1994	燕京大学哲学系	霍普金斯大学	北京大学政治系		
陈序经	海南文昌	1903—1967	复旦大学	伊利诺大学哲学博士	南开大学教授		
董时进	四川垫江	1900—1984	清华学校	康奈尔大学农学博士	北京大学教授		国防设计委员会委员
郑林庄	广东中山	1908—1985	燕京大学	哥伦比亚大学经济学硕士	燕京大学教授		

资料来源：主要依据上述人物自传资料及各类人物工具书，不一一列出。

聚集于《独立评论》的知识分子，展现了近代读书人的多重角色。不用说，进入20世纪后，中国读书人中的上层人士往往是那些留学欧美的学者，他们确立了在高等学府或研究机构的职业身份；其声名之显赫，往往表现在对为数不多的学术基金会的掌控上。1931年国联教育考察团到中国考察教育，就留下这样的印象："回国学生在中国学术界势力甚大，盖过去之传统习惯，与最近之历史事实，已给留学生以一种地位，使成为舆论界之代表。"[①]除相聚于中国的学术重镇，这些读书人还通过创办刊物聚集起来，表达对公共事务的见解。在此过程中，一些读书人由于种种机缘，还直接介入实际政治。王汎森曾表示，在近代中国特殊的条件下，成为"学阀"或"学霸"必须有学术以外的网络，绵密的政府关系，同时与仅有的一些基金会如中基会及英庚款委员会，保持密切的联系。[②]《独立评论》汇聚的一群读书人，正展示了近代中国的"学阀"所确立的新的角色与身份，这是走出科举时代的读书人在20世纪努力的结晶，正是那一代读书人建构"学术社会"的结果。但仅此而言，并不能回答由"士"向"知识分子"转型所涉及的诸多问题，还有必要进一步追问，读书人这一新的角色与身份是如何形成的，尤其是，在并非单一的角色与身份交织下，又确立了怎样的社会位置。

二、"我们应该努力做学阀"

如果丢一块石子在一池止水的中央，一圈又一圈的微波就会从中荡漾开来，而且越漾越远，越漾越大。今天看来，蒋梦麟将蔡

---

① 国联教育考察团：《中国教育之改进》，国立编译馆译，全国经济筹备委员会1932年版，第156页。

② 王汎森：《读傅斯年档案札记》，《当代》第116期，(台北)合志文化事业公司1995年版。

元培入长北京大学喻为“在静水中投下知识革命之石”，再恰当不过。[①] 在就任北京大学校长的演说中，蔡元培是这样表示的：“大学者，研究高深学问者也。”并反复告诫学生，大学不同于专门学校，学生须抱定宗旨，为求学而来。入法科者，非为做官；入商科者，非为致富。如果欲达做官发财之目的，则另有不少专门学校，又何必来此大学。[②] 很难说一开始蔡元培已完全清楚大学教育之使命，能完全把握大学教育之舵，但他努力将学与仕分离，力图将大学由追逐高官厚禄的名利场，转变为研究高深学问的殿堂，无疑是读书人为寻求新的角色与身份迈出的重要一步。胡适归国后抱定“二十年不谈政治，要为中国的政治变革奠定思想文化的基础”，不只是其个人的看法，蔡元培也专心于此，并成为其开启大学教育理想之门的重要动力。在履任北大校长后不久给汪精卫的信中，他就明确表示：“在弟观察，吾人苟切实从教育入手，未尝不可使吾国转危为安……弟进京后，受各政团招待时，竟老实揭出不涉政界之决心。”[③]

蔡元培投下知识革命之石，就会有反响，如何使大学成为高深学问研究之场所，成为那一代读书人努力的方向。蔡元培入长北大后，既将大学定位于“囊括大典网罗众家之学府”，遂采取“思想自由”“兼容并包”的办学方针，为北大网罗不少专心向学且学有所长之士，使北大很快成为中国学术之重镇。然而，尽管作为中国最高学府已是不容置喙，北大的先生们所考虑的，仍是如何使北大有

① 蒋梦麟：《西潮》，（台北）业强出版社 1991 年版，第 120—121 页。

② 蔡元培：《就任北京大学校长之演说》，高叔平编：《蔡元培全集》第 3 卷，中华书局 1984 年版，第 5—7 页。

③ 蔡元培：《致汪兆铭函》，1917 年 3 月 15 日，高叔平编：《蔡元培全集》第 3 卷，第 26 页。

进一步提高。1920 年北京大学的开学典礼上，胡适就耐人寻味地表示：北京大学这些年总算挂着“新思潮的先驱”“新文化中心”的招牌，但面对学术界大破产的现象，面对自己在智识学问上的贫乏，我们应该感到惭愧；北大同人更应该从浅薄的“传播”事业，回到一种“提高”的研究工夫。言下之意，北大应该致力于“提高”而非“普及”，因为北大的学术水准远没有资格谈“普及”。胡适说道：

> 若有人骂北大不活动，不要管他；若有人骂北大不热心，不要管他。但是若有人说北大的程度不高，学生的学问不好，学风不好，那才是真正的耻辱！我希望诸位洗刷了它。我不希望北大来做那浅薄的“普及”运动，我希望北大的同人一齐用全力向“提高”这方面做工夫。要创造文化、学术及思想，惟有真提高才能普及。[①]

到下一年的开学典礼，胡适发表演说，中心意旨仍是“提高”，还特别表示，人家骂我们是学阀，其实“学阀”有何妨？人家称我们为“最高学府”，我们便得意；称我们“学阀”，我们便不高兴，这真是“名实未亏，而喜怒为用”了，“我们应该努力做学阀！学阀之中还要有一个最高的学阀！”[②]

“我们应该努力做学阀！”真是一句掷地有声的豪言，这番话放在反对“学术霸权”硝烟四起的今天，听起来多少有些不那么入耳，但在那个年代，却并非当时还是学术新锐的胡适口无遮拦，而代表着知识圈普遍的见解。近代中国教育界另一位风云人物梅贻琦，1931 年就任清华大学校长时，也仿孟子所说的“所谓故国者，非谓有乔木之谓也，有世臣之谓也”，留下一句名言：“所谓大学者，非谓

---

① 陈政记：《胡适之先生演说词》，《北京大学日刊》1920 年 9 月 18 日，第 3 版。

② 《胡适的日记》(手稿本)，第 2 册，1921 年 10 月 11 日。

有大楼之谓也，有大师之谓也。”[①]同样强调清华的学术研究应向高深专精方面去做。这种力图通过培育“学术精英”扭转社会风气的意识，不单萌生于五四时期教育界的领衔人物，通过他们还传递到新一代知识青年。

由北京大学学生发起成立的新潮社以及创办的《新潮》杂志，是五四新文化运动中一支引人瞩目的力量，这一群体在五四运动后的集体“出走”，就构成五四一道独特的景观。对照《新青年》与《新潮》不同的言路，即可发现新文化运动中的学生群，一开始就与老师辈有所不同，并主要表现在对“科学”的担当上。[②] 分析《新潮》杂志确可看出，五四学生辈对科学的承担纯然是学术的，希望通过近代学科知识体系的建立，建构一个新世界。这也导致新潮社成员后来纷纷留学海外，去弄清那个被老师辈急切热情弄模糊的偶像“赛先生”的本来面目。正像1919年冬天傅斯年在赴英的船上所表达的：“我这次往欧洲去奢望甚多，一句话说，澄清思想中的纠缠，炼成一个可以自己信赖的我。”[③]

傅斯年的心路历程，成为《新潮》学生群走向的一个缩影，身处中国最高学府，老师辈树立的大学教育的理想已深植于心，他在主编的《新潮》中就谈道：“期之以十年，则今日之大学，固来日中国一切新学术之策源地；而大学之思潮，未必不可普遍于国中，影响无量。”同时他也把学术建设作为支撑大学理想的重要环节，不仅以

---

① 梅贻琦：《就职演说》，《清华大学校刊》第341号，1931年12月4日，第1页。

② 孙青：《科学的“承当”：〈新潮〉学生群的走向》，《二十一世纪》总第56期，香港中文大学中国文化研究所，1999年12月。

③ 王汎森等编：《傅斯年文物资料选辑》，台北傅斯年先生百龄纪念筹备会1995年版，第80页。

“鼓动学术上之兴趣”为《新潮》的“第三责任”，还冀望其同道“切实的求学”，“毕业后再到外国去”，“非到三十岁不在社会服务”。[①] 傅斯年本人也正是在其俗世声名如日中天之际，远涉欧洲，先在伦敦大学师从实验心理学大师斯皮尔曼(Charles Edward Spearman)，对弗洛伊德(Sigmund Freud)学说倾注了大量精力，受爱因斯坦(Albert Einstein)相对论、普朗克(Max Planck)量子论的吸引，1923年又转到柏林大学。正是在广泛涉猎西方学术的基础上，傅斯年确立“要把金针度于人”的宏愿，归国途中留下的几页手记，短短几句话，就显示出欲创建一流学术，与欧洲汉学争胜的宏伟之志；其未来所开创的事业，已略显端倪：

> 我们现在必须把欧洲的历史作我们的历史，欧洲的遗传作我们的遗传，欧洲的心术作我们的心术。这个叫做“螟蛉有子，蜾蠃负之”，就是说，欧洲人有文明，我们负来。假如我们不这样干，结果却也是一个“螟蛉有子，蜾蠃负之”，就是说，我们有土地，欧美人负去。这是郑康成《解》：“言有国家不能治，则能治者将得之也。”[②]

傅斯年1926年底归国，应聘为广州中山大学教授，正是在这里，迈出了与其毕生志业密切相关的步伐。1927年8月，中山大学语言历史研究所创立。未几，《中华民国大学院中央研究院组织条例》通过，确定中央研究院为国家最高科学研究机构，并举蔡元培为院长。嗅觉敏锐的傅斯年捕捉到这一消息，急速赶往上海，说服蔡元培，“借用在广州之语言研究所已成就及将建设者，以成中央研究院之语言历史研究所”。1928年10月，历史语言研究所正式

---

① 傅斯年：《〈新潮〉发刊趣旨书》，《新潮》第1卷第1号，1919年1月1日。

② 王汎森等编：《傅斯年文物资料选辑》，第85、56页。

成立，同时创办《历史语言研究所集刊》。傅斯年所写的《历史语言研究所工作之旨趣》，一开始就表明，办史语所是力求专精，以提升中国学术的品质；原本即是少数人的事，自然也用不着去引诱别人也好这个。基于对史学发展的“预流”，傅斯年对史语所的规划，落在“上穷碧落下黄泉，动手动脚找材料”，即致力于发掘新问题、搜罗新材料、使用新方法，努力使科学的东方学正统在中国建立起来，其立意之高远，令人感叹不已：

> 历史学和语言学之发达，自然于教育上有相当的关系，但这都不见得即是什么经国之大业，不朽之盛事，只要有十几个书院的学究，肯把他们的一生消耗到这些不生利的事物上，也就足以点缀国家之崇高学术了——这一行的学术。[①]

历史语言研究所在中国新学术之路上树立的座座丰碑，破茧开出的新天地，无疑是中国学术发展的新气象。论者将傅斯年与史语所的创立，称为无中生有的志业，并非过誉之辞。傅斯年之外，史语所的其他核心成员，也都是学贯中西之士，对中国传统学术的困境，以及西方近代学术的优点了然于胸。正是傅斯年、陈寅恪、李济和赵元任这批学术精英聚集在一起，形成一个“同声相应，同气相求”的学术团队，展开了中国 20 世纪新学术的旅程，使史语所成为 20 世纪人文新学术的重镇，国内外有关的重要学者几乎无不与之相关涉。[②]

傅斯年与史语所，只是近代中国读书人催生与培育新学术的

---

① 傅斯年：《历史语言研究所工作之旨趣》，《中央研究院历史语言研究所集刊》第 1 卷第 1 期，1928 年 10 月。

② 《无中生有的志业——傅斯年的史学革命与史语所的创立》，王汎森等编：《新学术之路——“中央研究院”历史语言研究所七十周年纪念文集》，（台北）中研院史语所 1998 年版，第 1—41 页。

缩影，这种理想已完全植根于那一代读书人脑海中，不单是学界的领衔人物以及长期执掌重要学术部门的蔡元培、胡适、傅斯年等认同于此，具有纯粹学者气象的顾颉刚，也以此为问学之目标。1929年在为《中山大学语言历史研究所年报》作序时，顾颉刚就阐明建设“学术社会”的理想与用心：

> 我们这班人受了来自西方传来的科学教育，激起我们对于学问的认识，再耐不住不用求知的精神，在中国建设一个学术社会了。在这个学术社会中，不但要创建中国向来极缺乏的自然科学，还要把中国向来号称材料最富研究最深的社会科学（历史学在内）和语言文字学重新建设过。这是把中国昔日的学术范围和治学方法根本打破、根本换过的；这是知识上思想上的一种彻底的改革。[①]

“我们要努力做学阀”浓缩了那一代读书人的学术理想，希望中国产生专心于学问的人，若干年之后，他们逐渐形成社会重心，则不但可以转移社会的风尚，中国在知识上也可与西方相抗衡。傅斯年在悼念丁文江的文字中就写道：“丁在君是‘近代化中国’的大队中最有才气的前驱。中国若有这样人二十个，又都在扼要适宜的地位，二十年后，我们庶几可以成第一等的近代国家了。”[②]乍看只是少数人的努力，收获却是令人啧啧称奇的，从知识转型来说，对于所生活世界的认知，今天的读书人都自然而然地接受了种种“科学”对于这个世界的描述，殊不知现时的习以为常，却是在种种裂变中发生的。如刘小枫所说的，20世纪初中国知识界决定性

---

① 顾潮编：《顾颉刚年谱》，中国社会科学出版社1993年版，第169页

② 傅斯年：《我所认识的丁文江先生》，胡适等：《丁文江这个人》，（台北）传记文学出版社1969年版，第22页。

变化之一,是社会理念的合法性论证逐渐脱离传统的思想资源,采纳欧洲启蒙运动以来的现代型知识样式:“科学的”社会理念取代了传统的社会理念之合法性;各种政治诉求,在社会学、人类学、政治学等新兴学科的论述中找寻到合法性知识论证资源。[①] 这是令读书人不堪回首的巨变,自19世纪人类世界呈现为世界性的“中心一边缘”格局以来,历史的血雨腥风录下中国社会竭力固守作为价值、信仰及象征秩序的中心位置的艰难顽拒;伴随着本土社会渐次丧失对“道”的捍卫,被动接受“天道有二”,中国社会也不得不转而接受中心社会所发展起来的分科知识。王国维就注意到:“自三代至于近世,道出于一而已。泰西通商以后,西学西政之书输入中国,于是修身齐家治国平天下之道乃出于二。光绪中叶新说渐胜,逮辛亥之变,而中国之政治学术几全为新说所统一矣。”[②]1905年科举废止前后,以新学名义散布的近代分科知识,就逐渐纳入制度化的建制中,构成开办大学、研究机构的基本架构。影响所及,对中国历史与中国社会的认知,也由各分科知识提供解释,其中最具轰动效应的一幕是,继传教士带来的地理新知破除诸如“天圆地方”之类的天下观后,古史辨运动的兴起,以往构成中国社会合法性论证重要基石的“黄金三代”观念,也被根本颠覆了。

经历这样的扫荡与破坏,学术重建的工作也慢慢长出果实,这个果实如同钱穆所说的,“30年代的中国学术界已酝酿出一种客观的标准”。[③] 所谓客观标准,不只是突破原来讲究“师门”与“家法”

---

① 刘小枫:《中国无政府主义与现代乌托邦思维》,《二十一世纪》总第27期,香港中文大学中国文化研究所,1995年2月。

② 王国维:《论政学疏稿》,《王国维全集》第14卷,浙江教育出版社、广东教育出版社2009年版,第212—214页。

③ 余英时:《犹记风吹水上鳞》,《钱穆与中国文化》,上海远东出版社1994年版,第15页。

的近代学科知识得以确立，相关的学术机构与学科共同体也建立起来。这的确令人叹为观止，在短短的时间里，在荒漠地带就浇灌出一片片绿洲来，不仅树立了新的学术典范，在某些领域还争取到世界性的发言权。单是聚集于《独立评论》的知识分子，就展现了读书人开拓新的学术疆域的群像：且不说胡适与傅斯年在文史领域的“旧域维新”，丁文江与翁文灏在地质学领地的“开拓方来”，汪敬熙与心理学，吴宪与生物化学，顾毓琇与工程学，陈岱孙与经济学，以及萧公权、周炳琳、张奚若、张佛泉等与政治学、法学，都有奠基的意义。他们中不少人在中央研究院设立的全国最高学术评议机关（评议会）担任评议员，担纲各研究所的负责人，以后又被举为中央研究院院士，既是对他们学术成就的充分肯定，同时也表明他们对于规划中国学术的发展，有着举足轻重的发言权。

三、推动学术事业的展开

重建“知识的庄严”，构成了中国读书人寻求新的身份认同的第一步，旨在突破传统读书人“学而优则仕”的樊笼，也映射出新一代读书人对“士大夫”角色的轻视。但这种着眼于“破”的信条，并不能完全解决读书人新的角色与身份，既确立学术作为一种职业的新型理念，进一步的，还必须考虑在现代社会如何推动学术的发展。在有关18世纪考据学学术话语的研究中，艾尔曼（Benjamin A. Elman）已揭示出来自于民间的资源对于形成江南学术共同体、导致清代学术向职业化研究方向转变的突出意义[①]，那么，推动近代中国学术发展的资源状况又如何呢？在前面的表格中，已注明周诒春、丁文江、胡适、任鸿隽、翁文灏为中基会董事，这是近代中

---

① 艾尔曼：《从理学到朴学——中华帝国晚期思想与社会变化面面观》，赵刚译，江苏人民出版社1995年版。

国读书人新的身份的重要标志。他们在基金会的活动也表明，如何保证基金会的独立运作，成为新时期读书人虑及的焦点；掌握了学术资源的读书人，能够更好地按照自己的理想营造学术的事业，驾驭学问之舟于惊涛骇浪之间。

中基会全称中华教育文化基金董事会（The China Foundation for Promotion of Education and Culture），成立于1924年9月，其职责是负责接收与管理美国第二次退还的庚款余额，运用此一款项促进中国的教育文化事业。基金会明确规定其具体事宜由中美双方合组而成的董事决定，还特别指明基金会中国委员，“应有相当额数以熟悉中国教育及学术事业并有相当成绩之教育家或学者充任”。这差不多是比照“学阀”而设。董事会由十五人组成（中方十人，美方五人），最初派定的董事为颜惠庆、顾维钧、施肇基、范源廉、黄炎培、蒋梦麟、张伯苓、郭秉文、周诒春、丁文江、孟禄（Paul Monroe）、杜威（John Dewey）、贝克（J. E. Baker）、顾临（Roger S. Greene）、贝诺德（C. R. Bennett）。按照章程，最初的董事由中国政府派定，第三届年会时以抽签决定任期，此后每三年有董事三人任满，由董事会自行选举继任董事。[①] 中基会以这样一种方式组织起来，自然有其缘由，任鸿隽后来就总结说，“当时国民政府尚未北伐，北方的军阀又濒于崩溃，美国政府不把这笔款子直捷[截]了当的交还中国政府而要求成立一个中美合组的董事会来管理，老实说，就是表示对于当时政府的不信任”[②]。可以想见，无论是北洋时代，还是国民政府时期，中基会的运作都不可避免受到政治势力渗

---

① 《中华教育文化基金董事会之起源》《中华教育文化基金董事会章程》，《中华教育文化基金董事会第一次报告》，1926年3月刊行，第1、25页。

② 任鸿隽：《十年来中基会事业的回顾》，《东方杂志》第32卷第7号，1935年4月16日。

透。同时，在教育经费匮乏困窘的年代，对这笔款子，教育界也寄望殷殷。中基会1925年召开第一次年会时，就通过决议严格限制这笔款子的用途：

> (1)发展科学知识，及此项知识适于中国情形之应用，其道在增进技术教育，科学之研究、试验与表证，及科学教学法之训练；(2)促进有永久性质之文化事业，如图书馆之类。①

南京国民政府成立后，由于初任董事主要由北洋政府官员和教育界人士构成，缺乏与南京方面有密切联系的成员，如何改组，很快提到议事日程。1928年7月27日，国府会议通过由蔡元培提出的改组中华教育文化基金董事会案，决定任命胡适、赵元任、翁文灏、蒋梦麟、蔡元培、汪精卫、伍朝枢、施肇基、李石曾、孙科、司徒雷登(John Leighton Stuart)、贝克、贝诺德、孟禄、顾临等为董事，同时修正中基会章程，主要将“董事由大总统任命，以后缺出由董事会自选继任董事”，改为董事任期满后“由大学院根据全国学术界公意提出人选，呈请国府另行任命”。② 显然，这一改变颇为关键，缺额董事是否由董事会自行补选，关系到基金会在人事上的主导权。于是胡适等据理力争，以此作为中基会能否独立运作的关键。如论者所说的，中基会成立至改组的过程，可知中国的学术界始终无法不受政党派系之影响。中基会的改组始终是政治干预的结果，只不过在改组过程中，董事们秉持的学术独立之理想得以坚持。其中最关键即在于经费独立，若非美方以停付庚款相要挟，则

① 《董事会报告》，《中华教育文化基金董事会第一次报告》，1926年3月刊行，第3页。

② 《中华教育文化基金董事会改组》，《新闻报》1928年7月28日，第2张第3版。

胡适等人虽力图斡旋，亦无招架之余地，读书人的理想与信念亦无实现之可能。[①] 虽然纷争不断，但大体上中基会能维持经费的独立与行政的自主，做了许多推动教育发展的事。蒋梦麟时期的北大，或许就是最大的受益者。

此前曾三度代理北大校长职务的蒋梦麟 1930 年正式入长北大的时候，是颇为犹疑的，胡适一席话，道出其中缘由：

> 他不肯回北大，是因为那个时候北平的高等教育已差不多到了山穷水尽的时候，他回去也无法整顿北京大学……那时候，北京改成了北平，已不是向来人才集中的文化中心了，各方面的学人都纷纷南去了，一个大学教授的最高俸给还是每月三百元，还比不上政府各部的一个科长，北平的国立各校无法向外延揽人才，只好请那一班留在北平的教员尽量的兼课，几位最好的教员兼课就最多……在这种情形下，孟邻迟疑不肯北来做北大校长，是我们一班朋友都能谅解的。[②]

这个时候，读书人手中掌握的学术资源就显出意义来，最初是傅斯年与协和医院院长顾临找胡适商议，希望帮助蒋梦麟改革北大，借此影响整个北京高等教育的革新。于是在 1931 年 9 月召开的中基会第五次常会上，拟出具体方案，说明“为提倡学术研究起见”，在 1931 至 1935 五年期间，由中基会与北大每年各出资 20 万元，作为合作特别款项，用于设立北京大学研究教授、扩充图书仪器及其他相应设备。以下是五年间北大所聘请的研究教授：理学

---

① 杨翠华：《中基会对科学的赞助》，(台北)中研院近代史研究所 1991 年版，第 31 页。

② 胡适：《丁文江的传记》，《胡适作品集》第 23 集，(台北)远流出版公司 1986 年版，第 125—126 页。

院有冯祖荀(数学)、王守敬(物理)、刘树杞(化学)、曾昭抡(化学)、许骧(植物)、汪敬熙(心理)、丁文江(地质)、李四光(地质)、江泽涵(数学)、萨本栋(物理)、谢家荣(地质)、张景钺(生物)、饶毓泰(物理)、朱物华(物理)、葛利普(A. W. Grabau,地质)、斯柏纳(E. Sperner,数学)、奥斯谷(A. W. Osgood,数学)等 17 人;文学院有汤用彤(哲学)、陈受颐(史学)、周作人(外文)、刘复(中文)、徐志摩(外文)、张颐(哲学)、梁实秋(外文)、叶公超(外文)等 8 人;法学院有赵迺搏(经济)、刘志敭(法律)、张忠绂(政治)、吴定良(统计)等 4 人。这个名单不会令人陌生,其中有 9 人当选 1948 年评出的中央研究院第一届院士,这相当于短短五年时间里,为北大引进三十多位“院士”级的学者,北大何愁不能中兴!一度曾是革命活动和学生运动漩涡的北大,又逐渐转变为学术中心。后来蒋梦麟也深有感触地说:

> 从民国十九年到二十六年的七年内,我一直把握着北大之舵,竭智尽能,希望把这学问之舟平稳渡过中日冲突中的惊涛骇浪。在许多朋友协助之下,尤其是胡适之、丁在君和傅孟真,北大幸能平稳前进,仅仅偶尔调整帆篷而已。[①]

蒋梦麟感叹自己驾驶学问之舟于惊涛骇浪,应该说,那个年代远不是收获的金秋,等待收成的希望是枉然的;作为读书人,更是遭逢一个混乱与恐惧的年代,度过一段又一段扰攘不安的岁月。1928 年胡适应邀出席全国教育会议,说过这么一番话:政府希望学者们出来做建设的事业,这个担子我们不敢放弃,但同时我们对于政府也有三个要求:“第一,给我们钱;第二,给我们和平;第三,给

① 蒋梦麟:《西潮》,第 203—204 页。

我们一点点自由。”[①]这已是读书人的苛求。然而透过读书人内心耸立起的“独立之精神，自由之思想”的丰碑，又分明可以感受到他们生命中迸发出的执着与勇气，从“学术社会”建构来说，这应该是那个年代的读书人最值得书写一笔的，特别是经历一场艰苦的抗战，更意味着读书人树立的学术理想，可以承受严峻的挑战。

《独立评论》创刊前，蒋梦麟、胡适等人正借助中基会资源重整北大，经过九个多月的努力，北大初显中兴曙光，但不日，战争的阴云已降临。胡适在 1931 年 9 月 14 日的日记中特意补记一笔：“我们费了九个月的工夫，造成一个新北大，九月十四日开学，五日之后就是九一八的一炮！日本人真是罪大恶极！”[②]战争惊动了中国社会，更震毁了中国苦心经营多年的文教事业。自民国以来，中国教育事业的发展，本有地区分布不均衡的现象，大学主要集中于北京、上海等大城市，有的省则根本没有高等学府。不幸的是，这些学府林立的都市，正是中日战争首当其冲的地域，受害也最烈。[③]如何抢救中国的教育事业，立即摆在学人面前。当时不乏人主张各级学校暂停一年，另授以战时训练，以利备战，而以教育部长王世杰为代表的则坚持当尽力设法使学生完成学业，勿使失学，以图百年之计。[④] 于是在中国历史上演出极为悲壮、惨烈的一幕——教育大迁徙。据统计，战前 108 所专科以上学校，受战事影响不能在原地开学者达 94 所之多，未经迁徙者仅 14 所，“其迁移后方者，员

① 胡适：《胡适的日记》(手稿本)，第 8 册，1928 年 5 月 19 日。

② 胡适：《胡适的日记》(手稿本)，第 10 册，1931 年 9 月 14 日。

③ 吕芳上：《抗战时期的迁徙运动——以人口、文教事业及工厂内迁为例的探讨》，胡春惠等编：《纪念抗日战争胜利五十周年学术讨论会论文集》，香港珠海书院亚洲研究中心 1996 年版，第 26 页。

④ 《王世杰日记》第 1 册，1937 年 9 月 4 日，(台北)中研院 1990 年版，第 98—99 页。

生流离转徙，不遑居处，而设备欠缺，图书损失，教学与研究之进行，困难孔多，精神上之损失，尤不可计数。此种学术文化上之浩劫，实为中外空前所未有”。[①]

在此过程中，聚集于《独立评论》的知识分子就发挥了重要作用，1937年举行的“庐山谈话会”上，谈到教育，胡适就坚持认为，国防教育不是非常时期的教育，是常态教育；真需要一个中心，“国家高于一切”可以作为共同行动的目标。胡适重申了“教育独立”的意义：第一，现任官吏不得任公私立大学校长、董事长；更不得滥用政治势力以国家公款津贴所长学校。第二，政治势力（党的势力）不得侵入学校。中小学校长与教员的聘任，皆不得受党的势力影响。第三，中央应禁止无知疆吏用他的偏见干涉教员，如提倡小学读经之类。[②] 对于北大、清华、南开三所学校南迁昆明，合组西南联大，胡适等人也产生了重要影响。约在1937年8月中旬，趁着北大、清华、南开三校校长都在南京之便，教育部开始酝酿在内陆城市设立临时大学。9月10日，教育部以16696号令正式宣布在长沙和西安两地设立临时大学。长沙方面，除北大、清华、南开三校校长为当然委员外，各校另加一人，北大胡适，清华顾毓琇，南开何廉，此外还有傅斯年、皮宗石（湖南大学校长）、朱经农（湖南教育厅厅长）。教育部长王世杰亲任主任委员，次长周炳琳为主任秘书（后由杨振声代）。

教育大迁徙之所以能够实现，意味着读书人深知，在侵略者刺刀下绝无精神自由的希望，因此克服迁徙流离的艰辛，到大后方续图百年之计。更值称道的是在战争阴云下读书人对学术理想的捍

① 《第三次全国教育会议决议案提要》（3），《教育通讯》第2卷第37期，1939年[illegible]月23日。

② 《胡适的日记》（手稿本），第13册，1937年7月20日。

卫,可以想见,国难当头之际,有多少思想控制会借着战争的名义大行其事,不单要以党治国,还要以党治校。1938 年陈立夫接替王世杰出长教育部,按照他自己的说法,当时亟需解决两大问题:一是战区逐渐扩大,学校生员不克在原地进行教学,纷纷内迁,流亡在途,除需紧急救济外,必须考虑此等学校究竟应该怎么办?二是亟需在平时教育与战时教育之间作一抉择。1938 年 4 月召集的国民党临时全国代表大会讨论抗战建国纲领时,陈立夫提出了有关教育的纲领。这个纲领的要点是:改订教育制度与教材,推行战时教程;训练各种专门技术人才,以应抗战需要;注重国民道德之修养,提高科学研究水平;训练青年,俾能服务于社会事业,以增强抗战力量。① 或许不能怀疑新的教育纲领所体现的提高国家动员力的良苦用心,但国民党当局希望借机实现以往所不能达到的对高等教育的控制,却也昭然若揭。如同 1939 年蒋介石在第三次全国教育会议上所说的,“今天我们再不能附和过去被误解了许久的教育独立的口号,使教育者自居于国家法令和国家所赋予的责任以外,而成为孤立的一群……应该使教育和军事、政治、社会、经济一切事业相贯通”,教育界尤其不能“各逞所见,各行其是”,应当“齐一趋向集中目标,确确实实为实现三民主义而努力”。② 这样,如何捍卫学术理想,严峻地摆在读书人面前。

今天的人们已很难想象出近代中国教育史上的一朵奇葩——国立西南联合大学——是如何孕育出的。一提起这所学校,自然会联想到一批享誉世界的科学家与学者:杨振宁、李政道、王浩

---

① 陈立夫:《成败之鉴:陈立夫回忆录》,(台北)正中书局 1994 年版,第 242—243 页。

② 《总裁在第三次教育会议之训词》,《第二次中国教育年鉴》,商务印书馆 1948 年版,第 81—84 页。

……，然而，这所学校的意义却不是这些闪耀着种种光环的人才所能涵盖的，将此置于读书人建构“学术社会”的努力来看，无疑表明了，中国读书人在走出科举时代后，重新建立起对于知识的庄严。一位科学家回忆当年的经历，曾写下这样的话：

> 首先战争时期为保存高等教育而奋斗的主要动机来自于传统对学识的尊重，在以儒家为主的传统中，中国学者被认为是社会中的道德领袖，从某种程度上说，也是精神领袖，那么从这一观点出发，战时大学代表着保存知识，不仅是“书本知识”，而且也是国家道德和精神价值的体现。[①]

的确，流离岁月中的弦歌不缀，显示的是“兼容并包”精神的延续，以及“教授治校”传统的发扬。在西南联大，教授会以及由教授会选举产生的校务会议教授代表，对大学各种事务都有举足轻重的发言权。[②] 据当时的统计，联大 179 位教授中，绝大多数都是留学欧美的博士，97 位留美，56 位留欧，3 位留日；5 位院长，全为留美博士；26 位系主任，20 位留美，5 位留欧，只一位未留学。[③] 这些深谙自由主义精神的读书人汇聚于西南边陲，除了各就所长形成异说争鸣、自由讲学的局面，也与国民党官方“以党治校”的企图适成对照。正如闻一多所说的：“大学里的课程，甚至教材都要规定，这是陈立夫做了教育部长才有的现象。这些花样引起了教授中普遍的反感。有一次教育部要重新‘审定’教授们的资格，教授会中

---

① 任之恭：《一位华裔物理学家的回忆录》，山西高教联合出版社 1992 年版，第 101 页。

② 《西南联大教授会组织大纲》，北京大学、清华大学、南开大学、云南师范大学编：《国立西南联合大学史料》第 1 卷，云南教育出版社 1998 年版，第 111 页。

③ 西南联大除夕副刊主编：《联大八年》，西南联大学生出版社 1946 年版，第 160—161 页。

讨论到这个问题,许多先生发言非常愤怒。”[1]在一次全体教授参加的教务会上,就拟定了一封公函,要求教育部容许联大变通执行有关训令。函中写道:

> 大学为最高学府,包罗万象,要当同归而殊途,一致而百虑,岂可刻板文章,勒令从同。世界各著名大学之课程表,未有千篇一律者;即同一课程,各大学所授之内容亦未有一成不变者。惟其如是,所以能推陈出新,而学术乃可日臻进步也。[2]

岂止是变通,而是公开的挑战,教务会议可以决议“三民主义一科目,一致拟请改为选修,不列入必修”;“伦理学一科目,一致拟请取消”。[3] 布置为必读书的《中国之命运》,金岳霖等教授就拒绝阅读,并带着蔑视和受辱的神情称其为无聊的废话,是对著书立说的学术界公然侮辱。[4] 正如研究西南联大与国民党教育政策的易社强(John Israel)所指出的,“西南联大是自由主义的大本营,反抗国民党政府的压迫控制,获得相当程度的成功”。[5]

西南联大以其“内树学术自由之规模,外来民主堡垒之称号”,

---

① 闻一多:《八年的回忆与感想》,西南联大除夕副刊主编:《联大八年》,第7页。

② 《西南联合大学教务会议就教育部课程设置诸问题呈常委函》,北京大学、清华大学、南开大学、云南师范大学编:《国立西南联合大学史料》第1卷,第17—18页。

③ 清华大学校史研究室编:《清华大学史料选编》第3卷(下),清华大学出版社1994年版,第254页。

④ 费正清:《费正清对华回忆录》,陆惠勤等译,知识出版社1991年版,第296页。

⑤ John Israel, “Chungking and Kunming: Hsinan Liaent's Response to Government Educational Policy and Party Control”,《抗战建国史研讨会论文集》(1937—1945)上册,(台北)中研院近代史研究所1995年编印,第343—376页。

创造了教育史上的奇迹，也书写了中国读书人成就“学术社会”的理想。梅贻琦当时的一席话，就代表着大家的心声：在这风雨飘摇之秋，清华正好像一条船，漂流在惊涛骇浪之中，有人正赶上驾驶她的责任，此人必不应退却，必不应畏缩，只有鼓起勇气坚韧前进。虽然此时使人有长夜漫漫之感，但要相信不久就会天定风明，到那时，我们要把这船好好开回清华园，并向清华的同人校友说一句“幸告无罪”。[①] 也正因为西南联大具有为国家保存知识、保存人才的象征意义，抗战期间，这里不仅汇聚了全国的教授名流，同时也成为青年学子向往之地。当年的联大学生，后来成为卓越的数理逻辑学家的王浩，曾以“谁也不怕谁的日子”来形容联大的八年历程：

> 当时联大有“民主堡垒”之称，身临其境的人最亲切的感受，是在堡垒之内的民主作风。不论年资权位，教师与教师之间，学生与学生之间，师生之间，可以说谁也不怕谁。当然每个成员，因为品格和学识不等，会受到别人的尊重或轻视，也有些人为了个人的复杂心理，做事对人不公正。但是大体上开诚布公多于阴谋诡计，做人和做学问的风气都是好的。

学生敢于在课堂上指出老师的错误，而教师因此对这些学生更欣赏。自由听课的人很多，课外师生讨论学问的情形很普遍。教师把学生当作朋友看待，一起学习新材料；同学之间的竞争，一般也光明正大，不伤感情，而且往往彼此讨论，以增进对所学的了解。谈到自己，王浩也由衷写道：“在这段感受力最强的日子，和许

① 清华大学校史组：《抗战时期的西南联大》(上)，中国人民政治协商会议全国委员会文史资料研究委员会编：《文化史料》(丛刊)第4辑，文史资料出版社1983年版，第135—152页。

多老师及同学享受了一种人生极难得的平淡亲切而纯洁的人际关系。这样经验不但为以后的做人和学业打下了一个比较坚实的基础，而且彼此之间的信任和同情一直持续着，成为崎岖的生命历程中一个重要的精神支柱。”[①]1939至1946年在西南联大度过整整七年的何兆武，则以此描绘那段“幸福”的日子：

> 那时候也挺有意思，日本飞机经常来轰炸，生活非常之艰苦，可是士气却没有受影响，并没有失败主义的情绪流行，总是乐观的、天真的认为战争一定会胜利，而且胜利后会是一个美好的世界，一个民主的、和平的、自由的世界，这是我们那个时代的青年最幸福之所在。[②]

四、对公众事务的介入

关于知识分子的社会角色，一向是充满歧见的问题。新近较有代表性的意见，来自西方知识界最受争议的人物之一萨义德(Edward W. Said)。在他看来，知识分子究竟为数众多，或只是极少数的精英？20世纪对知识分子最著名的两个描述，就基本是对立的。一是葛兰西(Antonio Gramsci)以自己的生涯示范的知识分子角色，集马克思主义者、新闻从业人员、行动派、杰出的政治哲学家于一身；一是班达(Julien Benda)对知识分子的著名定义，知识分子是一小群才智出众、道德高超的哲学家—国王(philosopher-kings)。萨义德慨言今之所谓知识分子，已是集编辑、记者、政客及

---

① 王浩：《谁也不怕谁的日子》，《清华校友通讯》第18期，1988年11月；《从金岳霖先生想到的一些事》，《中国哲学》第11辑，人民出版社1984年版，第487—493页。

② 何兆武口述、文靖撰写：《上学记》，生活·读书·新知三联书店2006年版，第127—128页。

学问中人于一身,往往身不由己成为各种权力结构中的一员。而他则把理想中的知识分子刻画成流亡者与边缘人,认为在去国离乡的移民逐客中,在甘居异端的“业余者”“圈外人”中,反倒能看到知识分子不屈不移、卓然独立的风骨典型。萨氏探问的是在媒体资讯繁衍,政治、学术利益集团四处游串的世纪之末,知识分子的自处之道,不可否认,不管赋予知识分子怎样的角色定位,最基本的仍在于,知识分子属于他们的时代。如同萨氏也强调的,不管身份多么特殊,知识分子都身处这个社会,都是国家的成员,具有一己的语言、传统、历史境况。因此,所有的知识分子都对他们的大众代表着某事,并在“普遍”(universality)与“此地”(the local)之间寻求“有效的沟通方式”。[①] 以此而言,或也得承认,那个年代赋予中国知识分子的,就是这样一种承载:不单是学术的,还包括政治的;所扮演的角色,既是学者,又是言论家,还是幕僚。而且这些身份并不隔绝,产生着交互的影响与作用。“学术社会”的建设,也绝非仅仅是“学术”的,实际预示着近代中国读书人,在面临种种张力与矛盾时,努力进行着协调。

是什么原因,导致读书人一次次迭入现实政治的漩涡中,而且,徘徊于学术与政治间的身影,并不孤单,这是研究近代中国知识分子历久弥新的话题。要回答这一问题,除了通常所说的“时代趋势”,恐怕还得扣紧作为“学阀”的精英意识。这种精英意识,在学术上注重的是提高中国学术的品质,在政治上则是“吾曹不出如苍生何”。胡适和丁文江即是个中典型。胡适曾自诩“哲学是我的职业,文学是我的娱乐,政治只是我的一种忍不住的新努力”。至于为什么会走上谈政治的“歧路”,他的解释是:

---

① 萨伊德:《知识分子论》,单德兴译,(台北)麦田出版社 1997 年版,第 31、58 页。

> 我现在出来谈政治，虽是国内的腐败政治激出来的，其实大部分是这几年的“高谈主义而不研究问题”的“新舆论界”把我激出来的。我现在的谈政治，只是实行我那“多研究问题，少谈主义”的主张。①

这话说得很明确，衰朽的政治固然是原因，主要还在于中国的舆论界令人失望，缺乏谈政治的人才。丁文江更直截了当，首先他对胡适归国后的承诺“二十年不谈政治，二十年不干政治”就深不为然，认为这种主张是一种妄想，“文学革命，思想改革，文化建设，都禁不起腐败政治的摧残，良好的政治是一切和平的社会改善的必要条件”。作为科学家出身的丁文江，其精英意识，尤甚他人，他曾响当当地讲过：“进过大学堂，晓得一点科学，看过几本外国书的，不过八万。我们不是少数的优秀分子，谁是少数的优秀分子？我们没有责任心，谁有责任心？我们没有负责任的能力，谁有负责任的能力？”②

有了这样的精英意识，现实政治的衰朽很容易就成为知识分子介入政治的催化剂，并且，他们还从历史的与现实的境况中寻找恰当的辩护理由，为现代读书人的身份建立起新的历史谱系。1921年五四两周年之际，胡适在《黄梨洲论学生运动》的文章中就讲到，在变态的社会里，政府的卑鄙腐败，就会导致青年学生干预政治的运动，这如同黄梨洲在《明夷待访录》中说过的，学校是天下公是公非之所在，一切学校都要办成纠弹政治的机关。胡适以深文周纳的方式写道：

> 我并不想借黄梨洲来替现在的学生吐气。我的意思只是

---

① 胡适：《我的歧路》，《努力周报》第7期，1922年6月18日。

② 丁文江：《少数人的责任》，《努力周报》第67期，1923年8月26日。

> 因为黄梨洲少年时代自己就曾做过一番轰轰烈烈的学生运动，他著书的时候已是近六十岁的人了，他不但不忏悔他少年时代的学生运动，他反正正经经的说这种活动是“三代遗风”，是保国的上策，是谋政治清明的唯一方法！这样一个人的这番议论，在我们今日这样的时代，难道没有供我们纪念的价值吗？①

在别的场合，胡适又特别提及所读到的《学海类编》和《艺海珠尘》，以书中所记东汉、两宋太学生，以及明末东林和复社、几社为例说，“在变态的社会之中，没有可以代表民意的正式机关。那时代干预政治和主持正谊的责任必定落在知识阶级的肩膊上”。② 丁文江对政治的热情也立足于此，他向来主张，“我们有职业而不靠政治吃饭的朋友应该组织一个小团体，研究政治，讨论政治，作为公开批评政治或提倡政治革新的准备”。这倒不是轻视政治的“业余”性，而是对腐朽政治的直接反应，似乎只有那些不靠政治吃饭的知识分子才能秉持公心，为政治树立良好典范。不仅如此，他还坚持认为，“天下的事业，没有那一件不是少数的人做成功的”，假设要政治清明，自然要少数的优秀分子去干政治，“无论那一个时代，那一个社会，少数优秀的分子，握了政权，政治就会得清明。用他们的聪明智识能力，向政治方面去努力，是少数人天然的责任”。说这话的时候，北洋军阀蝇营狗苟的政治正甚嚣尘上，故此丁文江也表示：“中国今天弄到了这步田地，明明是做总统的不会做总统，做总理的不配做总理，当议员的不够当议员。”他甚至有些愤懑地说，“为什么受过教育的有爱国心的人，就没有本事弄一个督军做

① 胡适：《黄梨洲论学生运动》，《胡适作品集》第 9 集，第 9—12 页。

② 胡适《蔡元培以辞职抗议》，《努力周报》第 38 期，1923 年 1 月 21 日。

做呢?”“只要有少数里面的少数,优秀里面的优秀,不肯束手待毙,天下事不怕没有办法的……中国现在不怕外交失败,不怕北京政府破产,不怕南北要战争,最可怕的是一种有知识有道德的人不肯向政治上去努力!”[1]胡适与丁文江阐明知识分子应该在毫无秩序的社会里,担纲干预政治与主持正谊的责任,这样就扫清了知识分子因“爱惜羽毛”而游离于政治的“障碍”。

说起近代中国知识分子对公众事务的介入,有个现象值得注意,往往是特殊的历史时空造就了大批知识分子介入到实际政治中。笔者曾考察“胡适派学人群”如何通过几个杂志聚集起来,成为近代中国自由主义较为代表的力量。从《努力周报》《新月》《独立评论》《自由中国》这些杂志的创办背景来看,就对应着近代中国几个关键时刻。[2]《独立评论》的创办,有两个背景就甚为关键,一是国家遭逢“九一八事变”引发的国难;二是读书人正努力重整已到山穷水尽的北京大学。因此创办《独立评论》,实在是形势所逼,是那些自视为“治世之能臣,乱世之饭桶”的读书人,不得不考虑“在这烘烘热焰里能够干些什么”。胡适道出其中缘由:

> 大火已烧起来了,国难已临头了。我们平时梦想的“学术救国”“科学建国”“文艺复兴”等等工作,眼看见都要被毁灭了……《独立评论》是我们几个朋友在那无可如何的局势里认为还可以为国家尽一点点力的一件工作。[3]

在《独立评论》的创刊号上,胡适还将这个刊物的办刊旨趣和基本精神预先作了说明,强调他们只是将论学中秉持的“学术独

---

① 丁文江:《少数人的责任》,《努力周报》第67期,1923年8月26日。

② 章清:《胡适派学人群与现代中国自由主义》,《史林》1997年第2期。

③ 胡适:《丁文江的传记》,《胡适作品集》第23集,第136页。

立”原则用来研究中国当前问题，“我们都希望永远保持一点独立的精神。不倚傍任何党派，不迷信任何成见，用负责任的言论来发表我们各人思考的结果”。简言之，是希望根据自己的知识、用公平的态度研究中国当前问题；同时也盼望得到一些秉于公心、依据事实的批评和讨论。后来胡适又将这种“独立的精神”归纳为敬慎“无所苟”的态度：“政论是为社会国家设想，立一说或建一议都关系几千万或几万万人的幸福与痛苦。一言或可以兴邦，一言也可以丧邦。所以作政论的人更应该处处存哀矜敬慎的态度，更应该在立说之前先想象一切可能的后果——必须自己的理智认清了责任而自信负得起这种责任，然后可以出之于口，笔之于书，成为‘无所苟’的政论。”[①]值得注意的是，知识分子对于创办刊物的活动，往往理解为是对“公家”尽责。主编《独立评论》时，整整三年的时间，胡适差不多形成了这样的工作定式，每星期一总是终日为杂志工作，夜里写文章常常要到凌晨三点。在给周作人的信中，他就这样表示：

> 三年多以来，每星期一晚编撰《独立评论》，往往到早晨三四点钟，妻子每每见怪，我总对她说：“一星期之中，只有这一天是我为公家做工，不为吃饭，不为名誉，只是完全做公家的事，所以我心里最舒服，做完之后，一上床就熟睡，你可曾看见我星期一晚上睡不着的吗？”她后来看惯了，也就不怪我了。[②]

这些年，学术思想界努力在发掘守望学术理想的读书人。平

---

① 胡适：《引言》，《独立评论》第1号，1932年5月22日；《我的意见也不过如此》，《独立评论》第46号，1933年4月11日。

② 胡适：《致周作人》，1936年1月9日，《胡适来往书信选》中册，中华书局1979年版，第297页。

心而论，回到那个年代，其实很难找出几个真正与政治无涉的读书人，多多少少都与一些报刊或团体有某些联系。那时候一切也比较简单，几个读书人，只要将自己月入5%拿出，就可撑起一份杂志来。而杂志一经出版，往往很快成为一个公众舞台。《独立评论》正是如此，虽说其社员始终限制在十二三人，但从一开始，就没有打算将这个杂志办成同人刊物，创刊号上已表示“欢迎各方面的投稿”，一年后，更申言要使杂志成为公共刊物：“我们办这个刊物，本来不希望它做我们这十一二个人的刊物，也不希望它成为我们的朋友的刊物；我们自始就希望它成为全国一切用公心讨论社会政治问题的人的刊物。”为此，胡适也把这个时代称作“小册子的新闻事业的黄金时代”，不仅靠社员少量的捐款就能使刊物完全独立，而且“不但社员撰文不取稿费，外来的稿子也是因为作者愿意借我们的刊物发表他们要说的话，也都不取稿费”。[①] 蒋廷黻曾自信地对胡适说：“昨夜翻看《独立》，觉得我们做的文章至少总可以算是认真想过才做的，只此一点，《独立》当然是今日国内第一个好杂志！”[②]或许，令胡适等人更为欣慰的是，该刊发行到第四年时，发行量已高达14000余份，寄售及代订处遍布全国，在当时所出的近400种杂志中独树一帜。胡适也不无自豪地说：

> 四年之中，社外的朋友供给了六百篇文字——六百篇不取稿费的文字——这是世界的舆论机关绝对没有的奇事，这是我们最足以自豪的一件事，这也是我们今天最值得祝贺的一件事。[③]

---

① 胡适：《〈独立评论〉的一周年》，《独立评论》第51号，1933年5月21日；《编辑后记》，《独立评论》第235号，1937年5月23日。

② 《胡适的日记》（手稿本），第11册，1934年1月28日。

③ 胡适：《〈独立评论〉四周年》，《独立评论》第201号，1936年5月17日。

分析《独立评论》撰稿人的情况，也可以对当时读书人介入公共舆论的情形有大致了解。对已知职业、简历的 203 位作者进行分类，可知《独立评论》作者群的职业身份，大致顺序是大学教师、大学生、公务员、研究院、中小学教师、编辑报人。其中大学教授 79 位，讲师 7 位，助教 5 位，大学生 44 位，学者专家 30 位，公务员 13 位，研究员 9 位，中小学教员 7 位，编辑报人 3 位。而从地区的分布来看，对 135 位确知服务部门作者的调查，可以判定作者集中在北方，清华大学、北京大学、燕京大学、南开大学就有近一百位左右的作者，其他则星散于中央政治学校、中央大学、山东大学、中央研究院、北平社会调查所、武汉大学、北平师范大学、北平协和医院、辅仁大学、岭南大学、中山大学、杭州之江大学、暨南大学等。[①] 因此，看起来只是由十几位学者创办的《独立评论》，实际成为北方学人，尤其是清华、北大、燕京、南开等校师生议政的中心。

五、“出山要比在山清”

近代中国知识分子频频通过创办报刊聚集起来，只是介入公众事务的一个方面，除此而外，直接进入政治圈的，也不乏其人。如同马克斯・韦伯(Max Weber)对“科层制”的揭示，充斥于现代社会官僚系统的已是受过专门职业训练的人，即通常所说的技术型官僚，因而读书人与官僚之间本不应该有如此巨大的鸿沟，然而在普遍观念中，仍主要将知识分子角色定位于“观念人”，对知识分子超越此一畛域成为“行动人”，一直保持低调。对近代中国知识分子的评论，一方面是对以往士大夫角色暧昧不清的警醒，另一方面现实政治提供了太多的负面启示，因此对知识分子介入实际政治，

---

① 参见陈仪深：《〈独立评论〉的民主思想》；邵铭煌：《抗战前北方学人与〈独立评论〉》，(台北)政治大学历史研究所硕士学位论文，1979 年。

是否成为“政治帮闲”或“御用文人”，特别敏感。墨子刻(Thomas A. Metzger)对照中西知识分子不同的境遇，就试图说明何以中国知识分子倾向于乌托邦而不怎么考虑实际问题，不能以客观态度来评估政府行为。原因在于，在评估一个国家的政治发展时，西洋知识分子不但用乌托邦主义的看法，也会援引保守主义的观念，然而在中国却全然不同，中国知识分子一旦用保守主义的观念来评估政府，就会被戴上“御用文人”的帽子。[1]

要说知识分子大规模介入到实际政治，最突出表现在抗战这段时期。就国民党方面来说，国难发生后，在党治与训政方面，本身即发生了重大的修正和调整，“最显著的则为过去许多反政府而被视为‘异己’的人士，多已纷纷加入政府和党的领导阶层；与知识分子之间的关系，亦大有改进。系亦知识分子尽其言责的有利时期”。[2] 更重要的还在于，民族危亡的情势下，知识分子难以自居一侧，因而以专家的身份介入实际政治，也成为不得已的选择。《独立评论》中人对实际政治的介入，就非常引人注目。翁文灏 1935 年出任行政院秘书长，抗战期间出长经济部并兼资源委员会主任委员。蒋廷黻与吴景超 1936 年随翁文灏入阁，前者任行政院政务处处长(后任驻苏大使)，后者任行政院秘书(后任经济部秘书)。周诒春 1936 年 7 月接受实业部常务次长之职。何廉 1936 年 10 月任行政院政务处处长，接替蒋廷黻调任后的空缺；翁文灏执掌经济部后，又调任经济部常务次长。傅斯年、任鸿隽、张忠绂、张奚若、周炳琳等继续留在学术界的社员，抗战期间也进入国民参政会任

---

① 墨子刻：《政治发展与知识分子》，《中国时报》1983 年 3 月 21 日，“副刊”，第 3 版。

② 蒋永敬：《胡适与国民党》，周策纵等：《胡适与近代中国》，(台北)时报文化出版公司 1991 年版，第 67—95 页。

参政员。

对于《独立评论》社员的先后入阁，胡适也是感慨万千。1936年1月他写信给翁文灏、蒋廷黻、吴景超、顾季高四人，提醒他们《孝经》中“天下有诤臣七人，虽无道，不失其天下”一章不可不读，希望他们四人莫作“伴食”之官。[①] 几天后，朱经农送来一篇记丁文江在湘辞世前的文字，其中有一首题为《麻姑桥晚眺》的诗：“红黄树草争秋色，碧绿琉璃照晚晴。为语麻姑桥下水，出山要比在山清。”胡适读到老友这首诗，不禁联想起宋人杨万里的诗：“初疑夜雨忽朝晴，知是山泉终夜明[鸣]。流到前溪无一语，在山作得许多声。”于是又致信翁文灏、蒋廷黻、吴景超，抄录这两首诗后，特别关照说：

> 我对于你们几位朋友(包括寄梅先生与季高兄等)绝对相信你们“出山要比在山清”。但私意总觉得此时更需要的是一班“面折廷争”的诤友诤臣，故私意总望诸兄要努力做 educate the chief (教育领袖)的事业，锲而不舍，终有效果。行政院的两处应该变成一个“幕府”，兄等皆当以宾师自处，遇事要敢言，不得已时以去就争之，莫令杨诚斋笑人也。[②]

胡适接连致信入阁的友人，希望他们保持清誉，也许是无可奈何中的聊以自慰，对于读书人入阁，他们一班人早有足够的教训。20年代在《努力周报》倡导“好政府主义”时，在《我们的政治主张》宣言上签名的王宠惠、罗文干、汤尔和也曾入阁，组成一个“好人政府”，其结果却成为“武人政治”的牺牲品，落得一个惨淡的结局。

---

① 《胡适的日记》(手稿本)，第13册，1936年1月21日

② 胡适：《致翁文灏、蒋廷黻、吴景超》，1936年1月26日，耿云志、欧阳哲生编：《胡适书信集》(中)，北京大学出版社1996年版，第683—684页。

因此，对于知识分子介入现实政治，在知识圈一向是有所保留和警觉的。但在国难当头之际，胡适却不得不认可朋友们服务于政府的行为，就连他本人也要奔赴国难，做起“过河小卒”。约在1937年8月，胡适与张忠绂、钱端升即受蒋介石征派，他们三位北大教授共同的使命，是赴美、英、法等国宣传抗日，争取各方奥援。1937年9月胡适辗转前往美国，除在美国积极活动，还到欧洲巡回演讲。1938年7月30日在给傅斯年的信中，胡适已感到“国事至此，除‘苦撑待变’一途，别无他法”。他自己也深知已被“逼上梁山”，“万不得已，我只得牺牲一两年的学术生涯，勉力为之，至战事一了，仍回到学校去”。[①] 说这番话时，胡适已得到蒋介石任命自己为驻美大使的电报，且经多方考虑准备接受此项任命。9月17日，国民政府正式任命胡适为驻美大使，在给夫人的信中，胡适倾吐了不得已为之的苦衷：

> 我二十一年做自由的人，不做政府的官，何等自由？但现在国家到这地步，调兵调到我，拉夫拉到我，我没有法子逃，所以不能不去做一年半年的大使。我声明做到战事完结为止，战事一了，我就回来仍旧教我的书。请你放心，我决不留念做下去。[②]

此时胡适不可能想到，他会在驻美大使任上，一做就是四年；而要七年之后，他才能重新回到中国学术舞台。

知识分子如此大规模介入国家政治生活，是研究近代中国知

---

① 胡适：《致傅斯年》，1938年7月31日，耿云志、欧阳哲生编：《胡适书信集》（中），第752—753页。

② 胡适：《致江冬秀》，1938年9月24日，耿云志、欧阳哲生编：《胡适书信集》（中），第756—758页。

识分子不可回避的问题。应该说，这是特殊历史时空造就的结果，而从普遍的情形来看，对于介入政治，知识分子一直保持着低调。甚至可以说，坚持不入政府，是他们守护的底线。抗战结束后，当蒋介石试图拉傅斯年、胡适进政府做事时，傅斯年、胡适对此就有所反省。起初，蒋介石欲任命傅斯年为国府委员，傅坚辞不就，他致信蒋介石，表示自己实一愚戆书生，世务非其所能，绝非政府材，因此“如在政府，于政府一无裨益，若在社会，或可以为一介之用”。他还解释说：“参政员之事，亦缘国家抗战，义等于征兵，故未敢不来。今战事结束，当随以结束。此后惟有整理旧业，亦偶凭心之所安，发抒所见于报纸，书生报国，如此而已。”[①]1947年初，蒋介石又有拉胡适入政府的举动，还分别约见傅斯年、王世杰，就胡适出任国府委员兼考试院长一事，征询胡适两位老友的意见。此事不单傅斯年力陈不妥，胡适也明确对蒋说，现在国内独立超然的人太少了，前几年把翁文灏、张嘉璈、蒋廷黻、张伯苓诸君都邀请入党，又选他们（蒋廷黻除外）为中央委员，这是一大失策。今日不可再误了。[②] 透过蒋介石的日记亦可看出，胡适对此多少有些犹豫，蒋1947年3月31日的日记就写道：“适之面允参加政府而其来电又不欲参加，文人之无决心如此，然其意则甚诚挚也。”[③]

值得重视的是围绕此事胡适与傅斯年的沟通。在写给胡适报告此事的信中，傅就直言，自由主义者必须自己决定自己的命运，形势已很清楚，在国共纷争之下，我们只有冀望于“政府不倒而改

① 傅斯年：《上蒋主席书》，《傅斯年全集》第7册，（台北）联经出版公司1980年版，第149—150页。

② 《胡适的日记》（手稿本），第15册，1947年3月18日。

③ 《蒋介石日记》，1947年3月31日。原件藏美国斯坦福大学胡佛研究所档案馆，本书所引主要依据中国社会科学院近代史研究所档案馆所藏抄件。

进”。只是“政府今日尚无真正开明、改变作风的象征，一切恐为美国压力，装饰一下子”，故而，当今之际，“我们自己要有办法，一入政府即全无办法。与其入政府，不如组党；与其组党，不如办报”，“我们是要奋斗的，惟其如此，应永久在野，盖一入政府，无法奋斗也”。[①] 在另一封信中，傅斯年又坚决表示，在胡适赴美这几年，他与老蒋打了八九年交道，知之深矣。一切全为美国的压力，“全为大粪堆上插一朵花”。因此，“我们若欲于政治有所贡献，必须也用压力，即把我们的意见 consolidated，articulated（加强并明确表达出来），而成一种压力。一入政府，没人再听我们的一句话！”[②]对傅斯年信中所说的，胡适显然心有灵犀，他表示正因为愿意帮政府的忙，所以不愿加入政府。他也说了一些“赤心的话”：

> 我在野——我们在野——是国家、政府的一种力量，对外国，对国内，都可以帮政府的忙，支持他，替他说公平话，给他做面子，若做了国府委员，或做了一部部长……结果是毁了我三十年养成的独立地位，而完全不能有所作为，结果是连我们说公平话的地位也取消了——用一句通行的话，“成了政府的尾巴！”这个时代，我们做我们的事就是为国家，为政府树立一点力量。[③]

胡适与傅斯年的对话，真切反映了历经数十年风风雨雨的知识分子自我的角色定位，在这么一番表白中，那个年代读书人对于国事，以及他们在近代中国纷乱年代里可能扮演的角色，都有了明

---

① 傅斯年：《致胡适》，1947 年 2 月 4 日，《胡适来往书信选》下册，第 168—170 页。

② 傅斯年：《致胡适》，1947 年 3 月 28 日，《胡适来往书信选》下册，第 190—191 页。

③ 胡适：《致傅斯年》，1947 年 2 月 6 日，《胡适来往书信选》下册，第 173 页。

确的说明。这也意味着，在建设“学术社会”时，知识分子并不回避对公众事务的责任，但又力图保持超然独立的地位，因而主要是通过办刊物的形式聚集起来，形成一个对政治权势产生压力的集团；对于知识分子直接介入实际政治，保持着相当的警觉。

六、“身份认同”与“权势网络”

自蔡元培在止水中投下“知识革命”之石，近代中国读书人迈出了建设“学术社会”的步伐，他们的学术活动以及对公众事务的介入，通过聚集于《独立评论》的一群人，有了较为完整的呈现，借此也可以反省知识分子追求“学术社会”的成效与意义。显而易见，所谓“学术社会”，既立足于学术，又并非仅限于学术，从其主旨来说，是要挣脱传统中国“学”与“术”的缠绕、“士”与“仕”的纠葛，为近代中国读书人确立区别于“士大夫”的社会角色与身份。那么，其成效究竟如何呢？进一步审视读书人的“身份认同”，尤其是从事学术活动和介入公众事务所形成的“权势网络”，可以有较为清楚的答案。

所谓“权势网络”，是试图从读书人的种种关系网络，发掘其中所具有的权势意味。[①] 建设“学术社会”，为的是重新确立读书人的位置，但读书人的社会位置，究竟立足于何方？选择《独立评论》杂志，正是因为这个杂志提供了解答这个问题的基本资源。通常人们关注一个杂志，只是关切这个杂志拓展了怎样的“话语空间”，然而分析《独立评论》可以看到，“舆论”只不过是一个杂志最单纯的

---

① 对有关历史的知识领域中自我衍生的转变原则和结果的考察，乃福柯（Michel Foucault）称之为“知识的考掘”的主要工作，其目的是要揭示知识与权力、知识与话语的种种关联。这里使用“权势网络”这一术语，受到福柯的启示。参见米歇·福柯：《知识的考掘》，王德威译，（台北）麦田出版社 1993 年版。

呈现，它自然也构成一种力量，但却远不足说明其中的权势意味。通过分析该杂志作者群形成的种种复杂“网络”，可以解读出“舆论”所不能包涵的“权势”意义。简言之，安身立命的“学术”之外，近代中国“学阀”所确立的社会位置，还经由所建立起的与社会沟通的其他渠道呈现出来，这种关系网络，实际是一张“权势网络”。

这样一张错综复杂的网络，从单线来说，只是与近代中国读书人的活动场景密切相关：教育背景—任教学校—学术机构—学术基金会—创办刊物—实际政治，但在此过程中，各种人物在各个环节的交汇，却成就了不断放大的权势网络。聚集于《独立评论》的知识分子，正是以这样一张错综复杂的网络，建立起他们对学术的关注以及对公众事务的介入。从教育背景来说，这些教育界、学术界的领衔人物，大多具有留学背景，在留学期间，已建立起密切交往的第一层管道，也为归国后共同创业奠定了基础。这里既有学术的，也有政治的。如胡适、任鸿隽与陈衡哲在留美期间因为文学因缘及筹划“科学社”，建立起密切的关系；胡适与宋子文，因为同任《留美学生季刊》编辑，也为他们未来在政治上的密切沟通作了铺垫。

《独立评论》聚集的主要是归国后从事教育工作的学术精英，其基本身份定位于北大、清华、燕京等中国最高学府的教授，他们为开拓中国新的学术疆域“同声相应”，自令人印象深刻。1919—1920年间，胡适曾短期代理北京大学教务长，其间他就吸纳了赵元任、朱经农、颜任光、张奚若等到北大任教。其后，商务印书馆请胡适筹划，朱经农、唐钺等人又在其力荐下进入商务，分掌要职。傅斯年执掌中央研究院历史语言研究所时，最初吸纳的全为留洋的新派学者，包括出身哈佛大学的赵元任和李济，巴黎大学毕业的刘复，以及游学哈佛与柏林大学的陈寅恪。与此同时，欧美同学会等组织还提供了这些归国学者聚集一堂的场所。这往往成为书生报国的发源地,《独立评论》最初即酝酿于欧美同学会的聚会。

在推动学术发展过程中形成的官方与民间的各种学术组织以及学术基金会,是近代中国读书人又一交汇的场所。《独立评论》社的成员,差不多都是各学科的学术代言人,这样,无论是在官方的中央研究院,还是在民间的“中国科学社”等学术组织中,他们都成为重要的一员。[①] 同时,也因为他们特殊的学术身份,使他们能够聚集于近代中国最重要的学术基金会——中基会,并借助基金会的力量推动学术的发展。

创办刊物是读书人介入公共事务最重要的方面,这里所说的只是聚集于《独立评论》的读书人,其实,单就这些人来说,在此前后还曾经通过其他刊物聚集在一起。如以胡适五四后介入较深的《努力周报》《现代评论》《新月》《独立时论》《自由中国》等几个杂志来看,丁文江、任鸿隽、陈衡哲、傅斯年、张佛泉、萧公权、吴景超、陈序经、陈岱孙等人都分别是这些杂志的重要一员,显示出读书人经常相聚于不同的杂志。由此可知,知识分子创办刊物非一时之举,通过办刊物表达对公共事务的意见,是较为普遍的选择。

前已论及《独立评论》社的成员对现实政治的介入,仅以此作为知识分子与政治权势沟通的渠道,仍不能很好说明近代中国知识分子所形成的“权势网络”。从学术圈分离出的政治人物,固然建立起学术圈与政治圈直接沟通的渠道,翁文灏、蒋廷黻等人之

---

① 任鸿隽:《中国科学社社史简述》,中国人民政治协商会议全国委员会文史资料研究委员会编:《文史资料选辑》第15辑,中华书局1962年版。实际上,中央研究院与中国科学社原本即有密切的关联,中央研究院各所筹备委员以及后来的负责人,几乎都是中国科学社的重要成员。参见张剑:《中国科学社组织结构变迁与中国科学组织机构体制化》,丁日初主编:《近代中国》第7辑,上海立信会计出版社1997年版。

外，还可以点出蔡元培、蒋梦麟、王世杰、杭立武、朱家骅、罗家伦等出身教育界的重要官员，但实际情形较之要复杂得多。首先，共同的留学经历产生了身居学术圈中人与进入官僚系统的技术性官僚之间相沟通的契机。除此而外，在知识分子展开其活动的每一个环节，也都建立起学术圈与政治圈密切沟通的管道。比如中国科学社、中基会中不乏汪精卫、孙科等政府要员，这实际也成为读书人与政治人物交汇的重要管道。特别是，当学术界本身成为政治权势试图借助的力量，那些学界领袖实际建立起与最高当局密切沟通的管道。先是与国民党内的文治势力频频相交，最后如胡适与傅斯年等，还成了蒋介石的“座上宾”。①

聚集于《独立评论》的知识分子，实际只是近代中国读书人扩张其“权势网络”的缩影。这样一张交织而成的“权势网络”，并非只是潜在的，彼此之间还有着非常明确的“横竖是水，可以相通”的“我们”意识。大致而言，这种“我们”意识发端于五四时期，在《新青年》杂志闹分裂的时候，胡适曾写了封措辞严厉的信给陈独秀，将“我们”与“他们”的畛域悉数道出：“你难道不知道我们在北京也时时刻刻在敌人包围之中？你难道不知他们办共学社是在《世界丛书》之后，他们改造《改造》是有意的？他们拉出他们的领袖来

---

① 如同胡适在1930年9月25日的日记中所云，“今日所要者，第一，在这中央权力未造成的时候，要明了分权的必要，在分治上或可逐渐筑成一个统一国家。第二，要明了文治势力是制裁武力的唯一武器，须充分培养文治势力。第三，要明了一个‘国家政策’比一切‘民族主义’都更重要。当尽力造成一些全国的整个国家的机关与制度。”因此，所谓“文治势力”主要是指相对于“军人”的政治力量，既包括国民党中的人，也包括社会力量。就整个30、40年代来看，胡适等人所交往的，更多是国民党内的“文治势力”。参见《胡适的日记》(手稿本)，第9册，1930年9月25日。

‘讲学’——讲中国哲学史——是专对我们的?”[①]胡适颇有些责怪陈独秀不能区分“我们”与“他们”,而这种意识,对他来说,是牢牢树立的。后来发生的一件事,更能说明这一点。那时《新青年》早已分裂了,鲁迅、周作人与陈源之间发生了一场笔战,为此,先是徐志摩致信周作人,希望不要闹这无谓的口舌,应该“合力来对付我们真正的敌人”。[②] 后来胡适又致信参加笔战的三位,认为这是朋友中最可惋惜的事,“‘他们’的石子和秽水,尚且可以容忍,何况‘我们’自家人的一点子误解,一点子小猜嫌呢?”还明确表示说:

> 国内只有这些可以作工的人,大家努力“有一分热,发一分光”,还怕干不了千万分之一的工作——我们岂可自己相猜疑,相残害,减损我们自己的光和热吗?[③]

书信往来中所昭示的生活史与思想史的汇通,非常形象揭示出读书人这种“我们”意识。在这方面,胡适的作用可能是知识圈中其他人难以望其项背的。胡适留美期间就广泛交友,单是1916年的来往信札,就收到1210封,寄出1040封,实属惊人,几乎做到留美学生“无人不识胡适之”。[④] 新近出版的《胡适遗稿及秘藏书信》,则收有了近千人致胡适的书信5400余通,这些人几乎包括了民国时期政治、思想、文化、教育等各个领域的重要人物,显示不少

---

① 胡适:《致陈独秀》,约1921年初,耿云志、欧阳哲生编:《胡适书信集》(上),第262页。

② 徐志摩:《致周作人》,1926年1月31日,《徐志摩全集》第9集,上海书店1995年版,第91页。

③ 胡适:《致鲁迅、周作人、陈源》,1926年5月24日,《胡适来往书信选》上册,第378—380页。

④ 《胡适留学日记》,《胡适作品集》第37集,第174页。

政界、学术界及教育界人士与胡适保持密切的往来。[①] 胡适本人也并不讳言与政治人物的交往，他甚至把政治圈中一些人视为同道。通常将胡适所代表的学界人物称为自由主义者，但 1947 年胡适在给傅斯年的信中，却耐人寻味表示，“国民党内，国民政府内，就有不少自由主义分子，如孙科，如王世杰，如周诒春，如蒋廷黻，如翁文灏，皆在党，如王云五，则无党籍。此外国民参政会里，立法院里，都有不少自由主义的分子”。[②] 仅仅依据往来书信也许尚不能完全说明问题，但以此审视近代中国读书人新的角色与身份认同，

① 该书收录的书信在一百通以上者凡三人：任鸿隽(205)、顾颉刚(136)、王重民(135)；五十通以上一百通以下者 9 人：丁文江(99)、朱经农(95)、陈衡哲(67)、张元济(63)、翁文灏(61)、汪孟邹(60)、傅斯年(56)、钱玄同(55)、朱家骅(52)；四十通以上五十通以下者 8 人：周作人(49)、江泽涵(49)、徐志摩(47)、梅光迪(45)、刘文典(45)、蒋梦麟(43)、蔡元培(42)、高梦旦(42)；三十通以上四十通以下者 10 人：赵元任(39)、王云五(36)、沈从文(35)、孙楷弟(35)、陆侃如(34)、张慰慈(33)、杨杏佛(33)、陶孟和(32)、胡近仁(31)、陶知行(30)；二十通以上三十通以下者 19 人：王世杰(29)、杨联升(29)、罗常培(29)、汪原放(29)、罗尔刚(29)、杨烈鸿(29)、林语堂(28)、陈源(28)、朱我农(28)、朱毅农(25)、王毓铨(25)、王徵(24)、周鲠生(24)、饶毓泰(24)、高一涵(23)、凌叔华(23)、陈垣(23)、钟凤年(23)、陈独秀(20)；十通以上二十通以下者 56 人：张孝若(19)、江绍原(18)、周炳琳(17)、竹垚生(17)、汪精卫(16)、俞平伯(16)、余裴山(16)、毛子水(15)、唐钺(15)、张锦城(15)、胡嗣昭(14)、李季(14)、陈钟凡(14)、刘修业(14)、罗隆基(13)、钱端升(13)、袁同礼(13)、陈之藩(13)、叶公超(13)、陈梦家(13)、梁启超(13)、孟森(13)、汤尔和(13)、高宗武(13)、吴晗(12)、杨振声(12)、何炳松(12)、汪静之(12)、叶德真(12)、汪静之(12)、包赉信(12)、余上沅(12)、郑仲诚(12)、蒋廷黻(12)、汤用彤(12)、张奚若(11)、陈正谟(11)、刘公伍(11)、吴健雄(11)、吴康信(11)、郑天挺(11)、沈兼士(11)、罗家伦(10)、卢逮曾(10)、容肇祖(10)、冯家升(10)、章希吕(10)、孙洪芬(10)、叶元龙(10)、陈大齐(10)、张为骐(10)、陈叔通(10)、罗文干(10)、陈器伯(10)、魏建功(10)、汪敬熙(10)。耿云志主编《胡适遗稿及秘藏书信》，黄山书社 1994 年版。

② 王汎森等整理：《史语所藏胡适与傅斯年来往函札》，耿云志主编：《胡适研究丛刊》第 3 辑，中国青年出版社 1998 年版，第 348 页。

却并非无稽之谈。关键在于，这并非个别现象，透过傅斯年来往书信也可看出，与傅氏有函札往来的大多是新知识分子，或与五四有关，或在英美受过教育，大抵是当时中国各门学问的领袖人物，其身份与和胡适通信者有极大的重叠关系，“足见二人之为同一学派，绝非无根之说”。[①]

因此，透过知识分子的学术活动以及介入公众事务所形成的这种“我们”意识，的确可以说，近代中国读书人产生了新的角色与身份认同，而这种身份认同，堪称读书人在20世纪中国谋求新的社会位置的写照。而其中所蕴含的意味，也值得加以说明：读书人在寻找新的角色与身份过程中，作为一种集体力量的呈现，主要是通过办刊物聚集在一起，而他们聚集在某一刊物，也与一般性的政治团体有很大区别，只是在基本精神上有暂时的认同；而且，通过刊物聚集起来的一群人，往往很快因工作的需要或观点的分歧各奔东西。所谓“君子和而不同”，用在近代中国读书人身上，再恰当不过。之所以造成这种状况，关键即在于读书人原本以学术为本业，要凝结为一个“政见认同团体”或“意识形态认同团体”，殊无可能。顾颉刚就一针见血指出：“我们这辈人，理智太强，到处不肯苟同，这原不错；但这只能是在学问上用，不能在政治上用。”[②]梁实秋回忆《新月》时期知识分子的聚集时也谈到，他们这些人各有各的思想路数，各有各的研究范围，各有各的生活方式，各有各的职业技能，彼此不需要标榜，更没有互相的依赖；也不曾组成一个严密的团体，只是在他们看来忍无可忍之际暂时聚集在一起，通过办刊

---

① 王汎森：《读傅斯年档案札记》，《当代》第116期，（台北）合志文化事业公司1995年版。

② 顾颉刚：《致胡适》，1927年2月2日，《胡适来往书信选》上册，第426—427页。

物表达他们对时局的看法，形成一股在野的若即若离、或即或分的政治势力，而过些年便劳燕分飞。[①] 这样，近代中国知识分子的角色与身份，实际上并不能用政治学意义上的党派甚至团体来界定，故此也有必要进一步探问，在建设“学术社会”过程中，知识分子所确立的新的角色与身份，所寻求的社会位置，究竟依凭于什么？

七、“权势网络”与知识分子角色的依附性

对“学术社会”的憧憬，浓缩了进入20世纪后中国读书人的努力方向，知识分子新的角色与身份，也由此定位于“讲学复议政”。在获得这样的角色与身份确证后，知识分子也有了自己的位置感，并确信其所具有的力量。胡适在晚年的一次演讲中，就明确向聚集在他周围的读书人表白说：“究竟谁是有权有势的人？还是有兵力、有政权的人才可以算有权有势呢？或者我们这班穷书生、拿笔杆的人也有一点权，也有一点势呢？这个问题也值得我们想一想。我想许多有权有势的人，所以要反对言论自由，反对思想自由，反对出版自由，他们心里恐怕觉得他们有一点危险。他们心里也许觉得那一班穷书生拿了笔杆在白纸上写黑字而印出来的话，可以得到社会上一部分人的好感，得到一部分人的同情，得到一部分人的支持。这个就是力量。这个力量就是使有权人感到危险的原因……今天在座的大概都是拿笔杆写文章的朋友。我认为我们这种拿笔杆发表思想的人，不要太看轻自己。我们要承认，我们也是有权势的人。因为我们有权有势，所以才受到种种我们认为不合理的压迫，甚至于‘围剿’等。人家为什么要‘围剿’，还不是对我们的

---

① 梁实秋：《忆新月》，《秋室杂忆》，（台北）传记文学出版社1970年版，第65—79页。

力量的一种承认吗?”[①]这一点胡适所说的并不错,一介书生可不是凭借手中的一支笔指点江山、纵横捭阖? 权势集团之所以要打压、围剿读书人,也表明手握笔杆的读书人之力量不可小觑。然而从胡适的话里,又分明让人感受到知识分子的社会位置,仍旧没有真正落实。这是值得深思的。

揭示近代中国读书人对“学术社会”的建设以及所形成的“权势网络”,正可以深刻反省读书人新的角色与身份所具有的意义。对于20世纪中国知识分子的“创世纪”,无论是确立的大学教育理想,在学术领域的“旧域维新”与“开拓方来”,还是对公众事务的参与,无疑都表明知识分子的努力结出了丰硕果实。然而,深入剖析“学术社会”又令人清楚看到,近代中国读书人无论从事学术活动,还是介入公众事务,都极大地依赖“权势网络”所构成的力量。一方面,不该低估读书人在“权势网络”中所确立的不可忽略的力量,但另一方面,也有必要检讨知识分子在此过程中滋生的对权势集团的“依附性”。

谈起近代中国读书人在逝去年代的显赫,永远是令人津津乐道的话题,在实际社会生活中,许多事例也反映出那个时代的读书人对公众事务介入之深,真正表现出知识分子那种康德(Immanuel Kant)所谓“有勇气在一切公共事务上运用理性”的气度。在1937年举办的对于抗战具有重大意义的“庐山谈话会”上,蒋介石邀请的各界知名人士中,除蒋梦麟、梅贻琦、张伯苓等著名大学的校长外,还包括许多知名教授,单单一个《独立评论》社,就有胡适、傅斯年、陈岱孙、张奚若、陈之迈等人在被邀之列。王世杰后来还讲起一件事,胡适到山上那天,曾和蒋介石谈了一个小时,胡适的大旨

① 胡适:《容忍与自由》,《自由中国》第21卷第11期,1959年12月1日。

是：华北的人民怨中央政府决心不要华北了，不然，何以大家眼看见整个华北就要丢了，竟没有中央军队来援救！中央是否真决心不要华北的土地人民了！王世杰对胡适说，他“那天说的话颇有决定性的影响。那天下午，蒋先生见冯玉祥，冯也责备中央放弃华北。那天晚上，蒋先生在室中独自走路，走来走去，到九点钟，忽下命令，令孙连仲、庞炳勋的军队开进河北。战局就此决定了”。[①] 王世杰所说的，自然不能完全当真，一场战争当然不可能如此轻易就决定了，但以此也要看到，读书人如此广泛地被纳入国是会议，无疑说明那个年代读书人，仍承袭了“士大夫”的余晖，其影响力为社会所看重。这也表明，通过重建“知识的庄严”，读书人又成为社会的一股重要力量。只是，就像“庐山谈话会”所展现的那样，知识分子对公众事务的关切，更多代表的是个人身份，而且往往有赖于既存的“权势网络”，通过广泛的“幕后”交往来实现。

王汎森从傅斯年档案中，发掘出许多相关资料，对此有具体的说明。以中央研究院的发展来说，曾经负责该院日常事务的总干事杨杏佛，在给傅斯年的一封信中，就透露出不少中央研究院窘迫之状。1930 年当蔡元培与蒋介石的关系不谐时，南京政府的要员如桂崇基等，常思压制中央研究院，在紧急时，傅斯年便乘火车赶到吴稚晖处，请他出面向蒋介石缓颊。蒋介石想任命杨杏佛为江西“剿匪”秘书长，杨在给傅斯年的信上便表示为了中央研究院，不能不随蒋介石前往江西，“赴赣则要钱较有力，此亦冒暑随征之一原因也”。同时在另一封信上又说，“虽尽力帮闲，而要钱终不如有

① 《胡适的日记》(手稿本)，第 18 册，1961 年 9 月 3 日。

实力者”。[①]

杨杏佛似乎是暗示傅斯年才是真正有实力者，此话也并不虚妄。在近代中国读书人中，胡适与傅斯年的确是比较特殊的，作为学界代表人物，除了不可撼动的学术地位，他们所掌控的学术资源，以及所建立起的与官方密切沟通的管道，在读书人中都显得颇为特殊。傅斯年曾经在舆论干政上写下颇为风光的一笔，1947 年 2 月 15 日，他在《世纪评论》上发表《这个样子的宋子文非走开不可》，引起举国震动。傅斯年在文中直指国民政府的行政院长，前有孔祥熙，后有宋子文，是不可救药的事，“国家吃不消他了，他真该走了，不走一起垮了”。认为国民政府应该做的第一件事是“请走宋子文，并且彻底肃清孔宋二家侵蚀国家的势力”。[②] 此文一出，监察院在次日就举行全体监委紧急会议，立法委员群起质询，宋子文遂于 3 月 1 日辞去行政院长之职。要说舆论的力量，那些年间，恐怕还没有哪篇文章能够激起如此反响，代表自由知识分子立言的《观察》周刊主编储安平，当即致信傅斯年，盛赞傅在参政会慷慨陈词，“谠议一出，举国共鸣”，并恳请傅斯年在拟写的文字中分出一篇用于《观察》。胡适在日记中记载傅斯年攻击孔、宋之事，也表示说，当日《世界日报》的标题是“傅斯年要革命!”[③]然而，如果将此悉归于舆论的力量，那也未必见得。傅斯年炮轰两任行政院长，能够有积极的后果，固然不能否认傅斯年说话的分量，但这里还有

① 《傅斯年档案》I278 杨杏佛，1931 年 6 月 16 日致傅函；1931 年 7 月 21 日致傅函，转引自前引王汎森：《读傅斯年档案札记》，《当代》第 116 期，(台北)合志文化事业公司 1995 年版。

② 傅斯年：《这个样子的宋子文非走开不可》《世纪评论》第 1 卷第 7 期，1947 年 2 月 15 日。

③ 《胡适的日记》(手稿本)，第 15 册，1947 年 2 月 15 日。

幕后的铺垫,关键是蒋介石的态度。[①]

读了傅斯年此文,蒋介石也受到不小震动,“阅傅思义[斯年]痛斥宋子文一文,难堪异甚,晚课与妻对弈解愁”[②]。蒋最终接受宋子文的辞职,更重要的缘由,是其对宋此一时期处理经济问题,早有不满,稍前在日记中就表示:“经济之失败,亦在余一任子文所为,以致误国至此也。”“经济形势严重已极,贝崧生限售黄金以前并不请示,且毫无准备,一任其倒塌,子文强占其任中央银行总裁,而其不负责任如此,可痛盍极”。[③] 因此,最基本的还在于蒋认识到“政治形势日非,子文不能勉强维持”,“不仅敌党与社会对之怨声载道,即党政军各方对之亦成为众矢之的。彼之所谓经济政策可谓倒行逆施,此乃余信任太专,让其负责专断,不加过问之咎也”。[④] 王世杰在日记中,也记载了宋子文去职前后所发生的事。1947 年 1 月 15 日记:“民主社会党张君劢等极不满于宋子文院长。彼等表示如政府邀彼等入政府,则必须易宋。蒋先生似已暗示可考虑,盖子文近已为各方一致所不满也。”2 月 26 日又记:“蒋先生对于宋之去职虽已内定,但至今尚未稍露其决意也。”2 月 28 日则这样写道:“蒋先生已告宋子文去职。蒋先生晚间约集各院院长及若干中常委商宋院长去职事。”3 月 1 日还在日记中分析宋去职之原因:

> 一则党内陈立夫等及黄浦同志等均对彼不满。二则党外之民主社会党(张君劢党)一再声称宋继续主持行政院则彼等

① 在胡适所遗留的资料里,留有傅斯年上书蒋介石的两份稿子(当是征求胡适意见之意,故留下来),都是针对孔祥熙的,认为其才能物望,均不足膺此重任。傅斯年:《上蒋介石书》,耿云志主编:《胡适遗稿及秘藏书信》第 37 册,第 544—564 页。

② 《蒋介石日记》,1947 年 2 月 21 日。

③ 《上星期反省录》,《蒋介石日记》,1947 年 2 月 12 日。

④ 《上月反省录》,《蒋介石日记》,1947 年 2 月 28 日。

决不参加行政院。三则胡适之傅斯年等无党派人士均反对宋子文。[①]

问题也由此产生，读书人的社会位置究竟立足于何方？王汎森认为傅斯年只是“御史”，而不是“革命者”。诚哉斯言！这一针见血道出了权势集团对于知识分子独立身份所具有的腐蚀性。都说“最是文人不自由”，说到胡适、傅斯年，恐怕还得加上一句，“高处不胜寒”。1946 年 1 月重庆政治协商会议期间，傅斯年与陈布雷坐在一起，留下这样一份笔谈记录。傅对陈言，蒋先生对上海市民所说的明礼仪，知廉耻，负责任，守纪律，此乃国家元首责其公务员而负责做到者，非对人民之言也。陈答复说：“此语我大半同意。”还道出：

蒋先生向来总是以“作之师”的精神讲话，其讲话之对象，都认为他的学生，不问官民也。亦尝进言，但他看了不感十分兴趣，知之而亦不能行。譬如他常说“综核名实”，但只责成考核机关为止，常说“信赏必罚”，但罚不多而赏则往往失之滥。(他的罚亦只是口头训斥而已，仍是作之师，此乃其个性及早年认识之故也。)他是做参谋出身的人，所以顾虑多(只是对国家大事是十分有决断的)，又是当过多年校长的人，所以教育家的意味多于政治家。[②]

陈、傅二人在会议中以笔谈的方式讨论蒋介石的性格，也把读书人的心理表露无遗。胡适与傅斯年对此是清楚的，他们所拓展的事业无法完全绕开官方的襄助而能成；有了与上层的密切沟通，

---

① 《王世杰日记》第 6 册，1947 年 1 月 15 日，2 月 26、28 日，3 月 1 日，第 9、37—38 页。

② 王汎森等编：《傅斯年文物资料选辑》，第 126 页。

很多事情办起来更加方便，易收实际之效果。与此同时，他们也努力保持与当道者的距离，坚持不入政府，或许就是他们守护的底线。在此基础上，他们也乐于把对现实政治的关切作为对国家的尽忠，对公众的尽忠。甚至可以说，这仍旧是以做学问的方式来介入政治，办起一张报纸，得三五知己，就感到对这个国家和社会尽到责任，也使他们获得良心上的安慰。[①] 对政治的理解以及介入政治的方式既然建基于此，于是他们也乐于以超脱的方式，来处理政治带给他们的毁与誉，倘若批评的声音得到积极的回应，则他们满足于做政府的“诤友”，甚至介入实际政治中，满足于所谓君以“国士待我”，我必“国士报之”；不然，他们则张扬“不合作主义”的立场，重新退回到学术的阵地。

然而，其中的“度”如何把握，却并不容易。胡适日记中曾记载一件事，颇能说明问题。1933 年 12 月 21 日，胡适从晚报得知罗隆基主持社论的天津《益世报》受国民党压迫，被封锁邮电，不能出版。晚上罗隆基来找胡适谈，自认受国民党压迫，故不能不感觉凡是反对国民党之运动，总不免引起他的同情。胡适听了罗隆基的抱怨之词，却并不寄予同情，反倒觉得罗之抱怨是不能划清公私界限：“此乃不能划清公私界限。此是政论家之大忌。”[②]无庸讳言，知识分子的发言确实有胡适所谓“公私”立场问题，但公私界限哪是容易划分得清楚的。这里无意否认胡适等人对公众事务的介入不是秉于公心，但形成那张复杂的“权势网络”后，毕竟会影响到知识

---

① 格里德(Jerome B. Grieder)分析聚集于《新月》杂志的一群人时就谈到，无论他们是写诗歌，写文学批评，还是写政治评论，都是在向高度有选择的读者来表达自己的心迹。参见格里德：《胡适与中国的文艺复兴——中国革命中的自由主义(1917—1950)》，鲁奇译，江苏人民出版社 1989 年版，第 236 页。

② 《胡适的日记》(手稿本)，第 11 册，1933 年 12 月 21 日。

分子的发言位置。况且权势集团所具有的腐蚀性，即便落在以“独立”自诩的知识分子身上，同样不能免除。在丁文江投到孙传芳门下时，那时还在国外的傅斯年，听到这个消息，曾三度对胡适发出回国后第一件事就要杀了丁文江的愤激之言，但后来许是介入政治深了，傅似乎理解了丁文江的举动，就为之辩护道：“在君是在孙传芳清誉未扫地前加入他的政治集团的，不是他向张作霖摇尾乞怜，渡江战龙潭时加入的。既已加入，意气上亦无一朝竟去之理。”他还特别提醒说：“在君是借机会为国家办事的，本不是和孙传芳结党的。批评他的人，要先评评他所办的事。”[①]傅斯年所说的确不错，但如何把握其中的尺度，却非易事，关键在于，“既已加入，意气上亦无一朝竟去之理”，“权势网络”带给读书人的，也是这样的境遇。既已加入政府，既已建立与权势集团密切沟通的管道，那么在意气和人情上，也不好和政府对抗；有话要说，也无须选择公开的舆论。这种权势集团的腐蚀性，其实是深深烙在胡适等人身上的。这也意味着，知识分子的发言具有了很强的依附性。在办《新月》时，发生了罗隆基被逮捕的事，那时胡适已建立起与宋子文密切沟通的渠道，因此透过宋使这件事得以化解。到60年代，主持《自由中国》杂志的雷震以莫须有的罪名遭国民党逮捕，胡适同样也寻这样的方式试图化解，但由于此事乃蒋介石“钦定”，就没有成功。这两件事，虽不能等而视之，但一成一败，多少说明知识分子所自诩的力量，很大程度上端赖于权势集团的意志；知识分子本身的“自主性”，其实是大可怀疑的。

这些例证表明，近代中国读书人建构“学术社会”，其初衷是要摆脱政治的纠缠，重新确立读书人在现代社会的位置，但最后的定

---

① 傅斯年：《丁文江：一个人物的几片光影》，胡适等：《丁文江这个人》，第109—113页。

位却仍旧是一个依附性阶层，并没有真正摆脱“士大夫”角色的暧昧性。简言之，通过建构“学术社会”所形成的“权势网络”，表明中国读书人只是打通了通往上层的管道，代价却是读书人沟通社会的桥梁被根本瓦解。

一般而言，知识分子的社会位置定位于权势集团与社会大众之间，如何在此二者间通过一定的距离感保持“必要的张力”，构成知识分子寻求其身份与角色最基本的参照点，甚至知识分子的分野，也端赖这个距离的远近上。因此，分析近代中国读书人对“学术社会”的建构，在肯定其学术意义的同时，也要注意到，在此过程中，精英意识衍生的“知识贵族”习气，促使知识分子把所有的问题都导向“少数人的责任”，由此也筑起一张公开的与潜在的“权势网络”。简言之，读书人打通了上层的渠道，却又导致其“人民性”差不多丧失殆尽。如傅乐诗(Charlotte Furth)所言：“他们的政治行动计划是至亲好友傍晚在家中聚会时进行的——而不是在会议厅和群众大会中热烈讨论中进行的。他们企图赢得影响的努力聚集在内阁或政府上，而且，当他们想到力量时，只想到文官或武将，而想不到民兵组织和下层民众。”①

有关这个问题，傅斯年1932年刊于《独立评论》的一篇文字值得重视，文章将中国的知识界与欧洲的知识界作了一番对比，在傅看来，中国社会与欧洲社会根本不同处在于，中国社会之中坚分子不过是作为统治者贵族阶级工具的士人，而欧洲社会之中坚分子是各种职业中人。欧洲中世纪以来虽然也有一个知识阶级——僧侣(clerical)，但它却并非统治阶级的伺候者，且这个阶级还自成一个最有组织的社会。尤其是在中世纪的大城市还有不少“自由

① 傅乐诗：《丁文江——科学与中国新文化》，丁子霖等译，湖南科学技术出版社1987年版，第142页。

人”，以其技能自成一社会，于是在贵族之“无常权力”(Temporal power)、僧侣之“精神权力”(Spiritual power)之外产生一种“第三权力”。[①] 不难看出，这是中国知识分子获得阶级分析概念以后，试图从阶级立场为读书人定位，这也代表着知识分子寻求新的角色与身份的主要趋向。1926年由立达学会同人创办的《一般》杂志，以讨论知识分子为其特色，该杂志就明确关切这样的问题：知识分子是否真正构成一个阶级？因为注意到“打倒知识阶级”的声音，和“打倒帝国主义”“打倒资本家”一同发出，《一般》刊登的一篇文字做了这样的回应：“知识阶级的名词，根本不能成立，因而所谓打倒知识，便没有意义”；单“知识分子中实在有一部分是甘过寄生的蛔虫的生活的，这班人可以算是中国紊乱的主动者，所以很有被打倒的资格”。显然，作者的用意也很清楚：

> 现在的知识分子，若真觉悟到劳动解放是必要的，只有两条路可走：一条是帮着做劳动解放的事业，到了成功的一日，便自己钻进坟墓去；一条是自己即刻折了超劳动者的臭架子，真真实实地加入到劳动者的队伍里。

因此，“知识分子，若依然只想过寄生的奴才生活或帝王生活，终必至于被打倒的，今后可以存在的知识分子，一定是劳动化、民众化，没有什么臭架子可摆的！”[②]夏丏尊也撰文道出，知识阶级“要想依照士的地位来生活，断不可能”，“现今知识阶级的出路，只有两条康庄大道，一是从政，一是教书”，这是因为伴随专业人员的出现，知识分子已“找不着饭碗”。夏还从阶级意识上进行了辨析：

---

① 傅斯年：《教育崩溃之原因》，《独立评论》第9号，1932年7月17日。

② 心如：《从“打倒知识阶级”口号中所认识的》，《一般》第3卷第1期，1927年9月5日页。

“今日知识阶级，一方面因自己尚未入无产阶级，于体力劳动者有着优越感；一方面又因了自己的知识教养，与资本家挑战。”如此一来，知识阶级尽管有其阶级意识，“确是一个阶级”，但“其战斗力的薄弱，实在可惊”，“他们决不能与任何阶级反抗，只好献媚于别阶级，把秋波向左或向右送，以苟延其残喘而已”。而且，“他们要待其子或孙，堕入体力劳动者时才脱离这境界，但到那时候，他们的阶级，也已早不存在了”。[①]

在本文开头曾提及顾颉刚对王国维自沉一事的考问，实际上，顾也得出源自士大夫超然卓绝的态度对王之死要负大部分责任，其本人则用心于要让中国造成一种新的风气，使学者和士大夫彻底分离，并“归入工人阶级”。除此而外，也有学者明确将知识分子定位于“被统治阶级”。1926年周予同读了《古史辨》，就非常同情顾颉刚的自我描述：“颉刚兄，你的苦痛，你的悲哀，是全阶级的苦痛，是全阶级的悲哀。”“社会不了解他而拉他作不愿意的工作；生活的不安定；生活的枯燥——更其是现代智识阶级全体的问题”。在周予同那里，当时的中国社会只有两大阶级——统治阶级与被压迫阶级，知识分子当然属于后者。[②]

这里无意表明将知识分子定位于“被压迫阶级”或“工人阶级”之类，就可以解决知识分子的社会位置，部分知识分子努力将读书人纳入到“老百姓”或“被统治阶级”，毋宁说明近代中国知识分子寻求新的身份时所陷入的困境。要摆脱“士”的纠缠，似乎就要将自我定位于“老百姓”或“被统治阶级”；而知识分子的精英意识，以及读书人本身的稀少，又意味着纳入“老百姓”，并不是易于为之

---

① 夏丏尊：《知识阶级的运命》，《一般》第5卷第1期，1928年5月5日。

② 周予同：《顾著〈古史辨〉读后感》，《古史辨》第2册，上海古籍出版社1982年版，第319—331页。

的。莫里斯·迈斯纳(Maurice Meisner)对《新青年》的研究，就曾得出这样的结论，《新青年》群体是一个与社会分离的团体，由于他们的理性准则，使他们在很大程度上同生活于城市的商业社会严重脱离，就如同他们所受的教育和城市的环境已使他们与乡村的农民群众和绅士阶级分离开来一样，尽管他们中的大多数人出身于绅士家庭。[①] 必须承认，这是近代中国读书人身份认同上的困境，“学术社会”的建设，也表明读书人所确立的新身份，主要与学术有关，成绩也主要在此。当他们走出书斋，表达对公众事务的关切，由于很大程度上仰赖于在此过程中形成的复杂的“权势网络”，其身份的“依附性”也难以避免。这样，20 世纪近代中国知识分子对新的角色与身份的探索，仍旧还是一个问题。

在这个意义上，我们不得不承认毛泽东津津乐道于“皮之不存，毛将焉附”，可谓一语中的，道出了中国知识分子飘浮不定的社会位置感。别的且不论，知识分子经历数十年积累所确立的新的角色与身份，在一场运动中就差不多被根本摧毁，也算是对此的最好解答。

① 莫里斯·迈斯纳：《李大钊与中国马克思主义的起源》，中共北京市委党史研究室编译组译，中共党史资料出版社 1989 年版，第 39 页。

1930 年代："国难"与现代中国学术的成长

将"年代"视野引入现代中国，所要者是发掘能够作为时代命名的"话题"，以增进对某一特定"年代"的了解。通过审视"后五四时期"《新青年》同人的思想分化，笔者对 1920 年代中国思想界的分裂，已略陈己见，以期重新认识"后五四时期"中国思想及中国社会的走向，亦增进对"1920 年代"的了解。[①] 1930 年代的思想界已是异彩纷呈，涉及的"话题"更非一章的篇幅所能讨论，这里主要围绕"国难"与现代中国学术的成长，略作申论，期望检讨《独立评论》作为"舆论"所产生的影响，以凸显现代中国学术的成长与政治的关联。需要说明的是，之所以选择《独立评论》，部分原因正在于它与 20 年代活跃于中国思想界的《努力周报》与《新月》（其出版延续

---

① 章清：《1920 年代：思想界的分裂与中国社会的重组——对〈新青年〉同人"后五四时期"思想分化的追踪》，《近代史研究》2004 年第 6 期。

到30年代)，存在某种关联。[①] 对此的讨论，或可对1920年代与1930年代“思想界”的不同走向，有进一步认识。

《独立评论》创刊的特殊背景，突出了30年代的“关键词”——“国难”，以往围绕《独立评论》的研究，也主要关注其中所涉及的政治性“话题”。[②] 然而，《独立评论》毕竟堪称学界“中心人物”创办的杂志，相应地，对中国学术前途的思考，也成为“言说”的中心。这些见解如何直接影响到对中国学术的规划，恐难断言，但现代中国学术成长于这样的背景，却值得重视。这其中，规划中国教育、学术发展的“焦虑”，以及读书人自身角色认同的困境，都有较为充分的体现。尤值强调的是，甫经纳入“国家政权建设”架构的教育与学术，正处于“成型期”，“国家政权建设”在此阶段所遭遇的曲折，对教育与学术的走向，不无影响。对此略作申论，当可对影响现代

① 在其他文字中笔者曾说明，以胡适为中心，中国自由知识分子先后聚集于《努力周报》《新月》《独立评论》与《自由中国》杂志。这些杂志的创刊恰对应着现代中国历史上几个关键的时刻:《努力周报》诞生于军阀混战的时期;《新月》创刊于南京国民政府建立的背景;《独立评论》问世于“九一八事变”后空前的民族危机降临的时刻;《自由中国》则遭逢国民党败退台湾后加紧制造白色恐怖的岁月。通过分析这些杂志，可以较为完整地揭示在不同的历史时空自由知识分子表达了怎样的识见。参见章清:《“胡适派学人群”与现代中国自由主义》，上海古籍出版社2004年版。

② 参见陈仪深:《〈独立评论〉的民主思想》，(台北)联经出版公司1989年版;邵铭煌:《抗战前北方学人与〈独立评论〉》，(台北)政治大学历史研究所硕士学位论文，1979年。围绕30年代某些问题展开论述时，《独立评论》也往往成为重要资料，如傅柯文(Park M. Coble):《走向“最后关头”——中国民族国家建构中的日本因素(1931—1937)》，马俊亚译，社会科学文献出版社2004年版。

中国学术成长的诸多因素,有所了解。[①]

一、“国家政权建设”与教育学术

南京国民政府成立后的最初十年,向有“黄金十年”之誉。费正清(John King Fairbank)评论道:“在中国奋力谋求新生的长期斗争过程中,南京政权开头的十年是1912年以来最充满希望的时期。”[②]如对比此前的军阀混战及以后的十四年抗战,这样的评估并没有什么问题。研究者在“南京十年期间的高等教育和国家建设”的主题下,还揭示出作为“国家重建”的重要组成部分的教育与学术,如何得到重视。[③] 以此进入问题的讨论,自有其必要性。这既显示南京国民政府时期,教育与学术的发展已呈现新的景象,更重要的,基于此也可避免在审视30年代现代中国学术的成长时,把一切皆归之于“国难”。

要系统梳理教育与学术纳入“国家政权建设”架构的详细过

---

① 法国学者白吉尔(Marie-Claire Bergère)已勾画出“国家政权建设”背景下中国资产阶级的走向,在其看来,国家的作用问题,是贯穿于中国当代史、革命史以及现代化进程中的一个十分重要的问题,“中国资产阶级自然也不可能摆脱来自国家的压力,正是在国家时断时续的干涉或压制过程中,中国资产阶级刻下了它那一瞬即逝的命运的轨迹。”参见白吉尔:《中国资产阶级的黄金时代(1911—1937)》,张富强、许世芬译,上海人民出版社1994年版,第7页。

② 费正清:《美国与中国》,张理京译,商务印书馆1987年版,第176页。毋庸讳言,对南京国民政府建设成就的评估存在南辕北辙的看法。易劳逸(Lloyd E. Eastman)便指出,这个政权刚成立已意味着“革命已经失败了”,国民党令人惊讶地在短时期内就证明它并无能力来奠定有效的政治体制的基础。参见易劳逸:《流产的革命:国民党统治下的中国(1927—1937)》,陈兼平、陈红民等译,中国青年出版社1992年版,第19页。

③ 费正清、费维恺编:《剑桥中华民国史(1912—1949年)》下卷,刘敬坤等译,中国社会科学出版社1994年版,第411—477页。

程，殊无可能，但构建“大学院”与“大学区”所经历的曲折，无疑成为一种象征，展现出“国家”是如何对教育与学术进行渗透，论者以此作为“国民政府成立后在教育政策上转变的一大关键”，颇具洞见。[①] 当初蔡元培创设大学院、试行大学区制，确有实现其“学术独立”理想的意图，他在《大学院公报》的《发刊辞》中，对此有明确说明：

> 顾十余年来，教育部处北京腐败空气之中，受其他各部之熏染；长部者又时有不知学术教育为何物，而专骛营私植党之人。声应气求，积渐腐化，遂使教育部名词与腐败官僚亦为密切之联想。此国民政府所以舍教育部之名而以大学院名管理学术及教育之机关也。[②]

1927 年 7 月 4 日公布的《大学院组织法》，也将大学院定位于“全国最高学术教育机关，承国民政府之命，管理全国学术及教育行政”，还规定其所设“大学委员会”，“议决全国学术上、教育上一切重要问题”。[③] 1928 年 6 月 13 日公布的《修正中华民国大学院组织法》，更进一步明确“大学院为全国最高学术教育机关，直隶于国民政府，依法令管理全国学术及教育行政事宜”。[④] 这里的核心是学者仍将主导教育政策的制定，将政党的干涉减少到最低程度。

大学院及大学区制之构想，最终未能实现，除人事方面的因素外，更重要的原因是国家试图将教育与学术纳入政权建设的架构中。大学院及大学区制之所以失败，部分原因也正是出于将教育

---

① 陶英惠：《蔡元培与大学院》，《“中研院”近代研究史所集刊》第 3 期上册，1972 年 7 月 1 日。

② 蔡元培：《发刊辞》，《大学院公报》第 1 年第 1 期，1928 年 1 月。

③ 《中华民国大学院组织法》，《大学院公报》第 1 年第 1 期，1928 年 1 月。

④ 《修正中华民国大学院组织法》，《大学院公报》第 1 年第 7 期，1928 年 7 月。

与学术纳入政权建设架构的需要，只是教育与学术却有不同的遭遇。[①] 中央研究院作为创设大学院仅存的果实，得以保留，蔡元培也能够继续贯彻注重学术研究的主张。中央研究院被定位于“直隶”国民政府，“为中华民国最高学术研究机关”，也与“教育部”之定位，适成对照。如参照《修正中华民国大学院组织法》可看出，大学院担负的角色实际由中央研究院和教育部分担。不管经历了怎样的曲折，中央研究院的组建成为一个标志——代表国家最高学术机构的组织建立起来。按照蔡元培的看法，“本院就名义言，既为全国最高学术研究机关，就职责言，又兼学术之研究、发表、奖励诸务，实综合先进国之中央研究院、国家学会及全国研究会议各种意义而成”。[②] 由此，按照全国学术机关的名目统计有关情况，也成为可能。如 1935 年 1 月教育部就统计出“全国各主要学术机关团体”142 个，其中属普通一类的 21 个，约占 19%；自然科学类(包括理科、工程、农林、医药)共 34 个，占 30.9%；社会科学类(教育在内)39 个，占 35.5%；文艺类 9 个，占 8.2%；体育类 7 个，占 6.3%。[③]

创设大学院及大学区制失败后，对教育的主导便回复到教育部及教育厅制。1928 年 12 月 11 日同时颁布了《国民政府教育部组织法》《国民政府教育部大学委员会组织条例》等文件，前者规定

① 教育与学术的分野，在现今的语境下不易理解，当时的文本也多以“学术教育”表述。不过，蔡元培在创设大学院时，虽强调大学院的工作当“学术教育并重”，但重心无疑是在“学术”，“教育”更偏重于“行政事宜”。大学院与大学区的构想之所以遭遇曲折，也正是纳入国家政权建设架构时，定位不如“教育部”清晰。参见陶英惠：《蔡元培与大学院》，《“中研院”近代史研究所集刊》第 3 期上册，1972 年 7 月 1 日。

② 蔡元培：《中央研究院过去工作之回顾与今后努力之标准》，《中央周报》“新年增刊”，1930 年 1 月 1 日。

③ 蔡元培：《中央研究院与中国科学研究之概况》(二十四年十一月四日在四届六中全会纪念周演讲)，《中央周报》第 387、388 期合刊，1935 年 11 月 11 日。

“教育部管理全国学术及教育行政事务”，后者则强调“教育部大学委员会依本条例决议全国教育及学术上重要事项”。[①] 这样的诉求，体现的正是教育“国家化”色彩，并在很多方面展现出来。1929年3月国民党第三次全国代表大会的决议便宣布，当“矫正从前教育上放任主义之失，而代之以国家教育之政策”，“教育乃国家建设永久之任务，其功用应始于胎教，而终于使个人能为社会生存之总目的，各献其健全之能力”。[②] 随后颁布的《中华民国教育宗旨及其实施方针》又明确规定：“中华民国之教育，根据三民主义，以充实人民生活，扶植社会生存，发展国民生计，延续民族生命为目的，务期民族独立，民权普遍，民生发展，以促进世界大同。”针对大学教育，还有这样的要求，“大学及专门教育必须注重实用科学，充实科学内容，养成专门知识技能，并切实陶融为国家社会服务之健全品格”。[③]

略为勾画南京国民政府成立后在学术教育上的举措，不难看出，经历创设大学院及大学区制的曲折，国民政府成功地将学术教育纳入“国家政权建设”的架构中，甚至通过“法”的形式确定下来，1931年5月国民会议通过的《训政时期约法》规定：“全国公私立之教育机关，一律受国家之监督，并负推行国家所定教育政策之义务。”[④]换言之，针对高等教育而展开的“国立化”（或“国家化”）运动，构成了南京国民政府成立初期针对教育的主要举措，论者还归

① 《国民政府教育部组织法》《国民政府教育部大学委员会组织条例》，《教育部公报》第1卷第1期，1929年1月。

② 《中国国民党第三次全国代表大会对于政治报告之决议》，《中央党务月刊》第10期，1929年5月。

③ 《国民政府令·中华民国教育宗旨及其实施方针》，《教育部公报》第1卷第5期，1929年5月。

④ 《中华民国训政时期约法》，《行政院公报》第258号，1931年6月3日。

纳出两种类型，一是“对外的”，主要例证为教会大学及清华学校，国家化的主要目标和表现是争取学术独立、收回教育权，要使大学成为“中国的”；一是对内的，如何使一所大学成为“国家的”，为寻求国家统一而努力不懈地把中央政权扩展到地方。[①]

在此基础上，分析《独立评论》关涉现代中国学术成长的内容，也有了基础。这个背景之所以必须，除了前述以此可避免把一切归之于“国难”，还因为“十年”的学术教育，已构成难以割裂的“时段”。[②] 更重要的是，针对学术教育的种种举措，胡适等人本是亲历者。

面对新政权，胡适寄予了不少希望，种种迹象似乎也朝着乐观的方向在发展，国民党内的胡汉民、宋子文、戴季陶等均向胡适等人摆出种种积极姿态。胡适所信赖的老朋友蔡元培、吴稚晖及学生罗家伦等都在政府任职，且负责学术教育方面工作，也给了他不少信心，1928 年 5、6 月间，胡适就先后出席了由大学院主办的全国

---

① 王东杰：《国家与学术的地方互动——四川大学国立化进程（1925—1939）》，生活·读书·新知三联书店 2005 年版，第 2—3 页。《国民政府教育部组织法》有明显的针对性，赋予教育部掌控“地方”教育事务的权力：“教育部对于各地方最高级行政长官执行本部主管事务有指示监督之责”，“教育部就主管事务对于各地方最高级行政长官之命令或处分认为有违背法令或逾越权限者得请由行政院长提经国务会议议决后停止或撤销之”（《国民政府教育部组织法》，《教育部公报》第 1 卷第 1 期，1929 年 1 月）。

② 还在 1937 年前后，围绕南京国民政府成立后的十年，就出版了许多从不同视野展开论述的文字，黄建中在《十年来的中国高等教育》中这样写道：“过去之高等教育，重量不重质，崇文不崇实，设备空虚，程度低浅，遂致造就之人材，不能与国家社会之需要相适应。自国府成立，锐意建设，颇感人材缺乏，对于高等教育，乃始提倡实用科学。九一八以还，举国上下怵于民族之不竞，危亡之无日，共以培养国力复兴民族为职志，国防方面、经济方面，需要科学人才尤亟，而高等教育几亦完全转一方向。”（中华文化建设协会编：《十年来的中国》，商务印书馆 1937 年版，第 503 页）

教育会议和大学院委员会会议。较之蔡元培，胡适恐怕更难接受国民党对学术教育的“控制”，也缺乏周旋的能力。大学院委员会会议曾提议北京大学改名为中华大学，并推李煜瀛任校长，胡适就直言：第一，北京大学之名不宜废掉；第二，李煜瀛的派别观念太深，不宜任校长，最好仍请蔡元培自兼。然而胡适的提议却遭到反对，吴稚晖甚至冲着胡适大声说：“你末，就是反革命！”[①]为此，胡适坚决辞去了大学委员会委员之职，还向蔡元培表达了无法再任职的理由：参加大学委员会已十分忍耐，虽被吴稚晖指为“反革命”亦不与计较，但日后决不会再列席这种会，因为“列席亦毫无益处，于己于人，都是有损无益”，“我虽没有党派，却不能不分个是非。我看不惯这种只认朋友，不问是非的行为，故决计避去了”。[②]

这个时候，胡适与一群朋友已在上海办起《新月》月刊，由于它与《独立评论》特殊的关系，也值得略加说明。从该刊发表的文字可看出，除了对国民党确立的三民主义意识形态倍感关切，[③]对于

① 《胡适的日记》(手稿本)，第7册，(台北)远流出版公司1990年版，1928年6月15—16日，无页码。

② 胡适：《致蔡元培》，1828年6月21、26日，耿云志、欧阳哲生编：《胡适书信集》(上)，北京大学出版社1996年版，第446—448页。

③ 这方面较有代表性的文字是胡适的《新文化运动与国民党》，文章痛陈“革命的国民党变成专政的国民党”以后，至少可从三方面的例证表明其是反动的：(一)反对白话文运动，维护古文的寿命。(二)在思想统一的旗帜下，摧残思想自由，压迫言论自由。(三)反对新文化，提倡复古主义。还明确指出，现在的国民党之所以大失人心，一半固然是因为政治上的设施不能满足人民的期望，一半即是因为思想僵化不能吸引思想界的同情，而“前进的思想界的同情完全失掉之日，便是国民党油干灯草尽之时”。参见胡适：《新文化运动与国民党》，《新月》第2卷第6、7期合刊，1929年9月10日。

新政权建立后如何发展中国的学术教育事业也有所图谋。[①] 而且，这个时期也发生了不少冲突。在中国公学校长任上，胡适就坚持在学校不挂国民党党旗，也不做总理纪念周。[②] 当教育部下文辞退罗隆基光华大学教授之职，胡适更感到问题之严重性，认为如此实开政府直接罢免大学教授之端；此端一开，不但不足整饬学风，还将引起无穷学潮。为此，胡适两次造访金井羊，托他向陈布雷进言，免得将来南北之大学皆受此一电令之掀动。胡适力图说明，这不是关系个人的小问题，而是重要的“原则”问题，当年蔡元培在北京大学对各家学说根据思想自由的原则，兼容并包，为中国的现代教育奠定了良好风气。这种风气，在大学以内，谓之“学术之自由”(academic freedom)；在大学之外，谓之“职业之自由”(the right to profession)。这意味着，在大学内，凡不犯法的言论，皆宜有自由发表的机会；在大学以外，凡个人发表的言论，不当影响他在校内的教授职务。在给陈布雷的信中，胡适就对这个原则再三辨明：

> 大部之意岂不在整顿学风？然此种事件，适足以掀起很大的波澜；其影响所波及，必不止于光华一校。罗隆基一人之

---

① 这期间《新月》月刊上这方面的言论并不多见，主要有董任坚《大学的学术自由》一文。该文辨析了大学的学术自由包括研究学术的自由，在大学教授的自由和在校外言论行动的自由，而这种学术自由建基于大学的功用，学术研究的性质以及大学治权的基础，尤其谈到如何避免将大学搞成“主有性学校”。所谓“主有性学校”即是指政治党派假学校以广播一种主义而贯彻一种政策；非欲求学术之进步而提倡研究、讨论、教授，只在乎发展党派的种种关系，实不过恃金钱之补助而欲流传意见或偏见而已。参见董任坚：《大学的学术自由》，《新月》第3卷第1期，1930年3月10日。

② 杨亮功：《吴淞江上——我在中国公学一段办学的经历》，原刊《新时代》第1卷第4期，转引自胡颂平编著：《胡适之先生年谱长编初稿》第3册，(台北)联经出版公司1986年版，第738—740页；又见罗尔纲：《师门五年记·胡适锁记》，生活·读书·新知三联书店1995年版，第89—94页。

> 事易了，而此事所引起的波浪决不易了。光华教授因此事而辞职者，将有八九人之多，此皆一校中最知名之士，学校将从此更不安宁了。岂但光华一校而已？将来必有党部人员要求中国公学辞退罗隆基，于是中国公学又更不安宁了。将来必有党部要求青岛大学不许梁实秋教书之事。将来又必有党部要求蒋梦麟先生不许胡适之在北大教书之事。我决不是替自己的饭碗发愁，我不过举此数事以示此次光华之事必至掀动的波潮而已。①

《新月》与《独立评论》分别在上海与北京创办，在时间上也存在着某种衔接。值得注意的是，无论是关注的问题，还是言说的方式，这两个杂志都存在明显区别。当《独立评论》创刊时，胡适等人与国民党当局的沟通，较之以往已不可同日而语，重要原因，便是“国难”。

二、“国难”与《独立评论》的创刊

《独立评论》创刊于 1932 年 5 月 22 日，1937 年 7 月 25 日出完 244 号后停刊。不难看出，该刊乃“九一八事变”的产物，是“国难”临头之际，身处北京的读书人认为还可以为国家尽一点点力的一件工作。在给胡适的信中，俞平伯就表示，今日之事，人人皆当毅然以救国自任，而“吾辈之业唯笔与舌”，因此他力主胡适出面办一个“单行之周刊”，作为昔日《新青年》精神上之“续出”。其目的有二：(一)治标方面，如何息心静气，忍辱负重，以抵御目前迫近之外侮；(二)治本方面，提倡富强，开发民智。吾辈救国之道“莫逾于

① 《胡适的日记》(手稿本)，第 10 册，1931 年 1 月 15 日。

此”:“精详之规划,以强聒之精神出之;深沉之思想,以浅显之文字行之。”[①]不过,俞平伯后来并没有参与《独立评论》的创办,促成此事的是蒋廷黻。蒋后来回忆说:“九一八事变”发生后,北京教育界的朋友受了很大刺激,感觉除教书和研究之外应该替国家多做点事,由他提议,并几经反复,终于议定创办一个刊物。[②] 后来成为这个刊物实际“主编”的胡适,最初对此并不是很热心,到 1931 年底,因为几个朋友颇为热心,胡适也就不反对了。胡适后来在一篇文字中对此有更清楚交待:

> 大火已烧起来了,国难已临头了。我们平时梦想的“学术救国”“科学建国”“文艺复兴”等等工作,眼看见都要被毁灭了……《独立评论》是我们几个朋友在那无可如何的局势里认为还可以为国家尽一点点力的一件工作。当时北平城里和清华园的一些朋友常常在我家里或在欧美同学会里聚会,常常讨论国家和世界的形势,就有人发起要办一个刊物来说说一般人不肯说或不敢说的老实话。[③]

这样的背景交织在一起,无疑增加了讨论问题的复杂性。“国难”的危机意识是真切的,难得傅斯年当时就有这样的“先觉”:“‘九一八’是我们有生以来最严重的国难,也正是近百年中东亚史

① 俞平伯:《致胡适》,1931 年 9 月 30 日,《胡适来往书信选》中册,中华书局 1979 年版,第 83—84 页。

② 蒋廷黻:《我所记得的丁在君》,胡适等:《丁文江这个人》,(台北)传记文学出版社 1979 年版,第 176—181 页。

③ 胡适:《丁文江的传记》,《胡适作品集》第 23 集,(台北)远流出版公司 1986 年版,第 136 页。

上最大的一个转关，也正是二十世纪世界史上三件最大事件之一。”[①]据此也可推知这一事件在当时知识分子中引起的强烈震撼，以及“舆论”之所以催生的缘由。一篇论及“舆论”的文字就指出：“每逢国势危急的时候，总是这样的议论风起，积极责望于政府。而社会心理，尤其是士大夫阶级，莫不切望政府尊重舆论。所以中国在平时舆论虽然没有多大力量，但到了外侮侵凌的时候，全国人心激动，便发生颇有声势的舆论。”[②]正因为《独立评论》特殊的创刊背景，很容易就将其作为一个政论性的刊物，当时总结中国“杂志界”的文字，也将其归于“政论社的杂志”：

> 自九一八事变以来，新兴的政论杂志，又很不少，《时代公论》《独立评论》《鞭策》《再生》，及其他好多的周刊，都生气勃勃的起来批评政府，鼓励民心，是国民党执政以来的一个言论热烈时期。[③]

将《独立评论》定位于政论性的杂志，并无什么不妥，关切“中国政治的出路”，如何渡过“国难”，无疑是该刊言说的中心，“在这种国破家亡的时候，环境及良心都不允许我们在职业工作之外不想想别的心思”，很多事情也导致“对于政治社会问题不能不想一想或说一说的”。[④] 翁文灏此言，道尽了读书人“思出其位”的无奈。不过，毕竟是大学校园的读书人创办的杂志，在“建国问题”的架构下，还涉及诸多关于教育、学术发展的文字，所呈现的，是将“国难”与“学术救国”“科学建国”“文艺复兴”等联系在一起。尤为重要的

---

① 傅斯年：《“九一八”一年了！》，《独立评论》第18号，1932年9月18日。傅所说的“二十世纪世界史上三件最大事件”，其他两件一是世界大战，一是俄国革命。

② 君达：《舆论》，《独立评论》第24号，1932年10月30日。

③ 毕树棠：《中国的杂志界》，《独立评论》第64号，1933年8月20日。

④ 翁文灏：《我的意见不过如此》，《独立评论》第15号，1932年8月28日。

是，就中国学术教育的发展来说，这也正是一个关键时期，读书人岂能三缄其口。

对于《独立评论》的创办，胡适之所以不够热心，也是因为教育学术上的事务已占据其主要精力。按照胡适的解释，一是他与丁文江都有创办《努力周报》的经验，知道这不是件容易的事；二是那时《新月》还在，正遭受官方不断的打压，“真没有创办一个新刊物的热心”。[①] 更重要的还在于，那段时间胡适与蒋梦麟等正致力于重振差不多已到山穷水尽的北京大学，以恢复北大昔日的荣光。而且，对北大的振兴，主要依赖中华教育文化基金董事会（The China Foundation for Promotion of Education and Culture，简称“中基会”）的资源，此亦表明，那个年代的读书人仍掌控有部分资源，以推动学术事业的展开。[②]

经过九个多月的努力，1931 年 9 月 14 日北大总算开学了。不幸的是，几天之后即发生了“九一八事变”。对此胡适等人可谓痛心不已，后来他在 9 月 14 日的日记上特地补上一句：“我们费了九个月的工夫，造成一个新北大，九月十四日开学，五日之后就是九一八的一炮！日本人真是罪大恶极！”[③]十多年以后胡适对此还耿耿于怀：

> 我们北大同人只享受了两天的高兴。九月十九日早晨我们知道了沈阳的大祸，我们都知道空前的国难已到了我们头

---

① 直到刊物办起来后，胡适还对丁文江说：“总觉得此次办报没有《努力》时代的意兴之十分之一！怎么好？”[胡适：《致丁文江》，1932 年 4 月 17 日，耿云志、欧阳哲生编：《胡适书信集》(上)，第 568 页]

② 参见杨翠华：《中基会对科学的赞助》，(台北)中研院近代史研究所 1991 年版。

③ 《胡适的日记》(手稿本)，第 10 册，1931 年 9 月 14 日。

上，我们的敌人决不容许我们从容努力建设一个新的国家。我们那八个月辛苦筹备的“新北大”，不久也就要被摧毁了。[①]

对于北大的这段历史，最有发言权的当属蒋梦麟。他写道：“从民国十九年到二十六年的七年内，我一直把握着北大之舵，竭智尽能，希望把这学问之舟平稳渡过中日冲突中的惊涛骇浪。在许多朋友的协助之下，尤其是胡适之、丁在君（文江）和傅孟真（斯年），北大幸能平稳前进，仅仅偶尔调整帆篷而已。”在大家的共同努力下，北大也显现出新的气象，“科学教学和学术研究的水准提高了。对中国历史和文学的研究也在认真进行。教授们有充足的时间从事研究，同时诱导学生集中精力追求学问，一度曾是革命活动和学生运动漩涡的北大，已经逐渐转变为学术中心”。[②]

因此，的确可将《独立评论》的创刊，看作“在这最严重的国难时期”，读书人“笔墨报国”的工作。[③] 同样值得强调的是，那段时间，中国的学术事业也正处于成长中，读书人正积极规划中国的学术教育事业，单是聚集于《独立评论》的知识分子，就展现了中国读书人开拓新的学术疆域的群像。因此，透过《独立评论》的文字，正可以检讨这两者是如何互动的，以揭示什么因素塑造了现代中国学术的品质。如蒋廷黻强调的，“一切严重的国难都是国家和民族的试金石。我们若要知道一国人民的知识程度、组织能力、习尚与人生观，我们最好的法子就是看这民族如何处置一个严重的国难”，“九一八就是我们民族这样的一种试金石”。[④] 陈衡哲后来还

---

① 胡适：《北京大学五十周年》，《北京大学五十周年纪念特刊》，北京大学出版部 1948 年版，第 2 页。

② 蒋梦麟：《西潮》，（台北）业强出版社 1991 年版，第 203—204 页。

③ 胡适：《〈独立评论〉的一周年》，《独立评论》第 51 号，1933 年 5 月 21 日。

④ 蒋廷黻：《九一八——两年以后》，《独立评论》第 68 号，1933 年 9 月 17 日。

明确提出这是关乎“走那条路”的问题，在一个国家遭到严重的难关时，横在中华国民眼前的，是几条这样的路：第一，是那浑浑噩噩的行尸走肉的路；第二，是那在“刀头上舐血吃”的廉耻扫地的路；第三，是那“知其不可为而为之”的拼命的路；第四，是那忍辱含垢以求三年之艾的路。她把前两条路归于“辱身亡国的死路”，而把后两条路看作“自救的活路”，并特别强调要作“内在的预备”：

> 在这个大难当前的时期中，每一个都应该咬着牙齿，先把自己的身体培植到受得起磨折的程度。然后再把自己造成一个有用的专门人才，各在各的本分之内，把能力与智识弄得充充实实的，听候国家的征求与使用。但最基本的预备却在人格的一方面。[①]

由此不妨看看，成长中的中国学术教育事业如何经受“国难”这一“试金石”；又是如何展开“自救”，进行“内在的预备”。

三、如何使学术教育成为建国的力量

对于南京国民政府成立后读书人的动向，格里德(Jerome B. Grieder)有这样的评价：“就某一方面而言，这个新政府正是胡适及其自由派朋友久已期望的政府。”[②]确实，自由知识分子之前聚集于《努力周刊》，主要是针对军阀混战的政治格局表达了对重建社会秩序的愿望，而这样的诉求，随着南京国民政府的建立，已部分得以实现，由此，读书人也可以更好考虑“建设的事业”，“想想国家的重要问题”。联系胡适等人在上海创办的《新月》月刊，可以说明的

---

① 陈衡哲：《我们走的是那条路？》，《独立评论》第157号，1935年6月30日。

② 格里德：《胡适与中国的文艺复兴——中国革命中的自由主义》，鲁奇译，江苏人民出版社1989年版，第231页。

是，“国家政权建设”展开之际，胡适等人的言说已基于“中国问题”展开：1929—1930 年间关心的是“中国的现状”，1930—1931 年间讨论的总题则是“怎样解决中国的问题”。①

不单胡适等人关切“如何解决中国问题”，30 年代的中国，“现代化”的论述实际已浮出水面，1930 年《大公报》一篇文字指出：“中国国家方在新旧过渡时期中”，“其间文化技术之程度，往往距离数十年乃至数百年以上，而同时并存，新旧兼容焉。于此固足以表现中国之大，又正可证明其改革之难”。因此，“平衡发展实为必要条件”，“一有畸形，便生弊害”。② 1933 年 7 月，《申报月刊》还汇集了多位学者围绕此的讨论（论文 26 篇，约 10 万字），将此作为“八九十年来的宿题”。③ 或许是因为对“现代化”的理解有太多“歧义”，“差不多只是一种很广泛的空谈，至今还没有确定的界说”，所以胡适更愿用“建国问题”来表述“当务之急”，他相信，“近两年的国难，似乎应该可以提醒一般人的迷梦了。今日当前的大问题依旧是建立国家的问题”。④ 孟森同样注意到，“今之持国论者，以现代化为最明达之一流”，他也主张，“国是之为国是，有超乎现代化与不现代化之上者，谓之‘先决问题’，则专言‘现代化’，似不足包括”。⑤ 据

---

① 后来，潘光旦将其中的一些文字编为《中国问题》一书，目序如下：《序》（潘光旦）、《我们走那条路》（胡适）、《我们要什么样的政治制度》（罗隆基）、《怎样解决中国的财政问题》（青松）、《关于中国人口问题的一篇外论》（刘英士译）、《中国农民的生活程度与农场》（吴景超）、《制度与民性》（郑放翁）、《宗教与革命》（全增嘏）、《性，婚姻，家庭的存废问题》（潘光旦）、《我的教育》（沈有乾）、《优生的出路》（潘光旦）。参见潘光旦编：《中国问题》，新月书店 1932 年版。

② 《现代化与非现代化》，《大公报》1930 年 7 月 7 日，第 1 张第 2 版。

③ 《编者之言》，《申报月刊》第 2 卷第 7 期，“中国现代化问题特辑”，1933 年 7 月 15 日。

④ 胡适：《建国问题引论》，《独立评论》第 77 号，1933 年 11 月 19 日。

⑤ 孟森：《现代化与先务急》，《独立评论》第 77 号，1933 年 11 月 9 日。

此亦可分析在“建国”框架下，读书人对学术教育问题的聚焦——如何使学术教育成为建国的力量。

所谓“建设事业”，胡适是这样阐述的：“有为的建设必须先有可以建设的客观的条件：第一是经济能力，第二是人才。两件之中，专门人才更重要，因为有价值的建设事业都是需要专门技术的事业。”他还提出这样的“建设标准”：第一，有了专家计划，又有了实行的技术人才，这样的建设方可举办。第二，凡没有专门学术人才可以计划执行的事业，都应该先用全力培养人才。第三，在创办新事业之先，应该充分利用专门技术人才，改革已有的建设事业，使他们技术化，使他们增加效率。① 这样的言说方式，甚值注意，所谓“有为”的建设事业，实际是强调了尊重“知识”这一前提。在胡适看来，“今日所遭的国难是空前的大难，现在的处境已经够困难了，来日的困难还要千百倍于今日。在这个大难里，一切耸听的口号标语固然都是空虚无补，就是在适当的时机的一声抗议至多也不过临时补漏救弊而已”。而且，社会的进步是一点一滴的进步，国家的力量也靠这个那个人的力量，“只有拼命培养个人的知识与能力是报国的真正准备工夫”。② 这也代表胡适等人的一贯主张，作为《努力周报》时期“好人政治”的翻版，《新月》同样着力鼓吹专家政治。针对斯时中国实质上的“武人政治”“分赃政治”，罗隆基不由痛惜从中央到地方、从国家行政到党的行政，都由一班毫无政治知识、毫无政治训练的武人支配，因此主张用“正当的选举和公开的考试”来建立真正的专家政治，断言在20世纪的今天，“只有

① 胡适：《今日可做的建设事业》，《独立评论》第95号，1934年4月8日。

② 胡适：《为学生运动进一言》，《独立评论》第182号，1935年12月22日。本文原刊于《大公报·星期论文》，1935年12月15日。

专家政治，才能挽救现在的中国”。[①] 胡适在批评“知难行易”学说时，也集中说明治国是一件最复杂最繁难又最重要的技术，知与行皆很重要，纸上的空谈算不得知，卤莽糊涂也算不得行，“以一班没有现代学术训练的人，统治一个没有现代物质基础的大国家，天下的事有比这个更繁难的吗？要把这件大事办好，没有别的法子，只有充分请教专家，充分运用科学”。[②]

可以说，“国难”因素固然催生出《独立评论》对政治问题的关注，而在“现代化”或“建国问题”同样构成言说中心的情形下，《独立评论》也关注于中国学术教育的成长，并主要围绕着下列问题阐述了各自的见解。

（一）“如何能使教育成为建国的力量”

教育问题之引起关注，部分原因是1931年国联教育考察团对中国教育的考察，所形成的报告书，对于中国教育取得的成绩有充分肯定，但对于存在的问题，也直陈意见，指出“全国各种学校之分布”存在严重的不平衡；对于短短25年内竟有50余所大学创办，国联教育考察团也不无微词。尤其指出“各大学之种类太趋一律”，“三分之一以上之学生，皆习法律（其中包括政治学），五分之一以上学生习文科，其习工科者，不过十分之一强，习自然科学者，十分之一弱，至于习农科者，不过总数百分之三”。尽管对于造成这一状况的原因表示理解，但为此也提出，“若自然科学与工科萎缩过度，法科、文科、政治科发展过度，则不论由学生个人或国家全体之

---

① 罗隆基：《论专家政治》，《新月》第2卷第2期，1929年4月10日。

② 胡适：《知难，行亦不易》，《新月》第2卷第4期，1929年6月10日。

观点而论，皆为极不幸之现象”。[①]

《独立评论》主要汇聚的是任职于大学的读书人，对教育问题自有切身之体会，相关话题也由“教育破产”展开。徐炳昶在改刊连载的《教育罪言》就指出：教育破产之呼声，原本即时有所闻，“国难”之际，则愈发突出，“在这个艰危的时候，大家对于教育界希望颇奢，而教育界自身的弱点却是穷情尽相地暴露。不惟民众对于教育界怀极深的不满意，就是教育界自身，也何尝不自惭形秽”。[②]另一篇文字还揭示出由此引发的弥漫全国的“整顿教育之声”：

> 近数年来，因为中国现状之混乱，有一部分伟人策士认为澄清混乱之源，必从整顿教育入手，甚有迷信教育为万能者。于是整顿教育之声，高翔云表，弥漫全国。除教育当局屡有整顿之计划外，在野的教育专家或关心教育者，亦都争论不休。[③]

围绕“教育”的论述立足于“危机”展开，本不足怪。关键还在于，主导教育改革的意见，均强调现在的教育明显不能适应现实社会的需要。这不仅突出了“国难”如何影响到对于教育的规划，也表明教育工作者面临前所未有的“焦虑”。

蒋梦麟在文章中直接回应了国联教育考察团的报告书提出的问题，首先指出：“中国目前当头的大问题是：从民族的和社会的方面着想，怎样取得经济的独立，与增进一般的繁荣与文化。要谋迅速和有效力的解决上述的目的，教育可以做一个有权力的工具。”然而，“中国向来的教育，本来是与社会隔离的；教育与社会，不是

---

① 国联教育考察团：《中国教育之改进》，国立编译馆译，全国经济筹备委员会1932年版，第154—157、165页。

② 徐炳昶：《教育罪言》(一)，《独立评论》第25号，1932年11月6日。

③ 鸣岐：《整顿教育与考试制度》，《独立评论》第67号，1933年9月10日。

整个有机的组合。学校不适应于实现生活迫切的要求。新教育施行后，此种趋势，不独不见于减轻而且加甚。教会学校与回国的留学生所设施的教育，均为养成社会的优越阶级，而于一般民众之需要忽略过甚”。[①] 徐炳昶自称对于教育是“根本改革派”，其《教育罪言》(六)，作为讨论的总结，就明确提出：“我国现行的教育制度与我国的社会情形完全不适合；由无限农村组成的中国，应该创造出来一种农村的教育；至于从前所用的都市教育应该废弃。”他也陈述了改革教育所应遵守的几个原则：一、当专就我国的社会情形、社会经济情形规划一种教育方法。二、这种新教育制度实行以后，人民应该有平等受教育的机会。三、新教育方法一定是与生产相联合的，尤其是要与农业相结合。四、新教育制度的养成人才，要矫正从前供求不适合的弊害，须按社会需要的数目而训练。[②] 何思源也撰文指出，中国革新教育四十年，其结果却是，“学校造出之人才，不为社会所需要，社会需要之人才，学校复未尝顾及”。[③]

并非没有别的声音传递出，“如何能使教育成为建国的力量”，是张佛泉在文章中提出的问题，他也相信，“我们如欲实现一个新的社会，从教育入手是最有力的方法”。然而，问题却是“党政府”对于教育的措施存在严重的错误，“这便是对中小学等基础教育的相对忽略，而对高等教育却时常想加以严格的统制”。这也点出了“国难”之下教育的遭遇，何以忽略基础，自是因为“时不我待”；试图统制“高等教育”，则与“齐一”的教育目标相表里。[④] 陈序经也注

① 蒋梦麟：《国联中国教育考察团报告书中几个基本原则的讨论》，《独立评论》第 40 号，1933 年 3 月 5 日。

② 徐炳昶：《教育罪言》(六)，《独立评论》第 38 号，1933 年 2 月 19 日。

③ 何思源：《中国教育危机的分析》，《独立评论》第 21 号，1932 年 10 月 9 日。

④ 张佛泉：《从政治观点论我国教育问题》，《独立评论》第 233 号，1937 年 5 月 9 日。

意到，中国教育又有再趋向于“复古运动”的危险，教育的“中国化”已成“一般教育家的时兴口号，而且是国内一种很普遍的思想”。他也坚持这样的主张，与“中国化”相比，“现代化”才是中国“教育上一个最重要的问题”。①

不难看出，张佛泉、陈序经阐述的见解，同样是因应于“国难”展开，无论是张所标举的“从政治观点论我国教育问题”，还是陈所提出的“教育的中国化与现代化”，多少表明试图超越“国难”施加于教育的重负。而针对国民党官方在教育上的一系列举措，傅斯年、任鸿隽等人也有所回应，任鸿隽主要是继续了以往对“党化教育”的批判，指出“党化”与“教育”不能并存。② 傅斯年则对国民党官方提倡尊孔读经的行为提出批评。③

(二)关切“中国社会科学的前途”

前已述及南京国民政府针对学术教育的改革，突出了对“实用科学”的倡导，耐人寻味的是，这样针对中国学术教育事业的重大决策，《独立评论》并没有更多的文字加以讨论，只有池世英直言文法科在中国没有什么地位，并指出其成因，“这样轻视文法科的心理，始于民国二十年。那时政府曾公布‘确定教育实施趋向办法’，在这办法中，明白规定：‘大学教育以注重自然科学及实用科学为原则。’接着又有陈果夫先生的改革教育方案，主张将办理不善的

---

① 陈序经：《教育的中国化和现代化》，《独立评论》第 43 号，1933 年 3 月 26 日。

② 任鸿隽：《党化教育是可能的吗？》，《独立评论》第 3 号，1932 年 6 月 5 日。

③ 傅斯年：《论学校读经》，《独立评论》第 146 号，1935 年 4 月 14 日。此文原刊于《大公报·星期论文》，1935 年 4 月 7 日。

文法等科淘汰，而以所节省的经费，作为充实自然科学及实用科学之用”。[①] 不过，对于“社会科学”的反省，也成为《独立评论》关注的话题，多篇文章阐述了这样的见解，中国的社会科学“概是离开实际的”，同时也标榜“国货的社会科学”。

这是成长中的“中国社会科学”，在发展方向上便遭到质疑。董时进明确指出，中国的学术，无论是农学、哲学、文学、政治学、社会学、美术学，还是政治本身，“概是离开实际的”。本来真实的学问，应该是由环境发生，但是如今的中国学问，概是外国学术的骈枝，“讲学的讲学，办政治的办政治，都是盲目跟着外国人干，与本国的事实全不相干。结果学问尽成清谈无稗实用，政治也是愈弄愈糟”。[②] 与此相关，“如何改造中国的社会科学”的声音，也大行其道；改造的方向则是致力于创造“国货的社会科学”。一篇文章就这样表示，这几十年来中国一切的社会科学“都是直接的或间接的贩卖洋货”，更令人奇怪的是，“这个贩卖洋货的把戏，行了二三十年居然还没有破产”。各大学的社会科学教授们，年复一年地将他们所贩来的洋货，零售给专喜欢洋货的学生们，造出一批又一批对欧美一知半解欧美而不认识中国社会的毕业生。结果，“每年的毕业生都没有出路；就是有出路的，也与他所学的不发生关系，不能用其所学以处置实际的社会”。[③] 1934 年《清华周刊》组织了一期“社会科学专号”，同样指出中国正在成长中的社会科学，“从外国搬来的居多，对本国所知道的反倒太少”，“只看见因袭与模仿，除

① 池世英：《文法科在今日中国的地位》，《独立评论》第 152 号，1935 年 5 月 26 日。

② 董时进：《乡居杂记》（二），《独立评论》第 29 号，1932 年 12 月 4 日

③ 燕客：《如何改造中国的社会科学》，《独立评论》第 31 号，1932 年 12 月 18 日。

了很少的例外以外，看不见创造与突进”。为此也呼吁：“中国无疑是社会科学者新发现的一块肥沃的园地，现在的问题，是待我们怎样去开辟。”[①]

有关“中国社会科学的前途”，是蒋廷黻提出的问题，蒋明确阐明，无论从哪方面皆可看出，中国社会“处处是问题，是材料，是一片大处女地”，由此也希望“社会科学界的人勇往直前，来开辟这个新大陆。因为这个新大陆是我们的田土，我们不开辟，它将永为荒地”。[②] 此亦显示，“国难”发生，对社会科学的“期许”已发生转变。1936 年针对社会科学方面杂志的调查，也关注到内容的转向，“除注意介绍西洋社会科学名著及学说外，并能注重讨论本国社会、政治、经济等问题，与实地调查统计，将结果报告社会，以为解决国立社会、政治、经济种种问题之根据”，这是因为我国学者，“现已承认社会科学为多少带有地方性之科学，不能不由单纯之介绍，进而为自己从事研究。此点确为今日社会科学研究进步之象征”。[③]

（三）“我们需要怎样的科学”

对中国科学工作的检讨，同样基于此，《独立评论》也发表了不少这方面的文字。翁文灏在《中国的科学工作》一文中指出，中国科学家除科学工作的本身责任之外，还有二种责任，第一是在世界科学界中取得应有的信用及地位，因为外国科学家对中国的科学工作不免轻视，故“我们必须拿真正的成绩，来证明我们中国人的

---

① 郑林宽：《写在社会科学专号的后面》，《清华周刊》第 40 卷第 11、12 期合刊，1934 年 1 月 8 日。

② 蒋廷黻：《中国社会科学的前途》，《独立评论》第 29 号，1932 年 12 月 4 日。

③ 何多源：《十五年来之中国社会科学杂志》，《社会科学》第 4 期，1936 年 12 月 30 日。

能力”。第二是应该对国内证明科学工作的意义及价值，“现在一般社会对于本国科学工作认识的缺乏，也要怪中国科学成绩的表现实在还太少”。[①] 相应地，“我们需要怎样的科学”的问题，更是引起热烈讨论。

在胡适“科学救国”的呼声下，顾毓琇也关心中国科学教育的目标及方法。这里所谓“方针”甚为要紧，前提是在认清事实和需求的基础上寻求“决定一切的方针”。顾也提出这样几点：一、现在世界上已有的发明已经够中国受用了；二、中国太危急了，等不及新发明；三、新发明不一定能救中国；四、中国太穷，要做许多纯粹的科学研究，实为经济所不许；五、科学研究同科学发明不是个人可以立志强求的；六、我们大部分学科学的青年，恐怕仍须向实业界去找正当的出路；七、中国的科学教育方针，应该是注重基本训练，而以促进物质进步为重要目的；八、我们目前最需要的不是科学的新发明，而是已有的科学发明的应用。[②]

这样的见解，完全是基于特殊的历史时空，显示出“国难”以怎样的方式影响着对中国科学事业的规划。后来顾毓琇又继续发挥这样的观点，表示认同这样的看法，学术与救国乃是“间接的”，“学术的本身并不为着救国，亦不便可以救国。学术研究的一部分结果，如有适当的人去利用，对于救国的工作方始可以有直接的贡献”。但顾也提醒人们注意这样三个问题：（一）学术研究的结果既然只有一部分可以利用，那么国难时期，对于学术研究的范围，是否要加以选择呢？（二）学术研究已有的结果，我们应否充分利用呢？（三）利用学术研究的结果，谁是适当的人呢？[③] 顾对此的答案

① 翁文灏：《中国的科学工作》，《独立评论》第34号，1933年1月8日。

② 顾毓琇：《我们需要怎样的科学》，《独立评论》第33号，1933年1月1日。

③ 顾毓琇：《学术与救国》，《独立评论》第134号，1935年1月6日。

是不言而喻的，在围绕大学教育与中国前途的讨论中，他就希望大学担负起“学术救国”的责任：（一）由政府召集高等教育会议，确定国难期间大学教育到两层使命。（二）由政府诚意地将国家目前之各项重要问题交各大学负责研究。（三）由各大学各教授分工合作地认定国家目前之各项重要问题，加以研究和解决。[①]

针对顾毓琇阐述的见解，胡适在当期《编辑后记》中，均有所回应，或者承认顾所提出的问题，“是在国难期中大家常想到的”；或者强调顾提出大学教育与救国大计应确立更密切的关系，“很值得教育当局及大学校长的注意”。[②] 胡适以这样的方式介绍顾毓琇的看法，多少表明他未必赞同这样的主张，只是这种有所保留的看法，在特殊情势下已难以言表了。

区分教育与学术、社会科学与自然科学，可看作30年代围绕知识展开论述的枢机所在，针对此提出的问题，无论是“如何能使教育成为建国的力量”，还是关注于“中国社会科学的前途”与“我们需要怎样的科学”，都深刻揭示了正在成长中的中国学术遭遇了共同的“焦虑”。尤值深思的是，对这些问题的检讨均基于同样的理由，换言之，无论是对于教育，还是对于社会科学、自然科学，都以是否符合现实的需要这样相同的尺度予以衡量，发展方向也一概定位于“中国化”的目标。影响所及，对“学术”的认知也逐步向“科学”靠近。

在蔡元培那里，教育与学术、科学与学术，往往都是相提并论，没有清晰定位。中央研究院所确立的“宗旨”，还曾由“科学”转换

---

① 顾毓琇：《大学教育与中国前途》，《独立评论》第139号，1935年2月24日。

② 《编辑后记》，《独立评论》第134号，1935年1月6日；《独立评论》第139号，1935年2月24日。

为更为广义的“学术”。[①] 但从上述论辩中不难看出，“科学”，甚至是狭义的“科学”，有了明显提升。这其中最突出的例证，便是对中国“近代化”的阐述，也愈益狭隘。在《中国近代化的问题》一文中，蒋廷黻即表达了这样的看法：近代世界文化的特出之处，一是自然科学，一是机械工业，“这两种特别引起了许多政治经济社会的变迁”。在他看来，尽管“现在世界没有共同的趋势，所谓近代文化究竟是什么，各国亦有各国的说法了”，然而，在政治经济立场上南辕北辙的斯大林与希特勒，“对于自然科学及机械工业都是维护的”；同时，“世界的一切都可革命，谁都对于自然科学及机械工业尚未闻有革命之声”。由此，他也坚信：“如说中国必须科学化及机械化，并且科学化和机械化就是近代化，大概是没有人能够反对的。”[②]

四、学科规划之例证：心理学及其他

清华大学物理系主任吴有训在一篇文字中，曾颇有意思地谈到，在中国目前的学术现况下，大学的主要工作之一，即是求“学术

---

① 在总结全国各主要学术机关团体时，蔡元培曾表示：“在一百四十二个主要的学术机关团体中，属于科学一类的共有七十三个，独占百分之六六.四，足见国人已知重视科学研究的一斑。”这里明显是将自然科学类（包括理科、工程、农林、医药）的 34 个，社会科学类（教育在内）的 39 个，均看作“属于科学一类”。参见蔡元培：《中央研究院与中国科学研究之概况》（二十四年十一月四日在四届六中全会纪念周演讲），《中央周报》第 387、388 期合刊，1935 年 11 月 11 日。

② 蒋还进一步论证说，“这种科学机械文化发源于欧洲西部，近代史就是这种文化的发展史。欧西以外的国家都被这种文化征服了，抵抗这种文化的国家不是被欧西占领了，化为殖民地了，就是因战争失败而觉悟，而自动地接受这种文化。胜利的抵抗是没有的，能利用这种文化来生产，来防守国土者就生存；不能者便灭亡。这是近代史中的铁律，没有一个民族能违犯的。”（蒋廷黻：《中国近代化的问题》，《独立评论》第 225 号，1936 年 11 月 1 日）本文原载于《大公报》1936 年“国庆特刊”。

的独立”。仅以此而言，谈不上有什么特别见解，值得重视的是其对“学术独立”的理解，并非片面针对政治立言，而是基于学科的发展。其言曰：“所谓学术独立，简言之，可说是对于某一学科，不但能造就一般需要的专门学生，且能对该科领域之一部或数部，成就有意义的研究，结果为国际同行所公认，那末该一学科，可以称为独立。”[①]这里所言“学术独立”，与通常所说的大异其趣，所关切的主要是近代分科知识的建立。这也映射出30年代中国学术发展的大势，值得进一步分析。

按照钱穆所说的，“30年代的中国学术界已酝酿出一种客观的标准”[②]。所谓客观标准，揭示的正是与近代分科知识成长密切相关的环节，其中学术机构的建立与学科共同体的形成，即是重要的体现。单是聚集于《独立评论》的学者，就展现了读书人开拓新的学术疆域的群像：胡适与傅斯年在文史领域的“旧域维新”，丁文江与翁文灏在地质学领地的“开拓方来”，汪敬熙与中国的心理学，吴宪与中国的生物化学，顾毓琇与中国的工程学，陈岱孙与中国的经济学，以及萧公权、周炳琳、张奚若、张佛泉等与中国的政治学、法学，都有奠基意义。他们中不少人在中央研究院设立的全国最高学术评议机关（评议会）担任评议员，担纲各研究所负责人，也表明他们对于规划中国学术的发展，有着举足轻重的发言权。

既如此，这些学者在《独立评论》所阐述的对近代学科知识的看法，也当引起重视。要系统讨论所涉及的诸多学科，并无可能，不妨以心理学为例，检讨其中的得失。选择心理学自是因为有诸

---

① 吴有训：《学术独立工作与留学考试》，《独立评论》第151号，1935年5月19日。

② 余英时：《犹记风吹水上鳞》，《钱穆与中国文化》，上海远东出版社1994年版，第15页。

多文字对此有所争辩，同时也是因为对心理学的关注，较为充分地揭示了中国近代学科知识形成中涉及的诸多问题。[①]

问题是由汪敬熙提出来的，他颇有意思地谈到心理学在中国的遭遇，“心理学最初能得到国人注意，是因为理学的余风使我们喜欢谈心说性”，到五四时期，更有一种原因使心理学渐渐风行，因为许多人相信，要改革中国须从改造社会入手；改造社会则须经过一番彻底的研究，“心理学就是这种研究必须的工具之一”。正是基于这样的原因，“心理学也曾时髦过一阵”。然而，近七八年的情形变了，“第一，我们醒了；我们知道，心理学实在不能在改造社会上与我们以重大的帮助。第二，近年来国家从来未得安宁，种种实际问题相逼而来，多数人没工夫高谈心性，并且也不耐烦听这种议论。现在心理学不但不能引起人的注意；并且多数人对于心理学起了反感，以为心理学这门学问至少是现在我们所不需要的”。[②]

汪敬熙的文章只是描述性的，并没有涉及心理学是否有用的问题。正类似于追问“我们需要怎样的科学”，汪的文章同样引起了热烈讨论，而且问题很自然地转变为“我们需要怎样的心理学”。郑沛疁就撰文指出，现在的思想界对于心理学往往怀有这样一个错误的观点——“心理学在改造社会上似乎没有给予我们以重大的帮忙”，以为物理、化学、生物等物质科学在现代社会里有不少显著的贡献，说到心理科学就觉得没什么大的助益。在郑看来，此看法实大谬不然，问题也出在“一般人对于心理学没有真切的认识”。怎样才算是对心理学“真切的认识”呢？文章特别说明，心理学原

---

① 关于中国心理学的创建与早期发展，此处无法展开，可参见赵莉如：《中国现代心理学的起源和发展》，《心理学动态专集》，中国科学院心理研究所，1992 年；杨鑫辉：《中国心理学史研究》，江西高校出版社 1990 年版。

② 汪敬熙：《中国心理学的将来》，《独立评论》第 40 号，1933 年 3 月 5 日。

有两条康庄大道，一条是理论方面的研究，一条是实际方面的研究，前者只是“一种手段”，心理学最终目的则在“实际方面的应用”。因此，“心理学对于社会实际上的应用范围很广，确是颇有助益，很有裨于民生大计社会建设的，而且在外国都已有了显著的成绩”。郑还特别举出“工业心理学”“商业心理学”“法律心理学”“医学心理学”之类的例证，以此说明“社会上很多问题都有待应用心理学去解决”。①

从附加于“心理学”前面那些字眼，可看出心理学解决其学科地位，是努力证明其有实际的作用，这也代表着参与这场讨论的学者共同的看法。时任清华大学心理学系教授的周先庚提出：“在目前的中国，我们最需要的，不是纯粹心理学，而是‘心理技术’；我们所最需要努力的，不是行为主义的提倡，不是‘格式道心理学’的鼓吹，也不是生理心理学或动物心理学的发展，而是心理技术的发展。”在其看来，“所谓心理技术建设，即是介绍并试作欧美现代（特别是欧战之后）实验应用心理学，在国计民生日常生活各方面，关于人事之科学的研究与贡献，以谋国家各种事业之建设”。② 周也写了大量文字，证明心理技术的具体作用，单从《国防设计与心理技术建设》《发展工业心理学的途径》等标题，就不难看出所强调的

---

① 郑沛瞘：《我们需要怎样的心理学》，《独立评论》第107号，1934年7月1日。

② 周先庚：《心理学与心理技术》，《独立评论》第116号，1934年9月2日。

究竟是什么。[①] 刚刚毕业于清华大学心理学系的张民觉，还具体说明了“心理技术在军事方面的应用”，可以“帮助军队如何选择人，如何教育人，如何安置人”，以实现“每个人尽他最大的力量，每个人做他最善于做的工作”。[②]

《独立评论》围绕“心理学”学科的争论是富于意味的，这并非几个读书人在刊物上争辩而已，还影响着对学科的规划，毕竟参与讨论者，分别任职于中央研究院心理研究所与清华大学心理学系，这是当时中国研究心理学最重要的学术教育机构。实际上，心理学在办学方针上也在进行调整，如中央大学就增设了“实业心理学”一课，对于理论与实用同时并重，“于技术之训练尤为注意”。[③] 中央研究院心理所的工作，也明显受到影响。

心理研究所筹备于 1929 年初，该年 5 月正式成立。中央研究院成立一年半后，蔡元培回顾过去之工作，涉及心理研究所，有如下说明：工作大部为筹备事项，未来的工作，将“继续动物心理研究

---

① 周先庚：《国防设计与心理技术建设》，《独立评论》第 110 号，1934 年 7 月 22 日；《发展工业心理学的途径》，《独立评论》第 135 号，1935 年 1 月 13 日。周还总结说，自 1934 年 7 月以来，《独立评论》107、110、113、116、118、123 和 125 号，均发表此类文字。而且差不多同时，萧孝嵘在中央大学教育学院所出版的《教育丛刊》第 1 卷第 2 期里有两篇关于“实业心理技术”的文字；该校心理学系所出版的《心理半年刊》第 2 卷第 1 期，又特出一期“应用心理专号”，北大、清华及中央早有“应用心理学”一课。

② 张民觉：《心理技术在军事方面的应用》，《独立评论》第 118 号，1934 年 9 月 16 日。

③ 萧孝嵘：《实业心理技术之几种尝试》，《国立中央大学教育丛刊》第 1 卷第 2 期，1934 年 6 月。该校出版的《心理半年刊》，1934 年推出“应用心理专号”，大谈心理学在各方面的应用。

及进行其他各项心理研究”。[①] 到 1931 年 12 月，蔡元培又将中央研究院过去之工作与今后之计划，择其荦荦大端，简单叙述，其中有关心理研究所的工作情况，也只是原先规划工作的拓展。[②] 然而到 1935 年，中央研究院在国民党第五次全国代表大会所做工作报告，涉及心理研究所，除汇报前述各项研究的进展，特别提到自 1935 年 7 月起与清华大学心理学系合作研究工业心理，以求心理学之实际应用：

> 按工业心理系心理学实际应用最有成绩之一种，英国、德国、美国、俄国及意国均有良好成绩。此种研究一方可增进生产及减少人力财力之浪费，一方可使工人减少疲乏及获得工作之快乐。本所一向颇拟进行此种研究，但以限于人力财力，无法着手。今得清华大学心理学系之同意，合作研究此类实用问题，实可欣幸。[③]

不只是心理学需要如此进行证明，其他学科也大致如此。吴

---

① 包括如下问题：(1)大声惊扰对于习惯行为之影响；(2)粮食种类与学习速度有无关系；(大声发生时受刺激感官之种类。参见蔡元培：《中央研究院过去工作之回顾与今后努力之标准》，《中央周报》“新年增刊”，1930 年 1 月 1 日。

② 主要围绕涉及这样的内容：(1)修订皮纳智力测量；(2)研究食品对于学习能力之影响；(3)研究大声惊吓对于习得能力之影响；(4)研究输精管隔断之各种影响；(5)脑髓标本之采集；(6)常食及素食白鼠脑髓之比较；(7)编辑心理学名词。此为已进行的工作。将来之工作计划，则包括：(1)母爱的研究；(2)中国字及注音符号的研究；(3)中国人之大脑皮层；(4)大脑皮层之后天变迁；(5)个人自然的进动速率；(6)本年夏派研究员赴外国考察著名心理学及神经学实验室研究工作概况，以资借鉴，并以一年期间在指定国从事神经学及心理学之研究工作。参见蔡元培：《中央研究院过去工作之回顾与今后之计划》，《中央周报》第 190 期，1932 年 1 月 25 日。

③ 《中国国民党第五次全国代表大会中央研究院工作报告》，中央研究院编印，1935 年 11 月，转引自黄季陆主编：《革命文献》第 53 辑《抗战前教育与艺术》，(台北)中央文物供应社 1971 年版，第421 页。

景超也撰文指出:“社会学的观点,是一种综合的观点。在研究社会时用得着,在改良社会时也用得着。”[①]而中央研究院也有新的定位。1935 年时任中央研究院总干事的丁文江,说明中央研究院的工作大致可分成三类:属于“常轨的任务”常规性质的研究;利用科学方法研究本国的原料和生产,来解决各种实业问题;纯粹科学研究。尽管丁也表示科学本无所谓“纯粹”“应用”之分,因为事实上凡是“应用”科学发达的国家,没有不同时极力提倡“纯粹”科学的,但他仍然强调,“在中国今日,中央研究院的工作当然应该相当的偏重‘应用’”。[②] 1936 年 4 月,中央研究院评议会举行第二次年会时也指出:“研究工作,应特别注重于国家及社会实际急需之问题。(各类科学之应用,皆包括在内。)”还明确表示:“国步艰难,至此已极,一切环境,皆使我辈深切觉悟,此实全国学者誓死努力之期,决非从容坐谈之日。”顾毓琇对此即评论说:“中国自提倡科学以来,这样明白规定全国科学研究的方针的乃是第一次,自然是值得我们大家注意的。”甚至认为,“中央研究院评议会的决议,已经代表全国科学研究机关宣言中国的科学家愿意为国家所用,同来担负那科学救国的艰难工作了”。因为顾早已在《独立评论》阐述了类似的主张,此时,他又老调重弹,认为在“科学救国”的立场下,“国”乃是主体,“需要”与否乃在乎目前中国的客观条件所决定。最后,他还强调说:

---

① 吴景超:《社会学观点的应用》,《独立评论》第 11 号,1934 年 7 月 29 日。

② 丁文江:《中央研究院的使命》,《东方杂志》第 32 卷第 2 期,1935 年 1 月 16 日。对此,研究者也评论道:中央研究院在筹设之初,定为全国最高科学研究机关,所强调的任务是实行科学研究,而国家适值艰苦建国时期,各种建设事业亟需各种专门知识。基于这种现实要求,故其工作多侧重在与国计民生有直接关系的方面。参见陶英惠:《蔡元培与中央研究院》,《中研院近史所集刊》第 7 期,1978 年 6 月。

> 我们只有竭诚希望中央研究院根据这次评议会的议决案“以身作则”，全国其他的学术机关“闻风而起”，以共同“誓死努力”于“科学救国”的大业。[①]

对此，也并非没有别的见解。1937年5月4日，萨本栋应清华大学实用科学研究会的邀请发表演讲。这个研究会是清华大学在理学会和工程学会之外，另外组织的更加强调“实用”的研究会，此亦可见出当时学术发展的情势。在演讲中萨即阐述了对此的忧虑：“目前国内颇有些人因感于国难的严重，就认为我们不应该研究目前还应用不着的纯粹科学。他们甚至用‘洋八股’三字贴在纯粹科学的问题前面。在这些十二分爱国的志士心目中，最好现在从事于科学的人们，能像封神榜中的英雄一般，祭起科学的法宝，把我们的敌人一网打尽。”[②]对于前述中央研究院评议会的决定，彭光钦也是存疑的，认为此举“颇含统制科学研究之意味”。为此，他也坚持这样的看法，就科学研究本身来说，在原则上是不可加以统制的，统制科学的研究，“不但与研究事业没有补益，而且足以障碍科学的进步”。不过，对于这个决议，彭也没有从正面加以批评，只是试图区分出“知识的动员”和“复兴民族”是不同的工作：

> 若是我们认为国家已经到了不救即亡的地步，那末，一切从事科学研究的人都应当暂时放弃了为科学而从事科学的精神与努力，去应付国家的需要。这便是军事家所谓“知识的动员”。至于“复兴民族”的工作便不同了。救了亡并不一定就会复兴民族；复兴民族并不一定要经过救亡的步骤。一个并

---

① 顾毓琇：《科学研究与国家需要》，《独立评论》第210号，1936年7月16日。

② 萨本栋讲，葛庭燧记：《纯粹科学与实用科学》，《独立评论》第236号，1937年5月30日。

无亡国危险的国家，其民族有时也需要复兴的。中国民族若要在世界上站得住，成为被别人看得上眼的民族，必须要在科学上有相当的贡献。要想在科学上有相当的贡献，必须让科学在中国自由发展。

因此，“若是中央研究院的决议是一道‘知识的动员’命令，我们甚愿忠诚的服从，而十分热烈的去努力。但希望非常时期一过，即可‘复员’。要是国家尚未至知识动员的时期，或根本上无知识动员之必要，那末，还希望中央研究院保障我们自由研究的自由”。[①] 不难看出，捍卫科学研究的自由，已变得十分困难，也缺乏立说的底气。即便如彭光钦那样努力区分“知识的动员”与“复兴民族”，也是无力的。按照彭的说法，若是国家已经到了不救即亡的地步，进行“知识的动员”便无可厚非，不幸的是，中国所遭逢的，正是这样的“不救即亡”。

五、知识阶层的动向

“国难”不仅影响着对教育与学术的规划，同时也引发对知识阶层的思考，对此略作分析，当可对前面所论列的问题有所补充，毕竟“知识”与“知识阶层”的命运，是颇为攸关的。由“士”到“知识分子”，是理解读书人角色转换的基本着眼点，“士的逐渐消失和知识分子社群的出现是中国近代社会区别于传统社会的最主要特征之一”。[②] 将知识分子与“士大夫”联系在一起，并非无视现代读书人的岗位有了新的依凭，实际上，将二者联系在一起，乃当时惯常

---

① 彭光钦：《论科学研究之统制》，《独立评论》第214号，1936年8月16日。

② 罗志田：《失去重心的近代中国：清末民初思想权势与社会权势的转移及其互动关系》，《民族主义与近代中国思想》，（台北）东大图书公司1998年版，第149—192页。

的做法，期望现代读书人与“士大夫”一样，承担同样的社会责任。当“国难”来临，尤其如此。蒋廷黻就写道：“九一八以后，因为大局的危急，国人对知识阶级的期望和责备就更深了。我们靠知识生活的人也有许多觉得救国的责任是我们义不容辞的；我们不负起这个重担来，好像就无人愿负而又能负了。”[①]熊十力发表于《独立评论》的文字也强调：

> 今日知识分子，如死心烂肝则已，否则根本应提正气，主持正论；对当局领袖，宜痛陈其失，绝不客气。老子曰，“言有宗，事有君。”今日须在大根本处痛切抉发，浮浮泛泛的议论在今日有何用处？今日要唤起有力的舆论，以此有力的舆论形成国民参政实力，再不可任这般领袖胡闹下去。此则全望知识分子之自觉。[②]

可以说，“国难”唤起了对“士大夫”角色的重新关注，但对此的评价更多是负面的，这足可令人深思。

问题是由胡适与孟森最先揭示出来的。孟森撰文指出：“‘士大夫者’，以自然人为国负责，行事有权，败事有罪，无神圣之保障，为诛殛所可加者也。”然而，近世居领袖地位的人，却缺乏真正领袖的人格风度，既抛弃了古代“士大夫”的风范，又不知外国“士大夫”的流风遗韵，成了不足表率人群的领袖。在他看来，按之古义，士大夫人格总分四级，其最下之一级，“有事君人者，事是君则为容悦者也”。稍上之第二级，“有社稷臣者，以安社稷为悦者也”。更上之第三级，“有大人者，正己而物正者也”。最上之第四级，“有天民者，达可行于天下而后行之者也”。“凡此皆所谓‘士大夫’者是矣。

① 蒋廷黻：《知识阶级与政治》，《独立评论》第 51 号，1933 年 5 月 21 日。

② 熊十力：《要在根本处注意》，《独立评论》第 51 号，1933 年 5 月 21 日。

顾吾人之言士大夫，则据古义，当专属第二级以上”。[①] 显然，孟森并非完全认同于“士大夫”的角色，但他却希望读书人在剥离了“士大夫”的圣化色彩及特权位置后，仍承袭“士大夫”以天下为己任的使命感，同样能构成社会的重心。对此，胡适也是赞同的，他甚至认为“士大夫”直接可以叫作“领袖人物”，而且“领袖人物”的资格在今日不比古代容易：

> 凡成为领袖人物的，固然必须有过人的天资做底子，可是他们的知识见地，做人的风度，总得靠他们的教育训练。一个时代有一个时代的“士大夫”，一个国家有一个国家的范型式的领袖人物。他们的高下优劣，总都逃不出他们所受的教育训练的势力。某种范型的训育自然产生某种范型的领袖。[②]

胡适、孟森阐述的见解，仍不脱精英意识，念念不忘读书人当占据社会中心位置。说到底，他们多少还坚持，这个社会还需要“士大夫”或“领袖人物”。然而，这样的见解，在“国难”背景下，却悄悄发生着转变。

从《独立评论》刊发的文字看，在讨论与教育及学术相关问题时，往往会涉及“士大夫”，评价差不多都是负面的。蒋廷黻总结“中国的病”，就直言导致中国成为“落伍的国家”，原因即是“士大夫阶级的破产，知识的破产，道德的破产，体格的破产”。[③] 蒋关于“知识阶级”与政治的一段论述，还将中国政治难以上轨道的原因归咎于知识分子，“知识阶级与政治的关系固极重要，但不可言之

① 孟森：《论士大夫》，《独立评论》第12号，1932年8月7日。

② 胡适：《领袖人才的来源》，《独立评论》第12号，1932年8月7日。

③ 蒋廷黻：《对大学新生贡献几点意见》，《独立评论》第69号，1933年9月24日。

过甚”。在蒋看来，有关知识阶级与政治的话题，有两个问题知识阶级首先应该警觉，一是知识阶级不应该勾结军人从事政治活动，中国近二十年的内乱之罪与其归之于武人，不如归之于文人。文人在一处不得志者，往往群集他处，造出种种是非，尽他们挑拨离间之能事，久而久之，他们的主人翁就打起仗来。“这样的参加政治——文人参加政治的十之八九是这样的——当然不能使政治上轨道”。二是知识阶级的政治活动不可靠“口头洋”，西洋政治制度和政治思想，当作学术研究固有其价值，但当作实际的政治未免太无聊，愈讲这些制度和思想，愈离事实远，“我们的问题不是任何主义和任何制度的问题，我们的问题是饭碗问题、安宁问题。这些问题是政治的 ABC，字母没有学会的时候，不必谈文法，更不必谈修辞学”。[①] 蒋廷黻主要指明知识分子政治上没有起到什么积极作用，孙学悟还尤进一层，指出在科学上“士大夫”的遗毒还亟待清除：

> 中国“士大夫”向有一种轻视用手的心理。凡备有形体的东西，别人做好了他未尝不乐用，但自己却不肯用手去做。这种心理，这种态度，惟由试验室里的工作上，才能期望消除得去的。不然，不但科学教育在中国失去本身的价值，即科学的真性亦怕渐渐弄到主观化的田地，被人当着什么美术品看待了。[②]

更多的意见是基于知识阶层的阶级属性进行立论，把问题归于“书本教育的遗毒”。这也是一个重要的信号。傅斯年检讨教育

---

① 蒋廷黻：《知识阶级与政治》，《独立评论》第 51 号，1933 年 5 月 21 日。

② 孙学悟：《提倡自然科学教育的几件急务》，《独立评论》第 34 号，1933 年 1 月 8 日。

崩溃的主要原因，首先指明最基本的是“学校教育仍不脱士大夫教育的意味”。他认为中国社会与欧洲社会的根本不同处在于，中国社会之中坚分子不过是作为统治者贵族阶级工具的士人，而欧洲社会之中坚分子是各种职业中人。据此，他也强调说：“若想中国成一个近代国家，非以职工阶级代替士人阶级不可；若想中国教育近代化，非以动手动脚为训练，焚书坑儒为政纲不可。”[1]徐炳昶同样基于阶级立场对教育问题有所检讨，“现在大学所能养成者，并不是什么了不得的人才，不过是一种士大夫阶级。他们不上大学的时候，还可以工，可以农，可以商。现在上了大学，不能工，不能农，不能商，却对于士的本质是什么还不了了，不要说他们能尽什么责任了。这样的教育如果长此继续下去，中国不亡，是无天理！”[2]董时进在《中国的废话阶级》一文还愤愤地说：

> 中国提倡教育的结果造成了一些废话阶级；说是造成了高等游民还不恰当。教育愈发达，废话阶级愈膨胀，同时废话也就充塞了人间。中国社会不是有闲阶级和劳动阶级形成的，乃是废话阶级和废力阶级形成的，因为中国社会整个是有闲的社会。[3]

此外，针对当时较为普遍的关于农村教育的主张，董时进还提出：“我们要知道乡下人和所谓士大夫阶级正相反的。他们有了用手的能力，用脑的能力太缺乏，生产的本不坏，做人的资格太不够。所以他们所最需要的教育，是要能够增加他们用脑的本领和做人

---

① 傅斯年：《教育崩溃之原因》，《独立评论》第9号，1932年7月17日。
② 旭生：《教育罪言》(一)，《独立评论》第25号，1932年11月6日。
③ 董时进：《中国的废话阶级》，《独立评论》第46号，1933年4月16日。

的资格的教育。”[①]以乡下人与士大夫对立，正是那个时代流行的言说方式，也点出“士大夫”在那个年代所以遭诟病的缘由。

关于“士”与“知识分子”，已是毫不新鲜的话题，1905年废除科举，是一段历史的终结，从根本上摧毁了“士”这一阶层，但读书人还在，如何确立读书人在现代社会新的角色与身份，不可避免成为告别科举时代的学人思虑的焦点，而在获得阶级分析概念后，试图从阶级立场为读书人定位，也代表着读书人寻求新的角色与身份的主要趋向。显然，定位于“被压迫阶级”或“老百姓”之类，并不能解决知识分子的社会位置，《独立评论》围绕“士大夫”的检讨，则提示我们注意：走出科举时代的读书人在寻求新的角色身份时，“国难”的降临，也产生着重要影响，而且，如同“书本知识”在遭受质疑后需要重新证明，“知识阶层”同样需要寻求新的角色定位，需要证明在实际生活中的作用，实在的作用。

六、小结

1932年胡适撰文检讨中国民族自救运动的失败，集中表达了这样一层意思，中国这六七十年所以一事无成，一切工作都成虚掷而不能永久，只是因为“我们把六七十年的光阴抛掷在寻求一个社会重心而终不可得”。帝制时代的重心当在帝室，但经过太平天国早已失去政治重心的资格。自此以后，无论是“中兴”将相、戊戌维新领袖还是后来的国民党，都曾努力于造成新的社会重心，然而往往只一二年或三五年，又渐渐失去做社会重心的资格了。胡适试图表明，他与他的朋友为之奋斗的，正是努力用人功去创造一个“社会重心”。他也谈到这个重心须具有的条件：第一，必不是任何

① 董时进：《乡下人目前最需要什么样的教育》，《独立评论》第47号，1933年4月23日。

个人，而是一个大的团结；第二，必不是一个阶级，而是拥有各种社会阶级的同情的团体；第三，必须能吸收容纳国中的优秀人才；第四，必须有一个能号召全国多数人民的感情与意志的大目标；第五，必须有事功上的成绩使人民信任；第六，必须有制度化的组织使他可以有持续性。[①]

胡适描画这六七十年追求社会重心而终不可得的历史，并以此作为中国最突出的问题，对于理解聚集于《独立评论》的读书人的工作相当重要。傅斯年对此也有同感，只是表述有所不同，将中国之问题归于缺乏“政治重心”，“今日之患，在乎没有政治重心，一有政治重心，中国是能有大组织的”。甚至认为，“今日中国各事，从深里看去，皆不足悲观”，“所没有办法者，只是政治，而政治之所以没有办法是没有政治的重心。只要这一层能以一种方式演出来，无论是国民党或其他乃至于一种能拿得起政治来的阶级统治，一切事都可望进步”。故此，应充分认识到，“我们的知识不使我们有失望之余地，我们的环境不许我们有懈惰的权利”。[②] 同样的，傅也是希望中国产生专心于学问的人，若干年后，他们逐渐形成社会重心，则不但可以转移社会风尚，中国在知识上也可与西方相抗衡。他在悼念丁文江的文字中就写道：

> 丁在君是“近代化中国”的大队中最有才气的前驱。中国若有这样人二十个，又都在扼要适宜的地位，二十年后，我们庶几可以成第一等的近代国家了。[③]

显然，无论是胡适所表达的“社会重心”，还是傅斯年阐述的

---

① 胡适：《惨痛的回忆与反省》，《独立评论》第18号，1932年9月18日。

② 傅斯年：《“九一八”一年了！》，《独立评论》第18号，1932年9月18日。

③ 傅斯年：《我所认识的丁文江先生》，胡适等：《丁文江这个人》，第22页。

“政治重心”，都赋予了学术工作特殊的地位。笔者也曾试图说明，肇端于20世纪初年对读书人新的角色与身份探索，在30年代前后有了初步结果，并部分呈现于知识分子建构“学术社会”的理想上。“学术社会”来自那个年代知识分子的自诩，简言之，是要在转型社会重建知识的庄严，让“学术”构成未来社会的重心，同时重新确立读书人的位置。因此，分析“学术社会”的建构，或许可以换一个侧面更好认知现代中国的知识分子，尤其是审视由“士”向“知识分子”的转型。[①] 以此来对照前所讨论的问题，可以发现，当“国难”发生，对此的阐述已发生着转变。

胡适等人对此还是有所坚守的，针对青年学生的一些讲话，就不断提醒青年学生当在“知识”与“救亡”之间保持清醒的认识。胡适《赠与今年的大学毕业生》一文就特别提醒说，大学生走向社会之后，往往有堕落的危险，其方式不外是两大类：一是“容易抛弃学生时代的求知识的欲望”，一是“容易抛弃学生时代的理想的人生的追求”。他也为学生开出了三种防身的药方。第一，“总得时时寻一两个值得研究的问题”：问题是知识学问的老祖宗；古今一切知识的产生与积聚，都是因为要解答问题。第二，“总得多发展一点非职业的兴趣”。第三，“你总得有一点信心”。胡适所强调的是，“我们要深信：今日的失败，都由于过去的不努力。我们要深信：今日的努力，必定有将来的大成就。”他还以法国科学家巴斯德(Pasteur)创造的“科学救国”奇迹对此加以说明：“在你最悲观最失望的时候，那正是你必须鼓起坚强的信心的时候。你要深信：天下没有白费的努力。成功不必在我，而功力必不唐捐。”[②]

---

① 章清：《“学术社会”的建构与知识分子的“权势网络”——〈独立评论〉群体及其角色与身份》，《历史研究》2002年第4期。

② 胡适：《赠与今年的大学毕业生》，《独立评论》第7号，1932年7月3日。

针对斯时广为流行的话,“读书不忘救国,救国不忘读书”,萧公权与任鸿隽也有所申论。萧公权坚持这样的看法:“(一)‘治学’是大学教育的基本工作;(二)治学治事应当分道扬镳,不可以治事而害治学;(三)政府应为治学人才谋出路;(四)学以求知的态度是值得提倡和培养的;——假如我们承认这几点,我们便能确定一较合理的大学教育方针。”[①]任鸿隽也针对新入学的学生表示,“我们把学生救国的目的和方法弄清楚了,才可以进一步来决定对于救国或读书的态度。我们以为对于救国的方法,已经有了坚深的信心的,他们尽可尽力的去做救国的事业,不必拿读书来做幌子。对于救国的方法,还不曾有坚强的信心的,我们以为要以读书来充满他们的智识,养成他们的信心。我们可以改定前面的标语说‘读书即是救国,救国必须读书’。”[②]

应该说,胡适等人还是一如既往地捍卫“知识”的庄严,努力在“读书”与“救国”之间寻求着协调,但在“国难最紧急的念头”,这样的言说是无力的。从《独立评论》围绕教育学术展开的论述,就不难发现其中所受到的影响。这里无意对其中的转变妄加评说,当“国难”发生,在学术教育的规划上进行调整,自有其必要性,而且,这些调整也成为准备“抗战”的重要内容,完全可以作为知识阶层对“抗战”所做出的贡献。这里只是试图说明,分析《独立评论》的言说,或可对影响现代中国学术成长的诸多因素,有进一步认识。这其中,规划中国学术教育的“焦虑”,以及读书人自身角色认同的困境,都有较为充分的体现。

用不着特别指明,现代中国学术的成长,是涉及面极之广博的

① 君衡:《如何整顿大学教育》(续),《独立评论》第59号,1933年7月16日。

② 任鸿隽:《为新入学的学生讲几句话》,《独立评论》第19号,1932年9月25日。

问题，绝非一篇文字可以说明，《独立评论》之所以值得重视，则是因为其作为居于学界“中心人物”在“国难”之际所创办的刊物，提供了审视现代中国学术成长的“思想资源”。透过《独立评论》所涉及的诸多问题，也提示我们注意现代中国学术的成长，是由多重因素主导的，重构现代中国学术成长的历程，自当注意这些以往不那么重视的环节。

“局内的局外人”：从幕后走向前台的“学人外交”

所谓“学人外交”，这其中的“学人”，或当预先予以说明。且不说“合纵”“连横”时期的“士”，随着“天下”向“国家”的过渡，产生具有近代意义的“国家”意识，无论是最初办理“夷务”的“士大夫”，还是出现一批接受现代教育的职业外交官，在身份的确证上，或都不便否认其“学人”的身份。马克斯·韦伯(Max Weber)在阐述现代社会的“科层制”，以及“政治作为一种职业”时，也特别揭示了在现代社会的“理性化”过程中，“现代官员发展成为一种特别通过长年培训，在专业上训练有素的、高品质的脑力劳动者，他们为了保持其纯洁性还具有高度发展的等级的荣誉”。[①] 中国社会发生的从传统向现代的转型，尤其是进入民国以后，同样展现出这样的情形，特别是在专业上要求特别高的外交界，主要由接受现代教育的读书人担纲，也是较为普遍的现象。因此，这里所说的“学人外交”，是特指“学人”直接受命去办理外交事务，其身份也由学人直接转换为外交人员。

在现代中国历史上，特别是抗战开始后的那段时期，一批读书

---

① 马克斯·韦伯：《经济与社会》下卷，林荣远译，商务印书馆 1998 年版，第 747 页。

人直接参与外交事务，如1938年胡适、钱端升、张忠绂受蒋介石的征派赴美宣传抗战，以及蒋廷黻、胡适等分别担任驻苏联、美国大使，是一个引人注意的现象，值得作为专门的问题加以讨论的。在这篇文字中，不可能对此涉及的诸多问题详加评述，只是就抗战开始后这段时间，胡适作为“学人”对外交事务的介入，略作疏理，既与顾维钧等职业外交官对外交事务的处理作些对比，同时也以此检讨蒋廷黻、翁文灏、何廉等读书人参与现实政治的处境。需要说明的是，胡适在驻美大使任上的工作成效，单纯从外交的角度，时人及后来的研究者已多有所论，本文希望换一个角度讨论一些问题。[①] 在我看来，连接“学人”与“外交”的，有两个背景值得重视，其一就“外交”言，此乃具有高度技术性的职业，完全没有处理外交事务经验的学人，何以应对；其二外交事务构成国家政治生活中的重要部分，在“党文化”所主导的政府行为中，学人作为“官僚系统”（实质是“党”的系统）之外的人士，又如何参与其中的重大决策。更重要的是，胡适作为“学人”对外交事务的介入，由于其特殊的身份——既有特别的依凭（学术的与政治的），但缺乏顾维钧等职业外交官在长期外交事务中“学会”的忍耐与斡旋的本领，很容易就打破了外交界的平衡，使以往被遮蔽的种种矛盾悉数暴露出来。故此，对这些问题的梳理，略可展现南京国民政府时期的政治生态，既有助于换一个角度分析近代以来中国的外交事务，也可以借

① 关于胡适在“驻美大使”任上的工作，曾经在1936年至1949年间担任驻美大使馆秘书的傅安明有一篇简短的回忆文章。参见傅安明：《略谈胡适使美的成就》，耿云志主编：《胡适研究丛刊》第2辑，中国青年出版社1996年版。有关研究成果则包括高拴来：《胡适在抗战时期的外交思想及其活动》，《人文杂志》1996年第3期；胡明：《胡适驻美大使任上的工作实绩及其评价》，《齐鲁学刊》1996年第5期；张忠栋：《胡适五论》，（台北）允晨出版公司1989年版；张忠栋《胡适·雷震·殷海光》，（台北）自立晚报社1990年版。

此检讨现代中国读书人参与现实政治引发的问题。

一、权势的转移与知识阶层的“思出其位”

现代社会本质上说是从“英雄时代”向“凡人时代”的转型，是民众的时代和舞台，相应的，“社会分化”(social differentiation)不仅构成社会学的中心概念，社会学家还往往将此作为现代社会特有的现象，认为集多种功能于一身的角色在现代社会中已不复存在，取而代之的是功能各异的角色，他们在不同岗位上互不干扰地行使各自职权。[①] 然而，这一切并不意味着精英现象的消失，研究者注意到，精英的社会起源和来源，精英的功能和转换，以及精英对社会整体的政治作用，古代和现代基本一致。无论其对象是古代社会还是现代社会，在精英的基本特征和社会机制等标明精英现象的重要方面，学者们都有相当接近的结论，像帕森斯(Talcot Parsons)和米切尔斯(Robert Michels)都指出，在外交事务、发展问题、学者和专家训练等领域，精英发挥重大功能是无可争议的。[②]

具体到中国，由传统向现代的转型，也将这一特性极为深刻地表现出来。尽管中国知识分子的“边缘化”早已为研究者所揭示，然而伴随着现代中国“权势的转移”，相对于知识阶层在整个社会结构中的边缘化，那些接受新知的学人，尤其是留学生，也重新确立在社会的精英地位，“外国关系”对读书人的声望反倒产生着微妙作用。[③] 论者也注意到，虽说将学问等同于社会地位与权势的观

---

① 雷蒙·阿隆：《社会学主要思潮》，葛志强等译，上海译文出版社 1988 年版，第 352—353 页。

② 容迪：《论精英在历史变革中的作用》，刘军宁等编：《公共论丛》第 5 辑，生活·读书·新知三联书店 1998 年版，第 188－211 页。

③ 章清：《近代中国留学生发言位置转换的学术意义——兼析近代中国知识样式的转型》，《历史研究》1996 年第 4 期。

念,随着科举制度的瓦解已不再那么牢固;战祸连连的现代中国,更谈不上孕育新思想新学术的黄金时代,但在那个年代,现代化(西方化)潮流却在无可遏制推进中,对学问的尊崇也延续着源远流长的传统,这样为数甚少的留学生往往被视为未来新中国社会的中坚;留学生靠着在异域获得的一些粗浅的西方知识,回到国中,很快就能平步青云,取得专家资格。而学问达到公认地位,也有了显赫的身份,为社会各方所关注。[①] 因此,一方面读书人固然已从“四民之首”的位置中跌落,但同样是知识圈,却也有伴随“权势的转移”而产生的新的等级秩序。

在此过程中,留学生逐渐成为世人所瞩目的精英,在许多方面都表现出来,任何与外国有联系的东西理所当然被认为是优越的。丁文江 1912 年 5 月给袁世凯顾问莫理循(George Ernest Morrison)的信中曾提到辛亥那一年的一件小事,当他的家乡陷入因革命造成的极度惊恐之中时,甫抵家中的丁文江就被士绅要求组织一支地方保安队,“他们认为既然我曾到过外国,我就有能力做世界上所有的一切事情”。[②] “趋新”的五四思想文化界更展现出“挟洋自重”的一面,胡适在日记中曾述及,“外国关系”对读书人的声望产生着微妙作用,北京学界甚至频频闹出不少风波。1921 年 7 月 1 日哥伦比亚大学同学会在为杜威(John Dewey)夫妇饯行时,就闹出争当主席的笑话。同年 9 月美国教育家孟禄(Paul Monroe)访华时,北京高等师范又倾力“垄断孟禄”,阻挠其与北大方面接触,希望“借他大出风头”,结果弄得孟禄也感到所处环境不妙,“很

① Y. C. Wang, *Chinese Intellectuals and the West, 1872-1949*, Chapel Hill: University of North Carolina Press, 1966.

② 《丁文江来函》,骆惠敏编:《清末民初政情内幕》(上),知识出版社 1986 年版,第 539 页。

怕北大一方面因此同他隔绝”。为此胡适评论道:“天下总有这种在针孔里打筋斗的人,真是可笑!”①时人也注意到这一现象,饶上达提出“打破思想界的四种迷信”,首先指向的是“迷信偶像”这种空气“渐渐浓厚了”,“自从杜威、罗素到中国,中国人常把他当了个洋偶像,抬着到处出会”。②

这种令国人以为受过外国教育的人无所不能的感觉,部分正是由这些受过外国教育的精英自己造成的,“许多受外国教育的中国人与他们的东道国形成了不可割裂的联系,提高他们的东道国,在许多方面也就是提高他们自己的价值”。结果,提及杜威、罗素(Bertrand Russell)、拜伦(George Gordon Byron)、华兹华斯(William Wordsworth)、科学、民主等一大堆流行语汇成为一种时髦,不少中国人公开炫耀自己的外国学位,并吹嘘与外国的联系。③胡适又何尝能完全“免俗”,他的《中国哲学史大纲》(上卷)出版时,封面上特别题署“胡适博士著”。胡适关于受杜威哲学影响的种种叙述,确如论者阐明的,“是一个举国称之为杜威实验主义的信徒,在二十年以后去作回顾、重建自己思想成长轨迹时对读者所说的话,除了人的记忆有选择性的特质,他还有他在学派、师承、威信(credibility)等等方面的考虑”。④ 重要的是,身披国际知名学者光环的杜威来华讲学,无疑提高了其最杰出的中国门生胡适的地位:“有了赫胥黎、杜威为之正名,胡适的观点就成为‘现代的’了”,“没

---

① 《胡适的日记》(手稿本),第 1 册,1921 年 7 月 1 日;第 2 册,1921 年 9 月 24,(台北)远流出版公司 1990 年版,无页码。

② 饶上达:《打破思想界的四种迷信》,《时事新报》1922 年 7 月 7 日,“学灯”,第 1 版。

③ 周明之:《胡适与中国现代知识分子的选择》,雷颐译,四川人民出版社 1991 年版,第 256—258 页。

④ 江勇振:《舍我其谁:胡适(第一部)》,新星出版社 2011 年版,第 307 页。

有杜威，中国的考据就与所谓‘桐城谬种’没有多大区别，既算不上什么‘学’，恐怕还属于被‘打倒’的范畴；有了杜威，考据就成了‘考据学’，而且其身份认同也由旧变新，一举飞上枝头变凤凰，进入五四新文化人最推崇的科学殿堂之中”。①

炫耀也好，弄假也罢，读书人面对的都是他们的同胞，这样的信息有助于提升其地位，他们当然也很清楚。1916年《东方杂志》刊发的一篇文字，就强调留学生乃“一国之领袖，一国之救主”，“科举既废，吾国政界军界学界，莫不取材于留学生。游学一途，实为今日登仕版膺政位之终南捷径；将来之官吏，即今日之留学生”。该文提供的对在京1655名归国留学生职业的调查，也显示留学生大量涌入政界，占到1024人，其他如学界132人，报界16人，军界56人，医界23人。② 这也意味着，由归国留学生构成的圈子，既有致力于在中国建设“学术社会”的知识精英，也不乏挤进核心政治圈的新型技术官僚。照理说，学术圈与政治圈各自有活动的场景，但由于归国留学生在斯时的特殊地位，类似欧美同学会这样的组织又成为他们密切沟通的管道，于是学术圈中人与活跃于政治权力核心的一些人，便有了千丝万缕的联系。这种联系，也为政治学者阐述的“密谋政治”，提供了实现的渠道。③

---

① 罗志田：《再造文明的尝试：胡适传（1891—1929）》，中华书局2006年版，第177—178页。

② 《青年会与留学生之关系》，《东方杂志》第14卷第9号，1917年9月15日。

③ 所谓“密谋政治”指的是国家指导在巨大的范围内活动，创造出了一套精心制作的政治机构，不允许它们之中的任何一个进行真正公开的政治竞争；政治冲突一般在整个政府结构中，在司法、行政和名义上的政治机构中以秘密或精心护卫的方式进行。参见T. H. 里格比：《“密谋政治”》，《观察》杂志1964年1月号，转引自詹姆斯·R.汤森（James R. Townsend）、布兰特利·沃马克（Brantly Womack）：《中国政治》，顾速、董方译，江苏人民出版社1995年版，第261页。

王汎森曾言及，在现代中国特殊的条件下，成为“学阀”或“学霸”必须有学术以外的网络，绵密的政府关系，同时与仅有的一些基金会如中华教育文化基金董事会（简称“中基会”）、中英庚款董事会，保持密切的联系。[①] 确实，现代中国读书人的精英阶层，明显有了多重的角色身份，不仅确立了在高等学府或研究机构的职业身份；其声名之显赫，往往表现在对为数不多的基金会的掌控上，除活跃于中国的学术重镇之外，不少读书人还通过创办刊物的形式聚集起来，表达对公众事务的见解。在此过程中，一些读书人由于种种机缘，还直接介入实际政治中。[②] 1931 年国联教育考察团到中国考察教育，就留下这样的印象：“回国学生在中国学术界势力甚大，盖过去之传统习惯，与最近之历史事实，已给留学生以一种地位，使成为舆论界之代表。”[③]需要指出的是，知识分子拓展其“权势网络”，许多方面都与他们的“外国背景”相关，由此还进一步加深了与“外国”的关系。以“中基会”来说，董事即由中方与美方的人员共同组成。同样重要的是，那时各国的驻华使节，不乏对中国文化有一定研究的学者，称得上是“学者型”的外交人员，他们在中国从事外交工作，也建立起与中国学者的广泛联系。以胡适来说，他在留美期间与外国学者所缔结的介乎师友之间的情谊，就为这种沟通奠定了基础。如他在康奈尔大学读书期间，因为广泛参与各项活动，深受校长许满（J. G. Schurman）的赏识。1921 年许满受命为美国驻华公使，这也令毕业于康奈尔大学的学生感到兴奋，

① 王汎森：《读傅斯年档案札记》，《当代》第 116 期，（台北）合志文化事业公司 1995 年版。

② 章清：《“学术社会”的建构与知识分子的“权势网络”——〈独立评论〉群体及其角色与身份》，《历史研究》2002 年第 4 期。

③ 国联教育考察团：《中国教育之改进》，国立编译馆译，全国经济筹备委员会 1932 年版，第 156 页。

该校同学会也在银行公会设宴欢迎许满的到任，胡适则致辞欢迎。[①]

之所以强调学人办“外交”是从幕后到前台，正是试图表明，中国读书人对外交事务的介入，并非始于他们进入外交界，由于与各国驻华大使、公使或领事的密切关系，这一过程实际上早已展开。在胡适的日记中，就记载了知识圈频频与各驻华使节密切交往的不少事例，只是双方实际上均“思出其位”，外国使节感兴趣的是中国的学问，中国读书人则对政治更有兴趣。不妨以胡适的日记为例，予以简要的说明。1922 年 5 月 3 日记：

> 晚上到德国使馆吃饭。新公使英语很好，头等参赞尉礼贤博士(Dr. Richard Wilhelm，今译卫礼贤)精通汉文，曾把十几部中国古书译成可读的德文。去年他动手翻译我的《哲学史》，今年因事忙搁起了。使馆参赞卜尔熙君(Von Borsch)说，汉学者傅尔克(A. Forke，曾译《论衡》的)，曾托他代买我的《哲学史》，也是想翻译成德文的。[②]

1932 年 1 月 28 日又记：“美公使 N. T. Johnson 夫妇约了我和 Inlian Arnold 吃饭，饭后大谈。英代使 Inglam 与美使都很悲观，他们都以为满洲是丢定的了。我却不能这样悲观，难道是感情蔽了我的理智吗？我到今天还以为直接交涉可以挽救不少。”[③]

说到学人对外交事务的介入，不能不涉及欧美同学会的情况，事实上这个组织即是学人介入外交事务的重要媒介。顾维钧作为留美同学会最初的组织者，曾倾力将留美同学会与留欧同学会(名

---

① 《胡适的日记》(手稿本)，第 2 册，1921 年 9 月 28 日。

② 《胡适的日记》(手稿本)，第 3 册，1922 年 5 月 3 日。

③ 《胡适的日记》(手稿本)，第 10 册，1932 年 1 月 28 日。

称为“留法比德会”)及留英同学会合组为“欧美同学会”,不过在其回忆录中,对此却语焉不详。在顾维钧看来,欧美同学会的组成“丝毫没有政治目的”,主要目的是“通过举办演讲会、慈善事业和社会福利事业,使公众受益”。[1] 最初的情形或许的确如此,然而,如同许多阶层都曾有过的经历——“思出其位”,聚集于欧美同学会的成员也不例外。有两个时期就显示欧美同学会对外交事务的广泛介入,一是1922年6月至10月,在中国陷入军阀蝇营狗苟的纷乱局面时,欧美同学会的若干人,在顾维钧的宅邸多次举行茶会,讨论当日最值得关注的问题,自然,外交事务也在讨论之列。二是“九一八事变”后,又是聚集于欧美同学会的读书人,不仅通过《独立评论》表达他们对于民族危亡的关切,同时还组织了“后援会”,与包括蒋介石在内的国民政府主要官员密切往来,表达他们对于处理中日危机的看法。

发生于1920年前后种种的异动,研究这段历史的学者从不同侧面均有所揭示。白吉尔(Marie-Claire Bergère)指出,自袁世凯称帝失败后,也许就注定了这个信誉扫地的政府再也没有能力控制中国南北分裂的局面,无法阻止内战的不断发生。而在军阀横征暴敛的年代里,所有社会集团的利益都受到损害,于是在经历一段拒绝参与政治事务的消极抗议后,愈来愈多的商人与企业家逐渐步入参与政治的路途。周策纵则注意到,随着自1920年起思想方面冲突的加剧,基于对北京政府的不同态度,以及对社会政治改革和革命的不同愿望,知识分子在行动上出现了相应的分裂。[2] 知识

---

① 顾维钧:《顾维钧回忆录》第1册,中华书局1983年版,第135—138页。

② 白吉尔:《中国资产阶级的黄金时代(1911—1937)》第5章,张富强、许世芬译,上海人民出版社1994年版;周策纵:《五四运动:现代中国的思想革命》,周子平译,江苏人民出版社1996年版,第332页。

分子的分裂主要以《新青年》群体的分化为象征，从《新青年》中分化出的一支力量，再汇聚其他的人员，通过创办“努力会”及《努力周报》聚集起来。这也成为现代中国自由知识分子聚集起来的象征，在1922年6月至10月间，通过非正式的、不定期的茶话会，表达对现实政治的看法。

茶话会由蔡元培、王宠惠、顾维钧、罗文干发起，他们共同出面邀请欧美同学会中人，在顾维钧的宅邸举行茶会，讨论当日值得关切的问题。据胡适日记提供的资料，参与其中的约有30多人，除“努力会”及《努力周报》核心成员胡适、丁文江、陶孟和、朱经农、张慰慈、高一涵、王徵、蔡元培等人外，尚有李大钊、梁漱溟、徐保璜、陶知行、王宠惠、顾维钧、罗文干、张君劢、秦汾、陈世璋、严璩、周诒春、蒋方震、林长民、高鲁、叶景莘、王世杰、汤尔和、王星拱、顾孟渔、李煜瀛、王建祖、陈源、王纯焘等。列入讨论的议题则分别有“统一”“联邦制与邦联制”“省自治”“今日的政治计划”等。外交事务虽未被列入讨论的议题，但这些读书人对外交的关切，却不可小视，特别是顾维钧担任外交总长后，各种意见就纷纷集中到顾维钧那里。这期间胡适先后给顾维钧写了两封信，均涉及外交的大政方针。前一封信是因为报载外部提出阁议，议决认真监视苏俄代表越飞，并饬令京师军警机关于越飞回京时，须“认真查察”。胡适认为这与顾维钧在外交部设宴谈论俄事时的精神完全相反，因此特别提醒说，“越飞确是苏俄的正式代表，中国应对他表示相当的敬礼”。[①] 另一封信则表达了对顾维钧的殷殷期望，指出“今日之民气与国势皆不足为外交后盾”，顾出掌外交，只有“为国家而牺牲”一个动机尚可得国人的原谅与佩服：

---

① 胡适：《致顾维钧》，1922年8月，耿云志、欧阳哲生编：《胡适书信集》(上)，北京大学出版社1996年版，第303—304页。

> 先生如果真是为国家外交的重要而出，则不可不有几种基本的主张：对中日的问题，究竟希望争到什么地步？对中俄的交涉，究竟希望如何进行……若先生已胸有成竹，自不妨忍暂时的苦痛，以图政策之实行。若对于这些问题本无主张，徒以情面难却，轻于一试，则先生进退失据，徒为一班无耻无知之政客作"掮末梢"之器，那就不免使我们大失望了。①

"九一八事变"后，通过欧美同学会及《独立评论》杂志聚集起来的知识分子，对于外交事务的介入更深一层，已逐步有从幕后走向前台的趋向。他们组成了后援会这样松散的组织，对于国家大事，除了在《独立评论》上发表出来，许多不便公之于众的意见，也有了表达的渠道，那便是通过致电、书信以及面谈的方式频频与上层进行交流。仅就涉及外交事务的沟通而言，单单是胡适的日记，就留下诸多信息。

1933 年 3 月 3 日，胡适等人聚集在后援会时，从报上获悉日军在热河攻城掠地的情况，极不痛快，因此给蒋介石、汪精卫各发了电报。当晚，胡适心情仍未能平静，又拟一电与蒋介石，并约丁文江、翁文灏商改后用密码发出："热河危急，决非汉卿所能支持。不战再失一省，对内对外，中央必难逃责。非公即日飞来指挥挽救，政府将无以自解于天下。"3 月 13 日，胡适与丁文江、翁文灏、刘子楷等去见蒋介石，讨论了两点钟，蒋介石自认没有料到日本攻热河如此神速，原以为只是虚张声势，却不料日本对我方军队的情况知道得比我们还清楚。听了蒋的这席话，胡适不禁叹道："这真是可怜的供状！误国如此，真不可恕。"与蒋的谈话，胡适等了解到蒋对这场即将来临的战争的态度以及准备情况和交涉情形；而蒋则希

① 《胡适的日记》(手稿本)，第 4 册，1923 年 4 月 10 日。

望胡适等人“想想外交的问题”。6月13日,胡适与王世杰见汪精卫,谈华北停战事,胡适认为此事有可注意的地方,表示中国政治家还有一点政治勇气,此事与上海协定都足以证“蒋汪合作”的政策是不错的,若没有一个文人的政府担当正面的应付,蒋的困难更大。汪精卫还特别透露说,日本形势似有小的变动,其间似有和平势力渐渐抬头的可能,希望胡适等人密切注意。6月14日这天,胡适先是应罗文干之邀去谈外交问题,不一会儿,汪精卫也来了。汪把一些重要文件给胡适看,其中就有罗所拟新的外交方针。[①]

1934年1月31日,在汪精卫官舍,大谈外交内政,在座者有汪精卫、胡适、吴达铨、张季鸾、任鸿隽夫妇、唐有壬、曾仲鸣。回寓后胡适又与吴达铨谈至深夜,吴认为中国对日本只可取“鬼混”政策,胡适甚为失望,对吴说:“即使鬼混,也要有个目的。无目的的鬼混,必定被鬼混了去!”3月4日,胡适与傅斯年在一起谈外交问题,对于外交上的举措,傅尤为愤慨,由此胡适也想到前几日“满洲国”称帝号而政府竟无一点表示,当即致电汪精卫:“伪国僭号,政府至少宜向各国正式申明吾国向来立场。”次日汪精卫即复电胡适:“来电敬悉。已于东日电各驻使通告矣。”9月24日,因中国在国联开会时竟未能当选为非常任理事,胡适致信汪精卫:“去年我回国时,即向先生进言,请先生与有壬兄退出外交部。以私交论,为爱先生;以公谊论,实为国家设想。那时此意未蒙先生采纳。那时先生颇怪我不认先生为能‘困守待援’之人。我以私人资格,已做到了‘尽言’的限度,当然不便再哓哓了。及今思之,‘困守待援’之外,似乎也应该有点‘雪中送炭’的工作。今日的外交局势直是一事不做,闲中不布一子,万一又有大危急,与三年前王儒堂时代的局面

---

① 《胡适的日记》(手稿本),第11册,1933年3月3、13日,6月13、14日。

有何分别？为国家前途设想，我终不愿避嫌不说话，我很盼望先生再思我的老话，与有壬兄同退出外部，慎选一位能实行所谓'同时顾到外交四条路线（日、俄、国联、美）'的继任者。"据胡适后来的补充，为此事他先后写了四封长信，只是"这种不入耳之言，至今不曾有丝毫功效"。[①]

包括胡适在内的读书人上述对外交问题阐述的意见，究竟有没有实质性的成效，也许并不重要，很难简单推断这些幕后的沟通有什么实质性意义，在一些枝节问题上，的确看到这些谏言取得了富有成效的作用，而在大政方针上，却难以轻下断语，以判定哪些政策的制订是由于吸取了知识分子的谏言。从蒋介石留下的资料来看，对于胡适等人的建言也算较为重视。1933 年 3 月 3 日，收到胡适、丁文江、翁文灏的电报，蒋很快电复翁文灏转告胡适："诸事北上后面谈，并代约丁文江一晤。"[②]但对于读书人的建言，蒋介石未必看重，3 月 13 日胡适等与蒋介石的那次会面，蒋在日记中就表示："与丁、胡谈话，彼等理想，皆不研究敌情，而以主观定策也。"[③]不过有一点是肯定的，那段时间是知识界与政府沟通最为密切的时期，特别是涉及外交事务方面，学人与官方早已有了密切沟通的渠道，官方也多少显示出对学人意见的重视。而这种沟通，不仅将知识分子带入思考国家大政方针的各种会议，部分知识分子还直接介入到实际政治中。

---

① 《胡适的日记》（手稿本），第 11 册，1934 年 1 月 31 日、3 月 5 日；第 12 册，1934 年 9 月 24、1935 年 1 月 2 日。

② 《蒋中正致翁文灏电》，1933 年 3 月 5 日，《蒋中正总统文物》，典藏号：002-080200-0071-001，转引自吕芳上主编：《蒋中正先生年谱长编》第 4 册，（台北）"国史馆"2014 年版，第 53 页。

③ 《蒋介石日记》，1933 年 3 月 13 日。原件藏美国斯坦福大学胡佛研究所档案馆，本书所引主要依据中国社会科学院近代史研究所档案馆所藏抄件。

二、官方对学人的“借重”

研究者已注意到，现代中国知识分子大规模介入实际政治，最突出表现在抗战这段时期。就国民党方面来说，国难发生后，在党治与训政方面，本身即发生了重大的修正与调整，“最显著的则为过去许多反政府而被视为‘异己’的人士，多已纷纷加入政府和党的领导阶层；与知识分子的之间的关系，亦大有改进。系亦知识分子尽其言责的有利时期”。[①] 尽管此不免有蒋介石图谋掌握“学界智识阶级”的用心，但 1937 年商讨国是的“庐山谈话会”以及 1938 年 7 月成立的国民参政会，都显示读书人参与到国家重大事务的决策中。[②]

单单一个《独立评论》社，其社员对实际政治的介入就非常引人注目。翁文灏 1935 年出任行政院秘书长，抗战期间出长经济部并兼资源委员会主任委员。蒋廷黻与吴景超 1936 年随翁文灏入阁，前者任行政院政务处处长(后任驻苏大使)，后者任行政院秘书(后任经济部秘书)。周诒春 1936 年 7 月接受实业部常务次长之职。何廉 1936 年 10 月任行政院政务处处长，接替蒋廷黻调任后的空缺；翁文灏执掌经济部后，又调任经济部常务次长。傅斯年、任鸿隽、张忠绂、张奚若、周炳琳等继续留在学术界的社员，抗战期间也进入国民参政会，任参政员。在民族危亡的情势下，知识分子难以袖手旁观，因而以专家身份介入到实际政治中，这可以理解。值得追问的是，官方对学人的仰仗，看重的是什么？以胡适的出使美

---

① 蒋永敬：《胡适与国民党》，周策纵等：《胡适与近代中国》，(台北)时报文化出版公司 1991 年版，第 67—96 页。

② 蒋在日记中特别提及“掌握工界、工人阶级与学界智识阶级之方案”。参见《蒋介石日记》，1938 年 5 月 5 日。

国来说，官方借重学人办外交，本身就有超出“外交”的因素，并非看中其“职业”技能。

事实上，在官方频频邀请学人入阁的过程中，胡适早已在网罗之列，汪精卫首先看重胡适具有的外交才能。在邀请胡适出长教部未果后，汪精卫又来信请胡适出任驻德公使，提出了很诱人的理由，“在此浩劫中，固须有一批人去牺牲，又须留一批人去作后应。以先生之才学识望，应该爱惜此身，为中国将来时局收拾作一番打算。如此，目前在外，最为适宜”。而且，“先生虽不是外交界的人才，但先生对于政治外交，运用丰富的学识与锐利的眼光，极真极远，无所不烛。试问今日，政治界、外交界的老手，有几个及得先生呢?”汪很自信地说，如果胡适不能决断，可与丁文江商量，“他必然赞成我的意见”。[①] 对于这番盛情，胡适仍没有接受，但从中的确可看出汪对胡适的看重。1933 年 6 月，他特别带给胡适一密码电本，“用时电首冠以 Yone，以为符号，弟见此符号，即知为先生来电矣”。[②]

胡适似乎早有对参与实际政治的“自知之明”，但在国难的局面下，他也难以置身事外。“七七事变”后不久，他就不得已奔赴国难，做起“过河小卒”。1937 年 8 月 19 日，高宗武、周佛海、程沧波等“低调同志”建议胡适与陶希圣去见蒋介石，那一天的见面，虽说“谈话不很有结果，我们太生疏，有许多话不便谈”，但就在这次见面中，蒋要胡适即日去美国，同时被征派的还有张忠绂和钱端升。这三位北大教授共同的使命是赴美、英、法等国宣传抗日，争取各

---

① 汪精卫:《致胡适》，1933 年 4 月 28 日，《胡适来往书信选》中册，中华书局 1979 年版，第 211—212 页。

② 汪精卫:《致胡适》，1933 年 6 月 15 日，《胡适来往书信选》中册，第 217 页。

方面的援助。[①] 1937 年 9 月胡适即辗转前往美国,除了在美国积极活动,还到欧洲去巡回演讲。1938 年 3 月 6 日的日记中,蒋介石拟组织“智囊团”,张君劢、胡适、蒋廷黻、周鲠生等,也被列为人选,可见其颇有借重于胡适等人的用心。[②]

1938 年 7 月 19 日胡适到欧洲宣传抗日,到巴黎第二天,就接到由纽约转来的电报,蒋介石请其出任驻美大使。胡适在日记中写道:“此电使我十分为难。”24 日到伦敦,次日又接巴黎转来时任行政院长的孔祥熙电,“务乞体念国难严重”,接任大使一职。胡适最初希望能婉拒此事,表示自己“廿余年疏懒已惯,决不能任此外交要职”。他推荐施肇基任大使一职,许以“以私人助其疏导舆论”。但在欧洲的朋友都不赞成胡适此时推却此事,胡适踌躇不已,半夜始决定,“此时恐无法辞却,既不能辞,不如‘伸头一刀’之为爽快”。27 日,胡适发出电报:“国家际此危难,有所驱策,义何敢辞。惟自审廿余年闲懒已惯,又素无外交经验,深恐不能担负如此重任,贻误国家,故迟疑至今,始敢决心受命。”[③]同日,在给时任驻法大使顾维钧信中,胡适深叹“此事完全打乱了我 20 年的自由学术生涯”,但也诚恳表示:“如果我必须承担这毫无经验又最不适合的工作,我可以指望您不断予以坦诚忠告和朋友式的帮助。”[④]在给傅斯年信中,胡适更坦言,“国事至此,除‘苦撑待变’一途,别无他法”,他自己也被“逼上梁山”,“万不得已,我只得牺牲一两年的学

① 《胡适的日记》(手稿本),第 13 册,1937 年 8 月 19 日。

② 《蒋介石日记》,1938 年 3 月 6 日。

③ 《胡适的日记》(手稿本),第 13 册,1938 年 7 月 20、25、26、27 日。

④ 金光耀编译:《胡适顾维钧往来函件辑录》,《档案与史学》1998 年第 1 期。

术生涯，勉力为之，至战事一了，仍回到学校去”。[1]

但胡适出任驻美大使并非一帆风顺，一方面公开表示“因母迈亟思归国”的王正廷实际并不急于离任，更重要的还在于，尽管蒋介石希望借重胡适，但在国民党高层却阻力重重，暗中杯葛。胡适8月13日接张慰慈、郑铁如电，告知使美事“已暂时停顿”，为此胡适当即致电陈布雷，表示“此最合鄙怀，倘政府有困难，须取消前议，正是私心所盼祷”[2]。稍后钱端升又电告，“尊事未公开，似有鬼。请勿有所举动”[3]。为此，胡适致电身居中枢的王世杰，表示“弟非急欲发表，但欲知内幕实情，以便计划行止去就”。同时还致电外交部长王宠惠等，表明其态度：“适素无外交经验，深虞陨越，贻误国家，务恳诸兄时赐指导。又此事似多周折，致适甚难计划行程。倘蒙于确定后早日电英馆转示，以便准备，尤感。”[4]蒋介石对此倒是积极在推进，1938年8月22日致电孔祥熙时就表明对此的重视：“借款问题，应对美积极进行，前请陈光甫赴美，究竟如何？应促其早日成行，如须由弟敦促，则可由弟电催也。借款方案请多拟几种，属光甫带去，否则请适之先行回国，托其带去亦可。适之任大使事，务请即日发表，究有征美同意否？盼复。”[5]据王世杰1938年8月25日的日记记载：

> 胡适之使美事，本已确定。王儒堂近又电孔庸之，意欲候

---

① 胡适：《致傅斯年》，1938年7月31日，耿云志、欧阳哲生编：《胡适书信集》（中），第752—753页。

② 《胡适的日记》（手稿本），第13册，1938年8月13日。

③ 《胡适的日记》（手稿本），第13册，1938年8月20日。

④ 《胡适的日记》（手稿本），第13册，1938年8月22日。

⑤ 《蒋中正总统档案：事略稿本》第42册，（台北）“国史馆”2011年版，第211页。

其请假返国报告后，然后发表胡为美使，孔庸之后欲令儒堂在美继续奔走借款事，胡事遂被搁置。胡适之今日自美来电询问内容。予今日电陈布雷请其转陈介公，确定发表日期。[①]

照钱端升对此的说明，陈布雷曾向蒋介石提及围绕此事的各种传言，蒋的态度倒是很明确：“催孔快征同意发表，适之先生我决借重。”“王大使不能再留”。[②] 蒋介石 9 月 7 日的日记也记录了对此的安排：“派胡适之赴美，蒋万里赴德意。”[③]到 9 月 16 日，蒋介石还致电在重庆的外交部长王宠惠：“关于胡适之使美事，究有通知美政府否，美政府已否同意，希就近促美大使代催为荷。”过了一天，国民政府才正式发布：“驻美特命全权大使王正廷辞职，准免本职，特任胡适为中国驻美特命全权大使。”[④]

有意思的是，9 月 13 日胡适就接到外交部电，“说政府今天发表我驻美大使”，为此，胡适在日记中写道：“二十一年的独立自由的生活，今日起，为国家牺牲了。”[⑤]不多久，在给夫人江冬秀的信中，胡适将其不得已被“逼上梁山”的苦衷作了说明：

> 我二十一年做自由的人，不做政府的官，何等自由？但现在国家到这地步，调兵调到我，拉夫拉到我，我没有法子逃，所以不能不去做一年半年的大使。我声明做到

① 《王世杰日记》第 1 册，（台北）“中研院”近代史研究所 1990 年版，1938 年 8 月 25 日，第 348—349 页。

② 钱端升：《致胡适》，1938 年 9 月 16 日，《胡适来往书信选》中册，第 381 页。

③ 《蒋介石日记》，1938 年 9 月 7 日。

④ 《蒋中正总统档案：事略稿本》第 42 册，第 300、306 页。

⑤ 《胡适的日记》（手稿本），第 13 册，1938 年 9 月 13 日。

战事完结为止，战事一了，我就回来仍旧教我的书。请你方心，我决不留恋做下去。[①]

胡适此时还不可能想到，他会在驻美大使的任上，一干就是四年，其间所遭遇的更是其难以预估的；而要再过七年之后，他才能再回到中国。

之所以有必要对胡适出任驻美大使一事做较为细致的疏理，缘于此提供了检讨学人办外交遭遇的种种曲折。此事具有的特殊性，是不难推断的，两方面的压力，一开始就落在胡适身上，一方面，胡适对于外交事务的高度技术性，需要多年的经验积累，是心知肚明的；另一方面，胡适也不免担心国民党内部无处不在的派系政治，导致其工作难免卷入种种是非中。这也表明学人出使的特殊性，与任命顾维钧等职业外交官迥然有别。

三、驻美大使任上工作的评价

单纯从胡适驻美大使任上的工作评价其中的得失，是很多人已经做过的工作。最早与胡适一同前往美国进行抗战宣传的张忠绂，甚至以胡适为20世纪外交家的楷模，是可以决定中美外交事务的人物：“20世纪的外交家应当是一位诚恳可亲、广交游、平易近人、能获驻在国一般人民爱戴的真君子。适之正是这种人物，他曾一度赢得‘一个伟大的民主人’雅号。抗战期间，由他先以半官式，继之以正式大使的身份，驻在美国。这对于国民政府甚为有利。独惜在日美战争爆发后，他被撤换，外交部长亦由宋子文继任。战后美国舆论对国民政府由同情转为敌视，其原因虽多，但与重要官

---

① 胡适：《致江冬秀》，1938年9月24日，耿云志、欧阳哲生编：《胡适书信集》（中），第756—758页。

吏人选，似亦不无关系。”[①]不可否认，外交事务很难简单判断“得”与“失”，对此的评价不免见仁见智，不可能有一致的看法。

这里并不准备对胡适在驻美大使任上的工作多花笔墨，主要关切的是，如同抗战发生打破了中国社会发展的平衡性，学人进入外交事务，也如同一枚石子投入止水中，引发了新的变数。胡适等人介入外交事务，是在一个特殊的历史时期扮演了一个特别的角色，不免将外交中的许多问题暴露出来。不只是外交，所发生的种种纠葛，还将国民党内部的种种分歧表现出来。宋子文与孔祥熙对外交事务介入颇多，胡适经历驻美大使任上的种种曲折，对他们的评价就发生了显著的变化。由此也提出值得检讨的问题，中国在外交事务的技术层面，成效究竟如何？同时，国民党的“党文化”，对外交事务的影响又如何？顾维钧等职业外交官，并非没有遭遇同样的问题，但胡适作为学人的特殊身份，则会将问题更为突出的暴露出来。王世杰1938年就任新设立的军事参事室主任后，就深感中国外交事务上的种种不得力之处，需要深刻检讨。在其看来，抗战虽一年有余，然对外联络乃至借款等事，毫无所成。原因在于，执掌外交部的王宠惠一切行为“纯属被动，无一贯的负责的政策”，对外借款也因由不被外人信任的王正廷负责，“一无成就”，“惟驻外顾、郭两使，较能活动，然政策须取决于内，彼等自亦不能大有施展”。[②] 这席话，清楚表明了处理中国外交事务的艰巨性。

胡适出使美国办外交，从蒋介石方面来说是看重其在美国的影响力，论影响力，有留美背景的胡适，在美国的确有他人难以望

① 张忠绂：《迷惘集：张忠绂回忆录》，（香港）良友图书公司1968年版，第120页。

② 《王世杰日记》第1册，1938年10月5日，第392—393页。

其向背的资源。就当时的态势来说，对美外交，无疑是国民政府最为重视的对外事务。1938 年 9 月 21 日，蒋介石即电告孔祥熙，需高度重视对美宣传工作：“发动美国对倭制裁，应不惜经费，托驻美可靠人员，竭全力作有计划之宣传，适之未到任前，与其托儒堂，不如托李国钦与陈光甫先事筹划进行，并请先汇十万美金作为宣传之用是荷。”[①]次日，孔祥熙在给胡适的电报中也明确表示：“此次使美，国家前途利赖实深。列强唯美马首是瞻，举足轻重，动关全局，与我关系尤切。吾兄长才，自能应付裕如。”[②]实际上，1938 年 9 月 29 日，胡适还没有正式就任，就接到蒋介石的电报，希望胡适在“欧局变动中，如何促美助我”，同时也提示应关切“中立法”“财政援助”“禁军用品售日”等问题。[③] 随后，蒋介石又发了多通电报，直接指导对美的外交工作。10 月 10 日，“电华盛顿胡大使适并转陈光甫曰：‘借款务望于本月内完成，盼复。’”次日蒋介石又致电孔祥熙，并转外交部长王宠惠代拟致美国总统电：

> 请以中正名义致电罗斯福总统，托胡大使转交，请其为中国仗义协助，更希望其对于中国经济借款能早日成功。其词意多着重于对彼个人主张公道与反对侵略之宗旨表示感佩，并谢其屡次对于中国精神道义与购买白银之协助，总须不亢不卑，使其能感动努力，促成其借款之决心与实施为要。[④]

这说明国民政府方面对胡适出使美国确实寄予厚望，但胡适也很清楚，涉及外交事务的诸多方面，均非其所长，在给孔祥熙的

---

① 《蒋中正总统档案：事略稿本》第 42 册，第 320 页。

② 孔祥熙：《致胡适电》，1938 年 9 月 22 日，中国社会科学院近代史研究所中华民国史组编：《胡适任驻美大使期间往来电稿》，中华书局 1978 年版，第 1 页。

③ 《胡适的日记》（手稿本），第 13 册，1938 年 9 月 29 日。

④ 《蒋中正总统档案：事略稿本》第 42 册，第 414、420—421 页。

电报中就表示:“鄙意外交至重要,当以全副精力应付。此外如借款、购械、宣传、募捐四事,虽属重要,均非外交本身,宜逐渐由政府另派专员负责。”还举例说,陈光甫等来后,借款事“空气顿肃清”,“即是最好例证”。[①] 基于对美国的了解以及对美国情势的判断,胡适相信以美国奉行的基本国策,要美国公然介入中日之间的冲突,决无可能,只有等到情势的发展影响到美国的国家利益,才能逼着美国正式援助中国。因此,胡适的工作重心也专注于与美国各方面人士广泛接触,到各地公开演讲。

这或可看作胡适与一般职业外交家的差异,但作为学人,他也有外交家所不具备的优势。以顾维钧等职业外交家来说,他们所凭借的主要是在这一领域的才识与经验,向最高当局陈述最有利于中国的外交政策。但外交方针的决定权并不在外交官手中,尤其是身处异国,围绕着某一政策的制订最高决策层究竟有哪些不同的看法,均非这些外交官所能了解。在处理中日危机时,顾维钧在回忆中就多次谈到他不能明白“外交部提出这一要求的确切目的何在”。照其所见,既然“九一八事变”后致力于与国联联合处理中日问题,那么在国联通过报告书而日本扩大侵华之际,就当断然采取强硬的外交措施,对日绝交,从而促进国联制裁日本。然而国民政府却另有一番考虑,认为中国尚未作好全面抵抗的准备,因此有必要采取对日安抚政策,立即对日绝交反而对中国不利。政府层面做出这样的决策,自然有多方面的考虑,但这样的问题摆在外交官面前,往往令其陷入进退维谷的境地,所以顾维钧只好表示:

> 我拟准备期间,增加抵抗力量,诚属善计。惟国力薄弱,

① 胡适:《致孔祥熙电》,1938年10月,中国社会科学院近代史研究所中华民国史组编:《胡适任驻美大使期间往来电稿》,第3页。

同时仍宜运用国际，俾达直接制裁或间接物资助我之目的。否则，日久各国渐形冷淡，或将视为已成之局。[①]

不能说胡适出使美国，就获得了决策之权，但有一点颇为关键，胡适所拥有的国内管道，是许多外交官不具备的。这其中同样出身于学界，后又进入政治中枢的王世杰、翁文灏、张忠绂等人，对胡适就提供了很多帮助。故此，胡适发回国内的电报，但凡涉及重大问题，总是设法能够直接上报蒋介石，并抄送孔祥熙、孙科、王宠惠、王世杰、翁文灏等相关要员。1940 年 10 月 12 日发给陈布雷的电报中，胡适详细报告了其对国际形势的判断：

适三年来所上介公及咏霓诸兄电，凡涉及和战大计，总不外“苦撑待变”四字。所谓“变”者，包括国际形势一切动态。而私心所期望，尤在于太平洋海战与日本海军之毁灭。此意似近于梦想，然史实所昭示，和比战更难百倍，太平洋和会会议未必比太平洋海战更易实现也。

进一步地，该电还详细评述了最近一个月中的九项重大事项，强调说：“我国苦撑三年余，其功效已甚明显，但今日尚未可松懈，此时最可虑者，暴敌在羞愤之中将以大力攻我滇边，及用空袭炸毁滇缅各路桥梁、车辆等。我方必须早作准备，拼命防御，绝不可误信外间流言，谓敌侵安南，意在南进，不在攻我。若误信此说，恐后悔难追，务恳留意。”最后还说：“鄙意又以为，今日世界大势已极分明，德国攻英已告失败；德、意已与暴日结为同盟；英、美密切合作已无可疑；罗斯福总统连任亦似无可疑。当此时机，我国对于国际分野似宜有个较明显的表示。例如，德、意既与暴日结盟，既承认

① 顾维钧：《顾维钧回忆录》第 2 册，第 225 页。金光耀：《顾维钧传》第 6 章，河北人民出版社 1999 年版。

其‘东亚新秩序’，则皆是我仇敌。我国似应召回驻德、意之使节，使国人与世人知我重气节，有决心，似是精神动员之最有效方法。”由于这封电文阐述的意见甚为重要，所以胡适在电文结尾特别表示：“右电乞呈介公，并乞抄送庸之、哲生、亮畴、咏霓、雪艇、岳军、立夫、骝先诸兄，至感。”①

王世杰还与胡适相约，每隔一段时间，就将国内的情况电告胡适（由张忠绂具体负责），成为胡适办外交的重要参考。1940 年王世杰致胡适电就表示：

适之兄：张忠绂兄现有小病，故此函由弟发出。（一）军事：自五月一日起，鄂北、豫南发生剧战。敌军约十万人，战车数百辆，飞机二百余架。曾攻占唐河、泌阳、枣阳各点。但至昨日止，我军已将以上各点完全克复，并夺回原在敌手之武胜关等地。此次大捷(1)由于军略，(2)由于孙连仲、张自忠、汤恩伯等均为能战之将，(3)由于介公前次对于桂南久战无功之高级将领曾断然惩处，军纪益严。所可惜者，忠勇可爱之张自忠将军，竟于此次大捷中阵亡耳。（二）政治：中央现决定于六月底召开中央全体会议，讨论十一月国民大会制宪问题及外交等问题。依弟观察，此次会议对于财政经济之组织与人选，及共产党问题，均将有所决定。（三）外交：中央现正研讨我南洋政策及安南于我之防务等问题。兄有高见，盼随时见示。（四）共产党问题仍严重。介公谓其口言抗战，而实际上则破坏抗战。在冀、晋、苏、鲁诸省均如此。（五）孟余（顾孟余）日

① 胡适：《致陈布雷并转蒋介石、孔祥熙等电》，1940 年 10 月 12 日，中国社会科学院近代史研究所中华民国史组编：《胡适任驻美大使期间往来电稿》，第 73—75 页。

内将来渝，或可长驻。世杰。马。[①]

这些管道，成为胡适了解国内情况最重要的资源，也使他在驻美大使任上，更多掌握了一般驻外使节难以了解的信息。不单是外交事务，就是内政，胡适在与这些朋友往来电稿中，也频频涉及。原因也容易理解，在胡适出使美国之前，与这些进入政治中枢的朋友，通过办刊物等方式，早已在表达对中国各方面事务的看法。胡适出使美国，只是舞台更为扩大，并不影响其对中国问题较为深入的介入。而且，胡适很清楚，“内政”是影响“外交”的重要一环。蒋介石 1939 年 9 月 2 日的日记中，一则“上星期反省录”就抱怨“内外军政皆不得其人”，述及胡适时有这样的话：“余令其向美办外交，而彼乃向余辩难办内交。”[②]这也从一个侧面反映出胡适对国内事务的高度重视，与蒋的沟通不仅涉及外交，还包括内政。

四、“局内的局外人”

抗战期间一批学人进入政治中枢是中国现代历史上一道独特的景观，由此引发的问题，也值得高度重视。这其中，尽管处理的事务各不相同，但从这些学人那里都可以感受到非常明确的外人感。出现这样的情况，原因必多，但“党国体制”的形成，尤其是派系政治引发种种纷争，却是不可回避的。如论者指出的，国民党内的种种纠纷，实由派系而生，表面的团结，从来不曾抚平派系造成的裂痕，“派系”甚至成为“民国政治中一个永远抹不去的符号”。[③]

---

① 王世杰：《致胡适》，1940 年 5 月 21 日，中国社会科学院近代史研究所中华民国史组编：《胡适任驻美大使期间往来电稿》，第 40 页。

② 《上星期反省录》，《蒋介石日记》，1939 年 9 月 2 日。

③ 金以林：《国民党高层的派系政治》，社会科学文献出版社 2009 年版，第 5 页。

时任国民党中央监察委员的王子壮在日记中曾记录下这一幕：1935 年新一届监察委员会第三次大会上，张溥泉登台演讲，就为之痛哭流涕，“居今日欲救国，非蒋先生出而负责不可。然小派林立，互相抵触，实所痛心。如西南派、改组派、政学派、中央干部派等，各自纠纷，横梗国事，如果大家不觉悟，根本取消，实无以救国，实不能令蒋先生放手作去”[①]。读书人要适应这样的“党文化”，自是困难重重，翁文灏、何廉、蒋廷黻即为其中的典型，进入官僚系统后，他们很快就产生“外人”的感觉。

蒋廷黻的遭遇具有相当的代表性。蒋在《独立评论》和《大公报》上的文字引起很多人的注意，其中也包括蒋介石。1933 年夏天蒋介石约蒋廷黻到庐山谈话，同时被约见的还有何廉。据蒋后来回忆，他欣然接受约请，“倒不是我要弃学从政，实在是因为我希望会见一位伟人。在他那方面，我想他只不过是表示对学者的敬意，了解一下政府以外人士对其政策的看法而已。事实上，他是正在全国设法发掘才智之士。一旦时机成熟，他就安排与这些人士见面”。因为有这样的共识，晤谈也甚为投契。[②] 蒋廷黻曾一再表示他对政治的态度是很开放的，政治只是一种工作，“它和教书一样的清高”，但真正进入政治中枢，就超出其进入政治时的预备，历经磨难，蒋廷黻也只能以“局内的局外人”自嘲。与蒋过从甚密的查尔斯·里利(Charles Ronald Lilley)对此也阐明，“综观蒋廷黻的一生，无论作为大学教授、思想家或政府官员，他始终是一个‘局内的局外人’”。此所意味的是，无论是在中国还是在美国，蒋都敏锐地

---

① 中研院近代史研究所编印：《王子壮日记》(手稿本)第 2 册，1935 年 12 月 6 日，2001 年，第 528 页

② 《蒋廷黻回忆录》，谢钟琏译，(台北)传记文学出版社 1979 年版，第 145—147 页。

知晓他的“局外人”地位，作为一个“局外人”，他不断奋斗力求进入“局内”，1936 年入阁，似乎是梦想的实现，然而，尽管他“屡次获得成功”，但国民党人很快让他明白，即使他成功进入“局内”，他依然是一个“局外人”。①

蒋廷黻在给胡适的一封信中，细说了其中的缘由。总的意思倒也很明确，政府的处置虽不能令人满意，然而反政府的又如何呢？“现在如最近几年，中国最大的困难是无可替代现政府者。这总算是我们的倒霉”。这算是为介入政治的行为作了交代。谈到自己，他也表示：

我个人的去留是无关宏旨的，然而我也不能不审慎。(一)来只两个月就退，岂不是有点太儿戏？吃了四十年的饭，应该事前知道政治生活的几分。(二)作事说话的机会虽不太多，但有时也来，用之得当，不无小补。我常想如你和在君入阁，局势定可好几分。如近来政府没有明显的进步，一大半怪人，一小半也怪我自己的无才。(三)政治领袖更高明的在哪里？我们不干实际政治则已，干则此其时矣。我并不是说这是理想的时候，我不过要说等到理想时刻临到，恐怕大事已去矣。(四)近来例行公事已得妥人代办，认识的人稍多，能下手的地方稍微多了。因以上种种理由，我准备多试几个月。或者到了南京太热的时候，我可以辞职去避暑。

短短几句话，就把知识分子入阁的心理充分表露出来，几乎所有的问题都有想法，但最终都会落到“然而”二字上。蒋廷黻谈到他自己就充满了这种犹豫迟疑的心理，说到其他人、其他事，无论

① 查尔斯·R. 里利：《蒋廷黻：局内的局外人》，张新译，《档案与史学》1999 年第 3 期。

是圈内还是圈外的,也是如此。说到翁文灏,蒋的评论是:“他干政治很像他办地质调查所,于不露声色之中,先责己后责人,准备费十年、二十年的功夫,在艰难困苦之中求成绩,所以他不愿意大刀阔斧干。然而现在的局面不大干不能成功,小干是无济于事的。”谈到还在外边的傅斯年,则更不足道:“孟真在《大公报》放的矢好虽好,可惜其的早不存在。捐薪案已入档案库,他在《独立》的文章真是大作,可选入教科书,使我们的后辈都该读一读。”[①]何廉回忆“西安事变”发生后混乱不堪的日子,也由衷表达了这种“局外人”的感叹。他写道:翁文灏和我虽都在政府中位居高职,但比起“圈内集团”来,毕竟还是“外人”。我们并非政府的里层人物,也非党的成员,不过是政府的“装饰品”!“我们从未能搞清楚幕后究竟在搞些什么”,只是“觉察到所有的各帮势力都在进行幕后的权力斗争”。[②]

翁文灏之入阁,如其函复陈叔通时所言:“个人无政治兴趣,但盼于国家大局略有裨益。”[③]参与到实际政治中,同样有很多事情难以适应,他在给胡适信中对此就有所反省:“弟尝自思,凡于国事有益者,弟极愿勉力为之,虽极辛苦,在所不惜,亦惟如此始觉工作得有意义,此外虚名虚荣皆非所计,有时且存心力避虚名。但近时经验,极觉自身工作劳而无功,虽往往忙得日不暇给,但并未有若何真正成绩,思及于此,懊伤[丧]万分。此行归来,弟之工作当有重大变化,究竟取何方向,最宜考虑。弟对科学研究极感兴趣,但自

① 蒋廷黻:《致胡适》,1936 年 2 月 26 日,《胡适来往书信选》中册,第 303—305 页。

② 何廉:《何廉回忆录》,朱佑慈等译,中国文史出版社 1988 年版,第 121 页。

③ 李学通等整理:《翁文灏日记》,1936 年 6 月 29 日,中华书局 2010 年版,第 56 页。

身研究能力并非最高；对于工业建设极为热心，但亦决非弟之终身事业；做寻常的官，则痛苦情形又如上述。因此，自[至]感踌躇，不易解决。”翁文灏还谈到政府机关中办事有许多不可避之困难，不但经费问题，人事问题尤为难处。最要命的是，“欲跳出政府机关，在中国又非容易”。①

这种“局外人”的感觉，也落在胡适身上。一方面，离开大学教授的生活令他很长时间都难以适应，在给夫人的信中就不断抱怨其在外交事务中的“受罪”，表示自己在美国过的“并不是快活的生活，是真受罪的生活，做的是我二十多年不愿意做的事”，“日日夜夜只想早点回到大学教授的生活”。② 另一方面，由于外交事务不是他所熟悉的，更令他无所适从。由此，我们也看到由学人介入外交事务所引出的在外交史上独特的一幕，胡适的主要活动是在美国各地巡回演讲，其学人的身份，也方便与美国各方面人士进行沟通。

胡适如此理解其使命，是出于其对美国的认识，一个简单的事例或许就能说明这一点。1938 年 10 月 8 日胡适尚未递交国书，已接到蒋介石要其转交美国总统罗斯福(Franklin Delano Roosevelt)的电报，内称“中国人民深信惟美国政府为唯一可以为获取公平和平之领导者，如美国有意发起邀集有关国家举行永久和平之会议——如华盛顿会议之先例，此正其时”。19 日罗斯福也通过胡适复电蒋，称“本人期望基于真正平等标准以转移冲突之因素使趋向和平。本人谨保证，一俟适当时机来临，自当尽力以赴”。这些当然不过是政府最高当局之间的官样文章，但深谙美国情势的胡适，

---

① 翁文灏：《致胡适》，1937 年 4 月 17 日，《胡适来往书信选》中册，第 355 页

② 胡适：《致江冬秀》，1941 年 4 月 10 日，耿云志、欧阳哲生编：《胡适书信集》(中)，第 859—862 页。

从中也读出罗斯福不能做出"任何承诺"的苦心。面对美国国会通过的"中立法",即使是贵为总统的罗斯福也是无能为力的。而美国的"中立法"又建基于这个国家普遍的"厌战"情绪以及孤立主义的政治哲学。正是认识到这一点,胡适在给蒋介石的电报中(由陈布雷转交),通过对国际形势的分析,阐述了"和比战难"及"苦撑待变"的方针,指出美国的舆论决不会容许他们的总统去支持一个"不公正的和平","盖孤立论是美国的一个传统信仰,非笔舌所能摧破。只有事实的演变,与领袖人物的领导,可以使孤立的国家转变而积极参加国际政治也"。[①] 胡适当然也明白,他在这个时候出使美国,所能做的无非是与各方人士积极沟通,并通过舆论努力促成美国对中国政策的改变。

但这只是胡适的判断,或许也恰好是能够发挥其所长的工作,其他人却不这么看。国人寄予胡适的,更多只是希望他即刻就能弄来大笔贷款,无论是外交部还是其他人士发给胡适的各种电文,大多围绕此。同时,胡适作为各方面都看重的人物,在大使任上的一举一动,也都引人关注。在国民党的五中全会上,即有人提询胡适在美国的某次演说,称"内有粤汉铁路陷落后,中国政府态度曾发生动摇;军队已退入内地,不能再作阵地战"。为此事,外交部特别致电胡适,"讯将实在情形电告为要"。胡适为此也感叹不已,不过是自由讨论的谈话,事先已宣布不公开发表,"岂意其展转讹传至千里之外","为我罪状耶?"对此他也表示:

弟在美最久,发言之缓急轻重,颇能自己度量,望政府诸公放心。又国内外宣传有不同之处……弟到此任后,曾密商

① 胡适:《致陈布雷电》,1939 年 1 月 27 日,中国社会科学院近代史研究所中华民国史组编:《胡适任驻美大使期间往来电稿》,第 9—10 页。

美外部负责人，决定以最诚恳之态度，向各方声明我国抗战之决心，同时表示急待援助情形颇得各方同情。①

如胡适在一则日记中抱怨的那样，“有许多电报来，逼着我去做不愿做的事。我是能‘挡’的，尚且感觉逼迫，何况没有肩膀的人”。② 此外，很多事务的处理政府方面往往一厢情愿，也令胡适难以接受。如1940年3月，孔祥熙致电陈光甫，表示“第二次借款不应有抵押品(锡)及银行保证”，胡适就忍不住在日记中写道：“这真是做梦!”③

这还算不上什么，处理外交事务或许都会遭遇这样的困境，令胡适难以应对的是卷入到国民党的纠纷中。1940年夏天，宋子文到美国协助办理贷款，就将这种矛盾激化。表面上看，宋只是根据国内的舆论向胡适诉说种种不满：“你莫怪我直言。国内很有人说你演讲太多，太不管事了。你还是多管管正事罢!”④宋子文所说的“正事”，指外交事务方面的事，这的确非胡适所长，或许也是作为学人办理外交所遇到的困难。然而，这恰表明胡适作为学人办理外交的特点，他做不了通常外交人员当做的事，也做了其他外交人员做不了的事。曾经在1936—1949年期间担任美国大使馆秘书的傅安明，针对宋子文对胡适“不管正事”的责怪，就替胡适辩解说：“其实，胡的部属多人帮他管理‘正事’，只有两件事部属帮不上忙，必须他亲自出马，一项是广交朋友，以及与总统、部长、议员及

① 外交部：《致胡适》，1939年1月27日，中国社会科学院近代史研究所中华民国史组编：《胡适任驻美大使期间往来电稿》，第9页；胡适：《致王宠惠》，1939年1月28日，同上书，第10页。

② 《胡适的日记》(手稿本)，第13册，1939年8月31日。

③ 《胡适的日记》(手稿本)，第14册，1940年3月11日。

④ 《胡适的日记》(手稿本)，第14册，1940年7月12日。

名流显要的接触。另一项就是发表演说。因为他有中国大使职位与国际名流声望的双重身份，由于这双重身份，他与美国显要接触及在美国公开发言，都能发挥高度效力！”[①]同时宋、胡二人对外交的理解也颇有差别。宋子文不能理解外交人员的辛苦，初抵美国就抱怨借款力度不够，甚至责怪陈光甫两次借款条件太苛刻，结果也引起胡适的不满。后来美方告知宋子文出面谈的借款事现在无望，胡适在日记中就借机表示：“此是意料中事。我当初所以不愿政府派子文来，只是因为我知道子文毫无耐心，又有立功的野心，来了若无大功可立，必大怨望。”[②]

但实际上分歧却并非如此简单，胡适在日记中，对此也多有所言，既表达他对驻美大使任上工作的看法，同时也多少抱怨自己的工作不被理解。其中写道：“今天为了一件小事生气。我是为了一个主张来的，但是这个主张的实现不容易，不知道何年何月始能做到。这个时候，大家都要看‘灵迹’，也有人相信‘灵迹’是可以用流氓手段得来的。我既不能如此自信，不如让别人来试试看。”[③]另一段日记则介绍了他在美国的工作，以及他对这些工作的理解：

> 这一年之内，我跑了不少的路，做了不少的演说，认识了一些新的朋友。读书的机会很少。做事的困难，一面是大减少了，因为局势变得于我们有利了；一方面也可说是稍增加了，因为来了一群“太上大使”。但是我既为一个主张发下愿心而下，只好忍受这种闲气。我的主张仍旧不变，简单说来，仍是“为国家做点面子”一句话。叫人少讨厌我们，少轻视我

---

① 傅安明：《略谈胡适使美的成就》，耿云志主编：《胡适研究丛刊》第 2 辑，中国青年出版社 1996 年版，第 6—12 页。

② 《胡适的日记》(手稿本)，第 14 册，1940 年 8 月 15 日。

③ 《胡适的日记》(手稿本)，第 14 册，1940 年 10 月 21 日。

们——叫人家多了解我们。我们所能做的，不过如此。[①]

胡适在给翁文灏、王世杰的信中，就直言自己实际是被排斥在决策之外，“某公(指宋子文)在此，似无诤臣气度，只能奉承意旨，不敢驳回一字。我则半年来绝不参与机要，从不看出一个电报，从不听见一句大计，故无可进言”。[②] 1942 年 5 月 19 日，胡适在日记中更是写道：“自从宋子文做了部长以来(去年 12 月以来)，他从不曾给我看一个国内来的电报，他曾命令本馆，凡馆中和外部，和政府往来的电报，每日抄送一份给他。但他从不送一份电报给我看。有时蒋先生来电给我和他两人的，他也不送给我看，就单独答复了。”显然胡适对此是极为不满的，在日记中还特意写下一笔，“记此一事，为后人留一点史料而已”。[③]

或许胡适不清楚的是，这一切与蒋介石的态度不无关系。早在 1939 年 9 月 11 日的日记中，蒋就表示：“胡适与杨杰太不成事，应速更调。”[④]宋子文赴美后，蒋又致电宋子文，“对交涉事，不必令适之参加”。[⑤] 到 1942 年 4 月，宋已经在与蒋沟通撤换胡适之事：“两年来之经验，实无法与适之合作，是以屡次请求调整驻美使节，并非个人意气之争，亦非为位置植之。今魏道明在美，较植之熟悉国内情形，并与党及钧座有历史关系。若蒙派充驻美大使，则各种

① 还道出：“至于政策，则此邦领袖早已决定，不过待时演变，待时逐渐展开而已。今年美国种种对我援助，多是这程序的展开，我丝毫无功可言。其展开之形式皆为先有暴敌走一步，然后美国走一步或两步，历次皆是这样。”(《胡适的日记》(手稿本)，第 14 册，1940 年 12 月 17 日)

② 胡适：《致翁文灏、王世杰》，1942 年 5 月 17 日，胡颂平编著：《胡适之先生年谱长编初稿》第 5 册，(台北)联经出版公司 1984 年版，第 1776—1777 页。

③ 《胡适的日记》(手稿本)，第 15 册，1942 年 5 月 19 日。

④ 《蒋介石日记》，1939 年 9 月 11 日。杨杰时任驻苏联大使。

⑤ 《蒋介石日记》，1940 年 11 月 11 日。

困难，可以渐谋克服，文处境亦稍可舒展。”蒋的回复也表明其愿意考虑此事。[①]

有这样一位“不尽识大体”的顶头上司，胡适当然不可能再在驻美大使的任上做下去，只好“决心求去”。在给王世杰的信中，胡适就表示说，政府领袖对于盟邦务取大度，不可因其一时不能充分顾及我之需要，而多所责难；政府中无人为诤言为可虑。由此，王也清楚认识到，胡适“于大使职甚消极，并谓数月来未接政府一电。故其辞职意渐决”。[②] 到 1942 年 8 月 15 日，蒋介石致电胡适：“兄使美五载，勋绩卓著，中枢同仁无不感佩。惟积年辛劳，闻去岁以来，心脏衰弱，时殷系念。兹拟在国内另有借重，俾兄得稍纾繁剧，并拟以魏伯聪(道明)君接替兄之职务。除另由外交部电达请美方同意外，特电致意。”胡适当即复电曰：“适奉命使美，四年以来，常感任大力薄，深负国家仲寄。兹蒙中枢垂念病躯，解除职务，十分感谢。以后当理旧业，专力教学著述，以报国家。”[③]1942 年 9 月 8 日行政院国务会议决议，准胡适辞去驻美大使之职，由魏道明继任。从接受驻美大使之职，再到四年后辞去该职，胡适在特殊的历史时期算是扮演了特殊的角色，为“学人外交”提供了具体的例证。

且不论“学人外交”的成效如何，令人叹息的是，在内心深处蒋介石对于读书人是轻视的，哪怕其所借重的胡适，亦是如此。1942 年 10 月 7 日，胡适在致翁文灏信函中，特地述及其与蒋之间围绕此

---

① 《蒋中正总统档案：事略稿本》第 49 册，第 228—229 页。《蒋中正复宋子文电》，1942 年 4 月 30 日，《蒋中正总统文物》，典藏号：002-010300-00047-073，转引自吕芳上主编：《蒋中正先生年谱长编》第 7 册，第 92 页。

② 《王世杰日记》第 3 册，1942 年 7 月 1 日，第 322—323 页。

③ 《蒋中正致胡适电》《胡适复蒋中正电》，1942 年 8 月 15 日，《蒋中正总统文物》，典藏号：002-020300-00029-012、002-090106-00016-062，转引自吕芳上主编：《蒋中正先生年谱长编》第 7 册，第 142 页。

的电报往来及其他信函，之所以抄示翁，是颇为自得其驻美大使的工作得到蒋及各方的赞赏。两相对照，不能不令人感慨万千。翁文灏在日记中这样写道："胡适之来函，抄示：(一)八月十五日蒋电：勋绩卓著，中枢同钦，但恐心脏较弱，拟以魏道明继。(二)彼于同日复电：当重理旧学，专力教学著述，以报国家。(三)八月十七日外交部请为魏征同意电及复电。(四)八月廿八及卅一 Samnar Welles 函致惋惜，九月七日 Cordell Hull 推崇尊敬，尤极诚挚。"①然而，私底下蒋介石对胡适驻美大使任上的工作，却不这样看。1942年9月11日，蒋介石在日记中就表示："美国态度渐次不良，此应自反省。其原因仍在我外交人员在美作风太坏，而美国在华军事与外交人员对华态度亦欠佳所致。然而其对华根本政策如何，则应彻底研究者也。"②稍后蒋介石在日记中，更是说出这么一番话：

> 胡适乃今日文士名流之典型，而其患得患失之结果，不惜借外国之势力，以自固其地位，甚至损害国家威信，而亦所不顾。彼使美四年，除为其个人谋得名誉博士十余位以外，对于国家与战事毫不贡献，甚至不肯说话，恐其获罪于美国，而外间犹谓美国不敢与倭妥协，终至决裂者是其之功，则此次废除不平等条约以前，如其尚未撤换，则其功更大，而政府令撤更为难矣。文人名流之为国，乃如此而已。③

胡适在驻美大使任上真是做到了殚精竭虑，却在当政者心目中留下这样的印象，蒋之轻视读书人，此亦可见一斑。胡适如果知道自己的所作所为蒋是如此评价，真不知该当何想！

---

① 李学通等整理：《翁文灏日记》，1942年10月7日，第817页。

② 《蒋介石日记》，1942年9月11日。

③ 《上星期反省录》，《蒋介石日记》，1942年10月17日。

马克斯·韦伯在讨论中国儒教时，曾引述《论语·为政》“君子不器”之语来概括中国士大夫角色的非专家性质，颇具匠心地道出中国士人对行政事务、职业技能训练的忽视，认定专业教育“只能误人子弟，教人俗不可耐，很难办成什么好事”，“‘君子不器’，这个基本原则的意思是：他是自我目的，而不像工具那样只能派一种专门用场的手段”。[①] 但这只是士大夫的角色之一，与此一脉相承的是，中国形成了儒家意识形态选拔官员的机制，科考制度作为士大夫晋升的阶梯，其实质意义是将对意识形态的效忠作为任命官员的首选标准。中国士大夫感受到的“三千年来未有之变局”，是从与外部世界的交往中开始的，即是在中国被卷入全球化浪潮后。以此为契机，中国也进入到由传统向现代的转型。尽管人们对现代性（modernity）的理解远未形成较为一致的意见，但中国现代性的催生与培育，发端于与外部世界的交往，由“天下观”过渡到“国家观”，确立近代意义上的“国家”意识，是传统中国走出的第一步。梁启超 1902 年论辩“新民为今日中国第一急务”，就强调其立论之的根底有二：“一曰关于内治者”；“一曰关于外交者”。[②] 对外来说，是基于“天下万国”承认对等的政治实体（主权国家）的存在，并接受近代世界的构成乃“以国家对国家”。而在与外国的交往中培养出第一批具有近代外交意识的职业官员，也成为中国现代化的肇端。

本文将胡适在抗战期间出使美国作为考察的重点，正是试图以此检讨近代以来中国在外交事务中所取得的成效。如果将视野落在顾维钧等职业外交官身上，的确可以看出，从职业的要求来说，其成就是相当明显的。而以学人对外交事务的参与作为讨论

① 马克斯·韦伯：《儒教与道教》，王容芬译，商务印书馆 1999 年版，第211 页。

② 梁启超：《新民说一》，《新民丛报》第 1 号，1902 年 2 月 8 日。

的焦点，似乎不足以说明其中的问题，毕竟这只是例外。然而从上面的讨论中可以看出，胡适作为学人介入外交事务中，由于打破了以往的平衡，相应地也使许多问题暴露出来。值得关注的是，从职业外交官的要求来说，胡适当然不具备担任驻美大使的重任，但胡适算是很好地完成了这项使命，无疑表明影响中国外交事务的，还有其他因素起着重要作用。胡适最后卷入国民党内部的种种矛盾，不得不黯然退出外交舞台，则更深刻说明影响中国外交事务的，是在中国政治文化演进过程中逐渐抬升的"党文化"。如何评价"党文化"在中国行政现代化过程中所产生的影响，不是这篇文字所能讨论的，但有一点很清楚，胡适作为学人介入到外交事务中，遭遇的是顾维钧等职业外交官所没有遇到的问题，其意义也不可小视，当成为检讨中国近代以来外交事务的重要资源，还可据此解析近代中国的政治生态。

再版后记

本书是笔者的第一部论文集，列入复旦大学历史学系“近代中国研究书系”，2012 年由上海人民出版社出版。该书乃系汇集复旦大学历史学系中国近代史学科部分教师的成果，以主题的形式辑录各教师发表的专题论文。此次有机会修订再版，要特别感谢全力促成此事的谭徐锋兄的美意，将此收入其策划组织的由山东大学出版社出版的“新史学丛书”。

一本书有机会“再版”，于作者来说自是深感欣慰的事，如何通过真正意义上的“修订”，使书稿得以完善，也是需要用心考虑的。笔者之前撰写的《胡适评传》《“胡适派学人群”与现代中国自由主义》《清季民国时期的“思想界”》，皆曾修订再版，每次也都花费了不少时间。本书的修订，增补了《“局内的局外人”：从幕后走向前台的“学人外交”》一文，这样第三编“学术社会”的建构，补充了读书人参与实际政治的情况，可以更完整展示“学术社会”的情况。全书的修订，除校正讹误并按照新的格式要求做了统一梳理外，主要是补充了一些新的史料，以完善相关史事的说明，也使论证更为周详一些。当下的中国近代史研究正遭逢“史料丛出”的时代，算得上“日日新，又日新”，故此，尽可能“增补”今日所能利用的新资料，也成为“修订”工作的主要内容。此书涉及的不少书报资料，以往利用起来还不那么方便，现在则有更方便的数据库可资利用。如“抗日战争与近代中日关系文献数据平台”，就建立起极为方便的检索系统，研究者可以充分利用其中所收录的书籍、报纸、杂志等资料。

有必要再次说明的是，上述论文大体上都是应邀参加学术会议所写，或曾刊于学术刊物，或编入会议论文集中。因此，对于此过程中各位论文评议人，以及编辑人员所付出的辛苦，谨致谢忱。也要感谢《中国社会科学》《历史研究》《近代史研究》《复旦学报》等刊物以及出版会议论文集的机构，惠允使用曾经发表于各刊物、文集中的文字。

章清

2024年10月8日